DER FREUND [redacted]

[redacted]

DER FREUND

PETER VOLKMANN

IM VISIER DER STASI

ROMAN

[redacted]

ELLERT & RICHTER VERLAG

Inhaltsverzeichnis

Personen und Handlungen sind teilweise frei erfunden,
manches aber ist genauso passiert.
Für einzelne Orte und Abläufe nehme ich
dichterische Freiheit in Anspruch.
Real sind die Grundmotive Freiheitsdrang,
Verrat, Intrige und Erpressung.
Zwei der Hauptakteure tragen Züge von
Menschen, denen ich einmal sehr nahegestanden habe.

Kapitel 1

Elf von zehn

Tambach-Dietharz in Thüringen, Juni 1976

Sprinten konnte Wolfram gut. Kraftvoll und schnell ließ er alle und alles hinter sich. Am Wendepunkt der Hindernisbahn hatte man ihm signalisiert, dass er mit neuer Bestzeit unterwegs war.

Da, die Eskaladierwand, die schwerste und letzte Barriere. Er würde sie mit einer Technik, die er vom Stabhochsprung kannte, überfliegen. Noch wenige Schritte, Absprung, die rechte Hand packte den oberen Rand der Wand, die linke hielt den Abstand. Das rechte Bein flog hoch, das Knie hakte sich fest in die Kante, geschmeidig zog er sich mit beiden Armen empor. Der Kopf war schon auf der anderen Seite, gleich würde er runterspringen und die letzten zwanzig Meter ins Ziel jagen.

Plötzlich merkte er, wie das oberste Brett nachgab. Das morsche Holz hatte seiner unkonventionellen Technik nicht standgehalten. Er stürzte hinten über und landete in der schlammigen Pfütze, die sich beim letzten Regen an der Absprungstelle gebildet hatte. Der Sturz war nicht schwer, vermutlich würde er nur ein paar Tage humpeln, aber es konnte einfach nicht gut ausgesehen haben, wie er in den Matsch geklatscht war.

Hinter sich hörte er das schadenfrohe Gelächter seiner Kommilitonen. Und mitten in diesem Chor die helle Stimme von Christine. Ihr Lachen tat mehr weh als der Sturz.

Bernd, ein Medizinstudent aus Berlin, half ihm auf die Beine und schob ihm die zerbrochene Brille in die Hosentasche.

„Technik jut, Material Scheiße, jibt zusammn zwar ne´ schlechte Haltungsnote, aba die Dankbarkeit des Volkes ist dir jewiss, denn der Kampfclub ist für heute jestorbn, ick jib nachher eenen aus."

Es war der dritte Tag des einwöchigen vormilitärischen Kurses, mit dem das erste Studienjahr in der DDR üblicherweise endete.

Wolfram, ein einundzwanzigjähriger Physikstudent aus Berlin, war mit seinen Studienfreunden nach Tambach-Dietharz, einem Ort im Thüringer Wald, abkommandiert worden. Man schlief in großen Baracken, die im Zweiten Weltkrieg Flakhelferschüler beherbergt hatten, um sie hier für den Endsieg zu drillen. Die Physiker waren mit den Medizinern zu einer Kompanie zusammengefasst worden.

Christine, eine schöne, selbstbewusst auftretende junge Frau mit traurigen Madonnenaugen, war ihm von Anfang an aufgefallen. Sie lachte viel und ihre gute Laune war ansteckend.

Sie hatte lockige blonde Haare, die sie schulterlang trug und gerne hinter die Ohren strich. War hochgewachsen, schlank und was er von ihrer Figur unter dem groben khakifarbenen Uniformstoff erahnen konnte, bescherte ihm Herzklopfen.

Er hatte versucht, in ihre Nähe zu kommen, war aber zu schüchtern, sie anzusprechen. Ein einziges Mal war ihr Blick an ihm hängengeblieben. Sie hatte ihn tatsächlich angesehen, neugierig und ein paar Sekunden länger als nötig, sich dann aber wieder abgewandt, um in das Lachen ihrer Freunde einzufallen. Ihn vermutlich sofort wieder vergessen. Er aber hatte diesen einen Blick wie eine kostbare Reliquie in sich bewahrt.

So verstrichen die Tage, ohne dass er es geschafft hätte, noch einmal ihr Interesse zu erregen.

Am Ende der Woche war das Schießen dran. Wolframs letzte Chance, sich ihr zu nähern. Er hatte es geschafft, in die Bahn neben ihr eingeteilt zu werden.

Er beobachtete sie aus dem Augenwinkel, während sie schnell schoss und dabei die ganze Zeit mit ihrer Kommilitonin Paula, die auf der anderen Seite lag, rumalberte. Wolfram, kurzsichtig und brillenlos, hatte große Schwierigkeiten, die weiße Zielscheibe auch nur zu erahnen.

Der erste Durchgang endete dementsprechend desaströs. Als sie zum Wechseln der Pappen ans Ende der Schießbahn gingen, warf er einen Blick auf Christines Scheibe. Ihre Treffer lagen alle dicht beieinander im schwarzen Bereich, während er mit seinen zehn Schüssen die Zielscheibe zwar fünfmal getroffen hatte, aber keinen einzigen Ring. Kein guter Einstieg, sie anzusprechen.

„Das war die Generalprobe. Der zweite Durchgang wird gewertet", verkündete der ausbildende Unteroffizier in schneidigem Ton.

Dieses Mal lief es merkwürdigerweise viel besser. Ein paar Schüsse waren wie beim ersten Mal außerhalb der Wertung, sechs aber genau im Zentrum gelandet.

Am Nachmittag bei der Abschlussfeier wurden die besten Schützen nach vorne gerufen. Unter lautem Gejohle verlas man auch seinen Namen. Er hatte das drittbeste Ergebnis erzielt. Der Kommandeur des

Ausbildungslagers überreichte ihm ein Leistungsabzeichen der „GST", der Gesellschaft für Sport und Technik, in Bronze.

Von dieser unerwarteten Wendung noch immer etwas verwirrt, fand er sich am Abend zusammen mit seinen Kommilitonen in der Kneipe des Ortes wieder.

„Warst du nicht derjenige, der auf der Bahn neben mir geschossen hat?", fragte ihn Christine beim zweiten Bier. Er nickte, brachte aber kein Wort heraus.

„Zeig mal deine Scheibe."

Er zog die zusammengefaltete Pappe aus der Tasche. Sie holte ihre ebenfalls hervor.

„Lass uns vergleichen."

Sie zählte die Treffer. Dann sah sie ihn mit ihren dunklen Augen an. Zum ersten Mal richtig. Ja, ihr Blick hatte auch jetzt etwas Schwermütiges, aber ihr Mund lächelte. Er wusste nichts zu sagen.

„Als Physiker kannst du mir sicher erklären, warum du bei zehn Schüssen elf Treffer hattest, von denen sechs ins Schwarze gegangen sind, während die restlichen alle außerhalb der Ringe sind?"

Wolfram zuckte die Schultern.

„Und warum bei mir vier Schüsse ins Schwarze gegangen sind, während alle anderen die Scheibe glatt verfehlt haben?"

Er starrte sie an.

Sie grinste über das ganze Gesicht. Endlich begriff er.

„Da hast du aber toll gezielt, ich hoffe nur, dass dein Pulver noch nicht verschossen ist."

Sie hatte den Kopf schief gelegt und strahlte ihn an. Ihre Lippen glänzten.

Wolfram stieg es heiß den Nacken hinauf.

„Ich meine, es gibt ja noch viel bessere Ziele, als diese Pappscheiben."

Er wusste noch immer nichts zu sagen.

„Komm, lass uns gehen."

Sie verließen die Kneipe, holten ihre kratzigen Wolldecken aus den Baracken und zogen in den Wald. Auf einer Lichtung bereiteten sie sich auf weichem Boden ein Lager. Die Kiefernnadeln dufteten. Im Unterholz knackte es.

Sie lagen auf dem Rücken und staunten in den klaren Sternenhimmel.

„Kennst du den Großen Wagen?" Er zeigte ihr die Punkte des Trapezes und der Deichsel. „Seine Sterne sind ungefähr hundert Lichtjahre von uns entfernt. Astronomisch keine besonders große Distanz."

Sie drehte sich auf den Bauch und küsste ihn auf den Mund.

„Ich dachte, ohne Brille seist du blind wie ein Maulwurf?"

„Bin ich auch, ich weiß aber, wo sie stehen."

„Du weißt so viel, mein schöner Freund. Ich bin sehr stolz auf dich."

Er hielt sie in den Armen und konnte kaum glauben, dass dieses wunderbare Mädchen bei ihm lag.

„Aber weißt du auch", sagte sie, „dass ich total verknallt in dich bin?" Sie hob den Kopf und ihre dichten Haare fielen ihm ins Gesicht. „Und wehe, wenn es dir nicht genauso geht."

„Das trifft sich echt gut, denn wunderbarerweise bin ich dir bereits völlig verfallen."

Er knöpfte ihre Hose auf, fuhr mit der Hand zwischen ihre Schenkel. Sie seufzte und schmiegte sich an ihn. Er hielt einen Moment inne. Sah ihre Augen im Mondlicht glitzern.

„Komisch, ich habe überhaupt nicht bemerkt, dass du dich für mich interessierst.", murmelte er ihr ins Haar.

„Du bist schon ziemlich intelligent, mein stolzer Ritter", sagte sie lachend, „aber ich habe den Eindruck, dass du zu den Menschen gehörst, die das Naheliegende manchmal übersehen. Und jetzt hörn wir auf zu quatschen, ich halte es nicht mehr aus."

Kapitel 2

Steht's denn auf der Kippe?

Berlin-Mitte, 17. Oktober 1976

Wolfram erwachte kurz vor sieben. In der ersten Morgendämmerung schimmerte das Fenster des Zimmers in mattem Grau.

Christine schlief neben ihm. Er richtete das verrutschte Bettzeug, um sie bis zum Nacken einzuhüllen, denn es war über Nacht abgekühlt, da sie das Fenster einen Spalt offenstehen gelassen hatten.

Dieses Wochenende hatte er sturmfreie Bude. Sein Freund Lorenz, ein Theologiestudent, mit dem er das winzige Zimmer des Studentenwohnheimes teilte, schlief bei seiner Freundin Paula.

Er umschlang Christines nackten Körper.

Sie blinzelte.

„Na mein Freund, schon so früh auf Abenteuersuche?"

„Mitnichten, ich habe bereits gefunden."

Sie kicherte. Er strich ihr das Haar aus der Stirn und betrachtete ihr Gesicht.

„Dieser wunderbare Moment davor", flüsterte er.

„Tut mir leid, wenn ich dieses herrliche Gefühl jetzt beenden muss", lachte sie und umfasste seine Hüften.

Es klopfte.

„Jugendfreund Fichtner, wir wissen, dass Sie da sind, öffnen Sie bitte."

„Wer ist denn der Arsch?", flüsterte Christine.

„Keine Ahnung, aber die Stimme kenne ich irgendwie."

Es klopfte erneut.

„Ja doch, ich komme gleich", rief Wolfram, stand auf, zog hastig Unterhose und Nicki an, ging zur Tür und öffnete sie einen Spalt.

Draußen stand Professor Helmes, Spezialist für die Dynamotheorie des Erdmagnetismus und Institutsleiter an der Akademie der Wissenschaften.

Wolfram kniff ungläubig die Augen zusammen. Was suchte der Professor am Sonntagmorgen um sieben Uhr in seiner Wohnheimbaracke?

„Herr Professor?“

„Herr Fichtner“, begann Helmes betont sachlich, sichtlich bemüht, dieser skurrilen Situation einen Anstrich von Seriosität zu verleihen. Erst jetzt bemerkte Wolfram, dass Helmes nicht allein gekommen war. Einen Schritt hinter ihm stand Berger, der Sektionssekretär der „Freien Deutschen Jugend“, einen Kopf kleiner als der Professor. Der Berufsjugendliche mochte Mitte vierzig sein. Sein Haar lichtete sich bereits und das blaue FDJ-Hemd spannte über dem unverkennbaren Bauchansatz. Im studentischen Alltag eher graue Eminenz, hatte er heute Morgen sein klassenkämpferisches Gesicht aufgesetzt.

„Herr Fichtner“, Professor Helmes hüstelte verlegen, „es tut mir leid, Sie so früh zu belästigen, aber ich wollte Sie daran erinnern, ich meine, wir wollten Sie erinnern, dass heute die Wahl zur Volkskammer der DDR ansteht.“

Helmes stand mit hochgezogenen Schultern da und blickte ihm noch immer nicht in die Augen. Hier, auf dem schäbigen Gang des Studentenwohnheimes, machte er keine so blendende Figur wie im großen Hörsaal. Helmes zog ein Taschentuch hervor und tupfte sich die Stirn ab.

„Sie wissen doch, dass sich die Sektion Physik verpflichtet hat, bis sieben Uhr ihre Stimme abzugeben.“

Haben wir das, fragte Wolfram sich. Ja, wahrscheinlich hatte er irgendwann einmal zu irgendetwas die Hand gehoben und es wieder vergessen.

Er erinnerte sich an seine letzte Prüfung bei Helmes. Der Professor, ganz alte Schule, war einer, bei dem man nach einem Examen den Eindruck hatte, den Stoff erst in diesem Moment wirklich begriffen zu haben. Seine Studenten achteten ihn.

Und jetzt dieser Auftritt.

„Klar“, sagte Wolfram, „natürlich. Ich werde mich beeilen, Sie können sich darauf verlassen.“

„Danke“, sagte Professor Helmes leise. „Dann wünsche ich Ihnen noch ein schönes Wochenende.“

Er nickte Wolfram im Gehen kurz zu. Berger blieb einen Moment länger, fixierte Wolfram und sagte in forschem Ton: „Wir wünschen dir eine erfolgreiche Wahl, Jugendfreund Fichtner.“

„Was war das denn?“, grinste Christine, als Wolfram die Tür geschlossen hatte, „so was Absurdes habe ich noch nie erlebt. Muss der Scheiße gebaut haben, dass die ihn auf diese Tour schicken.“

„Na ja, eigentlich hat er ja recht, man sollte schon früh zur Wahl gehen, um Zustimmung zu unserer Gesellschaftsordnung zu zeigen", sagte Wolfram.

Christine runzelte die Stirn.

„Das meinst du doch hoffentlich nicht ernst."

Er schwieg.

„Doch, du meinst es ernst."

Sie lachte laut auf.

„Deine erste Wahl bin ja wohl hoffentlich ich. Diese dämlichen Wahllokale sind noch bis heute Abend geöffnet. Ergebnis steht ohnehin fest."

Sie zog ihn zu sich ins Bett. Er ließ es geschehen, war aber in Gedanken noch immer beim Gespräch mit Helmes und Berger.

Sie fuhr mit ihren Lippen seinen Körper ab.

„Jetzt schalte endlich dein Kopfkino aus. Hier meldet mir einer gerade, dass du dich nach ganz anderen Abenteuern sehnst."

„Na wenn das so ist", seufzte er, „muss die Volkskammer eben noch ein bisschen warten."

Eine Stunde später war die Sonne über den Horizont gekrochen und hatte eine Wand des Zimmers in eine flammend rote Fläche verwandelt, aus der die scharf gezeichneten Schatten des Fensterkreuzes dunkel herausstachen.

Wolframs Kopf ruhte an Christines Brust. Zärtlich strich sie ihm über das Gesicht.

Unter ihrem Streicheln döste er ein.

Es klopfte. Wolfram schreckte auf.

„Jugendfreund Fichtner, wir müssen dich sprechen."

„Die schon wieder", fauchte Christine.

Er sprang auf, fuhr erneut in Unterhose und Nicki, ging zur Tür und öffnete.

Draußen standen FDJ-Berger und ein zweiter Mann, der einen grauen Präsent 20-Anzug trug. Bergers Augen streiften durch das kleine Zimmer und blieben am Bett hängen, wo Christine lag.

„Wir betrachten es als Vertrauensbruch, Jugendfreund Fichtner, dass du immer noch nicht wählen gegangen bist."

Bevor Wolfram dazu kam, etwas zu antworten, hatte Christine sich mit entblößten Brüsten im Bett aufgesetzt.

„Steht´s denn auf der Kippe, Jugendfreund? Wenn ja, würden wir uns selbstverständlich beeilen."

Berger drehte sich verdutzt zu dem Mann im grauen Anzug um. Der nickte kurz, wandte sich um und zog mit dem FDJ-Mann davon.

Kapitel 3

Die dunkle Seite des Mondes

Berlin-Mitte, Montag, 18. Oktober 1976

Der Montagmorgen begann um acht Uhr mit der Gewi-Vorlesung. Den kleinen Vorfall von gestern hatte Wolfram schon fast vergessen, zumal sie nach der zweiten Ermahnung aufgestanden und zum Wahllokal gegangen waren.

Während Christine dort mit ihrem Wahlzettel ironisch grinsend in der Kabine verschwunden war, hatte Wolfram sein Blatt genommen, es vor aller Augen zusammengefaltet und in die Wahlurne geworfen. Dies war das übliche Verfahren, mit dem man sein blindes Einverständnis mit den Kandidaten der Einheitsliste demonstrierte.

Wolfram kannte es nicht anders, denn er kam aus einem kommunistischen Elternhaus. Seine Großmutter war mit ihren drei Töchtern 1934 während der Nazizeit in die Sowjetunion emigriert. Dort hatten sie vierzehn Jahre lang in Moskau im berühmt berüchtigten Hotel Lux gelebt, dem Wohnort der deutschen Politemigranten.

Wolframs Mutter war mit dem späteren Stasi-Chef Markus Wolf zur Schule gegangen. War Größen wie Walter Ulbricht und Wilhelm Pieck, dem Dichter Johannes R. Becher und vielen anderen, die nach dem Krieg in der DDR bedeutende Karrieren gemacht hatten, begegnet, und mit manchen sogar befreundet gewesen.

Wolfram stammte also aus kommunistischem Uradel und so etwas, wie der Gang zur Wahlurne war ihm eine selbstverständliche sozialistische Pflicht.

Die Neonleuchten tauchten den Vorlesungssaal in kaltes Licht. Eine Röhre flackerte und brummte leise. Es roch nach Bohnerwachs.

Professor Neumann ging auf die Bedeutung der Wahl vom Vortag ein. Eine Bestätigung der erfolgreichen Gesellschaftspolitik sei sie gewesen, ein Ausdruck wahrhafter, sozialistischer Demokratie.

Wie jeder der Anwesenden kannte Wolfram die Strophen von Neumanns Lobgesängen auswendig. Von „*Erfüllung und Übererfüllung des Fünfjahresplanes*“ ging es über „*Von der Sowjetunion lernen, heißt siegen lernen*“ bis zur „*Überwältigenden Zustimmung des Volkes der DDR für die Friedenspolitik der Sozialistischen Einheitspartei und der Nationalen Front*“.

Er sah sich um und blickte in schläfrige Augen.

Neumann würdigte die Weisheit der Partei der Arbeiterklasse unter Führung ihres Vorsitzenden, des Genossen Erich Honecker, nahm sich die Scheinblüte der bundesrepublikanischen Gesellschaftsordnung vor, geißelte die revanchistische Politik der Bonner Ultras, von der die Hauptgefahr für den Frieden in Europa ausgehe, um am Ende die deutlich verbesserte Versorgungslage der Bevölkerung der DDR hervorzuheben.

Wolfram hätte sich an den abgedroschenen Phrasen nicht weiter gerieben, sie wie üblich an sich vorbeiplätschern lassen. Letzteres war ihm dann doch zu fett.

Dass es Bananen und Apfelsinen selten gab, sah er ja noch ein, mussten sie doch aus dem kapitalistischen Ausland importiert werden. Bezahlt mit Devisen, die an anderer Stelle dringend gebraucht wurden.

Aber in der letzten Woche hatte es in der Kaufhalle keinen Fisch, kaum Fleisch und nicht einmal Letscho gegeben. Die Tomaten, die im Regal gammelten, waren grün und angestoßen.

Im Buchladen hatte er vorige Woche versucht, ein Exemplar der neuen Lizenzausgabe von Heinrich Böll zu ergattern. Die wenigen Bücher, die geliefert worden waren, hatte die Verkäuferin jedoch bereits verteilt. Vermutlich im Tausch gegen andere Bückware.

Und dann die letzte Jeanslieferung vor einem halben Jahr. Schlagartig hatte sich eine mehrere hundert Meter lange Schlange vor dem Geschäft gebildet. Stundenlang stand er an. Zehn Leute vor ihm hatte die letzte Hose einen glücklichen Besitzer gefunden.

Als er nach Ende der Vorlesung den Hörsaal verließ, wurde er auf dem Gang von der Sekretärin des Studienbüros, Frau Krämer, abgefangen.

„Herr Fichtner, Sie sollen sich heute Nachmittag um vierzehn Uhr beim Prorektor für Studienangelegenheiten einfinden.“

Die ältere Frau, die sich mütterlich um ihre Studenten kümmerte, sah ihn besorgt an.

„Ich, zum Prorektor?“

„Ja, Herr Fichtner.“

„Und warum?“

„Ich weiß es nicht. Vierzehn Uhr, seien Sie bitte pünktlich.“

Er sah ihr an, dass sie den Grund wohl kannte, zumindest ahnte, da hatte sie sich, ganz gegen ihre sonstigen Gewohnheiten, schon umgedreht und war im Büro verschwunden.

Was wollte Professor Geiger von ihm, einem Studenten im zweiten Studienjahr? Hatte er etwas übersehen, einen Prüfungstermin verpasst? Und wenn ja, wäre das eine Angelegenheit für den Prorektor?

Wolfram traf Christine nach ihrer Anatomie-Vorlesung.

„Sicher die Sache von gestern“, sagte sie.

„Glaube ich nicht, wir haben doch nichts Schlimmes getan.“

„Na ja,“ grinste sie, „ich bin vielleicht etwas zu kess gewesen.“

„Quatsch.“

„Ach, du mein Großer“, antwortete sie und küsste ihn, „du bist so klug und stark. Und so unfassbar naiv. Was glaubst du wohl, zu welcher Zunft der Typ gehört, den der FDJ-Heini dabeihatte?“

„Du mit deinen Verschwörungstheorien.“

Christine sah ihn schweigend an.

„Was denn?“

„Der war von der Firma. Staatssicherheit, begreif doch endlich.“

Wolfram schüttelte ärgerlich den Kopf.

„Und meinen Namen haben die garantiert auch schon gezogen, müssen aber so tun, als wüssten sie es nicht.“

Wolfram war nicht der Einzige, der an diesem Nachmittag zum Prorektor ins Hauptgebäude der Humboldt-Universität einbestellt worden war. Im Vorraum des Sekretariats hatte sich noch ein gutes Dutzend weiterer Studenten eingefunden.

Es roch nach Schweiß und abgestandener Luft.

Wolfram war zwar froh, hier nicht als Solist antreten zu müssen, fühlte sich unter den Anwesenden aber nicht wohl. Es waren durchweg Leute, die kritisch über die DDR dachten.

Bernd, der Medizinstudent aus Christines Semester, der mit seiner ablehnenden Haltung gegenüber dem Staat bei ihren privaten Treffen nie hinter dem Berg hielt, begrüßte ihn freudig.

„Auch du, mein Sohn Brutus, von dia hätt ick am allerwenichsten erwartet, dass du zu den Delinquenten jehörst.“

„Delinquenten?“

Bernd grinste: „Die meistn hier habn die Wahl jeschwänzt. Lorenz hatte sich immerhin noch ‚krank‘ jemeldet, is aba leida beim Spazierenjehn jepeilt wordn. Kleena strategischa Fehla. Obwohl, bei dem is it halb so schlimm, der is ja nua Theologe. Bei Henning steht aba echta Ärga an, denn den ham´se ohnehin schon uf´m Kieker."

Henning, ein Medizinstudent in Christines Studienjahr, saß blass und still in einer Ecke. Er kaute auf der Unterlippe.

In diesem Moment betrat Lorenz, Wolframs Mitbewohner, den Raum.

„Was für ein heroischer Tag. Unser braver Wolfram hat wider den Stachel gelöckt."

Er schmunzelte. „Nun wird Christine noch mehr von dir schwärmen, sie spricht ja ohnehin von nichts anderem mehr. Paula übrigens auch, ich bin manchmal richtig eifersüchtig, welchen Eindruck du bei Frauen hinterlässt."

„Und nich nua bei den Damen", grinste Bernd.

Sie wurden nacheinander aufgerufen. Manche kamen nach fünf Minuten wieder heraus, andere erst nach einer halben Stunde.

Lorenz und Bernd, die vor Wolfram an der Reihe waren, verließen, im Gegensatz zu manch anderen, das Zimmer des Prorektors recht entspannt.

Bernd zog ein Tuch aus der Tasche und tupfte sich mit betonter Geste die Stirn, Lorenz verdrehte die Augen. Als sie an Wolfram vorbeikamen, flüsterte Lorenz ihm zu.: „Wir warten im ‚Laubenwirt' auf dich."

Wolfram wurde hineingerufen.

Geiger, Professor für Mediävistik, ein bürgerlicher Typ, hatte ein eindrucksvolles Büro. Durch die hohen Fenster des ehemaligen Prinzenpalais blickte man auf die „Staatsoper Unter den Linden".

Der schlichte Schreibtisch aus heller Kiefer, der abgetretene Teppich, die Stühle mit den verschlissenen Polstern und die vergilbten Gardinen standen im scharfen Kontrast zur prunkvollen Architektur des Gebäudes.

Zigarettenrauch hing in der Luft. Geiger saß an seinem Arbeitsplatz, an einem zweiten Tisch drei andere Männer. Vor ihnen ein vollgequarzter Aschenbecher. FDJ-Berger blickte Wolfram streng an. Neben ihm der Begleiter mit dem grauen Anzug vom Tag zuvor. Über einen Schreibblock gebeugt, ein dritter, unauffälliger, schmaler Mann.

Wolfram setzte sich auf einen der abgewetzten Besucherstühle.

„Dass Sie gestern so spät zur Wahl gegangen sind, hätte nicht zu Ihrer Vorladung geführt, schließlich leben wir in einer sozialistischen Demokratie, wo jeder selbst entscheiden kann, wie er seine Verbundenheit mit unserem Arbeiter- und Bauernstaat demonstriert", eröffnete Prorektor Geiger das Gespräch.

„Die unverschämte Bemerkung Ihrer Freundin aber zeigt, dass es ihr an sozialistischer Reife mangelt, den gesetzmäßigen, demokratischen Prozess zu begreifen", setzte der Mann im grauen Anzug hinzu.

„Dieses, ‚Steht's denn auf der Kippe' deiner Bettgenossin könnte man durchaus auch als Provokation auffassen", sagte Berger.

„Nicht nur könnte. Das war eine konterrevolutionäre Provokation. Nehmen Sie dazu Stellung, Fichtner", meldete sich Bergers vermeintlicher Kollege.

Dass man ihn derart hart angehen würde, hatte Wolfram nicht erwartet. Natürlich war Christines Verhalten nicht in Ordnung gewesen, aber doch eher jugendlich flapsig als provokant.

„Wir waren beide noch müde, Sonnabend ist es ziemlich spät geworden. Sie war verlegen und wollte einfach nur ein bisschen witzig sein."

„Witzig sein", knurrte der Mann im grauen Anzug, „und das auch noch halbnackt!"

Geiger blickte betont unbeteiligt aus dem Fenster.

„Ich denke, sie sieht inzwischen bestimmt ein, dass ihre Bemerkung nicht in Ordnung war", versuchte Wolfram einzulenken.

„Es ist positiv, dass Sie das Verhalten Ihrer Freundin kritisch einschätzen. Wir würden aber gerne eine persönliche Stellungnahme von ihr hören."

Wolfram erschrak. Sollte er diesen Typen Christines Namen nennen?

„Also ich weiß nicht, ob ihr das passen würde", stotterte er, „ich fürchte, das würde sie mir übelnehmen."

„Übelnehmen", höhnte der Mann in Grau, „vielleicht haben Sie es noch nicht verstanden: Es geht hier nicht um Ihre bourgeoisen Empfindlichkeiten."

Berger bestätigte mit kumpelhaftem Nicken.

„Keine Angst, wir wollen ihr nichts Böses. Nur ein informelles Gespräch."

„Andererseits sollten Sie sich darüber im Klaren sein, dass die Ablehnung, mit den Organen der sozialistischen Staatsmacht zusammenzuarbeiten, einer Sabotage unserer Friedensordnung gleichkommt. Eine Haltung, die durchaus zur Exmatrikulation führen kann", fiel der Protokollant ein.

Wolfram erstarrte.

„Ich werde mit ihr darüber sprechen."

„Darf ich daraus schließen, dass Sie sich vom Verhalten der Christ …", der Mann in Grau stockte kurz, „äh, ich meine, Ihrer Freundin distanzieren wollen?"

Also doch, durchfuhr es Wolfram. Christine hatte Recht gehabt. Die hatten ihren Namen bereits.

Berger lächelte.

„Na, Jugendfreund Fichtner, wir wollten dir keinen Schrecken einjagen. Also sprich mit deiner Freundin und sage ihr, dass sich so etwas nicht wiederholen darf. Du kannst jetzt gehen."

Wolfram nickte teilnahmslos und verließ wie betäubt den Raum.

Das Vorzimmer hatte sich geleert. Nur Henning saß noch zusammengekauert in seiner Ecke.

„Keine Angst, alles ganz harmlos", murmelte Wolfram im Vorbeigehen, nahm Hennings dankbaren Blick wahr und verließ den Raum.

In seinem Kopf schwirrte es. Sahen so die Helden aus, die ihren sozialistischen Friedensstaat schützten? Und waren das ihre üblichen Methoden?

Die Freunde saßen im Biergarten des „Laubenwirt", wo bereits Generationen von Studenten gezecht hatten.

Es war einer der letzten schönen Tage des Altweibersommers. Die Sonne stand tief zwischen den rot- und gelbleuchtenden Baumkronen. Zeichnete lange Strahlen in die dunstige Luft. Es roch nach vermoderndem Laub.

„Ham wat wieda mal hinta uns jebracht, dit janze Schmierentheata", begrüßte ihn Bernd. „Siehst aus, als wenn deine Kehle dringend ne Ölung broocht."

Wolfram nickte stumm und setzte sich. Einen Moment war es still. Alle starrten ihn erwartungsvoll an. Er stöhnte.

„Nun sag schon, wie war´s?", brach Paula das Schweigen.

Wolfram wollte über das, was gerade geschehen war, sprechen, aber nicht mit ihnen, obwohl sie seit ihrer gemeinsamen Zeit in Thüringen seine Freunde waren. Er fühlte sich politisch als Außenseiter – er war der Einzige, der die DDR verteidigte. Doch was gerade geschehen war, musste raus. Er nahm einen großen Schluck Bier und berichtete zögernd.

„Nu ham se dich treue Klassenkämpferseele och ma richtich uffjemischt!", rief Bernd über den Tisch, als Wolfram fertig war. Lorenz stieß ihn in die Seite.

„Leise, Mensch, Feind hört mit."

Wolfram grinste schief: „Hätte nicht gedacht, dass ich mich einmal in eure Niederungen begeben würde."

„Willkommen in der Verbrecher-Liga", feixte Lorenz, „Falls dir das ein Trost sein kann: Uns haben sie auch mit Exmatrikulation gedroht. Wieder mal."

„Euch macht das ja nichts, bestätigt doch nur eure negative Einstellung. Mir aber schon."

Lorenz sah ihn ernst an.

„Schon klar, nicht schön, wenn einem das Weltbild einfach wegbröselt."

Wolfram wollte Lorenz entgegnen, dass er den Glauben an das Gute im Sozialismus nicht verloren habe, nur weil er es mit solchen Idioten zu tun bekommen hatte, aber in diesem Moment tauchte Christine auf und fiel ihm stürmisch um den Hals.

„Wölfchen, tut mir so leid, jetzt hast du den ganzen Ärger an der Backe und alles nur meinetwegen."

Sie schmiegte den Kopf an seine Schulter.

„Ab jetzt mache ich keinen Stress mehr, versprochen."

„Glaubst du doch selbst nicht", sagte er und musste lächeln.

Eine Windböe fuhr durch den Garten und wirbelte Blätter auf. Einige landeten auf ihrem Tisch. Endlich kam auch Henning.

Bernd schob ihm sein eigenes Bierglas hin. „Siehst aus, als hätt´n se dir mang die Eier jegriffen."

„Lasst mich bloß in Ruhe", winkte Henning ab, schüttelte den Kopf und sah zur Seite. Den ganzen Nachmittag über beteiligte er sich nicht an den Gesprächen, nur ab und zu hörte man ihn mit Andreas, einem weiteren Medizinstudenten unter Wolframs Freunden, halblaut sprechen.

Zwei Wochen später saßen die Freunde an einem Nachmittag in Hennings dunkler Hinterhauswohnung in Prenzlauer Berg. Es war kühl geworden. Schwere Wolken hingen am Himmel. Es regnete häufig. Das bunte Laub lastete feucht und schwer auf dem Boden und klebte an den Schuhsohlen.

Hennings Kachelofen verbreitete wohlige Wärme. Auf dem Tisch stand ein Kasten Bier. Irgendwann, mitten im Gespräch, drehte Henning das Radio auf. Wolfram war irritiert.

„Er hat Angst, abgehört zu werden", raunte Christine ihm ins Ohr.

„Ich habe euch etwas zu sagen, muss aber vorher genau wissen, ob ihr die Klappe halten könnt. Wer das nicht versprechen kann, sollte jetzt gehen", begann Henning leise, aber eindringlich.

Welches Recht hatte Henning, ihn in diese lächerliche Verschwörungssituation hineinzuziehen, dachte Wolfram unangenehm berührt.

Henning atmete noch einmal tief durch und begann.

„Ich war der Letzte. Als ich kam, verließen Geiger und FDJ-Berger ziemlich bald das Büro. Behaupteten, sie hätten noch viel zu tun. Ich blieb mit den beiden Stasifritzen zurück. Die sagten mir, ohne sich groß mit Vorreden aufzuhalten, dass ich mich zur Mitarbeit bei der Firma zu verpflichten habe. Sonst drohe mir bei meinem Strafregister die Exmatrikulation."

„Wieso", fragte Wolfram, „was hast du denn gemacht?"

„Jugendsünde", klärte Lorenz ihn auf, „Henning hat mit siebzehn einmal besoffen ein Leninplakat abgerissen und sowas benutzen sie gern zur Erpressung."

Lange sagte keiner ein Wort.

„Aba warum erzählst ´n uns dit eijentlich?", unterbrach Bernd schließlich das gedrückte Schweigen.

„Ich will euch nicht ans Messer liefern müssen. Damit die mich nicht exen, habe ich eine Verpflichtungserklärung unterschrieben. Ich soll ab jetzt alles berichten, was ich erfahre."

Henning nahm einen großen Schluck.

„Ich werde so handeln müssen, denn unter meinen Gesprächspartnern könnte ja ein anderer Stasi-Informant sein, der alles weiterleitet, was ich verschwiegen habe. Auf diese Weise haben sie mich am Arsch."

„Scheiße", sagte Andreas, „dann können wir in deiner Gegenwart nur noch über das Wetter reden."

Es war still geworden.

„Haben wir heute Abend einen Freund verloren?", fragte Christine.

„Nein, ich will euer Freund bleiben, sonst hätte ich euch das ja nicht gesagt."

„Du könntest dich dekonspirieren, zum Beispiel besoffen in der Öffentlichkeit damit prahlen, dass du für die Firma arbeitest. Danach lassen sie dich in Ruhe", überlegte Lorenz.

„Klasse Idee", fuhr Henning auf, „die lassen mich los, sorgen aber dafür, dass ich geext werde und mich ein paar Jahre am Förderband in der Schwarzen Pumpe bewähren darf."

Wieder langes Schweigen.

„Also, in meiner Gegenwart ab sofort nichts Verfängliches mehr", stieß Henning schließlich hervor.

„Jut, dann musset eben so sein", brauste Bernd auf, „aber dit kotzt mich total an. Würde mir am liebsten ne Kalaschnikow besorjn und damit dit Hauptquartier der Stasi uffmischn."

„Hast du noch andere charmante Ideen?", grinste Lorenz.

„Wart's ab. Ick lass mir wat einfallen, damit wir denen mal richtich einschenken könn'n", knurrte Bernd und prostete mit seiner Flasche Bier in die Runde.

Kapitel 4

Onkel Klaus

Berlin-Prenzlauer Berg, Sonntag, 28. November 1976

Wolfram besuchte seine Eltern Ilse und Herbert an jedem zweiten Sonntag. Es war kein Pflichtprogramm, er kam gern. Natürlich musste er immer von seiner neuen Freundin berichten. Christine war schon einige Male bei den Eltern zu Gast gewesen, aber deren Interesse an dem temperamentvollen Mädchen schien unersättlich.

Es war der erste Advent und selbst in dem atheistischen Haushalt seiner Eltern brannte eine Kerze auf dem Kranz. Es duftete nach frischer Tanne. Onkel Klaus war zu Besuch und mit ihm seine Tochter Karla, die Wolfram anhimmelte und es geschafft hatte, den Platz neben ihrem Cousin zu ergattern. Während des Essens löcherte sie ihn mit Fragen zu ihrem bevorstehenden Abitur und hing an Wolframs Lippen, als er von seinem Studentenleben berichtete.

Wie immer, begaben sich die Männer nach dem Mahl in den Fernsehraum. Man genehmigte sich eine Flasche ungarischen „Tokajer", am Ende noch ein, zwei Gläschen georgischen Weinbrands. Vater und Klaus rauchten. Die Mutter und Karla kamen nach dem Abwasch mit Kaffee und frisch gebackenem Apfelkuchen dazu.

„Genießt es, das waren die letzten Äpfel dieses Jahres."

„Was bist du für eine großartige Bäckerin, Ilse!", schwärmte Klaus.

„Wenn du bloß nicht so geschwollen daherreden würdest, könnte ich dir fast glauben", antwortete die Mutter lächelnd, aber nicht ohne Stolz, „langt zu, es ist genug da."

Ilse war schon froh, dass ihr Schwager wenigstens einmal nicht politisierte. Aber da hatte sie sich getäuscht.

„Großartig", wiederholte Klaus, nahm ein zweites Stück und einen weiteren großen Klecks Sahne dazu. „Gott sei Dank, dass sie den Biermann jetzt endlich rausgeschmissen haben!"

„Aber er wollte doch gar nicht rüber", wandte Wolfram ein.

„Na, der kann doch froh sein. Jetzt ist er bei seinen Gesinnungsgenossen im Westen“, höhnte Klaus unbeeindruckt und lachte.

Was der Onkel beruflich machte, wusste Wolfram erst seit kurzem. Staatssicherheit hatte sein Vater Herbert sich kürzlich verquatscht, als er bei seinem letzten Geburtstag zu viel getrunken hatte.

„Ist schon richtig, er ist ein Provokateur“, stimmte Herbert seinem Bruder zu, „aber so ein Rausschmiss kommt mir wie eine Bankrotterklärung vor. Ich finde, es wäre besser gewesen, mit ihm zu reden und seine falschen Positionen zu entlarven.“

„Wir haben doch alles probiert, um ihn wieder auf den richtigen Weg zu bringen.“

„Ja, ihr mit euren Methoden“, warf der Vater ein.

„Herbert“, mahnte die Mutter.

„Na wieso, Ilse … Darf ich hier im engsten Familienkreis nicht einmal sagen, dass mir diese ‚Beeinflussungsmethoden‘ nicht gefallen?“, fragte der Vater.

„Also, ich räume jetzt ab und du, Karla, hilf mir bitte“, sagte die Mutter.

Wolfram fiel ein, was Christine zu diesem Thema bemerkt hatte. Biermann sei den Genossen zu gefährlich geworden, weil sie keine überzeugenden Argumente gegen ihn hätten.

Klaus goss sich vom Weinbrand nach.

„Ich will dir mal was sagen, Herbert. Du bist einfach zu weich. Mit dieser Haltung kommen wir gegen die imperialistische Wühlarbeit nicht an. Was glaubst du, was hier los wäre, wenn wir nicht ganz genau aufpassen würden.“

Er trank das Glas in einem Zug aus.

„Ja, wir mit unseren Methoden. Der Klassenfeind erlaubt uns nun einmal nicht, die gesellschaftlichen Konflikte so auszutragen, wie ihr Schöngeister es gerne hättet. Unsere Methoden haben wir uns nicht ausgesucht, sie sind uns aufgezwungen worden.“

„Ich weiß, wo gehobelt wird und so weiter. Aber sollten wir uns nicht auch in dem, wie wir mit unseren Gegnern umgehen, von dem verbrecherischen Handeln des Imperialismus unterscheiden?“

Der Vater wurde langsam ärgerlich.

„Herbert, der Kampf gegen feindlich negative Personen rechtfertigt jedes Mittel, denn es geht hier um den Weltfrieden, ja sogar um die Zukunft der Menschheit.“

Klaus sprach sehr ruhig und Wolfram spürte eine Kälte, die er bei seinem Onkel noch nie wahrgenommen hatte.

„Dieser Biermann kommt von drüben, wo er als Arbeiterkind keine Chancen hatte, bekommt in unserem Staat eine exzellente Bildung und hat nichts Besseres zu tun, als ständig gegen uns zu hetzen."

Der Vater machte eine wegwerfende Handbewegung, stand auf und ging in die Küche.

„Aber meinst du nicht, dass bei uns auch Menschen zu Wort kommen sollten, die abweichende Meinungen vertreten?", fragte Wolfram seinen Onkel.

„Ja, natürlich haben bei uns divergierende Ansichten ihren Platz. Wir leben ja in einer sozialistischen Demokratie. Aber die Diskussion ist positiv zu führen. Ziel muss immer die Stärkung unserer Gesellschaft unter Führung der Partei der Arbeiterklasse sein."

Der Onkel blickte Wolfram wohlwollend an.

„Und das ist bei Biermann nicht der Fall. Er diskutiert feindlich. Deshalb war in unserer Mitte kein Platz für ihn."

Der Vater kehrte zurück. Sein Ärger war verflogen, freundschaftlich klopfte er seinem Bruder auf die Schulter. Doch für Wolfram war die Diskussion nicht beendet.

„Wir setzen also einen kritischen Geist vor die Tür. Rechtfertigt der Schutz der DDR denn jedes, wirklich jedes Vorgehen?"

„Was meinst du damit?", fragte der Onkel unwillig.

„Zum Beispiel Erpressung zur Spitzeltätigkeit", antwortete Wolfram.

Im Zimmer war es plötzlich still. Die Wanduhr tickte. In der Ferne ratterte eine Straßenbahn vorüber. Klaus' Blick lastete schwer auf Wolfram.

„Willst du unsere sozialistischen Organe beschuldigen, Menschen zur Mitarbeit zu zwingen?"

„Ich habe es doch selbst erlebt."

„Aha", erwiderte Klaus kantig.

„Ich kenne einen Studenten, der in seiner Jugend mal ein Lenin-Plakat abgerissen hat. Alles längst verjährt und abgebüßt. Aber jetzt hat man ihn, weil er nicht zur letzten Wahl gegangen ist, vorgeladen und zur Mitarbeit bei der Stasi erpresst."

„So etwas machen wir nicht!", protestierte der Vater.

„Das sind Methoden des Klassenfeindes", empörte sich Klaus und blickte verstimmt aus dem Fenster.

„Bitte, lasst es gut sein", sagte die Mutter, die gerade das Zimmer betreten hatte. In ihrer Stimme lag ein flehender Ton.

„Ich würde es nicht sagen, wenn ich es nicht genau wüsste."

„Dieser Jugendfreund hat ja offensichtlich ziemlichen Mist gebaut und jetzt bekommt er eben die Gelegenheit, seinen Fehler von damals wiedergutzumachen“, bemerkte Klaus.

„Ihr tut ihm also einen Gefallen?“

„Man hilft ihm, ein anständiger Mensch zu werden.“

„Gegen seinen Willen.“

„Wenn es sein muss, auch gegen seinen Willen, denn manchmal wissen Menschen eben nicht, was für sie gut ist.“

„Also gehört Erpressung zu euren Methoden?“, hakte Wolfram nach.

„Na und wenn schon“, antwortete Klaus, „das sind doch Lappalien. Wichtig ist nur, dass wir unsere sozialistische Friedensordnung schützen.“

„Lappalien, die das Leben eines Menschen zerstören können“, sagte Wolfram, der über sich selbst verblüfft war. So hatte er noch nie gedacht.

„Und wenn Menschen am ‚Antifaschistischen Schutzwall‘ erschossen werden, die - meinetwegen aus falschen Gründen, aber immerhin aus eigenem Entschluss – versuchen, die DDR zu verlassen. Hältst du das auch für Kleinigkeiten?“, fuhr er fort und wunderte sich immer mehr über sich selbst.

Durch die geöffnete Küchentür hörte man, wie Teller auf den Tisch und Besteck in eine Schublade geknallt wurden. Karla erschien mit gerötetem Gesicht in der Tür. Klaus drehte sich erstaunt in Wolframs Richtung. Seine Augen glänzten trunken.

„Das kann im Extremfall notwendig sein. Wir müssen solche Menschen davor schützen, einen falschen Weg einzuschlagen. Menschen, die den Einflüsterungen des Kapitals erlegen sind, den Verlockungen der Bilder, der Musik, der Farben. Die nicht erkennen, was sich hinter der grellen Maske dieser Raubtiergesellschaft verbirgt.“

Klaus hatte sich aufgerichtet und seinen angegrauten, dunkelblonden Lockenkopf kampfbereit nach vorn gereckt.

Es roch noch immer nach frisch gebackenem Apfelkuchen, Tannennadeln und Kerzen. Wolfram fing einen beschwörenden Blick von Karla auf. Lass gut sein, dachte er einen Moment lang, du kannst noch immer zurück in die Welt deiner bequemen Gewissheiten. Einfach zustimmend nicken, noch ein Stück Kuchen abgreifen und Mama loben.

„Du meinst also, falls jemand frei reisen will, ist es zu seinem eigenen Schutz notwendig, ihn zu erschießen?“

„Hört jetzt endlich mit diesem Schwachsinn auf. Das ist ja unerträglich“, rief die Mutter verzweifelt aus.

Klaus‘ Blick wurde hart.

„Ich habe langsam den Eindruck, dass du mich provozieren willst. Sind das deine neuen Ideen? Früher warst du nicht so."

Der Onkel lehnte sich in seinem Sessel zurück. Seine Stimme wurde etwas moderater.

„Du musst dich entscheiden, mein Lieber, wo du hingehörst. Stehst du noch auf unserer Seite oder schon auf der des Gegners?"

Karla schüttelte hinter Klaus' Rücken heftig den Kopf und funkelte Wolfram an.

„Wir müssen unsere Menschen vor der Propaganda des Imperialismus, der alles daransetzt, sie zu verwirren und zu beeinflussen, bewahren", ergänzte der Onkel in versöhnlichem Ton. „Wir sind im Klassenkampf und das bedeutet im Krieg."

Er goss sich erneut Weinbrand nach.

„Im Krieg", überlegte Wolfram laut, „so habe ich das noch nie gesehen. Und wann wird dieser Krieg vorbei sein?"

Klaus lachte. „Erst dann, wenn wir den Klassenkampf gewonnen haben oder wenn du so willst: wenn wir den Kapitalismus endgültig überholt haben. Wenn wir auch für Blinde attraktiv geworden sind."

„Würde es denn nicht reichen, diese Verirrten, die abhauen wollen, einfach an der Mauer zurückzuschicken? Sie zu erschießen, ist das noch verhältnismäßig?"

„Es ist verhältnismäßig, weil es rechtens ist. Überall in der Nähe des ‚Schutzwalls' sind Tafeln angebracht, die eindringlich davor warnen weiterzugehen. Jeder weiß, dass man dort nicht hindarf, dass es lebensgefährlich ist."

Karla fasste ihren Vater am Arm und versuchte ihn aus seinem Sitz zu ziehen.

„Komm Papa, es ist spät und du musst morgen früh aufstehen."

Aber jetzt wurde Klaus grantig.

„Wir machen die Drecksarbeit, damit ihr es in unserem Land schön und gemütlich habt, damit ihr hier friedlich leben könnt", knurrte er, ohne sich um Karla zu kümmern, „dafür lasse ich mich nicht beschimpfen. Was glaubst du, würde die Konterrevolution machen, wenn es uns nicht gäbe, die böse Staatssicherheit?"

„Ihr kämpft für unsere Gemütlichkeit?"

„Ja, für euren warmen Arsch und für Frieden und Wohlstand."

„Und was ist mit der Freiheit?", beharrte Wolfram.

„Freiheit ist die Einsicht in die Notwendigkeit", fiel der Vater ein, der einen Fuß in diese Auseinandersetzung bekommen wollte.

„Und wenn jemand die Notwendigkeit nicht einsieht?"

„Dann kann er nicht frei sein“, konterte Klaus scharf.

„Ich kenne einige Leute, die die Notwendigkeit der Mauer nicht einsehen.“

„Das sind die Unfreien.“

„Du meinst die, denen ihr die Freiheit nehmt?“, fragte Wolfram.

„Sei vorsichtig, mein Lieber. Wenn du die Notwendigkeit nicht einsiehst, landest du ganz schnell auf deren Seite!“, antwortete Klaus scharf. Seine Wangen glühten, die Stirn war blass.

„Vielleicht hätten die Menschen ohne Stasi weniger Angst“, sagte der Vater.

Klaus fuhr wütend herum.

„Jetzt du auch noch! Bekommt ihr doch erst einmal eine anständige Wirtschaft hin. Solange die nicht funktioniert, müssen wir die Kastanien immer wieder aus dem Feuer holen. Es lässt sich ganz knapp beschreiben: Sozialistische Wirtschaft geht im Augenblick nur mit Mauer und Stasi. Anders nicht.“

Wolfram erlebte diese Diskussion wie im Rausch, obwohl er kaum getrunken hatte. Bilder zogen an seinem inneren Auge vorüber. Er sah FDJ-Berger und den Mann im grauen Anzug am Wahlsonntag im Studentenwohnheim vor sich, dachte an Professor Neumanns plumpe Lobgesänge, die Drohungen beim Prorektor und die Erpressung von Henning. All das musste also sein, weil die Wirtschaft nicht funktionierte und die Menschen deshalb unzufrieden waren.

Würde sich daran jemals etwas ändern? Nein, dachte er. Diese, seine DDR, würde immer ein Staat mit Stasi und Unfreiheit bleiben. Mit grauen Männern, die einen am Sonntagmorgen aus dem Bett holen.

Auf einmal war er sehr aufgeregt. Es war nicht mehr wichtig, ob er aneckte. Er hatte Lust, alle Welt an seiner neu entdeckten Wahrheit teilhaben zu lassen.

„Und ist der ‚Antifaschistische Schutzwall‘ aus diesem Grund so gebaut, dass er sich gegen unsere eigene Bevölkerung richtet und nicht gegen den faschistischen Westen?“

Mit zornrotem Gesicht machte Onkel Klaus einen Satz auf Wolfram zu, als wollte er ihm eine runterhauen, unterließ es aber und setzte sich wieder in den Sessel.

„Der Faschismus greift uns nicht primitiv an der Grenze an, denn er weiß, dass er es dort mit unseren sowjetischen Brüdern zu tun bekäme. Er macht das subversiv, indem er versucht, sich in die Gedanken und Haltungen der Menschen einzuschleichen und sie abzuwerben. Das BRD-Fernsehen zeigt eine verlogene Scheinwelt, in der die antagonistischen gesellschaftlichen Widersprüche vertuscht werden. Feindsender wie der RIAS hetzen Tag für Tag gegen den sozialistischen Aufbau und versuchen, die Menschen mit ihrer Gammlermusik anzulocken. Am Ende stiften sie DDR-Bürger zum Verrat an.“

Er kippte ein weiteres Glas.

„Wenn deine neuen Freunde zu den Verführten gehören sollten, kann ich dich nur eindringlich vor ihnen warnen. Denn, wer unseren friedlichen Aufbau sabotiert, den werden wir hart angehen. Knallhart, das kannst du mir glauben, mein Junge.“

„Jetzt ist es aber gut“, mischte sich der Vater wieder ein.

„Das interessiert mich jetzt aber“, beharrte Wolfram, „obwohl der Marxismus eine Philosophie der Freiheit ist, bestraft ihr den Freiheitsdrang der Menschen.“

„Natürlich machen wir das, denn wir sind im Besitz der geschichtlichen Wahrheit. Wir wissen mehr als die vom Kapital Verführten.“

Unter dem Tisch trat Karla Wolfram heftig gegen das Schienbein. Er nahm es kaum wahr. Er war in einem Sog, aus dem er sich nicht lösen konnte. Es auch nicht mehr wollte.

„Würdest du das auch machen?“, fragte er seinen Onkel.

„Was meinst du?“

„Jemanden erschießen.“

„Ts, ts, ts, das Wölfchen glaubt wohl erwachsen geworden zu sein, weil es provokante Thesen nachplappert“, sagte Klaus ärgerlich.

„Also, wenn du es so genau wissen willst. Selbstverständlich! Sieh mal. Das sind ja nicht nur Verirrte und Verwirrte. Es sind letzten Endes auch Verräter. Wir befinden uns in einem unerbittlichen Ringen mit dem kapitalistischen Todfeind. In dieser Schlacht müssen Verräter mit dem Schlimmsten rechnen. Würdest du deine Eltern nicht vor Faschisten aus dem Westen schützen?“

Alle schwiegen beklommen. Von der Straße her hörte man das Quietschen eines bremsenden Autos.

„Würdest du auch mich erschießen, wenn ich versuchen würde, zu fliehen?“

„Jetzt reicht´s aber“, schimpfte Karla empört und zerrte ihren Vater vom Sitz hoch, „wir gehen jetzt. Du bist ja betrunken, Papa. Und was mit dir ist“, herrschte sie Wolfram an, „ahne ich nicht. Ich kann nur hoffen, dass du heute einfach nur ein bisschen plemplem drauf bist.“

Kapitel 5

Alles auf Anfang

Berlin-Prenzlauer Berg, 1964

„Soll ich dir ein Märchen vorlesen, Manfred?"

„Oma" Mührer schaute den Kleinen liebevoll an. Ihr eigener Kinderwunsch war unerfüllt geblieben und so übertrug sie ihre mütterlichen Gefühle auf den Nachbarsjungen. Der Zehnjährige sah sehr zart aus für sein Alter. Zart und verwöhnt, ein typisches Einzelkind. Wenn Manfred aus der Schule kam, ging er ganz selbstverständlich zur „Oma" Mührer. Er hatte einen Schlüssel zu ihrer Wohnung und bei ihr sein zweites Zuhause.

In der Schule war er so gut, dass er die zweite Klasse überspringen durfte. Er hätte sicher auch die Vierte locker auslassen können, aber da er noch sehr schmächtig war, fiel der körperliche Unterschied zu anderen Jungen besonders auf. Deshalb entschied man sich, seinen Fahrstuhl nicht noch weiter zu beschleunigen.

Freunde oder Spielkameraden hatte er kaum. Er war ein Stubenhocker, ließ sich gerne von „Oma" und Mama Märchen erzählen oder „Die schönsten Sagen des klassischen Altertums" von Gustav Schwab vorlesen.

Aber er konnte auch schon selbst lesen. In Mamas großem Bücherschrank fand er stets neues Material: Den Robinson Crusoe, dessen Abenteuer er mit glühenden Ohren verschlang sowie die Schatzinsel von Robert Louis Stevenson und die Bücher von Jack London und Jules Verne.

Seine Gespräche führte er vor allem mit den beiden Frauen. Es waren Erwachsenengespräche. Seiner geistigen Entfaltung tat das gut. Die raue Luft der Kinderscharen, die sich auf den Straßen und in den Kleingartenkolonien herumtrieben oder auf den Trümmerflächen tummelten, die es damals noch reichlich gab, lernte er nie kennen. Das, was man als Junge braucht, um abzuhärten, blieb ihm fremd. Er hatte weder jemals im Schwitzkasten gesteckt noch war er irgendwann einmal von einem anderen Jungen in den Bodendreck gedrückt worden.

Das Frühjahr kam. Seine Mutter erkrankte schwer. Im Sommer wurde es schlimmer, sie wurde schwächer und schwächer, nahm ständig ab und teilte ihm eines Abends, als sie ihm am Bett gute Nacht sagte, mit, dass sie ihn für ein paar Wochen in einem Heim unterbringen würde, weil sie für einige Zeit in ein Krankenhaus müsse.

„Damit ich endlich wieder gesund werde."

Er hatte sich trotz seines kindlichen Alters bereits einige schlimme Dinge ausgemalt: Aber nicht das! Bitte, bitte nicht das!

Tränen schossen ihm in die Augen. Er wollte nicht weg von zu Hause, er wollte bei seiner Mama bleiben. Die versuchte, ihn zu besänftigen. Aber er wollte sich nicht beruhigen, weinte und warf sich auf das Bett.

„Ich will nicht weg, niemals. Lieber will ich sterben. Ich gehe nicht weg von dir!"

„Aber es geht nicht, Manfred. Und das Heim, in das ich dich bringe, ist ein wunderschönes, neues Zuhause, das die Regierung unserer Republik für Kinder wie dich gebaut hat. Ich bin froh, dass ich einen Platz für dich bekommen habe. Du wirst es dort guthaben. Und wenn ich dann wieder gesund bin, werde ich bestimmt große Mühe haben, dich wieder nach Hause zurückzuholen, weil es dir dort so gut gefallen wird."

Mit seinem scharfen Verstand begriff er ihre Notlüge sofort.

Sie umarmte ihn. Aber er hörte nicht auf zu weinen.

„Dann bleibe ich eben bei Oma Mührer. Ich kann auf ihrem Sofa schlafen."

„Sieh mal, die Oma ist doch schon alt und gebrechlich. Die kommt kaum alleine klar."

Irgendwann ließen seine Kräfte nach und er schlief ein.

Nach langer Zeit öffnete er die Augen. Die Mutter lag bleich und erschöpft neben ihm. Ihr Körper war kühl und schweißnass.

„Mama, was ist mit dir?"

„Ach, nichts. Das wird schon wieder."

Kapitel 6

Die Erziehungsanstalt

Berlin-Johannisthal, 1964

Ein paar Tage später brachte ihn die Mutter in das „Kinderheim Klosterheide“ in Berlin-Johannisthal, das sich auf einem großen Mischwaldgelände befand. Von Kiefern umrahmt führte der Hauptweg tief in den Park und endete vor dem weißen Portikus eines breitgestreckten Hauses.

Die Schritte der Mutter waren unsicher. Links trug sie den Koffer, rechts hielt sie die Hand ihres Jungen. Sie sah ihn besorgt an.

„Manfred, du bist so klein, du würdest noch für einen Achtjährigen durchgehen.“

Ihre Stimme klang traurig. Immer wieder blieb sie stehen, um ein Taschentuch an die Augen zu drücken. Einzelne Blätter, die auf den Weg gefallen waren und deren rötliche Farbe den kommenden Herbst ankündigte, raschelten unter ihren Füßen. Als sie die Mitte des Weges erreicht hatten, musste sie den Koffer schwer atmend absetzen. Links und rechts standen, durch den Wald halb verdeckt, mehrere zweistöckige Häuser. Sie waren in frischem, hellem Gelb gestrichen.

„Schau nur, die Partei hat sich besondere Mühe gegeben, euch ein schönes Heim zu schenken.“

Sie wies auf die Eingangstüren, die von braun-weißen Friesen umrahmt waren, auf denen man lachende Kinder mit Pioniertüchern beim Spielen, Lernen und Pflanzen von Setzlingen sah. Sie atmete befreit durch und blickte lächelnd auf ihn hinunter.

„So schön habe ich es mir nicht vorgestellt, Manfred, jetzt geht es mir schon viel besser.“

Der Weg wurde auf beiden Seiten von Laternen auf hohen Betonmasten flankiert. An jedem flatterten in einigen Metern Höhe drei Fahnen im Wind.

„Und sieh doch nur. Es ist, als würde man uns begrüßen. Freust du dich nicht auch ein bisschen?“

Sie erreichten das Hauptgebäude. Betraten die große Eingangshalle. Links und rechts führten Gänge zu den Seitenflügeln. Es roch nach frisch gewischten Linoleumböden. An den Wänden hingen die „Heiligenbilder“ der DDR: Ernst Thälmann, der tapfere Kämpfer gegen Hitler. Wilhelm Pieck, der gütige alte Präsident. Otto Grotewohl, der Streiter für die Einheit der Arbeiterklasse. Und schließlich der freundliche Staatsratsvorsitzende, Walter Ulbricht.

Die Gänge entlang: Kinderzeichnungen, Türen, hinter denen gedämpftes Schülergemurmel und die lauteren Stimmen von Lehrern zu hören waren.

Hinter diesen Wänden saßen also die Kinder, zu denen Manfred bald gehören sollte. Ihm schnürte sich die Kehle zu. Als die Mutter spürte, wie sich seine Hand in ihren rechten Arm krallte, ließ sie den Koffer zu Boden sinken, ging in die Knie und strich ihm über das Haar.

„Du musst keine Angst haben, Manfred. Du bist nicht dümmer als die. Dir wird es hier gut gehen.“

Am Ende des Ganges fanden sie das Büro des Heimleiters. Die Mutter blieb vor der Tür stehen, zupfte ihrem Jungen das Hemd zurecht und strich ihm eine widerspenstige Haarsträhne aus der Stirn. Sie warf einen Blick in ihren Taschenspiegel. Überpuderte hastig die Schatten in ihrem Gesicht, holte tief Atem, klopfte an die Tür und betrat das Zimmer, ohne das „Herein“ abzuwarten.

Hinter einem Schreibtisch saß ein streng blickender, alter Mann. Für Manfred mit seinen zehn Jahren erschien jeder alt, der über Zwanzig war. Später wusste er, dass dieser Mann die Mitte vierzig gerade erst erreicht hatte.

„Guten Tag!“, grüßte die Mutter. „Ich bringe Ihnen meinen Sohn Manfred. Er soll ein paar Wochen hier wohnen, bis ich wieder gesund bin.“

Manfred umfasste ihre Hüften mit beiden Armen und drückte seinen Kopf gegen ihr Kleid. Roch ihr vertrautes Parfüm.

Der alte Mann stand auf und kam um den Schreibtisch herum. Er war groß und kräftig.

„Guten Tag, ich bin Gerhard Schweighardt, der Heimleiter. Ich habe Manfreds Akte gerade auf dem Tisch.“

Er schaute beide freundlich an. Die Mutter antwortete mit einem scheuen Lächeln. Der Junge blickte ernst zu Schweighardt auf, ohne sie loszulassen.

„Seien Sie unbesorgt, wir werden alles tun, damit Manfred sich schnell einlebt. Wir haben hier die fortschrittlichste Pädagogik. Bei uns erfolgt die Erziehung des Kindes durch das Kollektiv. Unsere Erzieher halten sich möglichst zurück, sie sind keine Aufseher wie in den kapitalistischen Erziehungsanstalten."

Der Heimleiter beugte sich zu dem Jungen herab.

„In diesem neuen Heim leben Kinder, die für eine bestimmte Zeit ein neues Zuhause brauchen. Du kommst in die Gruppe A, im Haus 5. Dein Erzieher ist Herr Stoltenberg, der ist sehr nett."

Schweighardt sah Manfred nachdenklich an.

„Für einen Zehnjährigen bist du nicht besonders groß. In deiner Truppe gibt es einige, die zwölf sind, schon richtige Jugendliche."

Schweighardt richtete sich wieder auf und blickte zu der beunruhigten Mutter.

„Ich bin sicher, er wird sich gut einleben. Wenn aber irgendetwas sein sollte, kann er …", er wandte sich zu Manfred, „… kannst du jederzeit zu mir kommen, du brauchst überhaupt keine Angst zu haben."

Sie gingen zu dritt den Hauptweg entlang und bogen am Ende nach links zum Haus Nummer 5 ab. Im Erzieherzimmer fanden sie Helmut Stoltenberg, Manfreds Gruppenleiter. Schweighardt wünschte der Mutter gute Besserung und verabschiedete sich.

Stoltenberg mochte etwa im Alter der Mutter sein, ein hagerer, sportlicher Mann mit gewellten blonden Haaren, Sommersprossen und einer schweren dunklen Hornbrille. Er führte die beiden in Manfreds Zimmer im ersten Stock.

„Deine Gruppe ist noch in der Schule. Die vorletzte Stunde hat gerade begonnen."

Schüchtern sah der Junge sich um. In der Mitte des Raumes stand ein großer, viereckiger Tisch mit sechs Stühlen. An den Wänden drei eiserne, grau gestrichene Doppelstockbetten. Die Matratzen waren bezogen, die Decken säuberlich gefaltet und exakt übereinandergelegt. Zu jedem Doppelbett gehörten Spinde, deren Türen mit Vorhängeschlössern zugesperrt waren.

„Dies ist dein Bett. Als erstes möchte ich, dass du das Laken aufspannst, deine Decke und das Kissen beziehst. Anschließend versuche sie so gerade zu legen, wie du es bei den anderen Betten siehst", wies Stoltenberg ihn an. „Es wird dir am Anfang nicht gleich gelingen. Aber das lernst du schnell."

Die Mutter wandte sich ab und trat an das Fenster. Ihre Schultern zuckten.

Der Junge blickte sie hoffnungsvoll an, aber sie schwieg.

Stoltenberg zeigte Manfred seinen Spind. Die Mutter räumte seine Sachen ein. In das unterste Fach legte sie zwei in Geschenkpapier eingewickelte Päckchen. Er wusste, was sich in ihnen befand. In dem kleineren drei Tafeln Schokolade: zwei von drüben. „Oma" Mührer hatte sie von ihrem letzten Westbesuch aus Hannover mitgebracht.

In dem anderen Päckchen befand sich ein Schoko-Nuss-Kuchen, den Mutter letzte Nacht gebacken hatte. Er duftete durch das Papier.

„Hier ist dein Schlüssel, Manfred, du musst deinen Schrank immer abschließen, damit niemand etwas stibitzen kann."

Die Mutter blickte Stoltenberg erschrocken an.

„Wir haben hier leider auch Jungs aus schwierigen Milieus", seufzte er, „aber bei uns werden sie zu sozialistischen Persönlichkeiten erzogen."

Sie wollte noch das Bett machen, aber es war keine Zeit mehr. Zum Abschied umschlang er sie und drückte sein Gesicht an ihr Kleid. Solange er sie riechen konnte, war sie noch da. Als er sich schließlich von ihr lösen musste, blieben zwei große nasse Flecken zurück.

„Wann kommst du mich besuchen?"

„Bald, sehr bald."

Sie gab ihm einen Kuss auf die Stirn, drehte sich um und verlies mit dem Erzieher das Zimmer.

Stoltenberg brachte sie bis zum Heimausgang. Der Junge stand am geöffneten Fenster und blickte ihr hinterher. Ein letztes Mal drehte sie sich zu ihm um, warf ihm Kusshände zu und tupfte sich immer wieder die Augen. Er winkte zurück, seine Kehle war ein dicker Klumpen. Sie rief etwas, was er nicht mehr verstand. Dann war sie verschwunden. Manfred starrte lange auf die Stelle, wo sie um die Ecke gebogen war.

In dem Zimmer war es jetzt sehr still. Er warf sich auf das Bett, drückte das Gesicht in die kratzige Decke und schloss die Augen. Mami ist weg, dröhnte es in ihm. Er presste beide Hände gegen die Ohren, schlug sein Gesicht gegen den rauen Stoff, wieder und immer wieder, bis die Haut wie Feuer brannte. Er begann zu weinen. Es tat ihm gut.

Draußen schlug eine Tür. Das Bett, dachte er. Du sollst doch das Bett richten. Hastig sprang er auf. Er hatte noch nie in seinem Leben ein Bett gemacht, das hatte immer die Mutter getan. Das Kissen zu beziehen war noch leicht. Das Laken machte schon mehr Mühe. Es gelang ihm nicht, es so glatt zu spannen, wie er es bei den anderen Betten sah. Am schlimmsten aber war die Decke. Innen kräuselte sich der Stoff zu kleinen Hügellandschaften. Sobald er eine Falte wegstrich, bildeten sich zwei neue. Wie hatten die anderen das nur hinbekommen? Warum war die Mutter nicht noch ein paar Minuten geblieben, um ihm zu helfen?

Um Viertel vor Zwei läutete die Schulklingel. Er sah auf die neue Armbanduhr aus Ruhla, sein ganzer Stolz. Mutter hatte sie ihm vor einer Woche geschenkt.

Er trat an das Fenster. Aus dem Hauptgebäude schoss gerade eine Horde Jungen heraus. Einige schleuderten den Ranzen in die Luft und versuchten, ihn im Fallen wieder aufzufangen. Andere schubsten oder fingen an zu raufen. Jetzt drängten auch Mädchen in Gruppen heraus. Schnell füllte sich der Platz vor der Schule mit lärmenden Kindern, die sich über die Wege zu den Wohnhäusern verteilten.

Einige Augenblicke später flog die Tür des Zimmers auf, ein magerer Rothaariger mit Sommersprossen und grünen Augen stürmte herein, warf seinen Ranzen auf den Tisch und baute sich vor Manfred auf.

„Bist du der Neue?"

Manfred nickte.

„Ick bin Horst, kannst ruhig Hotte sagen. Ick schlafe über dir. Wie heißt 'n du? Und wat is´n mit deinem Bett los? Los, wir machen dit zu zwei´n, bevor die andern zurückkommen."

Horst warf Decke und Kissen auf ein anderes Lager. Unter seinen geübten Griffen spannte sich Manfreds Laken, die Falten verschwanden.

„Kapiert?"

Manfred nickte schüchtern. Horst zeigte ihm auch, wie man die Decke in den Bezug hineinbekam und sie hinterher so auf dem Bett glattstrich, dass die Oberfläche wie ein Brett dalag.

Langsam wurde es in den Gängen ruhiger und nun füllte sich auch das Zimmer. Neugierig standen die anderen um Manfred herum. Ein stämmiger Kerl mit dunklem, nach hinten gekämmtem, welligem Haar von vielleicht elf Jahren, der Reinhard hieß, schob eine Schulter nach vorn.

„Sicher, dass du hierhergehörst? Bist doch noch ganz mickrig."

Reinhards Stimme klang seltsam näselnd und Manfred bemerkte eine Hasenscharte. Reinhard mochte ihn nicht, das spürte er.

Stoltenberg betrat das Zimmer.

„Jungs, das ist euer neuer Kamerad: Manfred. Er ist noch etwas klein, aber auch schon Zehn. Ihr werdet ihn in eure Gemeinschaft aufnehmen und anständig behandeln, so wie man das von Thälmann-Pionieren erwartet."

Sein Blick glitt hinüber zu Manfreds Bett. Er nickte anerkennend.

„Wie ich sehe, hast du deine erste Aufgabe schon hervorragend erfüllt. Oder hat dir jemand geholfen?"

Manfred nickte eifrig. Hotte grinste breit. Stoltenberg lächelte zufrieden.

„Einen ersten Freund hast du also schon gefunden. Du wirst dich bald einleben. Es wird dir bei uns gefallen."

Als der Erzieher den Raum verlassen hatte, ebbte das Interesse der anderen Jungen an Manfred ab. Sie setzten sich an den Tisch und begannen, ihre Ranzen auszupacken.

„Scheiß-Bruchrechnung, Scheiß-Aufsatz", fluchte ein hoch aufgeschossener, kräftiger Junge, der schon zwölf sein mochte und den die anderen Kalle nannten. Kalle hatte ein merkwürdiges Gesicht. Unter kurzgeschnittenem, dunkelblondem Haar öffnete sich eine weite Stirn, auf der Pickelwiesen blühten. Seine Augen standen eng und verliehen ihm zusammen mit dem energischen Mund einen entschlossenen Ausdruck, dem aber seine Stupsnase und die abstehenden Segelohren entgegenstanden.

„Hier, Gerd, für dich", sagte Kalle herrisch zu einem blonden, pausbäckigen und stillen Knaben, „aber sauber schreiben. Nicht so schmieren wie letztes Mal."

Dann stand er auf, steckte die Hände in die Hosentaschen, öffnete die Tür mit einem Fußkick und zog sie mit demselben Bein hinter sich zu.

Gerd setzte sich an den Tisch und nahm sich Kalles Matheaufgaben vor. Er holte ein Blatt aus dem Ranzen, rechnete alles durch und übertrug die Ergebnisse auf einen zweiten Bogen.

Im Raum war es still geworden. Ein magerer Junge mit schiefen Zähnen und unruhigen Händen, Willi, hatte Mühe, ruhig am Tisch sitzen zu bleiben und sich auf seine Schularbeiten zu konzentrieren. Hastig krakelte er im Heft herum, sein Kopf lag wie bei einem Erstklässler fast auf der Tischfläche, sein Füllfederhalter kleckste, er fluchte, seine Finger waren mit Tinte beschmiert. Er lief hinaus, wusch sich im Waschraum die Hände, kam zurück und machte die nächsten Flecken.

Manfred hockte vorsichtig auf seiner Bettkante, um die Decke nicht zu verwurschteln. Er wagte es nicht, sich zu den anderen zu gesellen. Der Minutenzeiger seiner Ruhlaer Uhr quälte sich von Ziffer zu Ziffer.

Nach einer Stunde flog die Tür auf. Kalle kam zurück und brachte einen Kerl mit, der noch größer und kräftiger als er war. Er mochte schon dreizehn sein und trug eine Igelfrisur. Auf der Oberlippe und den Wangen stand bereits der erste Bartflaum.

Die Jungen hörten auf zu schreiben. Werner, wie der Große hieß, ging zum Tisch, ließ sich mit seinem massigen Oberschenkel auf Gerds Matheaufgaben nieder und starrte Manfred an.

„Neu hier?"

Seine Stimme war kräftig und klang bereits rau.

Manfred nickte.

„Hat dir Mama was mitgegeben?“

„Ja.“

„Her damit.“

Manfred zögerte. Kalle sprang auf und herrschte ihn an.

„Hier wird geteilt. Wo ist der Schrankschlüssel? Wird's bald?“

Der riesige Kerl beugte sich zu Manfred hinunter. Seine Augen funkelten. Zigarettengestank schlug Manfred entgegen. Angst kroch ihm den Nacken hoch.

Mit zitternden Händen suchte er in seinen Taschen und zog den Spindschlüssel hervor. Kalle nahm ihn, schloss den Schrank auf, wühlte in den Fächern und fand schnell die Päckchen. Er lachte triumphierend auf und brachte sie zu Werner.

„Lass sehen“, sagte der und machte das erste auf. „Sieh an, drei Tafeln Schokolade. Zwei aus´m Westen, eine aus´m Osten. Deine Alte ist wohl was Besseres.“

Er nahm die oberste Tafel, eine „Sarotti Vollmilch-Nuss“, riss das Papier auf, brach einen Riegel ab und stopfte ihn sich in den Mund. Schokoladenduft verbreitete sich im Raum. Werner hielt einen Augenblick inne, schloss die Augen und stöhnte hingerissen.

„Leute, diese Westscheiße schmeckt wirklich Klasse. Oder habe ich mich vielleicht nur getäuscht?“

Er griff einen zweiten Riegel, verschlang ihn, verharrte einen Moment und verdrehte die Augen.

„Nö, ich glaub, ich habe recht.“

Der dritte Riegel verschwand in seinem Mund. Danach die restlichen. Die anderen Jungen, die seit Ewigkeiten keine Schokolade mehr gesehen hatten, stierten mit gierigen Augen zu ihm hinüber. Manfred blickte fassungslos auf das zerknüllte Stanniolpapier, das Werner auf den Boden geschmissen hatte.

Zu Hause gab es nur zweimal im Jahr Schokolade, an Weihnachten und seinem Geburtstag. An diesen Tagen faltete er das Silberpapier, in das die Tafeln eingehüllt waren, feierlich auseinander und verpackte die Köstlichkeiten anschließend wieder sorgfältig, nachdem er sich ein einzelnes Stückchen gegönnt hatte.

„Leute, jetzt bin ich mir fast sicher. Aber zur Überprüfung brauche ich noch eine.“

Er nahm sich die zweite Westschokolade, eine „Karina Mokka“, und schob sie in seine Tasche.

„Die wird auch kontrolliert.“

Das war zu viel.

„Du bist so gemein“, schrie Manfred und rannte zur Tür.

„Halt, du Idiot, willst wohl petzen!“ Kalle versperrte ihm den Weg und versetzte ihm einen Fausthieb in den Magen.

Manfred schnappte nach Luft und war plötzlich willenlos. Mit vor Schmerz gekrümmtem Oberkörper schleppte er sich zum Bett und kroch auf die Matratze. Atmen, nur noch atmen wollte er. Alles andere war egal, Hauptsache, sie ließen ihn in Ruhe.

Werner hatte inzwischen die dritte Tafel, eine „Rotstern Vollmilch“, gegriffen und auf den Tisch geworfen.

„So, ihr Penner, die Ostschoko ist für euch. Kalle kriegt die Hälfte, den Rest teilt ihr unter euch auf. Aber gerecht muss es zugehen, wer schummelt, kriegt von mir persönlich was aufs Maul. Und Manfred nicht vergessen. Der ist zwar neu, hat aber die gleichen Rechte wie alle anderen.“

Werner wandte sich dem zweiten Paket zu, in dem sich der Kuchen befand. Nach den Nüssen für den Kuchen hatte die Mutter die Läden abgeklappert. In der ganzen Wohnung hatte es nach Karamell, Äpfeln, Pfefferkuchengewürz und Schokoladenguss gerochen. Am Ende durfte er die Schüssel auslecken.

Werner brach den Kuchen in zwei Stücke. Unter den gierigen Blicken der Jungen umwickelte er den größeren Teil mit dem Papier und schob ihn sich unter das Hemd.

„Wie gesagt, gerecht teilen, sonst gibt´s was auf die Fresse.“

Er verließ das Zimmer. Kalle brach das zurückgelassene Stück in zwei Hälften und begann, seinen Teil zu verschlingen. Der Rest ging reihum. Jeder biss ein möglichst großes Stück heraus. Hotte brachte Manfred die letzten Krümel ans Bett. Er blickte ihn mitleidig an.

„Hier nimm, haste wenigstens ´n bisschen wat von jehabt.“

Kalle wandte sich an Manfred.

„So, mein Lieber, nun weißt du, wie´s hier läuft, hoffe deine Mami kommt bald wieder, dann gibt’s Nachschub“, sagte er grinsend, „und jetzt sieh dir diese Sauerei an. Überall Dreck und Krümel. Alles von deinem Scheißkuchen und der Scheißschokolade. Mach gefälligst das Zimmer sauber. Aber ´n bisschen dalli.“

Manfred erhob sich mühsam, drückte die Hände gegen den Leib und suchte nach Handfeger und Müllschippe. Ihm war übel, er hätte sich am liebsten übergeben.

Kalles Blick fiel auf die Ruhlaer Armbanduhr.

„Und die lässte auch gleich mal rüberwachsen. Was die Stunde geschlagen hat, erfährst du ab heute von mir.“

Manfred nahm die Uhr ab und gab sie Kalle. Ihm war alles egal, er wollte nur nicht weiter verprügelt werden.

Am nächsten Tag besuchte Manfred zum ersten Mal den Unterricht. Er kam in die Klasse 6c und freute sich, dass er neben Hotte sitzen durfte. Aber als er sich in die Bank schob, sah er mit Schrecken, dass Kalle und Reinhard direkt hinter ihm saßen.

In der ersten Stunde hatten sie Deutsch. Die Klassenlehrerin, eine kleine, energische Frau, die ihre Haare zu einem strengen grauen Dutt zusammengebunden hatte, betrat die Klasse und alle Schüler standen auf.

„Guten Morgen."

„Guten Morgen, Frau Germer."

Es war ein schöner Klassenraum. Rechts neben der Wandtafel hing ein großes Pionierabzeichen an der Wand. Gelb umrandet die Buchstaben „JP" für Junge Pioniere. Darüber die Aufforderung „Seid bereit!" und ganz oben golden lodernde Flammen, deren Spitzen von einem unsichtbaren Wind nach rechts gedrückt wurden. Links der Tafel hing eine große Metallplakette mit dem Bildnis von Ernst Thälmann.

Manfred meldete sich im Unterricht nicht. Einmal stellte ihm Frau Germer eine Frage. Er zuckte zusammen und schlug die Augen nieder.

„Du bist wohl noch etwas schüchtern", sagte sie.

Kalle und Reinhard passten im Unterricht nicht auf. Kalle boxte Manfred immer wieder in den Rücken. Der zuckte zusammen und versuchte mit seinem Stuhl soweit wie möglich nach vorne zu rücken. Manchmal warf Kalle zusammengefaltete Zettelchen zum Nachbartisch hinüber, wo Cornelia und Brigitte saßen. Cornelia war schmal und wirkte noch kindlich. Brigitte dagegen schien schon etwas älter zu sein, sie war bereits deutlich weiblich entwickelt.

In der dritten Stunde war Rechnen dran. Sie mussten eine Textaufgabe schriftlich erledigen. Manfred war nach wenigen Minuten fertig. Als er seinen Bleistift zur Seite legte, bemerkte er, dass Hotte nur ein paar Zeilen auf sein Blatt geschrieben, dann aber alles durchgestrichen hatte.

Stolz ließ Manfred ihn abschreiben. Plötzlich kamen Tritte von hinten gegen seine Stuhlbeine. Er drehte sich um und sah, wie Kalle ihn herrisch anwies, sein Lösungsblatt in die Mitte zu schieben. Manfred hätte vor Freude jubeln können. Manfred und Hotte rückten auseinander, damit Kalle und Reinhard alles sehen konnten, aber nach wenigen Minuten kam das Klingelzeichen. Wütend gaben die beiden ihre unvollständigen Seiten ab.

In der Pause stand Manfred mit Hotte zusammen.

„Bist janich so blöde, dabei immer noch so klein", nickte Hotte anerkennend.

„Ich habe die zweite Klasse übersprungen", antwortete Manfred.

„Pass auf, da kommen Fettbacke und Kalle", sagte Hotte.

Werner kam grinsend über den Schulhof geschlendert, hinter ihm Kalle. Kalle nahm Manfred sofort in den Schwitzkasten. Er würgte ihn so brutal, dass ihm schwarz vor Augen wurde. Kurz bevor er ohnmächtig wurde, ließ Kalle los, packte Manfred am Hemdkragen und stieß ihn von sich, dass er mit den Knien auf das Pflaster des Schulhofes aufschlug.

„Pass auf, Freundchen. Beim nächsten Mal lieferst du gleich ab, nicht erst fünf Minuten vor Schluss. Verstehst du, ich bekomme es sofort. Ich bin der Chef und wenn du nicht spurst, kriegst du aber richtig aufs Maul. Verstanden?"

Manfred drückte eine Handfläche auf das blutende Knie. Er nickte stumm.

Nach der letzten Stunde ließ er die anderen vorangehen und verließ als letzter das Schulgebäude. Vom Portikus aus konnte er den langen Weg einsehen, der zum Tor führte, durch das die Mutter gestern verschwunden war. Gott sei Dank, der Vorplatz war leer. Er tat ein paar Schritte nach draußen. Die Luft war frisch und duftete nach Sommerende und nahendem Herbst.

Dann entdeckte er sie. Kalle und Fettbacke lungerten am Wegrand, hinter einer Kieferngruppe. Sie winkten Manfred zu sich. Er kehrte um, rannte an den Säulen des Portikus vorbei, durch die Eingangstür, rannte, ohne nachzudenken, bis er vor der Tür von Gerhard Schweighardt stand. Er drückte die Klinke hinunter und stürzte ins Zimmer.

Der Heimleiter saß am Tisch, genau wie gestern. Als das kleine Kerlchen atemlos in sein Zimmer plumpste, sah er erstaunt auf, schloss die Akte, in der er gerade gelesen hatte und trat auf ihn zu.

„Nun komm mal, mein Junge. So früh habe ich dich nicht erwartet."

Schweighardt ließ Manfred auf einem abgenutzten Stoffsofa Platz nehmen, in dem er fast versank.

„Du brauchst keine Angst zu haben, was du mir jetzt sagen wirst, bleibt unter uns. Niemand wird davon erfahren."

Manfred sah aus dem Fenster.

„Hat man dich geärgert?"

Er nickte.

„Auch geschlagen?"

Er nickte wieder.

„Nun komm, lass dir nicht alles aus der Nase ziehen. Wie soll ich dir sonst helfen?“

An der Wand gegenüber dem Sofa hing ein Bild von Walter Ulbricht. Der Staatsratsvorsitzende sah ihn an und lächelte gütig. Manfred begann zu sprechen. Er wollte ja nicht petzen, aber er konnte sich nicht dagegen wehren, dass die Worte aus ihm heraussprudelten.

Schweighardt hörte mit wachsendem Unmut zu. Als Manfred schilderte, wie Kalle ihn geschlagen hatte, sprang er auf und ging mit wütenden Schritten im Zimmer auf und ab.

„Diese Feiglinge, immer auf die Schwächsten. Das trauen sie sich.“

Er trat an das Fenster und sah hinaus.

„Diese Kinder stammen oft aus kapitalistisch geprägten Verhältnissen. Es kann lange dauern, bis so jemand zu einer sozialistischen Persönlichkeit heranreift. Aber wir schaffen das. Keine Angst, dir passiert nichts. Ich bringe dich persönlich zu deiner Gruppe und spreche mit Herrn Stoltenberg.“

Sie gingen den Hauptweg zum Haus Nummer 5 hinunter. Werner und Kalle waren verschwunden, aber Manfred spürte ihre Blicke fast körperlich. Alle bekamen mit, dass er beim Heimleiter gewesen war.

Na, wenn schon. Was sollte ihm jetzt noch passieren? Er stand ab sofort unter Schweighardts persönlichem Schutz. Manfred richtete sich auf und rückte näher an den Heimleiter heran. Er war stolz auf sich. Niemand würde es jetzt noch wagen, ihn anzurühren.

Schweighardt ging mit Manfred zum Gruppenraum, wo Stoltenberg mit den Jungen zusammensaß und über den nächsten Ausflug sprach. Der Heimleiter winkte Stoltenberg zu sich und flüsterte ihm etwas ins Ohr.

„Manfred soll sich bei uns wohlfühlen“, sagte er an alle gewandt, „ich möchte, dass ihr ihn anständig behandelt. So, wie es in unserem ‚Kinderkombinat A. S. Makarenko‘ üblich ist.“

Manfred ging zu den Jungen und setzte sich auf einen Stuhl. Sie starrten ihn mit großen Augen an. Wieder verließ ihn der Mut. Gleich würde Schweighardt weggehen und ihn allein zurücklassen.

„Karl-Heinz, du kommst mit“, Schweighardt winkte Kalle zu.

Kalle stand zögernd auf und folgte mit gesenktem Kopf beiden Erziehern. Als sie die Tür erreicht hatten, warf Kalle Manfred einen hasserfüllten Blick zu. Hotte schüttelte missbilligend seinen roten Schopf.

Aber Schweighardt hatte Wort gehalten. Es passierte nichts mehr. Manfred wurde in Ruhe gelassen. Das tat ihm gut. Nach wenigen Tagen waren ihm die Jungen der Gruppe so vertraut, dass er begann, sich an ihren Gesprächen zu beteiligen.

Eine Woche später war Pionierversammlung der Gruppe. Stoltenberg gab Gerd das Wort. Der ruhige und besonnene Junge sprach über den „,Antifaschistischen Schutzwall', der seit vier Jahren unsere Republik sichert".

Gerd las vom Blatt ab. Sein Beitrag war kurz. Als er sich setzte, räusperte sich Stoltenberg.

„Thälmannpioniere! Karl-Heinz hat darum gebeten, ein persönliches Wort an alle richten zu dürfen. Bitte, Karl-Heinz."

Kalles Kopf hatte sich knallrot verfärbt. Langsam war er aufgestanden. Er hielt die Stuhllehne fest und blickte auf die Tischplatte. Mechanisch und leise leierte er die Sätze wie auswendig gelernt herunter.

„Ich habe mich gegenüber Manfred nicht so benommen wie ein Thälmannpionier. Ich bitte Manfred und das Kollektiv um Entschuldigung. Und das hier möchte ich dir zurückgeben."

Kalle zog die Armbanduhr aus seiner Hosentasche und schob sie Manfred hin. Er machte eine Grimasse, die sein unentschiedenes Gesicht mit der Stupsnase und den Segelohren für einen Moment lustig aussehen ließen und fuhr sich verlegen durch die Haare. Manfred nahm seine Uhr und band sie sich um. Stoltenberg ergriff das Wort.

„Karl-Heinz hat sich verpflichtet, vier Wochen lang täglich die Stube auszufegen. Nehmt ihr seine Verpflichtung an?"

Alle hoben zustimmend die Hände. Im Anschluss daran wurden die Feierlichkeiten zum 7. Oktober, dem „Tag der Republik", besprochen. Aber Manfred hörte nicht zu. Ich habe es geschafft, jubelte er innerlich. Gott sei Dank, er kann mir nie wieder etwas tun.

Kalle hielt den Kopf gesenkt. Als Manfred einmal zu ihm hinsah, kreuzten sich ihre Blicke für einen kurzen Moment. Kalles kräftige Brauen schoben sich zusammen, die Augen verengten sich. Manfred erstarrte bis in die Fußsohlen.

Auch Fettbacke war bestraft worden. Da er der Anführer war, fiel seine Strafe härter aus. Er musste vier Wochen lang die Toilette im ersten Stock, wo neben Manfreds auch Werners Gruppe wohnte, säubern. Niemals zuvor war dieses Klo so sauber gewesen, denn jeder Junge sah zu, dass er es blitzblank verließ. Einmal begegnete Manfred Werner, als der gerade vom Putzdienst aus der Toilette kam. Der Große sagte nichts, sah ihn nur von oben herab an.

Nach solchen Begegnungen lag Manfred nachts lange wach und horchte ängstlich auf die Geräusche der Schlafenden.

Wie mochte es der Mutter gehen? Endlich, nach vier Wochen erhielt er ihren ersten Brief. Sie schrieb, dass es aufwärts gehe und die Kur ihr guttue. Dass sie ihn bald wieder abhole. Er las den Brief immer und immer wieder, küsste ihn, legte ihn in ein Schulbuch und sah während des Unterrichtes heimlich auf die Zeilen, die er längst auswendig kannte.

Nun konnte ihm nichts mehr passieren. Bald würde er wieder zu Hause sein.

In der folgenden Nacht konnte er seit Langem wieder richtig gut schlafen. Doch plötzlich erwachte er, weil er keine Luft bekam. Ihm wurde ein Kissen auf das Gesicht gepresst. Todesangst. Nicht ersticken, bloß nicht ersticken! Das war das Einzige, was in diesem Moment noch zählte. Dass einer auf seinen Beinen lag, ein anderer seine Arme über den Kopf gezogen hatte und sie festhielt, bekam er nur am Rande mit. Er schrie oder glaubte zu schreien, aber das Kissen lastete wie ein Sandsack auf seinem Kopf. Er konnte sich nicht bewegen.

Dann kamen die Schläge. Sie krachten auf beiden Seiten gegen seine Rippen, in seinen Bauch. Die Schmerzen explodierten wie Granaten in seinem Körper, lähmten ihn. Er rührte sich nicht mehr, versuchte nur noch zu atmen. Und bald war auch das nicht mehr wichtig. Es ging zu Ende, er spürte es. Er blickte in einen schwarzen Tunnel und ganz weit hinten leuchtete es. Er hörte ein Dröhnen, aber dann war es nur noch ein Grollen, dann sanfte Musik. Zu dem hellen Licht wollte er hin. Er war bereit.

Dann ließen sie ihn los. Er drehte das Gesicht unter dem Kissen zur Seite und schnappte nach Luft. Jemand flüsterte mit verstellter Stimme in sein Ohr: „Du hältst ab jetzt die Schnauze, sonst schlagen wir dich tot. Verstanden?“

Er nickte.

„Sag´s nach.“

Er formte seine Lippen und krächzte: „Schnauze halten, sonst schlagt ihr mich tot.“

„Ganz genau, pass bloß auf, mein Lieber. Wir kriegen dich. Immer! Kein Wort mehr zu Schweighardt oder Stoltenberg. Nie mehr. Dreh dich jetzt zur Wand und mach die Augen zu, sonst stirbst du sofort.“

Er drehte sich zur Seite. Hörte, wie sich einige im Zimmer in die Betten warfen, die Zimmertür aufging und geschlossen wurde. Trappeln auf dem Flur. Stille. Sein Bett hatte nicht gewackelt. Hotte, der über ihm lag, hatte also nicht teilgenommen. Wenigstens das.

Sein Körper ein einziger Schmerz. Er konnte sich nicht bewegen. Fast genauso schlimm war die Demütigung. Zu Hause, bei Mama und „Oma“ Mührer hatte es sich immer um ihn gedreht. Hier war er nur der letzte Dreck. Wenn Mama mich nicht holt, springe ich aus dem Fenster. Bei dem Gedanken an seine Mutter wurde er ruhiger. Wenigstens hatte er es jetzt hinter sich. Den Rest der Nacht schlief er kaum.

Beim Wecken wollte er wie gewohnt aufstehen, aber als er versuchte, den Oberkörper aufzurichten, konnte er sich nicht aufstützen, weil die Schultern und Handgelenke unerträglich wehtaten. Brennende Schmerzen auch im Bereich der Rippen und der Ellenbogen. Beim Versuch, aus dem Bett zu kriechen, konnte er ein Stöhnen nicht unterdrücken. Von irgendwoher kam ein höhnisches Grunzen.

„Das Prinzesslein auf der Erbse. Kommt wohl mit unseren harten Matratzen nicht zurecht."

Aus einer anderen Ecke antwortete ein raues Lachen. Irgendwie rollte er sich aus dem Bett. Im Stehen war es zum Glück nicht so schlimm. Aber den ganzen Tag lief er gebeugt umher, bemüht, keine falsche Bewegung zu machen.

Zwei Nächte ließen sie ihn in Ruhe, in der Dritten kamen sie wieder. Sie langten nicht mehr so hart zu wie beim ersten Mal. Aber die bereits misshandelten Stellen brannten teuflisch. Es schien ihnen Spaß zu machen. Sie schlugen nie ins Gesicht, wohl, damit man hinterher nichts sah. Am nächsten Tag ließ sich niemand anmerken, dass er dabei gewesen war. Wenn er Kalle oder Fettbacke begegnete, wich er ihnen aus.

In der großen Pause fragte er Hotte: „Wer ist dabei gewesen, sag´s mir."

Der Rotschopf blickte verlegen zur Seite und verdrückte sich im Gewimmel des Schulhofes.

Immer wenn Manfred sich abends ins Bett legen wollte, spürte er die Torturen am ganzen Körper. Drehte er sich im Schlaf um, erwachte er jedes Mal von den bohrenden Schmerzen in den Handgelenken, an den Schultern und Rippen. Er biss die Zähne zusammen, legte die Arme eng an den Leib und rollte sich vorsichtig zur Seite.

Er gewöhnte sich an, seinem Körper Befehle zu erteilen: „Leg die Hände an die Seiten. Aus dem Bett schwingen. Aufrichten. Rückwärtsfallen lassen."

So ging es. Sein Schlaf wurde sehr flach. Kamen sie nicht, schreckte er trotzdem immer wieder auf. Oft schrie er nachts.

Einmal stand Stoltenberg neben seinem Bett.

„Was hast du denn, Manfred?"

Er schüttelte den Kopf und sagte so laut, dass es alle im Raum hören konnten: „Ich habe Heimweh und Angst um meine Mutter, sonst nichts."

Stoltenberg strich ihm über den Kopf.

„Sie wird dich ja bald abholen. Ich habe gehört, dass es ihr wieder besser geht."

Manfred atmete tief auf und war mit einem Mal sehr glücklich. In dieser Nacht betete er wieder. Danach war er sehr ruhig. Eine Woche ließen sie ihn nachts schlafen. Hatte er es hinter sich?

Aber dann waren sie wieder da. Er musste weg.

Während der Deutschstunde des folgenden Tages kam die Gelegenheit. Manfred schreckte aus dem Schlaf auf, als Frau Germer ihm eine Hand auf die Schulter legte.

„Na, mein Junge, was hast du denn heute Nacht gemacht?"

Die Mädchen kicherten.

Als er das mütterliche Gesicht über sich sah, begriff er seine Chance.

„Mir ist übel, ich muss auf Toilette."

„Dann geh gleich auf dein Zimmer und leg dich ins Bett. Für heute bist du entschuldigt. Du siehst ja richtig krank aus."

Manfred ging mit schleppenden Schritten zum Haus 5, trat an seinen Spind und schnappte sich die Jacke. Leise verließ er das Haus, kroch unter Stoltenbergs Fenster durch und verschwand hinter dem Hauptgebäude in dem weiträumigen Forst, der zur Stadt hin nicht abgezäunt war.

Er passierte dichtes Farndickicht in schattigen Senken und dunkel bemooste Baumstämme, folgte einem schmalen, fast zugewachsenen Pfad, über dem ein scharfer Tiergeruch stand und der ihn zu einer Suhle führte, die von Wildschweinspuren umgeben war. Er durchquerte Pfützen, seine Schuhe blieben im modrigen Schlick hängen, dann stieg der Weg wieder trocken an. Nach einer halben Stunde kreuzte er eine kleine Straße. Auf der anderen Seite begann eine Kleingartenkolonie. Nach einer weiteren halben Stunde erreichte er eine Ansammlung niedriger Häuser. Von hier aus konnte er sich zum S-Bahnhof Adlershof durchfragen. Ohne ein Billett zu lösen fuhr er bis zur Station Greifswalder Straße, seiner Gegend.

Mit Herzklopfen stand er vor dem Haus. Jedes Loch im bröckelnden Putz neben der Eingangstür war ihm vertraut. Sechs Wochen war er weggewesen. Eine Ewigkeit. Aber jetzt blieb er für immer. Wenn Mama erst einmal erfuhr, was passiert war, würde sie ihn niemals mehr zurückschicken.

Wie früher hing im Hausflur ein schwerer Kohldunst, der aus der Wohnung von Frau Schwiericke drang. Damals war ihm davon fast schlecht geworden, jetzt empfand er es als ein Stück Heimat. Lange stand er vor seiner Wohnungstür, ehe er klingelte. Gleich würde er Mama wiedersehen. Sein Atem raste. Aber niemand öffnete. Er legte sein Ohr an das Türblatt und horchte nach drinnen. Er klingelte Sturm. Nichts regte sich.

Sie ist wohl noch im Krankenhaus, fiel ihm ein. Aber „Oma“ Mührer ist bestimmt da. Er rannte, immer zwei Stufen auf einmal nehmend, ein Stockwerk hinauf und klingelte.

Er hörte ein Schlurfen hinter der Tür.

„Wer ist da?“, fragte eine müde, brüchige Stimme.

„Ich, Manfred.“

Er hörte ihren erschrockenen Aufschrei, im Türspalt tauchte ihr runzliges Gesicht auf, es roch wie immer nach Putzmittel und alten Möbeln. „Oma“, rief er, warf sich gegen ihren mit einer Küchenschürze bedeckten Körper und schluchzte nur noch.

„Oma“ Mührer machte einen kräftigen Eintopf, hinterher gab es „De Beukelaer“-Kekse, die sie noch von ihrem Westausflug hatte. Am Abend holte die alte Frau das Bettzeug ihres verstorbenen Gatten und bereitete Manfred ein Lager auf dem Sofa. Nach dem Zähneputzen knipste sie die Deckenlampe aus und las ihm, bei gedämpftem Licht der Stehlampe mit dem dunklen Stoffschirm, Geschichten aus dem zerlesenen Buch von Gustav Schwab vor. Während er den Sagen, die er seit Langem auswendig kannte, lauschte, nahm er die vertrauten Geräusche der Umgebung auf: das Quietschen der Straßenbahn, wenn sie am Antonplatz um die Kurve bog; das Holpern der Lastwagen, die so laut über die kopfsteingepflasterte Straße fuhren, dass man sein eigenes Wort nicht mehr verstand; dazwischen das Ticken der alten Standuhr im Wohnzimmer.

„Oma, ich will nicht mehr zurück.“

Die alte Frau strich ihm liebevoll über das Haar. Es tat ihm so gut. In dieser Nacht wachte er oft auf, aber immer, wenn er das vom Straßenlicht beschienene Fenster sah, drehte er sich um und schlief glücklich weiter.

Am Morgen frühstückten sie. „Oma“ schmierte Brötchen. Nachdenklich legte sie das Messer beiseite: „Kind, was ist denn bloß passiert?“

Er wollte gerade ansetzen, ihr alles zu erzählen, doch dann presste er die Lippen aufeinander und schüttelte den Kopf.

„Du willst es mir nicht sagen?“

Er schüttelte wieder den Kopf.

„Du kannst es nicht sagen?“

Er nickte heftig.

„Armes Kind. Und deiner Mutter geht es immer noch nicht besser. Ich weiß nicht, wie das mal werden soll.“

Als sie sein erschrockenes Gesicht sah, setzte sie hinzu: „Na ja, es wird schon werden, ein paar Monate vielleicht.“

Unten im Treppenhaus gab es Lärm. Er hörte es vor der alten Frau.

Klingeln, erst normal mit langen Pausen, dann immer länger, schließlich Sturmläuten. Jetzt bemerkte es auch die „Oma".

„Ach, herrje. Ich glaube, das ist die Polizei vor eurer Wohnungstür. Die sucht bestimmt nach dir."

Gebannt horchten sie. Schließlich war zu hören, wie jemand die Treppen hinabstieg.

Die „Oma" sah Manfred mitleidig an.

„Jetzt rufen sie im Krankenhaus an und sprechen mit deiner Mutter. Die wird denen meinen Namen sagen. Ich schätze, in zwei Stunden sind die wieder zurück. Komm, zieh dich an. Ich kann dich ja doch nicht verstecken. Wir gehen ins Kino und danach ein Eis essen."

Als sie drei Stunden später wieder zurückkamen, stand ein Polizeiwagen vor der Haustür. Ein Polizist und eine Frau in Zivil stiegen aus.

„Na, da ist ja unser kleiner Ausreißer", sagte die Frau, „du kannst hier gleich einsteigen, wir machen die Biege."

Er setzte sich auf einen Rücksitz, neben die Frau.

„Oma" Mührer drückte ihm die Hand: „Nächstes Wochenende komme ich dich besuchen. Ich backe dir deinen Lieblingskuchen."

Am folgenden Sonnabend kam die „Oma" wirklich. Der Nusskuchen war noch warm, als sie ihn im Besucherzimmer des Hauses 5 auspackte. Sie hatte sogar Schlagsahne mitgebracht.

„Was bist du spack geworden, mein Kind. Hier nimm ein Stück. Da läuft einem doch das Wasser im Munde zusammen. Iss, so viel du willst."

Ihm war aber nicht danach. In den letzten Tagen war sein Magen wie zugeschnürt. Er wollte nicht mehr. Von seiner Mutter konnte er keine Hilfe erwarten, ihr ging es ja noch schlechter als ihm. „Oma" Mührer war alt und gebrechlich. Und die Erzieher? Deren Hilfe hatte alles nur noch schlimmer gemacht. In der ersten Nacht nach der Rückkehr war er wieder verprügelt worden.

Er quälte sich einen Bissen hinunter. Als die „Oma" ihr zweites Stück gegessen hatte, war sein Teller noch voll. Sie ließ die Gabel sinken und sah ihn aufmerksam an.

„Kind, ich glaube, du bist krank. Du hast ja ganz stumpfe Augen."

Hastig raffte sie alles zusammen und brachte ihn, so schnell ihre alten Beine es zuließen, zu Stoltenberg.

Kapitel 7

Eine klasse Idee

Berlin-Weißensee, 8. Mai 1977

Wolfram hielt die Gitarre auf den Knien und sang mit kräftiger Stimme.

„Du, lass dich nicht verhärten
In dieser harten Zeit
Die allzu hart sind, brechen ...“

Er traf die Töne nicht immer genau, hatte aber, was für einen Sänger wichtiger ist: Rhythmus und Stärke. An den Enden der Strophen des Wolf Biermann Liedes trommelte er den Takt mit den Fingern der rechten Hand auf dem Gitarrenkorpus. An einzelnen Stellen ging er in einen Sprechgesang über.

Christine saß neben ihm und schmiegte ihren Kopf an seine Schulter. Ihr rechtes Bein lagerte auf einer Stuhlfläche. Der Knöchel war bandagiert. Sie hatte ihn sich vor ein paar Tagen bei einem Volleyballturnier verstaucht.

Heute gab es etwas zu feiern. Lorenz hatte seine Philosophieprüfung mit Auszeichnung bestanden. Seine West-Oma Emma war gestern zu Besuch gewesen und hatte ein großes Paket mit allerhand Köstlichkeiten mitgebracht.

Paula hatte die Freunde eingeladen und ein Buffet aus „Krafts“- Scheibletten, „Milkana“-Käseecken und „Philadelphia“-Käse aufgebaut. Dazwischen hatte sie „Mon Chéries“, Schokoladenkekse und „After Eight“-Pfefferminztäfelchen drapiert. In der Mitte stand ein Glas „Nutella“.

Lorenz legte die Steppenwolf-Kassette ein. Als „Born to Be Wild“ ertönte, hielt es niemanden mehr auf den Sitzen. Sie tanzten, dass die Möbel bebten und die Scheiben klirrten. Bernd riss das Fenster auf und sang grölend nach draußen. Dann spulte er die Kassette zurück und drehte die Lautstärke maximal auf. Gegen einundzwanzig Uhr bummerte es gegen die Tür. Paula öffnete. Draußen stand Herr Dimroth, ein etwa fünfzigjähriger Angestellter des Bezirksamtes, der zwei Stockwerke unter ihnen wohnte. Der untersetzte Mann, dessen Strickweste über dem Bauch spannte, herrschte sie an: „Wenn Sie dieses amerikanische Hippie-Gejaule nicht sofort ausmachen, melde ich das dem Abschnittsbevollmächtigten."

Paula lehnte sich lasziv gegen den Türrahmen und bot ihm ein Glas an.

„Danke, das können wir uns schon noch selbst leisten", fauchte Dimroth, machte auf dem Absatz kehrt, stampfte die Treppe hinunter und schlug die Wohnungstür hinter sich zu.

Paula kehrte in das Zimmer zurück und stellte den Recorder aus. Für einen Moment hörte man nur das Trappeln der Füße und das Wippen der Dielen.

„Feierabend, Leute. Ich kenne den, der holt wirklich die Polizei, wenn wir so laut Westmusik hören."

Bernd goss sich ein neues Glas ein.

„In diesa Scheißdreckszone kann man noch nich mal die Musik hör´n, die eenem jefällt. Reich mal ne Platte mit Bärbel Wachholz rüba, die drehn wa richtig uff."

„Nein, lass mal, ich brauche keinen Ärger."

Bernd ließ sich auf das Sofa fallen, zündete eine Zigarette an und leerte sein Glas.

„Ständig wird man rumjeschubst. Meena kleenen Schwester wolln die keenen Medizinstudienplatz gebn, weil unsre Familie mit meina Arztmutter und mir nun nich mehr zur Arbeiterklasse jehört und wir bereits jenuch Privilegien jenossen hättn. Die soll jetzt Laborantin werdn, obwohl se dit beste Abitur ihra Klasse jebaut hat. Wie nenn´ wa´n dit?"

„Sippenhaft", grinste Lorenz, „warum studiert sie nicht Theologie?"

„Weil se Menschen helfn und nicht volllabern will, Atze"

Bernd suchte nach dem Wein.

„Ick bin richtich sauer. Nischt funktioniert, aber in allet mischen se sich ein."

Er setzte die Flasche an den Mund und leerte den Rest in einem Zug.

„Leute, wir müssn uns ooch ma wehren. Ick bin dafür, n´richtijet Happening zu machn."

Henning blickte ihn gequält an.

„Mann, ich habe keinen Bock auf noch mehr Stress mit der Stasi."

Bernd dämpfte die Stimme.

„Ick hab 'ne klasse Idee, ick gloobe, die wird euch Spaß machn. Da kann jeda mal so richtig Frust ablassn. Und du Henning musst nich gleich einjeschnappt sein, ick verspreche dir, es wird nich jefährlich. Wir schlagen blitzschnell zu und tauchen sofort unter."

Lorenz grinste.

„Alte, maoistische Guerillataktik. Der Revolutionär soll sich unter den Volksmassen bewegen wie ein Fisch im Wasser."

Bernd lachte.

„Atze, dit jefällt mir. Dann wolln wa wenigstens diesit eene Mal im Leben wahre Kommunisten sein. Wir müssen irjendwat machen, wat jeda mitkriegt."

„Zeichen setzen?", feixte Lorenz.

„Jenau Atze, etwas woran man sich noch in Jahrzehnten erinnern wird."

„Woran man sich noch in Jahrzehnten erinnern wird, klingt für mich eher nach einem halben Leben hinter Gittern."

„Keene Angst, ick verspreche euch, dass dit völlig harmlos is. Riskant is ja nua, wat man ständig wiederholt. Dit tun wia aba nich. Wir machn´s een einzijes Mal, dann is Sense. Danach sind wia wieda biedere Studenten, jenau dieselbn Streber, wie alle andern, die nur ans Saufen und Bumsen denkn."

Er dämpfte seine Stimme.

„Also Leute, ick hab mich schon mal vorjepirscht und recherchiert. Ihr kennt alle dit Hauptjebäude der Uni. Stellt euch vor, ihr befindet euch im zweitn Stock, direkt über´m Haupteinjang ‚Unter den Linden'. Da wo die Säulen sind. Erinnert sich jemand, wat die Jeschwister Scholl damals jemacht habn?"

„Flugblätter runtergeworfen", meinte Wolfram.

„Jenau, ditselbe machn wir ooch. Aus dem zweiten Stock."

Paula fuhr erschrocken auf.

„Aber die sind doch geschnappt worden."

„Richtig", lächelte Bernd, ohne eine Spur Verlegenheit. „Mut alleen reicht ebn nich. Taktisch warn die leida völlig untabelichtet. Habn den Fluchtweg vajessn. Bei der Fahne hat man uns dit kleene Einmaleins des Angriffs einjepaukt: Keene Attacke ohne Rückzugsplan."

Christine löste sich von Wolframs Schulter.

„Du, das ist Klasse, ich mache mit."

Bernd lachte auf.

„Freut mich, jeht aba leida nich mit deinem Hinkebein. Ick brooch jemandn, der mit mia zusammn die Flugblätter abwirft und hinterher wegsprintet. Alle andern stehn Schmiere."

Christine hielt enttäuscht inne. Es wurde still, alle starrten vor sich hin.

Paula räusperte sich: „Was passiert, wenn die uns schnappen?"
Bernd trank einen Schluck und setzte sein Glas schwungvoll ab.
„Wie solln die uns denn schnappen? Der Plan is absolut wasserdicht."
Er setzte sich auf.
„Also, Jugendfreude, wer von euch hat Mumm und wirft mit mir die Flugblätter ab?"
„O. K., ich helfe dir. Das wird geil", meldete sich Lorenz.
Bernd sprang auf und umarmte ihn. Tränen der Rührung und der Trunkenheit glänzten in seinen Augen.
„Mensch Atze, wir beide. Wer noch?", fragte er und sah sich um.
Paula und Andreas nickten skeptisch, Henning und Wolfram schlossen sich zögernd an.
„Prima", meinte Lorenz, „das wäre also geklärt. Jetzt noch eine klitzekleine Kleinigkeit: Was teilen wir unserem Volk mit?"
„Tja, Atze, ick hab den Jeneralsstabsplan jemacht, jetzt sind die Intellektuellen dran."
Paula stand auf, stellte den Kassettenrecorder an, beließ ihn aber auf Zimmerlautstärke. Die Stimmung lockerte sich wieder.
„Freie Parteien, statt Blockflöten ", platzte Christine heraus.
Lorenz nickte.
„Fete auf den Champs-Élysées", sagte Paula, die schon immer davon geträumt hatte, nach Paris zu trampen.
„Stasi in Dauerurlaub", sagte Andreas und seine Ohrläppchen glühten.
Der blasse Junge hatte sich bisher kaum am Gespräch beteiligt. Wolfram wusste, dass er Christine liebte. Jeder wusste es. Andreas würde alles machen, was sie wollte.
„Ein geliebter Staat braucht mit Sicherheit keine Staatssicherheit", reimte Henning.
Bernd sprang erfreut auf.
„Na, siehste, jeht doch. Jetzt merk ick, dass du ooch Spaß hast."
Es kamen weitere Vorschläge. Lorenz nahm einen Stift und schrieb zehn Thesen auf.

Kapitel 8

Gerald

Berlin-Johannisthal, 1964

Manfred lag schon die zweite Woche auf der Kinderstation des „Krankenhaus Johannisthal". Untersuchungen, Röntgen, Blutabnahmen, Einläufe, Stuhlproben. Er hatte alles teilnahmslos über sich ergehen lassen.

Eines Tages stand ein Mann, den er noch nie gesehen hatte in seinem Zimmer.

„Du bist der Manfred, nicht wahr? Ich heiße Gerald. Du kannst mich ruhig duzen."

Die Stimme des Mannes klang ruhig und angenehm. Er war wohl kein richtiger Arzt, jedenfalls trug er keinen weißen Kittel.

Sie gingen in einen anderen Raum und setzten sich an einen kleinen Tisch. An den Wänden hingen Kinderzeichnungen, in Regalen standen Spiele, Puppen und Bauklötze.

„Also, Manfred. Ich bin ein Psychiater. Das ist jemand, der Menschen hilft, die traurig sind. Die Ärzte dieses Krankenhauses haben mich geholt, weil sie glauben, dass du unglücklich bist und deshalb nicht mehr isst. Wir beide werden herausfinden, wie man dir helfen kann. Doch vorher würde ich gerne wissen, was du so kannst."

Der Psychiater hatte ein gemütliches Gesicht. Sein Bart war kurzgeschnitten. Die Haare an der Stirn waren ihm fast ausgegangen. Er trug eine Stahlbügelbrille, seine Augen waren dunkel, sein Blick aufmerksam und freundlich.

„Damit ich weiß, was ich bei dir voraussetzen kann. Ist das in Ordnung?"

Wieder jemand, der rumbohren will und hinterher wird man umso schlimmer verprügelt, dachte Manfred und starrte auf die Tischplatte.

Der Psychiater nahm seine Brille ab, hauchte die Gläser an und putzte sie mit einem Taschentuch. Dann schlug er einen Block auf und begann, Fragen zu stellen.

Welche Jahreszahl sie hätten, in welcher Stadt sie lebten, wie alt er sei. Manfred antwortete mit leiser Stimme, schnell und ausdruckslos, ohne den Blick zu heben.

Wer der Staatspräsident sei, auf welches Datum der Tag der Befreiung falle, wie die Hauptstadt der Volksrepublik Polen heiße. Manfred wunderte sich, warum dieser komische Psychiater so lächerliche Dinge wissen wollte.

Warum es nachts dunkel werde, die Tage wärmer als die Nacht seien, wie die fünf Erdteile hießen.

Hier erwachte Manfred aus seiner Lethargie. Sechs verbesserte er, denn die Antarktis sei ja auch ein eigener Kontinent und wenn man die beiden Amerikas getrennt betrachtet, seien es sogar sieben. Gerald nickte anerkennend und Manfred musste gegen seinen Willen stolz lächeln.

Es folgten Rechen- und Merkaufgaben, Diktate. Er sollte Figuren aus einer anderen Sicht zeichnen, als sie auf dem Blatt gedruckt waren. Das fiel ihm alles leicht und langsam fing er Feuer. Nach einer Stunde waren sie fertig. Der Psychiater klappte seinen Block zusammen und legte ihn zur Seite.

„Donnerwetter, du bist recht weit für dein Alter."

Er nahm eine Pfeife aus einem Futteral, stopfte und steckte sie an, zog kräftig und stieß blaue Rauchwolken in die Luft.

„Möchtest du mir nicht einmal erzählen, was bei euch im Heim los ist?"

Manfreds Lächeln erstarb sofort. Er kroch in seinen Sitz, ließ die Arme sinken und sah zum Fenster hinaus.

„Nun gut, ich verstehe. Du brauchst mir nichts zu sagen. Aber ich habe mich natürlich ein bisschen auf unser Gespräch vorbereitet, war im Heim und habe mich umgesehen. Mit deinem Erzieher, dem Herrn Stoltenberg habe ich gesprochen. Auch mit einigen Jungen, besonders deinem Bettnachbarn, dem Horst. So richtig offenherzig war niemand, aber wenn man eins und eins zusammenzählt, kommt man schnell drauf, was dort passiert ist. Ich nehme an, dass du von einigen der Jungen ziemlich gemein gequält worden bist."

Manfred kniff die Lippen zusammen. Der Psychiater nahm seine Aktentasche und holte eine Flasche Brause und zwei Becher hervor. Er goss ein.

„Na, trink erst mal. Das tut dir gut, wirst schon sehen."

Manfred nippte am Rand. Es schmeckte wunderbar. Er hatte seit Wochen nur noch das Nötigste zu sich genommen. Mit einem Male merkte er, wie groß sein Appetit war. Er trank den ganzen Becher leer. Der Psychiater goss nach.

„Prima, so ist es gut. Sieh mal, ich habe auch noch Zitronenplätzchen mitgebracht. Die hat meine Frau gebacken."

Das Gebäck duftete nach Zitronenschale. Er biss hinein. Herrlich!

„Manfred, ich verstehe, dass du dich nicht traust zu erzählen, was dich bedrückt. Du hast Angst, dass hinterher alles noch schlimmer wird. Die brauchst du bei mir aber nicht zu haben. Was wir besprechen, erfährt wirklich niemand. In meinem Beruf gibt es sogar eine Schweigepflicht."

Er goss den Rest aus der Flasche in den Pappbecher.

„Übrigens bin ich als Psychiater sowohl für dieses Krankenhaus, als auch für die ‚Klosterheide' zuständig. Wenn ich aufgrund meiner Untersuchungen und meines Wissens einem Kind die Heimreife abspreche, dann muss es das Haus verlassen und kommt woanders hin."

Manfred war plötzlich hellwach.

„Da ist zum Beispiel dieser Werner", fuhr der Psychiater fort. „Zigmal sitzen geblieben und viel zu alt für seine Gruppe. Drangsaliert andere Kinder und spielt sich als Boss auf. Jeder hat Angst vor ihm, weil er so brutal ist."

Der Psychiater machte eine Pause. Manfred sah ihn gebannt an.

„Ich denke, der Werner gehört nicht in die ‚Klosterheide'. Der muss in ein Haus für Schwererziehbare."

Manfred konnte sich nicht mehr zurückhalten. Er nickte freudig.

„Pass auf, mein Junge. Iss und trink bitte wieder, wie früher. Dann kommst du in ein paar Tagen zurück. Ich verspreche dir, dass niemand von unserem Gespräch erfahren wird. Großes Pionierehrenwort! Du wirst sehen, der Werner wird nicht mehr da sein. Und wenn der weg ist, traut sich der Kalle längst nicht mehr so viel wie jetzt. Hab keine Angst."

Erleichtert und aufgeregt kehrte Manfred in sein Krankenzimmer zurück. Sein Mittagessen stand noch auf dem Tisch. Er setzte sich hin und schlang es in sich hinein.

Als er eine Woche später wieder in seiner Gruppe ankam, war äußerlich alles beim Alten. Nur Horst fragte ihn, wo er gewesen sei.

„Im Krankenhaus", antwortete er knapp.

Als er Kalle begegnete, sah der ihn zwar feindselig an, aber das machte Manfred keine Angst.

„Wo ist denn Fettbacke?", fragte Manfred Horst am nächsten Tag in der großen Pause, als sie allein standen.

„Der is vorn paar Tagen weg. Sachen jepackt und Abmarsch. Nich mal Tschüss jesagt", erwiderte Hotte: „Birkenwerder, gloob ick. Um den is nich schade, oda?"

Manfred sah sich in jeder großen Pause ungläubig um. Es war kein Traum. Werner blieb verschwunden. Der Psychiater hatte Wort gehalten.

Nun wurde er nicht mehr verprügelt. Kalle tat ihm nichts mehr, Manfred war Luft für ihn. Nur manchmal, wenn sie sich alleine auf dem Flur begegneten, konnte es passieren, dass Kalle ihm den Arm umdrehte oder mit dem Knie in den Hintern trat.

Einmal raunte er ihm im Vorbeigehen zu: „Halt bloß die Schnauze, Sackgesicht."

Es war in einer Nacht am Ende der zweiten Woche nach seiner Rückkehr. Er schrak aus dem Schlaf auf, hielt den Atem an und horchte angestrengt in die Dunkelheit. Nichts. Er begann wieder verhalten zu atmen und da war es wieder. Ein Bett hatte geknarrt. Ein Schatten huschte am Fenster vorbei. Er konnte nicht erkennen, wer es war, weil derjenige sich eine Decke über den Kopf gezogen hatte. Und dann ging es wieder los. Zwei hielten ihn fest. Einer schlug ihn in Rippen und Bauch.

„Werner ist deinetwegen weg, du Sau. Wenn du noch ein einziges Mal petzt, quetschen wir dir die Eier ab."

Da war sie wieder, die verstellte, lispelnde Stimme. Man schlug ihn lange und wütend. Einer riss ihm die Uhr vom Handgelenk und warf sie aus dem Fenster. Er hörte das Glas splittern.

Als sie weg waren, weinte er in das Kissen. Nicht vor Schmerzen, die kannte er inzwischen. Es war die Enttäuschung. Alles war vergebens gewesen. Kalle konnte ihn genauso quälen wie vorher. Mit oder ohne Werner.

Nachdem sich die Atemzüge der Jungen im Zimmer beruhigt hatten, glitt er aus dem Bett. Vorsichtig verließ er das Zimmer, stieg barfüßig die Stufen hinunter und trat vor die Haustür. Der Morgen dämmerte grau. Die Luft war dunstig und kalt. Mit spitzen Fingern klaubte er die Reste der zerstörten Uhr vom Boden auf und betrachtete die Scherben in seiner Hand.

Wie mochte es seiner Mutter gehen?

In den nächsten Tagen vermied er jede Begegnung mit Kalle. Einmal traf er im Schulhof auf ihn, als der andere mit Reinhard, Cornelia und Brigitte zusammenstand.

„Wie geht´s denn so, du kleines Arschloch? Haste dich endlich eingewöhnt, du Votze?", rief Kalle ihm zu.

Die Mädchen fielen in sein meckerndes Lachen ein.

Reinhard hielt den ausgestreckten Zeigefinger vor die Lippen und machte: „Pst!"

Er trat einen Schritt vor, zog Manfreds Kopf zu sich heran, sodass Manfred nur noch seine gefletschten, gelben Zähne sah. „Es sind schon Leute die Treppe runtergefallen worden, wenn sie zu viel gequatscht haben“, flüsterte er.

Manfred erstarrte und stakste hinüber zu Horst.

„Wat haste denn?“, begrüßte ihn der Rotschopf. Aber Manfred stierte nur in die Luft und nahm nichts mehr um sich herum wahr. Er hatte „Hasenscharte“ Reinhard als den nächtlichen Flüsterer erkannt.

Der Psychiater war auch einer von den Angebern, die große Töne spuckten und alles nur noch verschlimmerten. Er beschloss, bei der nächsten Gelegenheit wieder auszureißen und im Wald zu wohnen. Er begann Lebensmittel zu sammeln und in seinem Spind zu horten. Nur unverderbliche Sachen wie Brot, das er in Wasser aufweichen konnte, und Zwieback. Sobald die beiden unteren Fächer gefüllt waren, wollte er es wagen.

Inzwischen war es kühl geworden. Die meisten Bäume hatten ihr Laub verloren. Die bunten Blätter waren an den Wegrändern zu großen Haufen zusammengekehrt worden. Die Jungen rannten juchzend hindurch. Die Luft war neblig und feucht. Es roch nach modriger Erde.

Die Mutter hatte ihm mehrmals geschrieben und ihren Besuch angekündigt. Aber Anfang Dezember kam ein langer Brief von ihr. Auf dickem, weißem Büttenpapier schrieb sie, dass es ihr wieder schlechter ginge und sie nicht kommen könne. Aber Weihnachten, ja Weihnachten werde man ihr bestimmt Urlaub geben. Das habe der Chefarzt fest versprochen. Dann werde sie ihn nach Hause nehmen. Die ganzen Ferien. Zwei Wochen würden sie zusammen sein. Jeden Tag werde es seine Lieblingsspeisen geben.

Ein paar Tränen waren auf das Papier getropft und hatten die Tinte, mit der sie geschrieben hatte, aufgelöst.

Er las ihren Brief immer wieder. Bis Weihnachten waren es nur noch drei Wochen. Die würde er auch noch durchstehen.

Einmal noch hatten sie ihn in dieser Zeit geschlagen. Es war egal. Sein Entschluss stand fest. Nach den Weihnachtsferien würde er nicht wieder in das Heim zurückkehren. Zu Hause würde er sich so viele Konservendosen einpacken, wie er tragen konnte. Er hatte eine Liste von Sachen zusammengestellt, die er brauchte. Im Winter konnte er sich im Wald einen Iglu aus Schnee bauen. Wie man das macht, hatte er in einem Buch gelesen, das er sich in der Bibliothek ausgeliehen hatte.

In der Schneehütte wollte er bis zum Frühjahr bleiben. Nach der Schneeschmelze würde er ein Blockhaus zimmern. Ein See musste in der

Nähe sein. Da konnte er jeden Tag auf Fischfang gehen. Eine Angel benötigte er unbedingt, die wollte er sich über Weihnachten besorgen, und das Buch „Robinson Crusoe“ mitnehmen. Er würde so lange wie Robinson in der Wildnis leben, bis er erwachsen war.

Kapitel 9

Ein Rettungsplan für Thomas

Stasi-Zentrale Berlin-Lichtenberg, 6. Juni 1977

Der Betonklotz, der die Stasi-Burg zur Ruschestraße hin abschloss, deprimierte Major Reinbeck jedes Mal. Die ersten Gebäude der Geheimdienstfestung hatte es bereits in den 1950er Jahren in der Normannenstraße gegeben. In den 1970ern breitete sich die geheime Stadt, krebsartig wuchernd, über die Magdalenen- bis zur Ruschestraße aus. Dort schlossen einige Hochhäuser am Ende die letzten Lücken des steinernen Walls und komplettierten das Bild einer düsteren Bastion.

Mein Gott, wie ungeschickt, dachte Reinbeck. Musste man dem Volk, das man schützte, zeigen, wie sehr man sich vor ihm fürchtete?

Das waren zum Glück nur kurz aufblitzende, trübe Gedanken, die bereits vergessen waren, sobald er das Konferenzzimmer seiner Abteilung im zwölften Stock erreicht hatte. Reinbeck mochte diesen Raum. Hier hatte er das Gefühl, hoch über den Dächern der alten Stadt zu schweben.

Es war der erste Montag im Juni. An diesem Tag hatte Reinbeck sich wie an jedem ersten Montag eines Monats zur Versammlung der Abteilung XX/4, Kirchen und Kulturbereich, im Haus 15 des Stasi-Komplexes Berlin Lichtenberg einzufinden. Ein verlorener Vormittag, wie Reinbeck fand. Andererseits war er froh, regulär nur zwölfmal im Jahr antreten zu müssen.

An diesen Tagen zwängte er sich in seine Dienstuniform, auf deren geflochtenen Schulterklappen sich seit Langem zwei einsame Sterne langweilten, mehr würden es wohl nicht werden. Ihn störte das nicht. Er fühlte sich als Zivilist. Dieser Waffenrock, den er nun schon seit sechzehn Jahren besaß, war ihm immer fremd geblieben.

Manchmal, wenn es ihm bei ermüdenden Sitzungen zu langweilig wurde, ließ er seinen Blick über die Stadt schweifen, suchte markante Gebäude, den Fernsehturm am Alex oder die beiden Campanile am Frankfurter Tor. Von Anfang an hatte er sich einen Platz gegenüber der

Fensterreihe gesichert und diese Sitzordnung all die Jahre verteidigt. Sonst hätte er ständig in die stechenden Augen von Feliks Dzierżyński blicken müssen. Das Porträt dieses Blutsäufers hing an der Wand hinter ihm.

So langweilig das Haus von außen aussah, an der Innenausstattung des Konferenzbereiches hatte man nicht gespart. Die Wände des Zimmers waren mit Holz verkleidet, das in einem warmen Honigton gebeizt war, der Boden mit Eichenparkett belegt. Zwei Sprelacart-Tische standen rechteckig gegeneinander, sodass sie ein „T" bildeten. Sie wirkten zwar etwas billig, doch das störte kaum, da der Raumeindruck von sechs eleganten Stahlrohrstühlen mit kanariengelben Polstern dominiert wurde, die zu beiden Längsseiten aufgereiht waren. Exportware selbstverständlich.

An der Querseite des „T" thronte in der Mitte ein Schreibtischsessel, dessen bis auf Kopfhöhe reichendes schwarzes Lederpolster sich einschüchternd gegen die Stahlrohrstühle abhob. Er war auf den ersten Blick als Westimport zu erkennen. Dies war der Platz von Oberstleutnant Franzen, den Reinbeck zwar persönlich sehr gut kannte und mit dem er sich privat seit Jahren duzte, der aber innerhalb dieser Wände Wert darauf legte, gesiezt und mit Nachnamen und Dienstrang angesprochen zu werden.

„Guten Morgen, Genossen", grüßte Franzen zackig, als er, einen Aktenordner unter den linken Arm geklemmt, den Raum betrat.

„Guten Morgen, Genosse Oberstleutnant", hallte es ihm entgegen.

„Setzen."

Nachdem Franzen es sich in seinem Ledersessel bequem gemacht hatte, ließen sich auch die anderen zur Sitzung Erschienenen nieder. Reinbeck gegenüber, mit dem Rücken zum Fenster, saß Oberleutnant Diepholt. Mit seinen rosigen Wangen hätte er noch für einen Studenten durchgehen können, obwohl er schon 28 Jahre zählte. Der Offizier war wie immer sorgfältig gekämmt und sauber rasiert. Intelligent und ehrgeizig, gehörte er der neuen, gut ausgebildeten Generation von Stasi-Offizieren mit Abitur an. Seinen Anspruch auf Beförderung konnte er mit vier Verhaftungen belegen, was für sein Alter eine außerordentlich gute Zahl war.

Links von Reinbeck, am Fuße des „T", hatte die einzige Frau dieser Runde Platz genommen, Feldwebel Rita Wegener, Franzens Sekretärin, die die Sitzungen mit Steno protokollierte. Reinbeck schätzte sie auf fünfundzwanzig. Im Uniformrock war sie aber als Frau kaum wahrzunehmen. Die Wegener schlug ihren Schreibblock schwungvoll auf. Ein feiner

Luftzug trug einen Hauch Patras-Parfüm bis zu Reinbeck. Diese unerwartete Anmutung von Weiblichkeit kam völlig überraschend. In seiner Fantasie erahnte er unter dem groben Uniformstoff ihren jungen elastischen Körper. Dieses Bild war umso erregender, als es aus dem Nichts kam. Er konnte es nur mit Mühe zurückdrängen, zumal er wusste, dass dies hier Franzens Revier war und er dessen Appetit auf Frischfleisch nur allzu gut kannte.

Er warf noch einen Blick auf den letzten Teilnehmer dieser Runde, Hauptmann Günter Arnold.

Arnold, achtundvierzig, ein farbloser Offizier, der wie vorgealterte sechzig wirkte. Die Freudlosigkeit seines eintönigen Dienstes hatte sich in sein Gesicht eingraviert, Mundwinkel und Lider herabgezogen und die Haut erschlaffen lassen. Er kannte ihn schon ewig, wie man Inventar kennt und nicht mehr beachtet. Der Hauptmann war so dröge wie der Fahrplan der Reichsbahn. Weiß der Teufel, wie der in diese Abteilung geraten war, er hätte besser ins Archiv gepasst. Hier, im Bereich Kultur und Hochschulen hatte er nichts zu suchen. Arnolds Erfolgsquote war erbärmlich, er hatte es in seinen achtundzwanzig Dienstjahren zu einer einzigen Verhaftung gebracht. Und selbst die hatte er Diepholt zu verdanken. Damals, als der junge Anfänger tatendurstig losgelegt hatte, aber noch sehr unerfahren war, hatte Arnold es geschafft, sich eine von Diepholt aufgespürte Republikflucht unter den Nagel zu reißen. Dabei war es geblieben. Diepholt ließ nach dieser Erfahrung nichts mehr anbrennen. Auf sich allein gestellt, hatte Arnold keine Beförderungschancen. Vermutlich würde er bis zur Berentung Hauptmann bleiben. Mehr war nicht drin.

Franzen räusperte sich kraftvoll.

Arnolds Nase fuhr empor. Er klappte den obersten Aktendeckel seiner Unterlagen auf, holte ein Blatt heraus und verlas die Sitzungsordnung.

„6. Juni 1977, 6. ordentliche Führungsversammlung, Abteilung XX/4, Referat 5. Anwesend sind der Leiter des Referats Oberstleutnant Franzen, der stellvertretende Referatsleiter Major Reinbeck, Hauptmann Arnold, Oberleutnant Diepholt, Feldwebel Wegener."

Er blickte auf seine Uhr.

„Beginn 10 Uhr und 3 Minuten."

Arnold klappte die Akte zu, legte sie auf den Stapel und richtete die übereinanderliegenden Dokumentenmappen säuberlich am linken Papierrand aus.

Franzen räusperte sich ärgerlich.

„Uhrzeit richtigstellen. Nach meiner Uhr ist es Punkt 10."

Arnold zog verschreckt den Kopf ein und korrigierte das Protokoll. Dann richtete er seinen Blick auf Franzen, dem sich auch die anderen Köpfe zuwandten.

„Genossen, in unserer heutigen Sitzung haben wir nur ein Thema, das ist der Fall des IM Thomas. Diepholt, tragen Sie vor."

Der junge Offizier setzte sich auf und referierte, ohne abzulesen.

„Thomas arbeitet seit vier Jahren für uns. Er hat einen vorbildlichen Weg gemacht. 1975: die Entlarvung der revisionistischen Gruppe ‚Meinhardt', die versucht hat, einen Kontakt zur KSZE-Konferenz in Helsinki herzustellen. 1976 führten seine Informationen zur Enttarnung des Agenten Kokowski, der dem CIA Informationen über oppositionelle Strömungen an der Universität geliefert hat. In diesem Jahr der Bericht über die ‚Juliusbande', die einen Protestbrief an den Westdeutschen Rundfunk der BRD gegen die Ausbürgerung des Staatsfeindes Biermann geschrieben hat. Auch diese Clique konnte dank der Informationen von Thomas enttarnt werden. Zwei Studenten wurden exmatrikuliert, drei zur Bewährung in die Produktion geschickt. Seither herrscht Ruhe an dieser Front."

Diepholt endete und blickte aufmerksam zum Oberstleutnant hinüber.

„Saubere Arbeit, Genossen", urteilte Franzen mürrisch.

Reinbeck wusste, dass sein Duzfreund nicht zufrieden war. Er musterte ihn aus den Augenwinkeln.

Der Oberstleutnant war ein bulliger Mann. Seine großzügig geschnittene Uniformjacke konnte weder von seinen breiten Schultern noch den muskulösen Oberarmen ablenken. Er blickte jovial, fast kumpelhaft, wovon man sich nicht täuschen lassen durfte. Flinke Augen unter buschigen Brauen warnten jeden, der ein wenig Menschenkenntnis besaß, davor, allzu leichtfertig vertraulich zu werden.

„Eine erstklassige Arbeit unseres Referates", versuchte Diepholt dem Oberstleutnant zu schmeicheln. Auch er kannte selbstverständlich Franzens Empfindlichkeiten im „Julius"-Fall.

„Sauber von uns, aber nicht von den Deppen der Abteilung XX/1, Referat 3. Das darf ich Ihnen in unserem engsten Kreis einmal in aller Deutlichkeit sagen. Es ist klar, Genossen, dass diese Bemerkung den Raum nicht verlässt. Feldwebel Wegener, das wird nicht protokolliert."

Wegeners Wangen färbten sich rosig.

„Selbstverständlich, Genosse Oberstleutnant."

Franzen blickte die Offiziere finster an. Er hatte die Papiere von sich geschoben und die Hände verschränkt.

„An der Fakultät sind Gerüchte aufgekommen, dass Thomas für uns arbeitet. Bisher nur sporadisch und vage, aber es werden mehr. Das muss man sich mal vorstellen. Wir bauen unseren IM mit extremer Sorgfalt über Jahre hinweg auf. Er ist der wichtigste Perspektivagent unserer Abteilung. Und dann kommen diese Amateure und machen alles kaputt. Der Olczewski von der XX/1 bekommt über seinen IM Guntram, einem ganz kleinen Pisser, zufällig Wind von der Existenz der ‚Julius'-Gruppe, sieht weder nach links noch nach rechts und nimmt die ganze Bande hops, ehe wir Thomas aus der Schusslinie ziehen können."

Franzens Kopf färbte sich rot vor Zorn.

„Diese Idioten schlagen einfach zu, obwohl sie bei uns hätten anfragen müssen. Haben einfach in unserem Revier gewildert."

Der Oberstleutnant stützte sich mit beiden Händen schwer auf die Tischplatte.

„Das Ganze war ein beschissen durchsichtiges Manöver, um beim Obersten zu punkten. Und das ist diesen Armleuchtern leider auch gelungen."

Franzen schnappte sich die Seltersflasche und goss so heftig ein, dass ein Schwall des Wassers über den Glasrand schwappte. Er wischte die Flüssigkeit mit seiner Pranke über die Kante des spiegelglatten Tisches.

„Das ist eine Kriegsführung der Verbrannten Erde."

Der Oberstleutnant atmete schwer. Reinbeck wusste, dass Franzen jetzt auf einen genialen Vorschlag wartete. Er blickte zu Diepholt. Dem fiel bestimmt etwas ein. Der hatte immer ein paar dreckige Kniffe auf Lager.

Die Luft im Raum war stickig. Die sowjetischen Ventilatoren schepperten auf vollen Touren. Aus Angst, westliche Technik in dem hochsensiblen Bereich des Hauses zu installieren, hatte man auf eine Klimaanlage verzichtet.

Franzen war aufgesprungen und an das Fenster getreten. Seine Hände ballten sich zu Fäusten. Er schlug gegen den Rahmen, dass die Glasscheibe vibrierte. Dann hielt er es nicht mehr aus. Gegen alle Sicherheitsvorschriften packte er mit einem Ruck den Fenstergriff, riss den Flügel auf und sog die frische Luft ein. Nach ein paar tiefen Zügen schloss er das Fenster und kehrte an seinen Platz zurück.

„Und, Genossen, wie lautet Ihr Schlachtplan?"

Reinbeck verschränkte die Arme. Das hier war nicht seine Wiese. Doch Franzen starrte ihn unverwandt an.

„Warum schicken wir ihn nicht für ein paar Semester nach Greifswald oder Jena, bis sich die Gerüchteküche wieder beruhigt hat?"

Franzen wiegte skeptisch den Kopf.

„Könnte man machen, aber diesen Ruf wird man nie wieder los. Da können Sie Gift drauf nehmen. Wir wissen doch, wie paranoid diese konterrevolutionären Spinner sind."

Er klopfte mit den Knöcheln seiner Finger nervös auf die holzgemaserte Kunststoffplatte. Dass von Reinbeck in solchen Dingen keine große Hilfe zu erwarten war, wusste Franzen natürlich. Und doch reizte ihn dessen so unverschämt zur Schau gestellte Gelassenheit. Der Genosse Akademiker war sich für diese Dinge wohl zu schade, mochte er denken.

Reinbeck war der einzige Studierte dieses Haufens. Was seine intellektuelle Arroganz gegenüber der zusammengewürfelten Truppe anging, gab sich niemand irgendwelchen Illusionen hin. Hinsichtlich seiner emotionalen Bindung an „Thomas" aber lagen sie falsch. Der Junge war Reinbeck sehr wichtig. Selbstverständlich hatte er eine professionelle Einstellung zu seinen inoffiziellen Mitarbeitern. „Tommy" aber liebte er.

Franzen richtete seinen schweren Blick auf Arnold.

„Ihre Vorschläge."

Das graue Männchen zog erschreckt den Kopf ein.

„Ich schlage vor, gegen diejenigen, die diese Gerüchte verbreiten, eine Zersetzungskampagne einzuleiten."

Franzen fuhr auf.

„Sind Sie wahnsinnig? Wie lange arbeiten Sie schon hier, Sie Anfänger? Sie versauen uns die letzten Optionen, die wir vielleicht noch haben!"

Er schlug mit der flachen Hand auf den Tisch. Arnold zuckte zusammen. Natürlich hatte Franzen ihn mit Absicht bloßgestellt. Er brauchte das. Mit einem Mal wurde Reinbeck klar, warum Arnold noch in dieser Abteilung war. Er war Franzens Prügelknabe.

Der Oberstleutnant schnaufte mehrmals durch, seine Kiefer mahlten. Er richtete seinen Blick auf Diepholt.

„So, Diepholt, nun Sie. Hoffe, dass wenigstens von Ihnen etwas Verwertbares kommt."

Der Oberleutnant straffte sich. Äußerlich gelassen, hatte er in den letzten Minuten mit Sicherheit fieberhaft nachgedacht.

„Ihrer Lageeinschätzung, Genosse Oberstleutnant, kann ich nur zustimmen. Thomas ist durch das unverantwortliche Vorpreschen der XX/1 in höchste Bedrängnis geraten. Wenn wir nicht sofort geeignete Gegenmaßnahmen ergreifen, ist er verbrannt."

Franzen nickte ungeduldig.

„Die Lage ist verfahren. Uns bleibt daher nur die Flucht nach vorn. Wir müssen Thomas in deren Augen zu einem ‚Helden', einem ‚Widerstandskämpfer' machen."

Franzen runzelte die Stirn.

„Wie wollen Sie den denn zum Aufrührer machen? Glaubt doch kein Mensch. Die halten ihn für einen Agent Provocateur, wenn er in einer Versammlung aufsteht und gegen die Politik der DDR zu Felde zieht."

„Genosse Oberstleutnant, ich dachte auch nicht an eine Rede, Diskussionen oder solchen Quatsch."

Franzen lehnte sich im Sessel zurück.

„Wir haben Kenntnis darüber, dass es im Freundeskreis von Thomas Studenten gibt, die gerade eine republikfeindliche Aktion planen. Sie wollen Flugblätter mit ein paar hetzerischen Thesen herstellen und diese dann aus einem Fenster der Universität werfen."

„Was für eine Sauerei", brauste Franzen auf und schlug mit der Faust auf die Tischplatte.

Diepholt fuhr schnell fort.

„Wichtig ist Folgendes: In dieser Gruppe besteht außerdem eine Tendenz zur Republikflucht."

„Na und", warf Franzen ärgerlich ein, „was interessiert uns das?"

Diepholt ließ sich nicht beirren.

„Gestatten Sie mir bitte, das zu erläutern. Diese Konstellation ist von höchster Relevanz, Genosse Oberstleutnant. Mein Vorschlag: Wir lassen die Bande bei der Flugblattaktion gewähren. Das Ganze wird kein großer Aufriss. Mehr oder weniger eine Schnapsidee. Die haben natürlich kein Kopiergerät und nur eine uralte Schreibmaschine. Tippen wie die Anfänger. Wenn die mit dieser Krücke fünfzig Blätter hinkriegen, wäre das schon viel."

„Halten Sie fünfzig staatsfeindliche Flugblätter für eine Kleinigkeit, Diepholt?", schnaufte Franzen.

„Selbstverständlich nicht, Genosse Oberstleutnant. Aber das haben wir voll im Griff. Zwanzig junge Mitarbeiter verteilen sich, als Studenten verkleidet auf dem Vorhof. Sobald diese Traumtänzer das Unigelände verlassen haben, sperren unsere Männer den Bereich ab und sammeln alles ein. Kein Mensch kriegt auch nur ein einziges Blatt in die Hand. Der ganze Spuk ist in zwei, drei Minuten vorbei, ehe irgendjemand realisiert hat, was da los war."

Reinbeck nickte anerkennend.

„Dies ist Teil Eins des Planes, der Thomas zum ‚Widerstandskämpfer' macht. Teil Zwei funktioniert folgendermaßen: Nach Abwurf der Flugblätter schnappen wir uns ein paar von den Brüdern. Tun so, als könnten wir ihnen noch nichts richtig beweisen, zeigen aber, dass wir nahe dran sind. Lassen sie im Ungewissen und rücken ihnen immer mehr auf die Pelle. Dann erhöhen wir nach und nach den Druck. Legen einzelne Beweise vor. Drohen mit Exmatrikulation und mehrjährigen Gefängnisstrafen. Ziehen die Schlinge langsam zu. Irgendwann werden sie von alleine darauf kommen, dass ihnen nur eine Chance bleibt: Republikflucht."

Franzens Gesicht hellte sich etwas auf.

„Wir werden rechtzeitig die Nachricht lancieren, dass sich über Polen gut flüchten lässt, weil man dort Fischer bestechen kann. Wir wissen ja, wie schlampig die polnischen Genossen diese Dinge handhaben. ‚Polnische Wirtschaft' eben."

Diepholt zog ironisch einen Mundwinkel in die Höhe.

„Wir lassen sie also ziehen. Wo aber setzt unser Rettungsplan für Thomas ein? Die Antwort ist: Thomas wird in der Flugblattaktion und der Fluchtgeschichte immer vorne dabei sein. Und wir werden ihn, genau wie die anderen, knallhart rannehmen. Diese Operation verschafft ihm eine lebenslange, unzerstörbare Legende als „Freiheitshelden", politisch Verfolgten und Flüchtling. Dieser Vita wird sich niemand entziehen können."

„Donnerwetter", knurrte Franzen, „ganz schön gewagt."

Er erhob sich und trat an das Fenster, stand massig gegen das Licht. Presste eine Hand gegen die Fensterscheibe und ließ sie dort liegen. Als er sie wegnahm, blieb ein Abdruck seiner Pranke zurück. Mit entschlossenen Schritten stapfte er zu seinem Platz zurück.

„Wir lassen also eine Horde von sechs oder sieben Studenten einfach abhauen, nur um Thomas eine Legende zu verschaffen? Sie wissen, dass ich einiges von ihm halte. Aber ist er wirklich die halbe Million Westmark wert, auf die wir verzichten, wenn wir die Bande nicht einsacken und vom Westen freikaufen lassen?"

Reinbeck fand es an der Zeit, sich einzuklinken.

„Was Thomas angeht, möchte ich Ihre Frage uneingeschränkt bejahen, Genosse Oberstleutnant. Er ist ein freier Geist. Mit dem Herzen steht er voll auf unserer Seite und kritisiert trotzdem offen, was bei uns nicht läuft. Die Menschen spüren, dass er es ehrlich meint. Sie vertrauen ihm. Er hat enormes Potenzial. Aus ihm könnte einmal ein ganz Großer werden. Jemand, der unsere Abteilung voranbringt, unser aller Sprungbrett für die besondere Karriere. Diese Chance bekommen wir kein zweites Mal."

Franzen hatte die Arme vor der Brust verschränkt.

„Mit dieser Aktion waschen wir übrigens nicht nur Thomas, sondern lassen uns auch Guntram unterstellen", meldete sich Diepholt.

Franzen knurrte unwillig. Diepholt grinste.

„Guntram hat natürlich nicht annähernd Thomas' Format. Aber warum sollen wir ihn nicht mitnehmen? Betrachten wir es als einen Akt ausgleichender Gerechtigkeit gegenüber dem geliebten Referat 3 der XX/1."

Im Raum war es still. Der Oberstleutnant blickte aus dem Fenster. Seine Finger trommelten einen nervösen Rhythmus auf dem „Sprelacart". Minutenlang sprach niemand ein Wort. Das Trommeln verstummte.

„Diepholt, du hast das Zeug zu einem echten Tschekisten. Aber das ist eine ganz heiße Kiste, Genossen. Kann ich nicht allein entscheiden. Werde dem Genossen Oberst Meister vortragen. Muss von ganz oben abgesegnet werden. Haben Sie notiert, Genossin Wegener?"

Die junge Frau blickte auf.

„Ja, Genosse Franzen."

Ihre Augen glänzten. Schnell wandte sie sich wieder dem Protokoll zu. Der Oberstleutnant schlug seine Akten zusammen, nickte noch einmal kurz und verließ den Raum.

Fünf Tage später bekam Reinbeck auf dem grauen Fernsprecher, der zu Hause auf seinem Schreibtisch stand und über den ausschließlich dienstliche Gespräche geführt werden durften, einen Anruf. Er hob ab. Am anderen Ende meldete sich eine Stimme.

„Hier 27. Mit wem spreche ich?"

„35", antwortete Reinbeck.

„Information von 42: C Eins. O Blitz null." Der Anrufer machte eine Pause von einigen Sekunden. Dann ergänzte er in langsamen Worten: „178 zu 54, Ende."

27 hatte aufgelegt.

Für Reinbeck war die Entschlüsselung dieser kryptischen Information einfach. Der Anrufer war Franzen. Er informierte ihn darüber, dass Oberst Meister, Chef der Abteilung XX/4, die „Operation Blitz", wie der OV „Flugblattaktion" ab sofort genannt wurde, genehmigt hatte. Er musste unverzüglich anlaufen.

Zur besseren Koordination wurde IM ‚Guntram' Franzen unterstellt.

Kapitel 10

Die Flugblattaktion

Berlin, Juni 1977

Man befand, dass Wolframs Wohnung in der Kopenhagener Straße zum Schreiben der Flugblätter am besten geeignet sei. Der Querflügel im zweiten Hinterhof war ruhig, es gab keine neugierigen Ohren, wie bei Lorenz. Wolframs Nachbarin war eine schon etwas demente, halbblinde und schwerhörige alte Dame.

Der Hof war so eng, dass selbst im Sommer kein einziger Sonnenstrahl zu seinen Fenstern fand. Die Regenrinne oberhalb der Küchenwand musste schon seit Jahren kaputt sein. Auf dem Putz zeigten sich feuchte, mit schwarzem Pilzwuchs befallene Flecken. Es roch muffig. Die Außentoilette auf halber Treppe musste Wolfram sich mit der schlechtsehenden Nachbarin teilen. Entsprechend sah das Klo aus. Und doch war er glücklich, der Enge des Studentenwohnheims entronnen zu sein.

Die Luft stand heiß und stickig im Hof. Sie rissen alle Fenster auf. Es half kaum. Dafür breiteten sich die Kochgerüche der Nachbarn in der Wohnung aus. Musik und Gespräche, Schimpfen und Stöhnen vermengten sich im Hinterhof zu einem dichten Klangbrei.

Geschrieben wurde auf Wolframs uralter Vorkriegsschreibmaschine. Die Anschläge waren schwergängig. Manchmal verhakten sich zwei Typenhebel, mussten voneinander getrennt und mühsam zurechtgebogen werden. Lorenz schied nach drei Tagen mit einer Sehnenscheidenentzündung aus. Nach einer Woche waren erst zwanzig Blätter fertig.

„So haut dit nich hin", meinte Bernd deprimiert.

Am Abend fuhr er zu seinen Eltern nach Wandlitz. Triumphierend kehrte er am nächsten Mittag mit einer elektrischen Schreibmaschine Optima Electric wieder.

„Hab ick bei meena Mutta uff'm Hängebodn jefundn, benutzt die schon lange nich mehr, hat jetzt wat besseret. Mit der spannen wir fünf Durchschläge ein, beschränkn uns uff drei Thesen und fahrn ab jetzt drei Schichtn. Dann schaffen wir in den restlichen Tagen locker 1000 Blatt."

In der zweiten Woche nahm das Unternehmen richtig Fahrt auf. Zuoberst wurde beim Tippen das normale weiße Schreibmaschinenpapier gelegt, darunter kamen fünf dünne, hellrosafarbene Durchschlagblätter. Zwischen zwei Lagen packten sie jeweils ein Kohlepapier. Nun ging es rasend schnell. Am Ende jedes Tages erhob sich ein ansehnlicher Papierstoß auf Wolframs Schreibtisch. Von dort aus wanderte er unter sein Bett. Hier, in vermeintlicher Sicherheit, hinter der großen Papiermauer, lebte vorübergehend Elfriede, eine dicke, rothaarige Perserkatze, die Wolfram in Pflege genommen hatte. Sie gehörte seiner Tante Hedwig, die ihn früher gern mit Yoga gequält hatte und im Augenblick nach einer Gallenoperation im Krankenhaus lag.

Am 29. Juni wurde das letzte Blatt getippt. Abends packte Bernd die Schreibmaschine ein, fuhr hinaus nach Wandlitz, ruderte mit dem elterlichen Boot auf den See hinaus und versenkte sie an einer tiefen Stelle.

Der 30. Juni war ein heißer, sonniger Donnerstag. Man traf sich an der Ecke Friedrichstraße, Unter den Linden und verteilte sich wie zufällig über die Bürgersteige der großen Kreuzung. Wolfram und Christine plauderten miteinander. Schräg gegenüber lümmelte Bernd, der die prall gefüllte Aktentasche mit den Flugblättern trug, an einer Hauswand, neben ihm Andreas. Links von Wolfram standen Paula und Lorenz. Über Lorenz rechter Schulter baumelte ein kleiner Rucksack, in dem schwarze Gesichtsmasken, Pullover und Handschuhe verborgen waren. Um halb Zwölf klemmte Bernd seine Aktentasche unter den Arm und überquerte die Kreuzung. Die anderen folgten ihm langsam und bummelten jeder für sich in Richtung des Universitätshauptgebäudes.

Wolfram nahm das Zwitschern der Vögel und das Quietschen der Straßenbahnen in der Dorotheenstraße wahr, als wäre es ein Film. Er lief wie auf Watte, spürte seine Füße kaum. Bisher hatten sie bloß gespielt. Jetzt war es ernst. Warum machte er das bloß mit? Sollte er sich nicht einfach auf eine Bank setzen und so tun, als hätte er sich einen Fuß verknackst? Er spürte in sich hinein. Sein linkes Knie, tat das nicht richtig weh? Damit konnte er wohl kaum Treppen steigen! Er blickte zu Christine, die trotz des verstauchten Knöchels leichtfüßig neben ihm ging. Warum war er nicht so mutig wie sie? Jetzt kreuzten Lorenz und die anderen den Damm und reihten sich in den Fußgängerstrom ein, der zur Uni strebte. Nun gingen alle dicht nebeneinander. Lorenz überholte Wolfram, tippte ihm auf den Rücken und raunte ihm zu: „Nur Mut, Wölfchen. Alles wird gut."

Er zog nach links rüber, wo er auf Paula und Bernd traf. Andreas trat zu ihnen. Sie taten, als hätten sie sich erst jetzt gesehen und begrüßten einander. Andreas blieb als erster Melder an der Kreuzung Unter den Linden, Universitätsstraße zurück. Paula bezog ihren Posten an der benachbarten Kreuzung. Henning wartete auf dem Bürgersteig vor dem schmiedeeisernen Eingangstor der Uni. Jeder von ihnen hatte Sichtkontakt zu seinen Nachbarn. Christine, Lorenz und Bernd verschwanden in der Dorotheenstraße. Wolfram stand an der Ecke des Unihauptgebäudes, Andreas ihm gegenüber auf der anderen Straßenseite.

Wolfram griff in seine Tasche, holte eine „Karo"-Schachtel heraus und zündete sich eine Zigarette an. Er rauchte sonst nie. Seine Hände zitterten. Er sah zu Andreas hinüber, der zurückgrinste. Wolfram warf die Zigarette weg, schob die Hände in die Taschen und versuchte, den Rücken zu entspannen.

Studentinnen zogen lachend an ihm vorbei, zeigten bloße Schultern und nackte Beine. Wie gerne würde er jetzt mit ihnen auf dem Mittelstreifen Richtung Brandenburger Tor flanieren.

Wie viele Stunden war es her, seit Christine weg war? Er blickte auf seine Armbanduhr. Zehn vor Zwölf. Wirklich erst fünf Minuten? Er wusste, dass sie jetzt neben der Tür des ehemaligen Dienstboteneinganges Dorotheenstraße an der Hauswand lehnte und in einem Anatomiebuch blätterte.

Ein heulendes Martinshorn ließ ihn zusammenfahren. Nur die Feuerwehr. Mehrmals atmete er tief ein und aus. Sein Blick fiel auf zwei Männer, die auf der anderen Straßenseite vor der Staatsoper standen. Sie trugen graue Hosen und weiße Hemden, unterhielten sich, rauchten, völlig unauffällig. Zu unauffällig? Sein Atem stockte. Stasi!

Jetzt trennten sich die beiden, einer verschwand in Richtung Marx-Engels-Platz, der andere überquerte die Straße und kam auf ihn zu. Wolfram wollte weglaufen, konnte aber seine Beine nicht bewegen. Er starrte den Mann mit dem weißen Hemd an. Er mochte um die vierzig sein, kam näher, unter seinen Achseln zeichneten sich Schweißflecken ab. Auch Wolfram schwitzte. Der Schweiß lief ihm in die Augen und brannte. Es war vorbei, gleich würde man ihn verhaften.

Doch der Fremde ging an ihm vorüber, ohne ihn anzusehen.

Wolfram merkte erst jetzt, dass er schon lange nicht mehr geatmet hatte. Einen Moment lang war er sehr glücklich. Er drehte sich zu Andreas um. Der hatte seine Aktentasche auf dem Gehsteig abgestellt. Eine Straßenecke weiter lehnte Paula an der Hauswand und kratzte sich mit einem Finger an der Stirn. Die Signalkette funktionierte. Er sah auf seine

Armbanduhr. In neun Minuten würden Bernd und Lorenz den ehemaligen Dienstboteneingang betreten, weitere zwei Minuten später die Tür zum Flur des zweiten Stocks öffnen. Die heiße Phase hatte begonnen und er hatte sie verpennt. Er griff in seine Hosentasche und drückte die Stoppuhr. Dann nickte er Henning hastig zu, der vor dem Haupteingang wartete. Nacheinander durchschritten sie das schmiedeeiserne Tor, das zum Ehrenhof der Universität führte.

Sie betraten den Bau durch den Haupteingang. In der Eingangshalle empfing sie eine angenehme Kühle. Rechts saß der Pförtner in seiner Loge und blätterte in der „Berliner Zeitung". Ihre Schritte hallten auf den spiegelnden Steinböden wider. Gesprächsfetzen wurden von den hohen Decken reflektiert.

Henning blieb im Foyer zurück und vertiefte sich vor einer Informationstafel in den Vorlesungsplan der Fakultät „Philosophie".

Auf halber Treppe nach oben, in großen Messinglettern, auf der roten Marmorwand unübersehbar, stand die elfte Feuerbachthese von Karl Marx:

„Die Philosophen haben die Welt nur verschieden interpretiert,
es kommt aber darauf an, sie zu verändern."

Wie oft war Wolfram an dieser Schrift vorbeigegangen, ohne sie zu beachten? Heute war alles anders. Er nahm die Welt um sich herum und in sich selbst auf mehreren Ebenen und gleichzeitig wahr.

Während er die Stufen hinaufstieg, dachte er zum ersten Mal in seinem Leben über diesen Satz nach. Gut und griffig war er formuliert, das musste man Marx lassen, überlegte er wie im Traum, während er gleichzeitig hellwach alles registrierte, was sich neben ihm abspielte: Studenten verließen ihre Hörsäle, Assistenten blieben mit einzelnen von ihnen diskutierend zurück, Sekretärinnen trugen unter den Arm geklemmte Akten, zwei Professoren standen rauchend an einem Fenster. Normaler Universitätsbetrieb. Nichts Verdächtiges. Ein Tag, wie jeder andere.

Gleichzeitig tauchte er in eine andere Bewusstseinsebene ein, die am Abend zuvor spielte. Sie waren beide sehr angespannt gewesen und hatten wenig gesprochen. Als es Nacht geworden war, hatte Christine ein paar Kerzen angezündet. Schweigend saßen sie zusammen und sahen zu, wie die Lichter langsam herunterbrannten und verloschen. Sie hatten sich noch einmal geliebt. Am Ende blieb sie still auf seiner Brust liegen. Er streichelte ihr Haar, bis sie einschlummerte. Tief in der Nacht erwachte er, öffnete die Augen und sah sie am Fenster stehen.

„Ich kann nicht schlafen", sagte sie, „ich bin zu aufgeregt."

Er stand auf und trat zu ihr an das Fenster, küsste ihren Nacken, schmiegte seinen Oberkörper an ihren Rücken und umfasste mit beiden Händen ihre Brüste. Sie drehte sich zu ihm um und lächelte.

„Lass uns nach unten gehen."

Sie zogen nur das Nötigste an, stiegen die Treppen hinunter und liefen barfuß zum Arnimplatz. Dort setzten sie sich auf eine Parkbank gegenüber einem alten Brunnen mit Bronzestatuen.

„Ist es wirklich gut, was wir machen?", fragte er.

„Ja, es ist gut, vor allem für uns. Damit wir uns später keine Vorwürfe machen brauchen, nichts getan zu haben."

Sie legte sich mit dem Rücken auf die Bank und schmiegte ihren Kopf in seinen Schoß. Ihre Augen fielen zu, doch Wolfram blieb wach. Der Morgen dämmerte, die Vögel erwachten, die ersten Autos fuhren. Er lauschte ihrem Atem.

Zurück aus der „Traumwelt" und noch immer die Treppen hinaufsteigend, dachte er: Eindrucksvoller Spruch unseres Übervaters Karl, aber nicht wirklich gut. Als ob es immer nur darauf ankäme, alles zu verändern. Veränderungen müssen sein, na klar, manchmal sogar Revolutionen, aber das Nachdenken über die Welt ist auch wichtig. Hätte der Alte eigentlich wissen müssen. Aber der brauchte wohl eine handfeste Formel für den großen Krach, den er anzetteln wollte.

Der erste Stock war erreicht, er warf einen Blick nach unten. Henning hatte sich von der Informationstafel gelöst und stand jetzt am Treppenabsatz. Er würde ihm bis zum ersten Stock folgen.

Wolfram stieg die Treppe zum zweiten Geschoss empor. Wieder sah er sich wie in einem Film. Bin das wirklich ich, der das macht? Was werden meine Eltern sagen, wenn ich erwischt werde?

Er hatte den zweiten Stock erreicht und begonnen, die Seminarbereiche zu überprüfen. Hier oben war niemand. Sein Kopf war wieder kristallklar. Marx, Christine und seine Eltern waren aus seinen Gedanken verschwunden. Er blickte den langen Gang hinunter und erkannte am Ende die Tür des ehemaligen Dienstboteneingangs. Die Stoppuhr zeigte zehn Minuten. Plus der einen, die er verpasst hatte. Jetzt mussten sie jeden Moment kommen. Im selben Augenblick hörte er Scharniere quietschen. Die Tür öffnete sich einen Spalt. Eine schwarze Maske spähte heraus.

Wolfram blickte die Treppe hinunter. Unten stand Henning und fasste sich ans Kinn. Alles O.K. Er bückte sich und band die Schnürsenkel zu. Das verabredete Zeichen für Bernd und Lorenz. Aus den Augenwinkeln sah er die beiden schwarzgekleideten und maskierten Gestalten den

Gang hinunterhasten. Jetzt kamen sie an ihm vorbei. Einer trug die pralle Aktentasche. Er drückte die Stoppuhr in seiner Hosentasche. Als hinter ihm die Tür des Seminarraumes 54 geöffnet wurde und zuschlug, richtete er sich auf. Die Hälfte war geschafft. In einer Minute würden sie wieder rauskommen und abhauen. Alles halb so schlimm.

Jetzt öffneten sie das Fenster zur Straße Unter den Linden. Nun sollten sie Andreas erblicken, der inzwischen zum Eingangstor gegangen war und sich hoffentlich mit einem Kamm durch die Haare fuhr. Jetzt warfen sie die Flugblätter aus dem Fenster. Blätterwolken flatterten durch die Luft. Konfettiparade Unter den Linden. In einer halben Minute mussten sie zurückkommen.

Er wandte sich zur Treppe, sah hinunter und erstarrte. Am unteren Podest stand ein Mann in Jeans und hellem Nicki. Er war noch jung, sah aber nicht mehr aus wie ein Student. Vielleicht ein Dozent?

Der Mann setzte einen Fuß auf die erste Stufe. Wolframs Herz schlug wie ein schwerer Eisenhammer gegen die Brustwand. Wollte der etwa hoch? Wolfram machte eine halbe Drehung von der Treppe weg, zog die Stoppuhr aus der Tasche und warf einen Blick drauf. Noch zwanzig Sekunden. Henning musste den Menschen unbedingt aufhalten!

In diesem Augenblick sah er den Freund an den Fremden herantreten und ihm eine Frage stellen. Der Mann drehte sich um, antwortete kurz und hob bedauernd die Schultern. Henning fragte noch einmal nach, aber der andere beachtete ihn nicht mehr und stieg in Gedanken versunken hinauf, wie jemand, der im Kopf noch einmal seinen Vortrag durchgeht, den er gleich halten wird.

Wolfram musste ihn stoppen, nur wie? Er blickte zum Raum 54 hinüber. Kommt doch endlich raus. In ein paar Sekunden ist der Kerl hier.

Wolfram trat an das Treppenpodest und ging zwei Stufen nach unten auf den Fremden zu. Sollte er ihn „versehentlich" hinunterschubsen? Ihn festhalten? In ein Gespräch verwickeln?

Der Unbekannte hatte ein offenes, sympathisches Gesicht. Eines der Sorte jener etwas entrückter Dozenten, die gerne erklären und keinen durchfallen lassen. Er sah zufrieden aus. Karriere gut gestartet, glückliche Familie, zwei wohlgeratene Kinder, Zweiraumwohnung, Trabbi vor der Tür.

„Entschuldigen Sie bitte, wissen Sie vielleicht, wann das Kant-Seminar beginnt?", stammelte Wolfram.

Der „Dozent" blieb stehen und kratzte sich am Hinterkopf.

„Hm", murmelte er, „ich bin kein Sprachwissenschaftler, weiß es leider auch nicht."

Wahrscheinlich einer dieser naturwissenschaftlichen Fachidioten, die Kant für einen Philologen hielten, dachte Wolfram.

In diesem Augenblick hörte er hinter sich eine Tür schlagen. Der Mann vor ihm schaute auf. Wolfram folgte seinem Blick. Sah zwei vermummte Gestalten den Gang hinunterrennen, erkannte Bernd an der leeren, flachen Aktentasche. Sie hatten das Ende des Flures erreicht. Die Tür des ehemaligen Dienstbotenaufgangs fiel hinter ihnen ins Schloss. Von innen hörte man eiliges Fußtrappeln. Dann war es still. In diesem Moment mussten die beiden die Treppen zur Dorotheenstraße hinunterstürzen. Der Spuk hatte keine zehn Sekunden gedauert.

„Junge, Junge", lachte der Mann vor ihm auf. „Ich glaub es nicht. Wildwest an der Humboldt-Uni, haben die etwa die Kasse der ‚Deutsch-Sowjetischen-Freundschaft' geplündert?"

Er stieg die letzten Stufen empor und lief mit sichtlich wachsender Neugierde zum Raum 54. Öffnete die Tür und blickte hinein.

„Einer der üblichen Studentenscherze", rief er Wolfram zu. „Da drinnen ist nichts Besonderes zu sehen. Oder spielen wir hier vielleicht ‚Versteckte Kamera' Ost?"

Er drehte sich um, als suchte er das verborgene Filmteam. Dann schüttelte er den Kopf und ging weiter, ohne sich noch einmal nach Wolfram umzusehen. Verschwand, offenbar schon wieder in Gedanken versunken, in einem Vorlesungsraum.

Wolfram merkte mit einem Mal, dass er am ganzen Oberkörper klatschnass war. Er war jetzt der Letzte von allen. Dem Ort des „Verbrechens" am nächsten. In wenigen Minuten würde hier alles abgesperrt sein, er musste weg. Sofort! Er zwang sich, die Treppe nicht zu schnell hinunter zu hasten. Sah Henning ein Stockwerk tiefer in Richtung Ausgang eilen.

Draußen angekommen erblickte er die Bescherung. Der ganze Vorplatz war mit weißen und rosa Schreibmaschinenseiten bedeckt, als wären Rosen- und Magnolienblüten vom Himmel gefallen. Einige Durchschläge waren auf Fenstervorsprünge geflattert oder hatten sich in Baumzweigen verfangen. Manche Flugblätter waren von Windstößen erfasst und auf die Straße geweht worden.

Er sah, wie Studenten sich erstaunt bückten und nach Papieren langten. Eine junge Frau hob ein Blatt empor, las ein paar Worte und ließ es erschrocken wieder fallen. Ein verdutzter Spaziergänger hielt eine Seite in der Hand, knüllte sie zusammen und schob das Knäuel in die Hosentasche. Ein anderer faltete einen Bogen sorgfältig zusammen und steckte ihn wie selbstverständlich in seine Jacke. Auf der Straße begannen sich

Menschengruppen zu bilden. Sie bestaunten ein Wunder, denn Flugblätter gab es in der DDR noch seltener als Jeans und Bananen. Viel seltener. Eigentlich gar nicht.

Wolfram war, als würden ihn alle anstarren.

Seht mal, der Kerl dort hat bei der Schweinerei mitgemacht!, schienen sie zu sagen.

In Wirklichkeit kümmerte sich niemand um ihn. Er hätte nackt herumlaufen können. Wolfram tat ebenfalls überrascht, bückte sich, nahm eine Seite hoch und las im Gehen: „Ein geliebter Staat braucht mit Sicherheit keine Staatssicherheit."

Der Satz sprang ihm ins Gesicht. Er wurde bis in die Haarspitzen rot. Betäubt schob er sich durch die Menge der Gaffer und tappte in Richtung Marx-Engels-Platz. Am Zeughaus sah er sich kurz um. Niemand war ihm gefolgt. Menschen eilten ihm entgegen. Mit neugierigen Augen strebten sie zur Universität. Er faltete das Blatt unauffällig zusammen und behielt es in der Handfläche. Nach weiteren zweihundert Metern drehte er sich wieder um, es folgte ihm noch immer niemand. Er schob es in die Hosentasche.

Aus der Ferne hörte er eine Polizeisirene. Sie näherte sich schnell. Jetzt waren es schon zwei. Ihre auf- und abschwellenden Töne überlagerten sich zu einem flirrenden Stakkato. Vom roten Rathaus kamen ihm mit Vollgas Mannschaftswagen entgegen. Bremsen quietschten, Reifen jaulten, als sie in die Kurve gingen. Die Sirenen kamen inzwischen von überall.

Wolfram schlenderte über den leeren Marx-Engels-Platz, vorbei an den Tribünen vom ersten Mai, die noch nicht abgebaut waren und erreichte über Umwege den Bahnhof Friedrichstraße.

Er stieg in die S-Bahn und kauerte sich auf einen Fensterplatz. Die Linie fuhr in diesem Teil der Stadt auf erhöhten steinernen Bögen, sodass man weit in die Straßen hinunterblicken konnte. Der Zug kreuzte die Universitätsstraße. Einen Augenblick lang bot sich ihm eine erregende Aussicht.

Die sonst so stille Straße wimmelte von Polizeiwagen. Zwei von ihnen waren quer gestellt und sperrten den Verkehr. Überall grüne Polizeiuniformen. Sein Herz raste.

Ich bin Wolfram Fichtner, dachte er, und habe damit nichts zu tun.

Mit kreischenden Rädern nahm der Zug die Kurve.

Kapitel 11

Eine Hand wäscht die andere

Berlin-Johannisthal, 1964

Die ersten Dezembertage brachten Frost und Schnee. Nachts fielen dicke, weiche Flocken. Manfred erwachte vom schabenden Geräusch der Schneeschieber, die kleine Gehschneisen zwischen den Häusern freilegten. Er stand auf und blickte aus dem Fenster. Eine weiße Watteschicht bedeckte die Welt. Jubelnd liefen die Jungen ins Freie, bewarfen sich mit Schneebällen und versuchten, einander einzuseifen.

Manfred nahm nicht teil. Immer wieder musste er den Brief lesen, den ihm die Mutter vor ein paar Tagen geschrieben hatte.

„Mein lieber Manfred, es ist wie verhext. Oma Mührer hat sich den Oberschenkel gebrochen und liegt nun ebenfalls im Krankenhaus. Mir geht es im Augenblick auch nicht gut. Aber man hat mir Hoffnungen gemacht, dass ich Ostern endgültig entlassen werde. Es tut mir schrecklich weh, mein Sohn, dass wir die Weihnachtstage nicht gemeinsam verbringen können, aber danach werden wir beide uns niemals wieder trennen. Das verspreche ich dir. Bis dahin sei tapfer. Wir sehen uns bald wieder. Deine Dich stets liebende Mutter.“

Er konnte nicht mehr klar denken. Ostern, wie lange war das noch hin? Und wenn es ihr dann immer noch nicht besser ging?

Manchmal malte er sich aus, wie er seine Fluchthütte im Wald bauen wollte. Dann starrte er vor sich hin und ließ die Hänseleien der anderen teilnahmslos über sich ergehen.

Eine Woche vor Weihnachten wartete der Psychiater auf ihn. Er stand am Fenster und rauchte. Als Manfred den Raum betrat, legte er seine Pfeife beiseite und kam raschen Schrittes auf ihn zu.

„Na, mein Lieber. Du dachtest wohl, ich hätte dich vergessen? Nein, das habe ich nicht. Ich wollte mich eigentlich schon viel früher melden, war aber in der Sowjetunion und bin erst seit drei Tagen zurück. Ich habe gerade von Herrn Stoltenberg erfahren, dass es dir wieder schlechter geht. Das tut mir wirklich sehr leid. Aber zuerst sieh mal, was meine Frau dir geschickt hat.“

Er öffnete seine Tasche und holte eine Tüte mit Keksen hervor. Packte eine Handvoll auf Manfreds Teller, eine andere auf seinen.

„Na, dann lass es dir schmecken."

Er langte zu, aber Manfred rührte sich nicht. Der Psychiater sah ihn mitleidig an.

„So schlimm ist es also. Du hast wieder keinen Appetit?"

Manfred schwieg und starrte auf den Tisch.

„Trink doch wenigstens etwas von der Brause."

Manfred kniff die Lippen zusammen.

„Auch nicht? Nun gut, ich schätze mal, sie haben dich doch wieder verprügelt, aus Rache für Werner. Dahinter kann eigentlich nur der Kalle stecken, vielleicht auch Reinhard."

Manfred schwieg und blickte weg.

„Ich verstehe. Du hast Angst, mir noch einmal etwas anzuvertrauen."

Der Psychiater knöpfte sein Jackett auf und wollte sich eine neue Pfeife stopfen. Dann besann er sich und packte sie wieder ein.

„Meine Frau hat mich gebeten, nicht so viel zu rauchen. Stattdessen soll ich mich am Kaugummi vergreifen. Willst du auch einen?"

Manfred schüttelte den Kopf.

„Weißt du, das Problem ist, den Kalle können wir nicht einfach in ein Heim für Schwererziehbare stecken. Der hat nicht so viel auf dem Kerbholz wie Werner."

Der Mann trat nachdenklich ans Fenster.

„Aber vielleicht ist das auch kein Nachteil. Er ist kein schlechter Kerl wie Werner. Ich denke, den biegen wir uns hin."

Er kam zum Tisch zurück, schlug sein Notizbuch auf und suchte Manfreds Blick.

„Schau mal, ich will dir wirklich helfen. Aber um Kalle zu kriegen, muss ich ein bisschen mehr über ihn wissen. Gibt es irgendetwas, was mit ihm nicht in Ordnung ist?"

Manfred schwieg.

„Ich weiß, er schreibt ab, aber das zählt nicht, haben wir in der Penne alle gemacht."

„Ich nicht."

„Aha, du kannst ja doch reden", lachte der Psychiater und Manfred ärgerte sich über sich selbst.

„Macht er vielleicht manchmal politische Bemerkungen über unseren Staat?"

Manfred dachte nach. Dann antwortete er maulig: „Ja, manchmal."

„Nun hör bitte genau zu, Manfred. Es ist ganz wichtig für dich, dass du aufpasst. Stelle dich doch mal in der großen Pause in seine Nähe. Was sagt er zu den Mädchen? Versucht er vor ihnen anzugeben? Hört er vielleicht den RIAS, wenn er zu Hause ist? So etwas muss ich wissen. Nur dann kann ich dir helfen."

Manfred biss von einem Keks ab.

„Ich habe von deiner Mutter gehört. Das tut mir wirklich sehr, sehr leid. Dann bist du Weihnachten wohl ganz allein?"

Manfred zuckte die Achseln.

„Was hältst du davon, uns zu besuchen? Wir würden uns wirklich freuen."

Manfred starrte ihn an. Nein, ich habe keine Lust, wollte er antworten, ich will nicht zu euch kommen, ich will nur noch weg. Was soll ich bei diesem Mann mit der Halbglatze zu Weihnachten? Doch etwas zog sich in seiner Kehle zusammen und er fing an zu schniefen.

„Gut, Manfred, dann ist es also abgemacht, du kommst zu uns und bleibst bis nach Neujahr. Es wird dir ganz bestimmt gefallen. Wenn Schnee liegt, fahren wir Schlitten. Ich werde dich am letzten Schultag abholen."

Nein, nein, nein, ich komme nicht, wollte Manfred sagen, aber die Worte blieben ihm im Hals stecken.

„Vielleicht kannst du mir dann schon erzählen, was du über Kalle rausbekommen hast."

In Manfreds Kopf ging es wirr durcheinander. Ich möchte nicht zu dem Psychiater. Doch dann merkte er, dass er es wollte, dass er es ganz doll wollte. Gut, dann haue ich eben danach ab. Genau! Er konnte doch beides machen. Er jubelte innerlich. Zu Weihnachten besuche ich den Psychiater und gleich danach mache ich mich auf und davon.

Er nickte nur stumm und rannte aus dem Raum.

In den folgenden Tagen beobachtete er Kalle. Was konnte er über den bloß rausbekommen? Einmal hatte er gesehen, wie Kalle mit dem Rücken zu ihm an einem Schuppen hinter der Schule gestanden hatte. Manfred hatte sich schnell davon gemacht. Dann aber hatte er sich doch neugierig umgedreht. Was suchte der bloß in der Ecke? Er erkannte hinter dem Rücken den roten Pullover von Brigitte. Kalle hatte ihn hochgeschoben, seine Hände fummelten irgendwo rum. Ekelhaft. Ob das verboten war? Er würde es dem Psychiater sagen.

Kurz vor Weihnachten stand eine große Gruppe seiner Klassenkameraden in einer Ecke des Schulhofs. Kalle und Reinhard in der Mitte. Sie hielten Cornelia und Brigitte um die Hüften gefasst. Kalle prahlte damit, wie er in der letzten Arbeit geschummelt hatte. Alle lachten. Dann erzählte er politische Witze über die DDR. Einer ging so: „Wer ist der größte Feldherr der Weltgeschichte? Walter Ulbricht! Er schlug drei Millionen Menschen in die Flucht und nahm siebzehn gefangen."

Kalle hatte geflüstert, sodass nur die Umstehenden es hören konnten. Alle hatten die Köpfe zusammengesteckt und laut aufgelacht. Auch Manfred.

Kapitel 12

Weihnachten bei Gerald

Berlin-Köpenick, 1964

Wie versprochen holte ihn Gerald am 23. Dezember ab. Seine Frau hieß Monika, mochte Mitte dreißig sein und war, anders als ihr Mann, schlank und temperamentvoll. Sie war sehr gastlich und ständig um Manfred bemüht. Der spürte sofort, wie sehr sie ihn mochte und ein warmes Gefühl breitete sich in Brust und Bauch aus.

In der Stube stand ein Weihnachtsbaum, der dicht mit Lametta, roten und goldenen Kugeln behängt war. Am Heiligen Abend gingen sie in die Christmesse der „St.-Laurentius-Kirchengemeinde Köpenick". Was für eine Überraschung! Manfred hatte auch früher immer gern den Gottesdienst besucht. Mutter war zwar keine Kirchgängerin, aber an den hohen christlichen Festtagen waren sie stets in der „Gethsemanekirche" in Prenzlauer Berg gewesen. Nun saß er neben Monika, sah die beiden beten und Weihnachtslieder singen. Im alten, dunklen Holzgestühl lauschte er der Predigt und musste an die Mutter denken: daran, wie sie während des Gottesdienstes immer seine Hand gehalten hatte.

Nach Hause zurückgekehrt, las Monika die Weihnachtsgeschichte. Später sangen sie „Stille Nacht", das Gerald auf der Gitarre begleitete. Anschließend gab es die Bescherung. Manfred löste vorsichtig das Geschenkpapier und hielt das Abenteuerbuch „Am Ufer des Sewan" in seinen Händen. Natürlich gab es auch einen großen „Bunten Teller".

„Bei uns brauchst du den nicht wegschließen", sagte Gerald lächelnd und kniff verschmitzt ein Auge zu.

Am ersten Weihnachtsfeiertag wurde eine mit Äpfeln gefüllte Ente gebraten. Manfred schlief satt und wohlig ein. Es waren unbeschwerte Tage und am 27. Dezember stellte er bedauernd fest, dass die Hälfte der Zeit bereits vorbei war. Es passierte nicht viel. Manfred fühlte sich einfach nur gut.

Er schrieb seiner Mutter einen Brief.

„Liebe Mama, mach dir keine Sorgen, es ist so toll in dieser Familie …“

Ob es ihr inzwischen besser ging? Ostern wollte sie ihn nach Hause holen. Und wenn sie im Frühling immer noch krank war? Er dachte oft an sie, aber immer nur kurz.

Die Tage flogen dahin wie ein schöner Traum. Seine Schokolade und die Zuckerkringel des „Bunten Tellers“ hatte er sich eingeteilt. Er naschte jeden Tag gerade so viel, dass es genau bis zum letzten Tag reichte. Ins Heim würde er nichts mitnehmen.

Am Nachmittag vor Silvester machten sie eine Wanderung durch die Wälder um die Müggelberge. Sie hatten einen Schlitten mitgenommen. Der Schnee knirschte unter ihren Schuhen. Wie ein schwarzes Spinnennetz stand das kalte Astwerk der Bäume gegen den klaren Winterhimmel. Die Kufenspuren schimmerten bläulich.

Oben am Müggelturm angekommen, setzte Monika sich auf den Schlitten und fuhr die steile Rodelbahn Richtung Müggelsee allein hinunter.

Manfred und Gerald gingen ruhigen Schrittes den Weg hinab, der in weiten Windungen zum See führte. Die Sonne zauberte Tausende glitzernder Sternchen auf die Schneefläche. Der Himmel war blau, die Luft klar und frostig.

„Nun, mein Lieber, wie gefällt es dir bei uns?“

„Gut“, antwortete Manfred und dann etwas leiser: „Sehr gut.“

„Das freut mich. Wir mögen dich auch sehr. Du kannst in den Ferien immer zu uns kommen, wenn du Lust hast. Natürlich nur, wenn du deine Mutter nicht besuchen kannst.“

Gerald schmauchte seine Pfeife und paffte Wolken in die Winterluft.

„Hast du Angst, ins Heim zurückzukehren?“

Manfred nickte.

„Nun, dann wollen wir doch mal sehen, was sich für dich machen lässt. Konntest du irgendetwas über Kalle erfahren?“

Manfred fühlte sich hier, bei Gerald und in dieser Familie sicher. Er berichtete, was er gesehen hatte. Wie Kalle Brigitte in die Ecke gedrängt hatte. Gerald nickte.

„Klar. Pubertät. Gibt es noch etwas anderes?“

Dann erzählte Manfred ein paar von Kalles Witzen, die er sich gemerkt hatte.

„Das Ehepaar Ulbricht liegt im Bett. Walter sagt: ‚Steh mal auf, Lotte!‘ Lotte steht auf, Walter betrachtet sie. Dann sagt er: ‚Lotte, zieh dich aus!‘ Lotte ist das peinlich, aber sie zieht sich aus. Walter schaut sich seine

Frau an und fordert sie auf: ‚Geh vor dem Bett auf und ab.' Die Alte läuft hin und her. Walter schüttelt ratlos den Kopf: ‚Also Lotte, ich kann mir einfach nicht erklären, was die Kapitalisten am Striptease finden.'"

Der Psychiater amüsierte sich.

„Der ist gut. Den muss man in sächsisch erzählen. Hast du ihn eigentlich schon verstanden?"

Manfred lächelte verlegen.

„Da hast du etwas mit unserem großen Staatsratsvorsitzenden gemeinsam. Egal. Das wird uns helfen. Übrigens gibt es richtig gute Nachrichten aus Birkenwerder. Ich habe mit Werners Erzieher gesprochen. Er fügt sich dort gut in das Kollektiv ein, verprügelt niemanden mehr. In der Schule hat er sich auch gebessert. Vielleicht wird er sogar versetzt."

Vor ihnen lag der zugefrorene Müggelsee. Die Eisfläche war mit einer dünnen Schicht aus Pulverschnee bedeckt. Gerald zog den Schlitten, auf dem jetzt Manfred saß, mit großer Geschwindigkeit über das Eis, stoppte jäh ab, schleuderte ihn um sich herum und versuchte, ihn zum Überschlagen zu bringen. Es gelang ihm nicht, weil sich Manfred auf der Sitzfläche festgekrallt hatte. Immer wilder wurden Geralds Schwünge, bis er es schließlich doch geschafft hatte. Manfred kullerte auf das Eis und sprang weiß überpudert auf. Er warf Gerald eine Handvoll Schnee ins Gesicht. Der ließ es sich lachend gefallen.

Am 2. Januar brachte Gerald ihn zurück ins Heim. Er verabschiedete sich am Tor.

„Es war schön mit dir. Ich habe in den nächsten zwei Wochen leider viel Arbeit, Konferenzen, Krankenberichte und so weiter, aber ich verspreche dir, dass ich mich Ende Januar um dich kümmere. Ich werde mich auch erkundigen, wie es deiner Mutter geht."

Kapitel 13

Freund oder Feind?

Berlin-Johannisthal, 1965

Am ersten Tag nach seinem Eintreffen hatte Kalle sich Manfreds Spindschlüssel geben lassen und seinen Schrank durchsucht. Als er nichts fand als das alte, steinharte Brot, wurde er wütend und schlug Manfred mit der Faust ins Gesicht.

„Du Schwein hast alles allein aufgefressen."

„Sei bloß vorsichtig", platzte es aus Manfred heraus. Er wich zurück. Kalle hielt verblüfft inne, dann schlug er wieder zu. Jetzt verließ Manfred der Mut. Am nächsten Tag zeichnete sich ein Veilchen unter dem rechten Auge ab.

„Was hast du denn da?", fragte ihn Stoltenberg, als er ihn sah.

„Ich bin nachts gegen den Türrahmen gelaufen, als ich auf Toilette gehen wollte."

Stoltenberg runzelte die Stirn, sagte aber nichts.

So vergingen die Tage und der Januar war fast vorbei. Er warf das alte Brot in die Mülltonne und begann neues zu sammeln. Wenn zwei Fächer voll waren, wollte er endgültig abhauen.

Eines Tages, als alle über den Hausaufgaben hingen und Kalle auf seinem Bett lag und in einem Schmöker blätterte, trat Stoltenberg in das Zimmer.

„Karl-Heinz, komm bitte mal mit."

Die Jungen drängten neugierig auf den Flur und sahen die beiden im Besucherzimmer verschwinden. Sie schlichen in die Nähe, um zu lauschen. Aber daraus wurde nichts, denn in diesem Moment ging die Tür des Raumes auf und Herr Stoltenberg trat in den Flur. Er scheuchte die Jungen zurück zu ihren Schularbeiten.

Niemand hatte etwas gesehen. Aber Manfred hatte einen feinen Pfeifenrauch wahrgenommen, der aus dem Besucherraum nach draußen gedrungen war.

In der großen Pause des nächsten Tages standen Kalle und Reinhard wie immer mit Cornelia und Brigitte in ihrer Ecke. Kalle war anders als sonst. Nervös sah er sich um, bis er Manfred entdeckt hatte.

„Ej, Manne, komma her."

Der zuckte erschrocken zusammen. Er drehte sich um, hinter ihm stand niemand.

„Manne, herkommen", rief Kalle jetzt wieder, jungenhaft ruppig, aber nicht unfreundlich.

Nun waren auch die anderen neugierig geworden. Sie drängten sich in einen Kreis um Kalle und die Mädchen. Reinhard war mit raschen Schritten bei Manfred. Er verzog seinen Hasenschartenmund zu einem falschen Grinsen.

„Mitkommen, passiert nichts."

Er nahm ihn am Arm und schob ihn in den Kreis, wo Kalle stand.

„Leute", rief Kalle, „alle mal herhören, Manne ist ab heute mein Freund."

Er blickte frech und triumphierend in die verdutzten Gesichter um sich herum.

„Und ich sage euch, wer ihn auch nur anrührt, der kriegt es mit mir zu tun."

Kalle hielt Manfred seine breite Pranke hin. Noch bevor er wusste, wie ihm geschah, hatte Kalle schon seine Hand gepackt und sie kräftig gedrückt.

Als sie nach Schulschluss auf dem Vorplatz standen, tippte Kalle Manfred auf die Schulter.

„Lass uns mal 'ne Runde drehen."

Sie gingen in den Wald hinter der Schule und setzten sich auf eine Bank, die am Rande einer Lichtung stand. Hier konnte sie niemand beobachten. Kalle bückte sich und nahm einen Ast auf.

„Scheinst ja mächtige Freunde zu haben. Keine Ahnung, wie du das hingekriegt hast."

Er brach den Ast entzwei und warf die Stücke weg.

„Also, ich werde dir nichts mehr tun. Es sei denn, du schwärzt mich wieder an und dein sauberer Herr Psychiater verfrachtet mich nach Birkenwerder. Dann ist mir alles egal. Bevor ich abmarschiere, drehe ich dir den Hals um, verlass dich drauf."

An diesem Tage änderte sich für Manfred alles. Er wurde nie wieder verprügelt. Hatte Kalle ein Problem, ging er zuerst zu Manfred. Der wurde sein erster Berater.

Eine Woche nach dem Gespräch holte er das alte Brot aus dem Spind, warf es weg und sammelte kein neues mehr. Er vergaß seine Fluchtpläne.

Seine neue Stellung erstaunte die anderen Jungen, erfreute aber nicht jeden. Besonders Reinhard stank diese Entwicklung mächtig, denn Manfred begann ihn von seinem Platz an der Sonne zu verdrängen. Wenn Kalle nicht da war, versuchte Reinhard, Manfred zu drohen.

Er hatte zwar keine Angst vor Reinhard, spürte aber, dass dieser nur auf eine Gelegenheit wartete. Irgendwann würde er sich rächen. Doch dazu würde Manfred es nicht kommen lassen. Er hatte inzwischen gelernt, immer einen Schritt schneller zu sein als die anderen. Manfred merkte sich genau, was Reinhard sagte, wenn sie in der Gruppe zusammenstanden. Er wurde schnell fündig, denn „Hasenscharte" machte gern auf dicke Lippe.

„Mein Onkel im Westen fährt einen teuren Mercedes, der zweihundert Sachen macht. So einen Schlitten werde ich mir auch kaufen, wenn ich erwachsen bin."

Was das bedeutete, konnte sich jeder leicht ausrechnen. Manfred jedenfalls hatte es registriert.

Eines Tages bekam Kalle Bauchschmerzen.

„Mensch, geh zum Arzt, kann was Schlimmes sein", riet ihm Manfred.

Aber Kalle hatte Schiss.

„Wird schon", krächzte er immer wieder und schob den Arztbesuch auf.

Dann kam der Sonnabend. Das Heim war menschenleer. Viele Kinder waren bei ihren Eltern. Aus Manfreds Gruppe war nur noch Kalle da und der hing wahrscheinlich vor Cornelias Fenster rum.

Manfred wurde es draußen zu langweilig. Er ging auf sein Zimmer, um die letzten Seiten des Buches zu lesen, das ihm Gerald zu Weihnachten geschenkt hatte.

Ein Spiel der Jungen bestand darin, ihre Schuhe, von der Tür aus, in hohem Bogen so zu werfen, dass sie ohne die Wand zu berühren, genau hinter dem dritten Bett auf den Boden fielen.

Der erste Schuh flog sauber hinüber und fiel hinter dem letzten Bett zu Boden. Er musste auf etwas Weichem gelandet sein. Manfred warf den zweiten. Auch dieser flog ungehindert hinüber, landete wieder weich.

Plötzlich vernahm Manfred ein leises Stöhnen. Er erschrak und erstarrte vor Angst. Da war es wieder. Lange stand er an der Tür, ohne sich zu rühren, bereit, sofort abzuhauen. Dann fasste er Mut und machte ein paar vorsichtige Schritte in Richtung Zimmerecke, aus der die Laute kamen. Mit weichen Knien schlich er an der Fensterseite entlang, bis er hinter das letzte Bett gucken konnte. Seine Schuhe lagen auf einem reglosen Körper. Manfred trat näher. Es war Kalle. Die Hände gegen den Bauch gepresst, die Augen geschlossen, die blasse Stirn mit Schweißperlen übersät.

„Kalle", flüsterte Manfred. Und dann lauter: „Kalle!"

Kalle reagierte nicht. Seine Augen blieben zu. Manfred tippte ihn vorsichtig mit der Fußspitze an. Kalle stöhnte leise. So wehrlos zu seinen Füßen liegend sah sein Peiniger nur noch beschissen aus.

Ob er ihm mal richtig in den Bauch treten oder ihn einfach liegen lassen sollte? Niemand würde es erfahren und bis die Erzieher ihn vermissten, wäre Kalle bestimmt schon tot.

In Manfreds Kopf schwirrte es. Er trat an das Fenster und legte die Stirn an die Scheibe. Aber wenn Kalle abtrat, hatte er „Hasenscharte" an der Backe! Nein, Kalle durfte nicht sterben, auf keinen Fall. Und plötzlich spürte Manfred, dass er Kalle mochte. Der Große hatte in letzter Zeit oft seinen Rat gesucht, das hatte sie näher zusammengebracht. Er würde das Arschloch vermissen.

„Herr Stoltenberg", rief er aus dem Zimmer stürzend. Er fand den Erzieher im unteren Stockwerk. „Herr Stoltenberg, der Kalle stirbt."

„Blinddarm", sagte Stoltenberg am nächsten Tag. „War schon durchgebrochen. Wird einige Zeit dauern, bis er wiederkommt."

Nun trat „Hasenscharte" anders auf, schrie umher und gab Befehle. Besonders hatte er es auf Manfred abgesehen. Ihn zu schlagen, traute er sich zwar noch nicht, aber man sah, wie es ihn in den Fäusten juckte.

Kapitel 14

Union Eck

Berlin-Prenzlauer Berg, 1. Juli 1977

Am Samstagnachmittag, zwei Tage nach dem Flugblattabwurf, bekam Reinbeck auf dem schwarzen Telefon für Privatgespräche einen Anruf von Franzen. Anders als sonst, wenn das Organ seines Chefs kraftvoll den Hörer füllte, klang die Stimme jetzt verzagt. Nach ein paar belanglosen Floskeln richtete er Reinbecks Frau die allerbesten Grüße aus. Das war das vereinbarte Signal, sich zwei Stunden später im „Union Eck", einer kleinen Arbeiterkneipe im Bezirk Prenzlauer Berg, einzufinden. Dieses Lokal war ihr geheimer Treffpunkt. Dort konnten sie, von den eigenen Genossen unbeobachtet, Klartext reden.

Als Reinbeck die dämmrige, nach schalem Bier und Zigarettenrauch riechende Spelunke betrat, war Franzen schon da. Er hatte sich, wie immer, in die hintere Ecke des halbleeren Raumes zurückgezogen, von der aus er die Kneipe im Blick hatte. Der Oberstleutnant trug eine dicke, dunkelbraune Hornbrille und langweilige DDR-Klamotten, die nach „Centrum"-Warenhaus, Abteilung „Mode für den eleganten Herren" aussahen. Sie stammten sicher nicht aus einem der Sonderläden, wo man schicke Exportware zu niedrigen Preisen kaufen konnte und zu denen nur Stasi-Angehörige Zugang hatten. Fehlt nur noch der falsche Schnurrbart, dachte Reinbeck amüsiert.

„Na, mein Lieber", begrüßte Reinbeck seinen Chef, „heute wieder Maskenball angesagt?"

Franzen brummte nur.

„Willste och ne Molle? Noch´n Helles!", rief er dem Wirt zu, ohne Reinbecks Antwort abzuwarten.

„Was gibt´s denn so Eiliges? Ich war gerade dabei, mit meiner besseren Hälfte die alten Reflexe durchzugehen."

Franzen lächelte müde und steckte sich eine Zigarette an. Im Aschenbecher vor ihm lagen mehrere ausgedrückte Kippen.

„Du rauchst wieder?"

Franzen zuckte die Schultern. Der Wirt, ein untersetzter Kerl mit schmieriger Schürze, brachte das Bier. Sie prosteten sich zu. Der Alte sah erschöpft aus.

„‚Operation Blitz' ist richtig Scheiße gelaufen, weißt du ja selbst. Musste heute Morgen zum Rapport. Gott sei Dank nicht beim großen Chef, sondern ´ne Stufe tiefer, bei Meister. War trotzdem ´ne Katastrophe. Wo die vielen Blätter hergekommen seien, wollte der immer wieder wissen. So eine Masse wäre niemals ausgemacht gewesen. Da musste ich ihm leider Recht geben. Anschließend wurde ich zehn Minuten lang angebrüllt, alles in Habachtstellung. Das war wie Stalinorgel ohne Schützengraben. Bin noch niemals so fertiggemacht worden. Dabei ist der Oberst, wie du ja weißt, sonst eher der gemütliche Typ. Nehme an, der hat vom Generalleutnant selbst einen mächtigen Einlauf verpasst bekommen."

Franzens rechtes Augenlid zuckte. Er steckte sich eine neue „f6" an.

„Wenn ich es richtig sehe, mein Lieber, trifft dich die Hauptschuld."

Reinbeck war bei Franzens Schilderung der Schreck in die Knie gefahren. Er hatte nicht damit gerechnet, dass es so schlimm stand.

„Ich habe Thomas am Abend vor der Flugblattaktion getroffen. Er hat mir haarklein berichtet, wie alles laufe, die Stimmung in der Gruppe sei, dass er sich auf dieses Abenteuer freue. Alles hat er mir erzählt, nur nicht, wie viele Blätter sie hatten. Hat dem wohl nicht allzu viel Bedeutung beigemessen und sich im Übrigen auf uns verlassen!"

Franzen umklammerte das Bierglas mit den Händen, dass die Knöchel weiß hervortraten.

„Diese Gaudi kann uns beide den Kopf kosten, ist dir das klar? Uns beide!"

Reinbeck starrte Franzen entsetzt an. Seine Karriere zog an seinem inneren Auge vorüber. Der Entschluss, dem Organ beizutreten, die Auseinandersetzungen mit dem Vater. Der Bruch mit Eltern und Geschwistern. War es das wert gewesen? Ja, natürlich, denn er kämpfte für eine gerechte Sache, da mussten Opfer gebracht werden. Und jetzt? Würde er alles verlieren?

„Verdammt ja, ich habe nicht aufgepasst, ich dachte, das läuft. Ich hätte ihn am Ende noch einmal richtig abfragen müssen. Aber wer ahnt denn so was? Okay, Genosse Oberstleutnant, mea culpa, ich hab´s vermasselt."

Franzen hatte die ganze Zeit mit dem rechten Zeigefinger in einer kleinen Bierpfütze auf der Tischoberfläche rumgemalt. Seine Augen hoben sich müde.

„Ich habe Hunger. Willst du auch 'n Goldbroiler oder eine Soljanka? Ich lade dich ein. Zwei Broiler, zwei Soljankas", dröhnte Franzens Bass durch den Raum. „Und zwei ‚Blaue Würger' und zwei Helle."

Reinbeck schüttelte es.

„Dein ‚mea culpa' hilft mir auch nicht weiter", fuhr Franzen fort, „ich bin der Chef, trage die Verantwortung für alles und ich bin der Erste, den sie am Arsch kriegen. Also, lass uns überlegen, was sich machen lässt."

Goldbroiler mit Sättigungsbeilagen, Soljanka und Getränke kamen.

„Wir müssen die Schuld auf alle verteilen", sagte Reinbeck.

Franzen blickte ihn finster an.

„Das ist ja wohl klar. Ob es ausreicht, möchte ich bezweifeln. Hast du eigentlich eine Vorstellung davon, wer mich beerben wird, wenn man mich abserviert?"

Reinbeck blickte ihn ungläubig an.

„Willst du damit andeuten, dass du Angst hast, rausgeschmissen zu werden?"

„Na sicher. Glaubst du vielleicht, ich bin unantastbar? Ich bin auch nur ein Sterblicher. Die Sache könnte knapp werden. Also, wer würde mein Nachfolger werden?"

Reinbeck war die Frage unangenehm. Er hatte mit Franzen all die Jahre prächtig zusammengearbeitet. Der Alte ließ ihm die Freiheiten, die er brauchte. Reinbeck war im Gegenzug immer loyal gewesen. Er kam mit der bärbeißigen Art Franzens gut zurecht. Dass sie sich am Ende richtig angefreundet hatten, gab es selten in der Firma, wo man stets damit rechnen musste, von den eigenen Genossen beschattet und bespitzelt zu werden.

„Also gut, vom Dienstrang her wäre ich der Nächste, scheide aber aus, weil ich gar nicht richtig dazu gehöre. Ich bin nur euer intellektueller Hanswurst, der euch sagen darf, wie man sich in besseren Kreisen benimmt. Der Nächste nach mir wäre Diepholt."

Franzen winkte ärgerlich ab.

„Quatsch. Viel zu niedriger Dienstgrad. Es gibt einen über ihm."

Reinbeck stutzte.

„Arnold? Ist das dein Ernst? Dieses Würstchen?"

„Na klar! Arnold! Genau der. In dieser Frage sind wir noch richtige Preußen. Arnold wäre am dransten. Glaub mir, der übernimmt den Laden, sollte ich geschasst werden."

Reinbeck war verblüfft. Arnold! Er sah die herabhängenden Mundwinkel, die geduckte Gestalt. Wo kam dieser Mensch eigentlich her? Ihm war nur bekannt, dass er seine dröge Karriere als Bahnpolizist begonnen hatte. Im Zuge der Massenanwerbungen nach dem Putschversuch von 1953 hatte es ihn, genau wie Tausende andere, in den Schoß der Firma gespült. Eine Dutzendlaufbahn. Mehr wusste er nicht, war auch nie wichtig gewesen.

„Hast du kapiert? Ich oder diese Kanalratte."

Der Alte packte Reinbecks Hand.

„Zusammenhalten ist jetzt das Wichtigste. Wir beide! Gibt´s noch andere mögliche Verbündete? Diepholt?"

„Im Prinzip ja, ist aber keine belastbare Allianz. Wenn es hart auf hart kommt, verhält er sich eher clever, sucht sich die vorteilhafteste Seite aus."

Franzen klopfte die Zigarettenasche ab, sie fiel neben den Aschenbecher in die Bierpfütze, sog sich mit Flüssigkeit voll und zerfiel.

„Und, was ist mit Arnold?"

Reinbeck fühlte, wie schwer es Franzen fiel, dieses Stück Niemand als Faktor im Machtkampf zu akzeptieren.

„Den hast du jahrelang wie ein Stück Scheiße behandelt. Aber solange du etwas zu sagen hast, hält er die Klappe."

Franzen atmete schwer ein und ließ die Luft langsam entweichen.

„Und wenn ich in Verschiss gerate?"

Reinbeck wollte die Frage leicht abtun, aber als er Franzen ansah, begriff er, dass der es ernst meinte. Er versuchte, das Undenkbare zu denken.

„Höchstwahrscheinlich wird er jämmerlich scheitern, das heißt, mich um Hilfe anbetteln. Ich werde de facto der neue Chef, der Mann im Hintergrund, was ich nie gewollt habe."

Reinbeck kippte den „Blauen Würger" hinunter und lehnte sich zurück. „Lass uns einen Schlachtplan entwickeln."

Sie berieten. Wem sollte was angehängt werden?

Diepholt würde nichts weiter übrigbleiben, als die Verantwortung für das Aushecken des großartigen Projektes zu übernehmen. Reinbeck selbst müsste reumütig seine Fehler bei der Führung von „Thomas" eingestehen.

Und Arnold? Der hing auch mit drin. Zwar hatte er an der Planung nicht teilgenommen, dem Ganzen aber nicht widersprochen.

„Wie schätzt du unsere Chancen ein?", fragte Reinbeck.

„Zwanzig Prozent Disziplinmaßnahme mit Degradierung, sechzig Prozent Kreisdienststelle Jüterbog, zwanzig Prozent Berlin."

Reinbeck lachte auf.

„Also, jetzt sehen wir aber ein bisschen zu schwarz, Genosse. Wahrscheinlich kriegen wir nur einen Beförderungsstopp für ein, zwei Jahre. Wäre mir persönlich völlig egal. Davon lasse ich mir doch mein Wochenende nicht versauen. Und bis Montag fällt mir bestimmt etwas ein, keine Angst."

Franzen wiegte skeptisch den Kopf.

„Achte auf mich, wenn ich mit Meister den Raum betrete. Halte ich die Akten in der Linken, steht es fifty-fifty. Trage ich sie in der Rechten, haben wir eigentlich keine Chance mehr. Dann kann uns nur noch einer deiner bekloppten Einfälle retten."

Kapitel 15

Das Bordeaux-Kartell

Stasi-Zentrale Berlin-Lichtenberg, Sonntag, 3. Juli 1977

Bei herrlichstem Sonnenschein hatte Reinbeck den Grill in seinem Garten aufgebaut und war gerade dabei, die Steaks zu wenden, als ihn Franzens Anruf auf dem grauen Telefon erwischte. Der „Ukas“ des Chefs war kurz und gnadenlos: Hoher Besuch! Sofortiger Antritt!

Den Duft des Bratens noch in der Nase, ließ er alles stehen und liegen und warf sich wütend und hungrig in seinen Lada.

Im Konferenzraum erwartete ihn eine nervöse Spannung. Diepholt saß blass und übernächtigt auf seinem Stuhl, kaute auf der Unterlippe und machte den Eindruck, als habe man ihn gerade aus dem Bett geholt.

Arnold starrte kerzengrade auf seinen Aktenstapel.

Am Ende des „Sprelacarts“ hatte Rita Wegener Platz genommen. Reinbeck musterte sie flüchtig. Die Haare waren heute anders. Sie hatte sie zu einem Pferdeschwanz zusammengebunden. Dies gab den Blick auf das Halbprofil ihres Gesichtes frei und er bemerkte verwundert, dass sie ganz hübsch war.

Sie saßen und warteten bereits eine Viertelstunde. Keiner sagte ein Wort. Niemand nahm Blickkontakt auf.

Ohne Anklopfen flog plötzlich die Tür auf. Oberst Meister betrat mit festen Schritten den Raum, hinter ihm Franzen. Der Oberst steuerte wie selbstverständlich Franzens schwarzen Ledersessel an und ließ sich dort nieder.

Franzen zögerte einen Moment. Reinbeck begriff die Situation als Erster, räumte seinen Stuhl und setzte sich neben die Wegener. Die junge Frau raffte hastig ihre Papiere zusammen und schob sie von Reinbeck weg. Für einen Augenblick spannten die Konturen ihrer Brüste den Uniformstoff. Reinbeck fragte sich flüchtig, warum ihm das bisher nie aufgefallen war, wandte sich dann aber der Frage zu, in welcher Hand Franzen die Akten getragen hatte. Es war die Rechte gewesen. Also keine Chance. Alles verloren? Seine hübsche Villa verlassen und nach Jüterbog ziehen? In dieses Kaff? Niemals! Aber was sonst?

Meister begann in schneidendem Ton.

„Genossen, Sie wissen, dass die ‚Flugblattaktion', die Sie selbst inszeniert haben, eine absolut blamable, konterrevolutionäre Katastrophe war."

Er schnappte nach Luft.

„Ich vertraue Ihrer Intelligenz insoweit, dass Ihnen das inzwischen selbst klargeworden ist."

Den letzten Satz hatte er, nur mühsam gebändigt, herausgebrüllt. Er wurde leiser. Dafür bekamen seine Worte eine unangenehme Schärfe.

„Ich stelle jetzt ein paar sehr einfache Fragen und erwarte knappe Antworten, weder blumige Ausreden, noch wortreiche Entschuldigungen, schlicht die Wahrheit. Sollten Sie versuchen, Ihre Schuld auf andere abzuwälzen, werde ich sehr unangenehm reagieren, verlassen Sie sich darauf."

Unter dem Tisch spürte Reinbeck den Druck von Franzens Knie. Er presste lange und fest.

„Mach was", sollte das wohl heißen.

Meister war ein rundlicher Mann, Ende fünfzig. Vom Typus her Genussmensch. Die gerötete Nase verriet seine Leidenschaft. Man sagte ihm nach, dass er sich ein beeindruckendes Wissen westlicher Spitzenweine zugelegt hatte, die zu verkosten einem normalen Sterblichen im Arbeiter- und Bauernstaat nicht gegeben war. Ein Weinkenner also, hätte schlimmer kommen können, dachte Reinbeck. Dass er hier so stramm auftrat, ging ihm sicher gegen die Natur. Reinbeck vermutete, dass Meister die letzten Dienstjahre gemütlich austrudeln lassen wollte. Auf seiner höchsten Karrierestufe war er schon vor längerer Zeit angelangt. Über ihm thronte nur noch der Leiter der Hauptabteilung XX, Generalleutnant Schneidewind, fünf Jahre jünger als er. Höher konnte er also nicht mehr steigen. Herab wollte er aber auch nicht. Diese Affäre konnte ihm sehr gefährlich werden. Schließlich war er es gewesen, der die „Operation Blitz" abgesegnet hatte.

Er musste sie jetzt fertigmachen, sonst wäre er selbst dran. Mit einem Mal wurde Reinbeck klar, dass sie eigentlich keine Chance hatten. Meister brauchte ihren Skalp. Er ließ sich in seinen Sessel zurücksinken und blickte niedergeschlagen aus dem Fenster.

„Erste Frage, von wem stammt die Idee für diesen Schlamassel?"

Es war still im Raum. Meister sah auf seine wurstigen, zusammengefalteten Finger. Diepholt räusperte sich.

„Genosse Oberst. Es war mein Plan."

Meister schlug mit der flachen Hand auf den Tisch und fuhr ihn wütend an.

„Gefährlicher Mist, Diepholt. Schlecht durchdacht und viel zu riskant. Mit einem Wort: Müll."

Diepholt bestätigte zackig. „Jawoll, Genosse Oberst!"

„An diesem Punkt ist festzustellen, dass ein völlig anderes Projekt realisiert worden ist, als mit mir abgesprochen war. Diepholt, ich erteile Ihnen eine schwere Rüge, Sie können von Glück sagen, dass Sie nicht die letzte Verantwortung tragen."

Diepholt blieb steif sitzen, aber man spürte, wie er aufatmete. Der hat seine Prügelstrafe hinter sich, dachte Reinbeck. Jetzt beginnen die Hinrichtungen.

„Zweite Frage: Warum wussten wir nichts über die Menge der Flugblätter, wer ist für die Führung von Thomas verantwortlich?"

„Ich, Genosse Oberst", antwortete Reinbeck.

„Sie, Reinbeck, haben mit Abstand den größten Anteil am Scheitern der Operation."

Verloren, dachte Reinbeck, alles dahin. Wieder spürte er den Druck von Franzens Knie, drängend und flehend.

„Ich nehme die volle Verantwortung auf mich, Genosse Oberst, ich war nicht sorgfältig genug, habe die Lage unterschätzt. Ein Tschekist muss seine Aufgaben immer mit heißem Herzen, kühlem Kopf und sauberen Händen meistern. In diesem Fall ist mir das nicht gelungen."

Meister nickte höhnisch. Reinbeck hatte Dzierżyński zitiert und es fertiggebracht, auch noch den Namen des Obersten einzubetten. Rhetorisch reizvoll, aber trotzdem eine Luftnummer. Viel zu dick aufgetragen. Das würde ihn nicht retten.

„Sie haben die Sache vergeigt, Reinbeck."

Meister wandte sich an die Wegener.

„Für das Protokoll: Genosse Reinbeck gibt zu, schwere Fehler bei der Führung des IM Thomas gemacht zu haben."

Sie schrieb. Meister wandte sich Franzen zu.

„Und Sie, Franzen, tragen die oberste Verantwortung für die ‚Operation Blitz'. Haben Sie etwas zu Ihrer Verteidigung vorzubringen?"

Reinbeck sah Franzen erstarren. Wollte Meister ihn hier, vor seinen Untergebenen, demütigen?

„Ich leite die ‚Operation Blitz', Genosse Oberst. Ich habe Fehler begangen, indem ich es versäumt habe, die einzelnen Schritte engmaschig zu kontrollieren. Ich nehme daher die volle Verantwortung auf mich."

Der Oberst klappte seine Akten zu. Das Massaker war vorbei. Nun kamen noch kleinere Aufräumaktionen.

„Hat jeder dem Plan zugestimmt, oder gab es abweichende Meinungen?"

Alle blickten zu Arnold. Das geduckte Männchen setzte sich irritiert auf, fuhr mit der Hand über die exakt gescheitelten Haare und begann seine penibel geordneten Akten an einer unsichtbaren Kante neu auszurichten.

„Arnold", hakte Meister nach. Arnold schluckte. Sein Adamsapfel fuhr an seinem mageren Hals Fahrstuhl.

„Genosse Oberst, ich habe mich nicht abweichend geäußert."

Wie immer, du Narr. Reinbeck fand den Gedanken, dass diese Karikatur ihre Abteilung leiten könnte, absurd.

Franzen drückte wieder. Nun nicht mehr flehend, sondern verzweifelt. Doch die Schlacht war verloren. Diepholt und Arnold würden verwundet davonkommen, sie beide gehörten zu den Gefallenen. Plötzlich überkam Reinbeck eine tiefe Ruhe. So musste es im Angesicht des Todes sein. Er dachte an seinen Vater, der ihn gewarnt hatte. Der alte Herr hatte Recht behalten. Wie mochte es ihm jetzt wohl gehen, ihm und der Mutter? Natürlich wusste Reinbeck bestens Bescheid, wie es im Elternhaus und bei seinen Geschwistern in dem mecklenburgischen Ort, wo er herstammte aussah, schließlich saß er an der Quelle. Aber er hätte sie alle gerne wiedergesehen, mit ihnen geredet. Sie umarmt. Ein stechender Schmerz durchzog ihn.

„Noch irgendwelche Kommentare?"

Meister hatte das einfach so hingeworfen, aber Reinbeck wusste, dass jetzt ihre letzte Chance aufgerufen worden war. Er setzte sich in Positur.

„Wenn Sie erlauben, Genosse Oberst, möchte ich auch die positiven Aspekte dieser von unserer Seite unverantwortlich schlecht durchgeführten Operation hervorheben. Die Flugblattaktion hat zwar große Aufmerksamkeit erregt, leider auch in der West-Presse. Sie ist jetzt Teil der Geschichte. Das ist mehr als bedauerlich, ja unentschuldbar. Aber sie hat auch, und das ist hervorzuheben, die Position unserer Quelle Thomas im Operationsgebiet erheblich gestärkt! Dieser Fall wird eines Tages dazu beitragen, dass IM Thomas über eine extrem gute, eine unzerstörbare Legende verfügen wird. Sie wird ihm den Weg zu einer großen Kundschafter-Karriere ebnen."

Meister hatte die Arme vor der Brust verschränkt und blickte Reinbeck finster an.

„Ich habe verstanden, dass Sie sich nach Ihrem Versagen auf ganzer Linie mit etwas Positivem über die Runden retten wollen. Aber das war nicht überzeugend. Dieser Thomas ist als Figur dann doch ein wenig zu dürftig. Das reicht nicht. Genossin Wegener, schreiben Sie bitte mit."

Meister hob den Kopf und überlegte, wie er die Höchststrafe formulieren konnte, ohne sich selbst reinzureißen. Um Zeit zu gewinnen, zog er ein Taschentuch hervor und schnäuzte seine von roten und blauen Äderchen durchzogene Knollennase.

„Ich werde dem Generalleutnant vorschlagen, Sie beide, Franzen und Reinbeck, von Ihren Posten …"

Seine Nase, dachte Reinbeck. Woran erinnerte die ihn bloß? Da war doch irgendetwas. Er wusste es noch nicht, aber das spielte keine Rolle mehr, jetzt konnte, jetzt musste er alles auf eine Karte setzen.

„Genosse Oberst, ich habe etwas Wichtiges, ja ganz Entscheidendes zu ergänzen."

Meister sah ihn ungehalten an. Reinbeck erwiderte den Blick selbstsicher, doch sein Hirn war leer. Er hatte keinen Plan, hoffte nur, dass ihm beim Sprechen etwas einfiel.

„Genosse Oberst, ich muss darauf aufmerksam machen, dass IM Thomas uns auf eine sehr wichtige, eine ziemlich spezielle Fährte geführt hat. Das kann ich mit Bestimmtheit sagen."

Meister runzelte ärgerlich die Stirn. Reinbecks Kopf war noch leer, aber er begann, im tiefen Gestrüpp einen Pfad zu ahnen.

„Thomas ist ja recht kommunikativ und kommt überall herum. Vor einigen Wochen war er bei einem seiner Professoren eingeladen."

„Und", bellte Meister, „was hat das bitte schön mit unserem Problem zu tun?"

„Genosse Oberst, ich möchte Ihnen lediglich die Bedeutung unseres IM demonstrieren. Thomas war, wie gesagt, von seinem Professor zu einem Abendessen eingeladen worden. Das Ganze fand in dessen Hause statt. Ziemlich intime Situation, delikates Menü, vier Gänge, Kerzenlicht und so weiter. Offiziell sollte eine Semesterarbeit durchgegangen werden. Extrem durchsichtiges Arrangement natürlich."

Meister unterbrach ihn.

„Jetzt kommen Sie mal zum Punkt, Reinbeck, was interessieren uns die homoerotischen Schweinereien dieses Herrn Professors! Übergeben Sie das der Sitte, ist doch für uns völlig irrelevant."

Meister machte Anstalten, sein Diktat an die Wegener fortzusetzen.

Reinbeck begann, die Situation zu genießen. Ihm konnte in dieser Welt nichts mehr passieren. Er war so frei wie lange nicht mehr.

„Ein letztes Wort noch, Genosse Oberst, wenn Sie gestatten. Im Laufe dieses langen Abends hat unser Professor zwei Flaschen französischen Rotweins den Hals gebrochen. Man trank nicht irgendeinen ordinären ‚Châteauneuf-du-Pape'. Es gab richtig guten und sagenhaft teuren Spitzenwein. Von einer der Flaschen hat Thomas das Etikett abgelöst und mir gezeigt, es war ein ‚Château La Mission Haut-Brion' von 1970. Ich habe interessehalber recherchiert und rausbekommen, dass es sich dabei um einen Wein handelt, von dem eine einzige Flasche über 500 DM kostet. West wohlgemerkt. Natürlich wollte der Professor vor Thomas angeben und ihn betrunken machen. Die Frage aber, die sich uns stellt, lautet: Wie kommt dieser Mensch in unserem Arbeiter- und Bauernstaat an dieses Spitzengesöff?"

Reinbeck hielt inne. Hatte er schon einmal in eine Runde solch blöder Gesichter geblickt?

Am interessantesten war die Wandlung von Meister. Der Oberst sah aus wie ein Boxer, der gerade zum finalen K.-o.-Schlag ausgeholt hatte und durch einen unerwarteten Konter auf dem Ringboden gelandet war.

Vor ein paar Monaten hatte Reinbeck von Franzen erfahren, dass ein finanziell klammer französischer Geschäftspartner der DDR-Außenhandelsgesellschaft seine Schulden mit einem Teil seines exquisiten Weinlagers bezahlt hatte. Das war nicht weiter sensationell, so etwas passierte schon mal. Wichtig war nur, dass von den tausend Flaschen im Wert von einer halben Million Westmark bei der letzten Revision fünfzig Pullen fehlten. Die Überprüfung der Personen, die Zugang zum Lager hatten, blieb ohne Erfolg. Die Einsatzgruppe „Bordeaux", die den Fall klären sollte, war nach einem Monat ergebnislos aufgelöst worden. Es war durchgesickert, dass Mielke getobt hatte. Was ‚Thomas' ihm vor zwei Wochen über den Abend bei dem Professor erzählte hatte, war für ihn bisher nur Anekdote gewesen. Den vermutlichen Zusammenhang beider Ereignisse hatte er erst in dieser Sekunde begriffen.

„Ich bin mir sicher, Genosse Oberst, dass wir über diese Spur leicht an den Weinmarder herankommen, den die ‚Bordeaux-Gruppe' nicht aufgespürt hat."

Er war fertig. Alles reingeworfen. Alles riskiert. Biss Meister an? Hing er etwa mit drin im Weinkartell? Kannte er den Professor? War er das fehlende Teilstück eines komplizierten Puzzles?

„Das ist ja mal eine sehr interessante Geschichte, Genosse Reinbeck, die Sie da erzählt haben, wirklich sehr interessant. Es sieht so aus, als hätte dieser Thomas doch was drauf. Der kann uns noch nützlich sein, der kann uns wirklich noch sehr nützlich sein, sehr nützlich ... doch, ja."

Der Oberst hatte für einen Moment den Faden verloren.

„Genossin Wegener, streichen Sie die letzten Sätze. Wir müssen umdenken. Thomas ist wichtig, wir müssen ihn vor dem Verbrennen schützen."

Und an Reinbeck gerichtet: „Sie, und nur Sie, besorgen vernünftige Komprimate von den Sauereien, die da stattfinden. Und alles über meinen Tisch. Ausschließlich!"

Franzens Knie drückte wieder. Danke, sprach es, prima zurechtgeferkelt.

„Was den ‚Bordeaux-Fall' betrifft, so werden wir uns demnächst einmal in kleiner Runde zusammensetzen und beraten, wie wir weiter vorgehen. Jetzt bleiben wir erst einmal bei IM Thomas."

Meisters Stimme hatte wieder an Kraft gewonnen.

„Ihre Einlassungen zu IM Thomas hatten für Sie natürlich vor allem den Sinn, ihren Hals zu retten. Trotzdem lasse ich sie einfach mal so stehen. Denn ich denke, es liegt im Interesse unseres Organs, unserer Abteilung und der Partei, aus dieser Pleite auch noch etwas zu gewinnen, das dem Frieden dient."

Man befand sich wieder auf vertrautem Terrain, der Rebenfreund war von Drohungen zu Phrasen übergegangen. Das bisschen Profilkosmetik wollen wir dir schon zugestehen, dachte Reinbeck. Schließlich hast du noch eine weitere Kröte zu schlucken: Dem Obersten blieb erfreulicherweise nichts Anderes übrig, als für den weiteren Ablauf von „Blitz" die Verantwortung zu übernehmen.

Meister fuhr fort: „Franzen, Sie entwickeln jetzt den Maßnahmenplan für den zweiten Teil der ‚Operation Blitz'. Aber nur Prosa, keine Lyrik, wenn ich bitten darf."

Franzen sah aus wie nach einer Badekur in Karlsbad: total verschwitzt, aber sehr erleichtert.

„Genosse Oberst, der zweite Teil der ‚Operation Blitz' ist wesentlich diffiziler und gefährlicher als der Erste, die Flugblattaffäre. Ich sage das nicht, um nochmalige Schnitzer von vornherein zu entschuldigen. Ich weiß selbstverständlich, dass dieses Vorgehen unter allen Umständen ein Erfolg werden muss, für dessen Gelingen ich hiermit die volle Verantwortung übernehme."

Reinbeck bemerkte mit Genugtuung, dass Franzen sicherer wurde.

„Ich sage dies vor allem, um die Mitglieder dieser Gruppe an ihren tschekistischen Schwur zu erinnern, die Republik unter allen Umständen vor ihren Feinden zu beschützen. Dieser Auftrag ist gerade in diesem Falle mit besonderer Härte durchzusetzen."

Reinbeck hatte Mühe, sich weiter zu konzentrieren. Diese Plattitüden, deren gedankenlose Benutzung auch ihm selbstverständlich geworden war, begannen ihn anzuekeln. Warum musste man im Kampf für eine gute Sache so rumkrücken?

Franzen war inzwischen beim operativen Teil seiner Ausführungen angelangt.

„Unsere Aufgabe wird es zunächst sein, diese langhaarigen Penner in die Enge zu treiben. Wir werden sie wissen lassen, dass wir Material gegen sie haben. Das Wichtigste ist, auf folgenden Punkt zu achten: Was immer wir ihnen an Fakten auf den Tisch knallen, sie müssen für den Feind erkennbar aus unserer Ermittlungstätigkeit stammen. Wir zeigen ihnen, dass wir sie aufgrund unserer Recherche zu fassen bekommen, nicht etwa durch Denunziationen oder IM-Tätigkeiten. Nur so können wir den Verdacht wirksam von Thomas abwenden. Wir werden diesen, pardon, konterrevolutionären Arschlöchern zeigen, was unser ‚Schild und Schwert der Partei' zu leisten im Stande ist."

Dass er „Arschlöcher" sagte, sagen durfte, war ein Akt erneuter vertraulicher Annäherung.

„Von Woche zu Woche werden wir denen neue Ermittlungsergebnisse präsentieren. Gleichzeitig zeigen wir ihnen die Instrumente. Solange, bis sie in Panik geraten und die Flucht planen."

Franzen wollte aus alter Gewohnheit mit der Hand auf den Tisch schlagen, besann sich aber rechtzeitig. Meisters Blick hatte sich bei der Anspielung auf die Inquisition verdüstert. Wie gern hätte er sie in die Wüste geschickt. Aber nun hatte er nicht nur die schlingernde „Operation Blitz", sondern auch noch die „Bordeaux-Affäre" am Hals.

Franzen war fertig, sein Hemdkragen schweißdurchtränkt. Meister erhob sich. Die Offiziere sprangen auf. Der Oberst und Franzen gingen zur Tür. Bevor sie hinaustraten, drehte Meister sich noch einmal um und sagte in drohendem Ton:

„Ich vertraue euch, Genossen. Aber seid sicher, dass ihr keinen Freischuss mehr habt. Was jetzt kommt, muss piccobello sitzen, beste tschekistische Arbeit! Sonst dürft ihr euch alle schon einmal mit den Gepflogenheiten der Kreisdienststelle in, na ihr wisst schon wo, vertraut machen."

Meister und Franzen verließen den Raum.

Keiner der Zurückgebliebenen sagte ein Wort. Auf wen konnte man bauen? Reinbeck sah sich um, fand niemanden.

Er räumte seine Papiere zusammen. Der Himmel strahlte. Wenn er sich beeilte, würde das für ihn warm gehaltene Filetstück vielleicht noch ein bisschen saftig sein. Nichts wie weg.

Seine Hand streifte zufällig Ritas Arm. Sie sah auf und musterte ihn mit einem langen Blick. Sie war sehr ernst. Ernst und unglücklich.

Warum ist sie so traurig, dachte er. Sie hat doch mit dem Mist hier nichts zu schaffen! Er verabschiedete sich, ging zur Tür und betrachtete sie im Hinausgehen noch einmal kurz.

Dann hatte er begriffen.

Kapitel 16

Besuch bei der Mutter

Lungenheilstätte Friedrichshausen, 1965

Ostern nahte. Die Mutter hatte endlich wieder geschrieben. Es war ein trauriger Brief: „Oma" Mührer war verstorben. Mutter hatte man zwar aus dem Krankenhaus entlassen, aber daran, nach Hause zu kommen, war im Augenblick nicht zu denken. Sie lag jetzt in der Lungenheilstätte Friedrichshausen. Sie würde ihren Jungen so gerne wiedersehen und bat ihn, sie dort zu besuchen.

Am folgenden Wochenende fuhr er mit Gerald zur Lungenheilstätte, die sich anderthalb Autostunden südlich von Berlin, inmitten ausgedehnter Kiefernwälder befand. Sie durchschritten das weitläufige Gelände. Es roch harzig. Jeder Windstoß ließ das Rauschen der Baumkronen wie Meeresbrandung anschwellen. Entlang der Wege standen weiße Holzbänke. Auf den meisten saßen Patienten, allein oder mit Angehörigen. Mutter war nicht dabei. Manfreds Herz schlug bis zum Halse. Ein halbes Jahr hatte er sie nicht mehr gesehen.

Sie fanden ihr Zimmer, klopften an und traten ein. Im hinteren Bett, am Fenster lag sie: blass, ausgezehrt und mit einem Tuch um den Kopf gewickelt. Sie sah vom Buch auf, legte ihre Hand auf die Brust und lächelte glücklich. Manfred rannte auf sie zu.

„Manfred, mein Junge, mein Liebster, ich habe dich so vermisst."

Sie stand mühsam auf, umarmte ihn und wollte nicht mehr loslassen. Er sog ihren vertrauten Geruch ein und erinnerte sich an den Abschied im letzten Herbst. Damals hatte sich sein Gesicht in die weiche Mitte ihres Bauches hineingedrückt. Jetzt ragte er ihr bis zum Brustkorb.

„Mein Gott, was bist du gewachsen." Sie sah ihn beglückt an und fragte dann besorgt: „Bekommst du denn auch genug zu essen? Geht es dir gut im Heim?"

Manfred nickte schnell. Erst jetzt bemerkte die Mutter Gerald, der zunächst an der Tür stehen geblieben war.

„Sie sind der Psychiater, nicht wahr? Manfred hat mir so viel Gutes berichtet. Ich bin Ihnen unendlich dankbar, dass Sie sich so um meinen Jungen kümmern."

Gerald gab ihr die Hand.

„Entschuldigen Sie bitte, aber mir wird schwindlig. Ich muss mich ein bisschen ausruhen."

Sie legte sich auf das Bett. Manfred zog einen Stuhl heran, setzte sich zu ihr und hielt ihre durchscheinenden, kalten Hände. Wie dünn die Mutter geworden war. Und warum trug sie ein Kopftuch? Hatte sie etwa auch eine Glatze, wie die Frau im Bett neben ihr?

Beim Reden wurde sie oft von Hustenattacken unterbrochen, dann presste sie ein Taschentuch an den Mund und versuchte, das, was sie hervorgebracht hatte, hastig zu verbergen. Und doch konnte Manfred einmal erkennen, dass sich der Stoff rot gefärbt hatte.

Sie blieben nur eine halbe Stunde. Die Mutter war tief erschöpft.

„Ihr müsst jetzt gehen, mein Junge. Ich brauche den Schlaf, damit ich bald wieder gesund werde."

Manfred hielt ihre Hand.

„Geh nur, geh, mein Liebster. Ich habe mich so gefreut. Und komm bald wieder. Es gibt keine Stunde, in der ich nicht an dich denke."

Manfred umarmte sie, gab ihre Hand zögernd frei und verließ rückwärtsgehend den Raum.

Auf der Rückfahrt schwiegen beide lange.

„Magst du mir erzählen, was im Heim läuft?", unterbrach Gerald die Stille.

Manfred berichtete, dass Reinhard ihn schikanierte. Und damit prahlte, als Erwachsener in den Westen gehen zu wollen, um sich dort einen Angeber-Mercedes zu kaufen. Gerald nickte zufrieden.

„Das ist interessant. Da lässt sich vielleicht etwas draus machen."

Sie näherten sich Berlin. Gerald hatte sich eine Zigarette angezündet.

„Du darfst aber nicht glauben, dass deine Dinge für alle Zeiten geregelt sind, nur weil du im Augenblick nicht verprügelt wirst. Im Leben gibt es immer wieder kritische Situationen. Du musst auf alles vorbereitet sein. Jeden Tag. Versuche deshalb, so viele Informationen über deine Umgebung zu sammeln, wie du nur kannst. Wissen ist Macht. Das hat der große englische Philosoph Francis Bacon gesagt. Den kennst du wahrscheinlich noch nicht. Am nächsten Wochenende werde ich dir von ihm erzählen."

Er drückte die Zigarette aus.

„Wenn du weißt, was los ist, bestimmst du, welche Musik gespielt wird. Im Raufen wirst du den anderen immer unterlegen sein, also sammle Informationen über sie. Dann können sie dir nichts mehr anhaben."

Gerald wollte eine neue Zigarette anzünden, aber Manfred hielt ihm die Kaugummipackung hin.

„Ah, du stehst auf der Seite meiner Frau", sagte Gerald lächelnd.

„Was Reinhard angeht, wollen wir erst einmal abwarten, wie sich die Dinge entwickeln, wenn Kalle aus dem Krankenhaus zurück ist. Vielleicht ergibt sich für dich eine Gelegenheit, selbst aktiv zu werden. Es ist besser, wenn ich nicht immer eingreifen muss."

Manfred sah den Psychiater fragend an.

„Versuche, zu improvisieren. Ich bin überzeugt, diesmal schaffst du es von allein."

Kapitel 17

Kalles Rückkehr

Berlin-Johannisthal, 1965

Zwei Monate später ging eines Nachmittags die Tür des Jungenzimmers auf. Auf der Schwelle stand Kalle. Er war abgezehrt und hatte dunkle Ringe unter den Augen.

„Tach, Leute", grüßte er und warf seinen Koffer auf das Bett.

Die Jungen sahen erstaunt von ihren Schularbeiten auf. Niemand erhob sich. Kalle blieb unschlüssig stehen. Endlich stand Reinhard auf und schlenderte zu ihm rüber. „Hasenscharte" war in der Zeit von Kalles Abwesenheit größer und kräftiger geworden.

„Da biste ja", sagte er und klopfte Kalle gönnerhaft auf die Schulter. Seine Stimme klang jetzt tief und männlich. Kalle hob unwillig den Kopf.

„Und übrigens, dass de dit gleich weißt, Gerd macht jetzt meine Mathearbeiten. Wenn du willst, kannste hinterher bei mir abschreiben."

Kalle spannte die Kinnmuskulatur. Einen Moment lang sah es aus, als wollte er sich auf Reinhard stürzen. Aber es war klar, dass er einer Prügelei nicht gewachsen war. Reinhard straffte den Nacken, schob einen Mundwinkel verächtlich nach oben und ging zurück zum Tisch.

Kalle wandte sich ab und begann, seine Sachen in den Spind zu räumen.

War es das gewesen, Reinhard der neue Boss? Alle warteten gespannt auf die nächste Kraftprobe, denn dass die kommen musste, war sicher.

Am nächsten Tag rannten die Jungen nach Schulschluss wie gewöhnlich in ihre Zimmer, warfen die Ranzen auf die Betten und tobten in den Gängen. Allmählich kehrte Ruhe ein, sie machten sich an die Hausaufgaben. Kalle trat zum Tisch, warf Gerhard wie früher seine Hefte hin und wollte nach draußen gehen.

„Gerd hat keine Zeit für dich, der macht jetzt meine Aufgaben", sagte Reinhard. „Habe ich dir schon gestern gesagt. Musste auch mal hinhören."

„So ist das also", schnappte Kalle.

„Gib her", sagte Manfred schnell, „Ich mach das schon."

Kalle nickte ihm überrascht zu. Die Entscheidung war noch einmal vertagt worden.

In den Tagen darauf sprach Manfred mit den Jungen seiner Klasse. Mit jedem einzeln. Mit allen, außer Reinhard und Kalle.

„Mensch, Hotte, Kalle ist und bleibt der Chef. Jetzt, nach dem Krankenhaus ist er noch ziemlich schlapp. Aber der kommt wieder, wirste sehen. Und dann kriegt jeder, der zu Reinhard hält, was aufs Maul, und zwar mächtig."

Die Jungen zögerten. Aber Kalle erholte sich rasch. Er stopfte das Essen in sich rein, holte einen zweiten und dritten Nachschlag Lungenhaschee, aß sogar Spinat und Gemüse. Nahm schnell zu. Zwei Wochen später kam es zu der entscheidenden Begegnung.

Reinhard stand in der großen Pause wie immer in der Ecke des Schulhofes, wo man von Sträuchern abgeschirmt, unbemerkt rauchen konnte. Dies war jetzt sein Revier. Bei ihm Cornelia, Brigitte und die Jungen der Klasse. Er umfasste, lässig gegen die Wand gelehnt, Conny mit dem linken Arm und hielt in der rechten Hand eine Zigarette.

Da trat Kalle zu der Gruppe. Die Jungen machten den Weg frei. Reinhard zog Conny fester an sich heran. Kalles Gesicht verfinsterte sich, seine Augen waren zwei schmale Schlitze.

„Komm her", herrschte er Conny an. Conny sah sich unsicher um, versuchte, sich von Reinhard zu lösen. Aber der hielt sie an sich gepresst.

„Und wenn nicht?", fragte Reinhard drohend.

Kalle verharrte einen Moment. Eine Sekunde zu lang. Reinhard spürte es. Jeder spürte es. Reinhard ließ Conny los, sie blieb bei ihm stehen.

„Und nu?", grinste Reinhard.

Kalle stand mit geballten Fäusten vor „Hasenscharte". Die Jungen bildeten einen Halbkreis um sie.

„Alle, die auf mein Kommando hören, zu mir", sagte Kalle, bemüht seiner Stimme einen selbstsicheren Klang zu geben.

Manfreds Knie wurden weich. Meine große Chance, hämmerte es in seinem Kopf. Ich mache jetzt etwas Geniales oder völlig Bekloopptes. Er trat vor und stellte sich an Kalles Seite. Kalle blickte ihn erstaunt an, seine Augen begannen zu leuchten. Hotte kam zögernd nach, dann Gerhard. Jetzt war der Bann gebrochen. Alle anderen Jungen folgten. Reinhard blieb mit den beiden Mädchen allein vor der Mauer stehen. Brigitte löste sich von der Wand und wechselte zu Kalles Gruppe hinüber.

„Tja, denn", sagte Cornelia und stellte sich neben Brigitte.

Kalle baute sich vor Reinhard auf.
„Und jetzt verpiss dich, du Wichser, das ist meine Ecke."
Er spuckte ihm vor die Füße.
Reinhard vergrub die Hände in den Hosentaschen und zog ab.

Am Ende der letzten Stunde hielt Kalle Manfred zurück: „Danke, hätte echt nicht gedacht, dass du so dufte bist. Und jetzt noch das Wichtigste."

Er griff verlegen in seine Hosentasche und zog eine neue Ruhlaer Uhr hervor.

„Weil du mein Leben gerettet hast. Und damit du mir glaubst, dass ich es ehrlich meine."

Er griff nach Manfreds Handgelenk und band ihm die Uhr um.

Kapitel 18

Mauer glotzen

Berlin-Prenzlauer Berg, Juli 1977

Wolfram war in der Mittagspause auf die Terrasse der „Alten Bibliothek" getreten, in der die Vorlesung Theoretische Physik stattfand. Von dort hatte er eine direkte Sicht auf die Humboldt Universität. Studenten passierten das Eingangstor und entschwanden unter dem dichten Laub der riesigen Bäume seinem Blick. Andere traten allein oder in Grüppchen aus dem Haupteingang. Normales Studentenleben.

In den Zeitungen stand natürlich nichts von den Flugblättern. Und doch hatte sich die Nachricht wie ein Lauffeuer verbreitet.

Wolfram wurde von einigen Seiten auf die Ereignisse angesprochen.

„Haste schon jehört? Nee? Alles voller Flugblätter. Die Amis sollen sie abjeworfen haben."

„Echt?"

„Ganz sicher."

Ein paar Tage lang schritt er wie auf Wolken.

Dann passierte etwas Merkwürdiges. Als sie von einem Spaziergang nach Hause zurückgekehrt waren, stand vor ihrer Haustür ein beiger „Lada", mit zwei Typen drin, die zu ihnen herüberblickten. Ein paar Sekunden länger als üblich. Sicher ein reiner Zufall und doch wurde ihm schlagartig bewusst, auf was sie sich eingelassen hatten. Er schwor sich, niemals wieder bei solchen Dummheiten mitzumachen.

Am nächsten Tag kehrte Wolfram nachmittags von der Uni heim. Die Luft stand drückend heiß in den Straßen. Auf einer Brachfläche des Zweiten Weltkriegs tobten nackte Kinder. Ein Junge hielt einen Gartenschlauch, aus dem das Wasser in hohem Bogen schoss. Die anderen liefen kreischend davon, wenn er sie bespritzte, kamen aber immer wieder jubelnd und vor Aufregung zitternd zurück, um sich erneut nass machen zu lassen.

Wolfram hatte sich den ganzen Tag mit Quantentheorie herumgeschlagen. Sein Schädel brummte. Er hätte sich auch gerne unter den Schlauch gestellt.

Mit zwei Einkaufsnetzen beladen, öffnete er die Haustür, betrat den halbdunklen, kühlen Flur, holte die Post aus dem Briefkasten und stopfte sie in eines der Netze. Als er die Treppe hinaufsteigen wollte, stutzte er und kehrte zum Eingang zurück.

In der schräg einfallenden Nachmittagssonne parkte wieder der beigefarbene „Lada“ vor dem Hauseingang. Auf den Vordersitzen saßen zwei junge Männer mit gelangweilten Gesichtern. Ihre Seitenfenster waren heruntergekurbelt. Zwischen den Fingern Zigaretten. Sie unterhielten sich und starrten unverwandt auf seine Haustür.

Wolfram wich erschrocken zurück.

Christine kam eine Stunde später. Sie umarmte ihn fest und drückte ihn lange.

„Was hast du, ist irgendetwas passiert?“

„Ist schon merkwürdig, wieder die beiden Typen in dem Auto vor der Tür.“

„Habe ich auch gesehen.“

„Die haben mich so angestarrt.“

„Würde ich auch tun, wenn ich die wäre“, zwinkerte er und küsste sie.

Als Wolfram am folgenden Abend nach Hause kam, war es in dem engen Hinterhof immer noch sehr warm. Irgendwo greinte ein Kind. Aus undefinierbarer Richtung drang ein Streitgespräch.

Er stellte zwei Flaschen Club-Cola zum Abkühlen unter den laufenden Wasserstrahl. Plötzlich hörte er schnelle Schritte im Treppenhaus. Die Wohnungstür wurde hastig aufgesperrt und zugeschlagen. Christine hastete schwer atmend an ihm vorbei und schloss die Hoffenster. Wolfram trat zu ihr und umschlang ihre Schultern.

„Waren sie wieder da?“

Sie nickte und legte eine Hand flach auf die Brust.

„Sie sind von der Schönhauser Allee bis zur Haustür neben mir hergefahren“, stieß sie atemlos hervor.

„Jetzt reicht´s. Ich geh runter und hau ihnen was aufs Maul.“

„Lass gut sein, mein edler Ritter. Du sollst dich meinetwegen nicht gleich mit zweien schlagen.“

Er blieb angespannt, schlief nachts unruhig und wachte mehrmals auf. Als sie am nächsten Morgen die Haustür öffneten und in das helle Morgenlicht traten, stand erneut der beige „Lada“ vor der Tür. Wieder hingen dieselben, kurzfrisierten Dreinschlagfressen darin. Rauchten und starrten zu ihnen herüber. Ihre Blicke kühl und abschätzend.

Christine fuhr auf.

„Das glaube ich jetzt nicht."

Sie trat einen Schritt auf den „Lada" zu. Wolfram war, als würde ein roter Vorhang vor seinen Augen heruntergelassen. Er wusste, dass es nicht vernünftig war, was er jetzt machen würde, aber er konnte nicht anders. Er zog Christine zurück, war mit einem Satz am Wagen, riss die Fahrertür auf und beugte sich zu den beiden hinunter.

„Was wollt ihr Penner? Auf die Fresse haben? Verpisst euch, aber sofort, geht endlich arbeiten!", brüllte er in den Wagen.

Die beiden jungen Männer starrten ihn erschrocken an. Noch bevor sie irgendetwas erwidern konnten, schlug Wolfram die Wagentür mit aller Wucht zu. Als er mit wütenden Schritten zu Christine zurückstapfte, hörte er hinter sich den Motor starten. Der „Lada" setzte zurück und fuhr weg.

Der folgende Tag verlief ruhig. Kein „Lada", keine gelangweilten Faulenzer. Immer noch lähmte Hitze die Stadt.

Auf der Suche nach einem Restaurant bummelten sie am Abend die Schönhauser Allee hinunter. Die erste Kneipe, das „Balaton", war voll. Ein paar Ecken weiter, im „Wiener Café" fanden sich einige freie Tische. Der Kellner, ein schmieriger Typ in schwarzen Hosen, deren blankgebügelte Nähte abgewetzt glänzten, hatte ein feistes Gesicht, das von langen Koteletten flankiert war. Zusammen mit seinem Schnauzbart gaben sie ihm die typische Arroganz eines langjährigen DDR-Kellners. Er wusste, dass er Dinge zu gewähren hatte, die knapp und begehrt waren, und wies sie an, am Eingang zu warten.

„Sie werden platziert."

„Sieh mal", Christine stieß Wolfram an. Der Kellner sprach mit einem anderen Pärchen, das nach ihnen gekommen war. Der Mann griff in die Hosentasche und schob dem Kellner etwas in die Hand. Sie bekamen sofort Plätze.

„O. K.", meinte Wolfram, „das wars wohl."

An der Ecke Dimitroffstraße entdeckten sie schließlich ein Restaurant, wo sie Bockwurst mit Brötchen bekamen.

Satt, aber nicht zufrieden, lagen sie später auf dem Bett und sahen zu, wie der Schatten ihres Daches langsam an der Brandmauer des gegenüberliegenden Hauses emporwanderte.

„Dieses Land ist so grau und eintönig", unterbrach sie das lange Schweigen.

Er stand auf und holte eine Flasche „Balkanfeuer“ und ein Stück Brot aus der Küche.

„Finde ich auch“, sagte er, „am schlimmsten ist aber, dass man nicht sagen darf, was man denkt und nicht reisen kann, wohin man möchte. Gibt es überhaupt eine Chance, dass das hier mal anders wird?“

Christine beugte sich über ihn, ihre Haare kitzelten ihn im Gesicht, ihr Mund lächelte, die Augen blickten traurig.

„Aber Wölfchen, wie soll sich denn etwas ändern? Gute Farbe können die sich nicht leisten und Freiheit schon gar nicht. Denn dann würde ihre Macht sofort zusammenbrechen.“

Sie schwiegen wieder und beobachteten den aufsteigenden Schatten ihres Hauses an der Gegenwand. Am Ende flammten die Spitzen der Schornsteine in den letzten Sonnenstrahlen auf.

Christine drehte sich zu ihm: „Ich muss dir etwas sagen. Aber du darfst mit niemandem darüber sprechen.“

Sie forschte aufmerksam in seinen Augen.

„Ich will hier weg.“

Die letzten Worte hatte sie nur noch gehaucht, aber sie hallten im Raum nach.

„Du willst abhauen?“

Über Flucht hatte Wolfram nie ernsthaft nachgedacht. Natürlich, manchmal, wenn er sich über irgendetwas an diesem Staat geärgert hatte. Doch das waren eher flüchtige Gedankensplitter, die, wie Wolkenfetzen bei stürmischem Wetter, auftauchten und schnell wieder verschwanden.

Christine küsste ihn auf Wangen und Stirn.

„Mit dir bin ich sehr glücklich, aber ich kann mir nicht vorstellen, ewig hier zu bleiben. Ich will raus, muss die Welt sehen, nicht immer nur Prag und Budapest. Hier passiert nichts und wird nie was passieren. Wird höchstens noch schlimmer. Ich sehe in den Spiegel und erblicke eine attraktive Frau von einundzwanzig Jahren, die etwas vom Leben erwartet. Ich bin noch nicht tot!“

Sie malte mit einem Finger die Linien seines Gesichtes nach.

„Und du kommst mit, nicht wahr? Sag mir, dass du diese Scheiße hier auch satthast.“

Sie sah ihn an und nickte auffordernd. Er blickte erschrocken zurück.

„Und wie stellst du dir das vor? Willst du über die Mauer springen? Das ist doch verrückt.“

„Heißt das, dass du nicht mitkommst?“

„Heißt es nicht. Aber ich muss in Ruhe drüber nachdenken. Vielleicht ja, vielleicht nein. Auf jeden Fall darf es kein Selbstmordkommando sein."

„Lass uns nicht darüber reden, wie wir es machen, für den Moment ist nur wichtig, dass wir es beide wollen."

In ihrer Stimme schwang etwas Enttäuschung, aber sie versuchte es sich nicht anmerken zu lassen. Wolfram fragte sich, ob er schon zugestimmt hatte. Oder war er einfach wieder einmal überrollt worden? Erst die Flugblattaktion. Und jetzt dieses Himmelfahrtsunternehmen. Er angelte sich mit einem Fuß die Rotweinflasche, nahm einen Schluck und reichte sie weiter.

„Du meinst es also ernst?"

Sie nickte strahlend.

Die Sonne war untergegangen, die Silhouetten der Schornsteine standen schwarz gegen den Abendhimmel. Durch das geöffnete Fenster drang die erste Nachtkühle in das Zimmer. Der Duft der einsamen Linde des Hinterhofs trat süß in den Raum. Christine stand auf und füllte zwei Gläser.

„Prost, mein schöner Ritter. Auf das große Abenteuer."

Es klingelte. Wolfram erhob sich und öffnete. Draußen standen Lorenz und Bernd mit zwei Flaschen „Balkanfeuer" unter dem Arm.

„Ist was passiert?", fragte Christine.

„Wir wollten nur mal sehen, ob bei euch alles in Ordnung ist."

Bernd machte es sich auf einem Sessel bequem und stellte die beiden Flaschen auf den Tisch.

„Haste ooch wat zum Knabbern da?"

„Schau mal in der Küche nach. Im Einkaufsnetz am Fensterbrett müsste was drin sein. Hab's noch gar nicht ausgepackt", antwortete Wolfram.

Bernd verschwand und tauchte mit einer Packung „Hansa"-Kekse wieder auf. In der anderen Hand hielt er eine vorgedruckte Postkarte.

„Wat is´n dit", fragte er, „haste die Karte nich jelesen?"

„Die von der KWV? Noch nicht, wieso, ist es was Wichtiges?"

„Die ist nicht von der KWV, sagte Bernd, drehte die Karte um und las vor.

„Wolfram Fichtner, Sie werden gebeten, sich am 21. Juli um 14 Uhr, bei der als Absender angegebenen Dienststelle unter Vorlage dieser Mitteilung einzufinden. Grund: Klärung eines Sachverhaltes."

Es war still im Raum. Wolfram fröstelte es plötzlich.

Christine fragte erschrocken: „Was denn für eine Dienststelle?"

Bernd drehte die Postkarte nochmals um: „VP-Inspektion, Keibelstraße."

„Mensch, Wölfchen, da ham´wa ja noch mal Glück jehabt! Volkspolizei, nich Stasi. Irgendeene Ahnung, wat dit sein könnte? Ham´se dich in der Bibliothek beim Bücherklaun erwischt, oder haste eenen Freund und Helfer als Vopo beschimpft."

Bernd grinste.

„Alta Schwede, oder ham´se dich beim Verführen minderjähriger Knaben erwischt?"

„Wäre ja eher dein Metier. Aber wo du jetzt Vopo sagst, ist bei mir der Groschen gefallen. Es geht sicher um ‚Fritz'. Der ABV hat mich schon zweimal angequatscht, ich habe ihn immer hingehalten. Jetzt fahren sie die dicke Berta auf."

„Fritz" war ein dreirädriges Vorkriegsauto, ein BMW F 79. Wolfram und Lorenz hatten im vorletzten Sommer als Statisten bei Dreharbeiten teilgenommen. „Fritz", ein motorloses Wrack, war Staffage für einen Film über die Befreiung Berlins durch die Rote Armee im Zweiten Weltkrieg gewesen. Der Filmregisseur hatte Wolfram den Oldtimer nach Ende der Dreharbeiten geschenkt. Seither stand er in seinem Hinterhof. Am Anfang hatten sie versucht, einen Motor aufzutreiben, denn sie träumten alle von einem eigenen Auto. Irgendwann hatten sie das Vorhaben aufgegeben. Nun gammelte „Fritz" vor sich hin. Es gab unzählige Beschwerden. Er hatte alle ignoriert. Jetzt würden die Genossen der VP-Inspektion wohl ein paar Takte mit ihm reden wollen.

„Ist doch alles ganz einfach", sagte Lorenz, „wir schieben ‚Fritz' morgen auf den Schrottplatz."

Wolfram öffnete eine Flasche „Balkanfeuer". Sie ging von Mund zu Mund.

„So machen wir es. Leute, das müssen wir feiern. Es gibt eine Party unter freiem Himmel. Wir klettern aufs Dach, Westen gucken."

Sie schnappten sich die beiden Weinflaschen. Mit einem Dietrich öffnete Wolfram die Tür zum Dachboden. Es roch nach Staub und Holzwürmern. Die Luft war stickig wie in einem alten Backofen. Sie stolperten über vergammelte Latten und stießen gegen ausgemusterte Stühle. An einer Wand lehnte eine mörtelbekleckerte Leiter. Wolfram stellte sie gegen einen Balken unterhalb der Dachluke. Sie kletterten das altersschwache Gestell empor, stießen die Luke auf und stiegen durch die Öffnung auf das Dach. Sofort umfing sie frische Luft.

Über ein Gewirr von Dächern erreichten sie das letzte Haus vor der Schwedter Straße. In dessen Mitte versperrte ein drei Meter hohes und mit Holzplatten verkleidetes Stahlgitter den Weg. Am oberen Ende überragte ein Stacheldrahtgeflecht die Barriere noch einmal um einen Meter.

„Scheiße", schimpfte Bernd, „ick hatte jedacht, hier oben kann ick mal richtig Mauer glotzen."

Er trat einen Schritt auf die Absperrung zu und machte Anstalten, hinaufzuklettern. Lorenz sprang hinzu und riss ihn zurück.

„Lass das. Die haben garantiert Signaldrähte gespannt."

Bernd grinste verlegen.

„Sorry, hab´n bisschen zu viel jetrunken. Bekommt mir bei der Hitze nich."

Wolfram führte sie zu einem First, der die anderen Dächer überragte. Über eingemauerte Eisenstufen erkletterten sie einen breiten Schornstein, auf dem alle Platz fanden. Kalter Rußgestank stieg aus dem Kamin empor. Sie saßen drei Meter über dem Dach, es war ihnen, als schwebten sie über der Stadt. Wolfram zeigte auf ein fahl beleuchtetes, breites Band, das sich unter ihnen entlang zog.

„Da ist die Mauer. Rechts ein Wachturm. Wenn ihr genau hinblickt, könnt ihr zwei Posten erkennen, die die Gegend mit Ferngläsern absuchen. Rechts die Bornholmer Brücke, dahinter der Westen. Die Kreuze davor sind Panzersperren. Könnt ihr die Drähte erkennen?"

Wolfram zeigte auf feine Striche im Vorfeld der Mauer, auf denen manchmal silberne Lichtreflexe entlangliefen.

„Das sind die Führungsdrähte der Hunde."

Er spürte, wie Christine neben ihm erschauerte.

„Gutdressierte Schäferhunde, mit einem Seil an die Drähte geleint. Die kennen nur diese eine Spur. Denen ist es genauso sterbenslangweilig wie den Posten in den Wachtürmen. Die warten nur auf Idioten, die zu türmen versuchen. Da sind natürlich auch überall Signaldrähte gespannt. Berührst du die, gehen Raketen hoch, dann gibt es Alarm und jede Menge Zauber. Wenn ihnen sonst auch nicht viel einfällt, darin sind sie jedenfalls Weltspitze."

Bernd klaubte ein Mörtelstück aus dem mürben Putz, ließ es in den Schornstein fallen und horchte nach, wie es gegen die Wände schlug.

„Leute, ick hab keene Lust mehr uff Zone."

Er zog einen Ziegelbrocken aus dem lockeren Mauerwerk und machte Anstalten, ihn dem Mörtelstück nachzuwerfen. Lorenz riss ihm den Stein aus der Hand und steckte ihn zurück in seine alte Lage.

„Hör auf mit dem Quatsch!"

„Klar, ick bin besoffn. Trotzdem seh ick völlig klar: Hier kann ick nicht alt werdn. DDR macht mich depressiv. Wir können doch nicht ständich Flugblätter werfn, damit´s hier´n bisschen Spaß jibt."

Er stellte sich aufrecht auf den schmalen Grat des Schornsteins.

„Ick will raus."

Wolfram sah erschrocken hoch.

„Ick will raus", schrie Bernd, so laut er konnte, „ick will aus dieser Scheiß-DDR entlassen werden."

Im Nu waren Lorenz und Wolfram bei ihm und drückten ihn hinunter. Wolfram hielt ihm den Mund zu, Bernd schlug um sich.

„Hör auf", schrie ihm Christine ins Ohr, „hör auf, wir wollen doch auch weg."

Bernd hörte plötzlich auf zu toben. Wolfram ließ ihn los. Bernd sah sie mit trunkenen, weit aufgerissenen Augen an.

„Ihr ooch?"

„Ja, du Penner. Vielleicht."

Kapitel 19

Urlaub an der Ostsee

Hiddensee, 1965

In den nächsten Sommerferien fuhr Manfred mit Gerald und Monika nach Hiddensee. Gerald hatte über seine Arbeitsstelle eine Ferienwohnung in einem alten Fischerhaus gemietet, dessen grün bemoostes Reetdach an den Seiten tief herunterreichte. Tagsüber spielte Manfred am feinkörnigen, weißen Strand. Das Wasser war kühl, aber er tobte mit anderen Kindern in den Wellen, bis die Lippen blau gefroren waren und er vor Kälte zitterte.

Einmal hatte der Psychiater Freunde zu einer Abendgesellschaft eingeladen. Die Kinder saßen an dem Tisch auf der Terrasse, die Erwachsenen hatten sich mit einer Flasche Rotwein in das Innere des Hauses zurückgezogen.

Manfred spielte eine Partie Schach gegen Norbert, einen zwei Jahre älteren Jungen. Während Norbert das Spielbrett vor Augen hatte, saß Manfred mit dem Rücken zum Tisch und durfte sich nicht umdrehen. Nach einer halben Stunde war Norbert schachmatt. Er fluchte laut und warf die Figuren um. Die Erwachsenen im Zimmer wurden aufmerksam. Sie traten auf die Terrasse.

„Und du hast das Brett die ganze Zeit nicht gesehen?", fragte Lothar, ein massiger Mann mit dichten rötlich-blonden Haaren.

„Nein, wozu denn. Ich hatte die Aufstellung ja vor Augen." Manfred lächelte verlegen. „Das ist doch nichts Besonderes."

„Na, wenn du meinst", brummte Lothar und nickte anerkennend. Und an die Runde gewandt: „Genossen, wir haben es hier wohl mit einem zukünftigen Schachweltmeister zu tun."

Er legte seine kräftige Pranke auf Manfreds Schulter und erhob sein Glas. „Auf unsere Jugend."

„Ist Lothar genauso ein Psychiater, wie du", fragte Manfred am nächsten Tag beim Frühstück.

Gerald schwieg verdutzt. Dann stand er auf und trat an das Fenster, um sich eine Pfeife zu stopfen.

„Nun, der Lothar macht etwas Ähnliches. Er versucht, das Umfeld der Menschen so zu verändern, dass es ihnen bessergeht. Er findet die störenden Einflüsse. Und dann beseitigt er sie, damit die Menschen wieder mit ihrem Leben zurechtkommen."

„Aber dann ist er doch auch ein Psychiater!"

„Nun, wenn du so willst. Man könnte ihn wohl tatsächlich als eine Art Psychiater betrachten."

Gerald tastete nach dem Feuerzeug, zögerte und nahm einen Kaugummi.

„Aber das kann er dir bald selbst erzählen. Er hat mich gestern nämlich gebeten, dass wir ihn in Berlin einmal besuchen. Ich glaube, er hält große Stücke auf dich. Vielleicht willst du ja auch einmal unseren Beruf ergreifen?"

Manfred strahlte. Nach dem Zubettgehen konnte er vor Aufregung kaum einschlafen. Zum ersten Mal in seinem Leben hatte er ein klares Ziel vor Augen.

Kapitel 20

Das letzte Lebewohl

Berlin, 1970

Sechs Jahre war es her, dass seine Mutter ihn in das Kinderheim gebracht hatte. Was war davor gewesen? Manfred konnte sich kaum noch erinnern. Nur die ersten Wochen im Heim hatten sich tief eingebrannt. Doch davon sprach er nicht mehr.

Sechzehn Jahre war er jetzt alt. Pickel sprossen auf seinen ehemals samtweichen Wangen, seine Stimme krächzte. Er trug eine randlose Nickelbrille.

„Damit siehst du aus wie der junge Brecht. Passt gut zu dir", sagte Gerald.

Während die anderen Jungen draußen rumtobten oder vor den Mädchenhäusern rumhingen, saß Manfred auf seiner Holzbank im Park hinter der Schule oder ging in den angrenzenden Wald, wo er in Ruhe lesen konnte. Keiner störte ihn. Sein Status war unantastbar. Er war der schmächtige Streber, den niemand anrühren durfte, weil er unter Kalles Schutz stand.

Die Wochenenden verbrachte Manfred bei Gerald und Monika in Köpenick. Man lud ihn nicht mehr ein, er gehörte inzwischen dazu. Längst hatte er einen Schlüssel zur Wohnung.

Gerald gab ihm an jedem Sonntag Bücher aus seiner riesigen Bibliothek mit. Manfred las sie unter der Woche durch.

„Wir knöpfen uns jetzt Sartre und Camus vor. Der französische Existenzialismus spielt im Westen eine große Rolle. Du lernst hier, was das Bürgertum unter Freiheit und Selbstbestimmung versteht. Bürgerliche Freiheit selbstverständlich. Du studierst die Philosophie einer untergehenden Klasse. Wie alle Anschauungen dekadenter Epochen ist sie aber sehr spannend."

Er lächelte und zog einen Kaugummi aus der Packung.

„Du musst verstehen, wie sie denken."

Manfreds Mutter war vor drei Jahren gestorben. Immer, wenn er sie in der Lungenheilstätte besucht hatte, versprach sie, bald wieder nach Hause zurückzukehren. Aber von Mal zu Mal wurde sie schwächer.

Am Ende lag sie nur noch im Bett, die Nase spitz, die Haut gelblich, die Augen stumpf und bis auf einen Lidspalt geschlossen. Sie konnte sich nicht mehr aufrichten. Ihre Lippen waren trocken und aufgesprungen.

„Manfred, mein Junge."

Ihr Flüstern wurde leiser und ging in ein lautloses Bewegen der Lippen über. Lange hielt er ihre bläuliche, kühle Hand, die nicht mehr warm wurde.

Gerald und Monika begleiteten ihn zur Beerdigung. Zwei alte Freundinnen der Mutter standen ebenfalls am Grab. Sein leiblicher Vater war nicht gekommen. Wer war es? Die Mutter hatte seinen Namen nie nennen wollen, so oft er sie auch gebeten hatte. Hatte er ihn jemals gesehen? Er wusste es nicht. Inzwischen war es ihm egal. Sein wahrer Vater hieß Gerald.

Kapitel 21

Das Verhör

Berlin-Mitte, 21. Juli 1977

Am Vormittag brachte ein kurzer, heftiger Sommerregen Abkühlung. Das Straßenpflaster dampfte, die Stadt lebte auf. Der frischgeschnittene Rasen in den Stadtparks und die Blumenwiesen an der Museumsinsel rochen würzig, als Wolfram am frühen Nachmittag das Unigebäude verließ. Er wählte den Weg an der Spreeseite, der fast doppelt so lang, aber malerischer war als der über die Friedrichstraße. Aus offenstehenden Kellerfenstern dampfte es erdig. Straßenbahnen ratterten über verbrauchte Schienen und ausgeschlagene Weichen. Lachende Studentinnen saßen am Spreeufer, blickten über das träge dahinströmende, dunstige Wasser und ließen ihre hochgeschürzten Beine von der Brüstung baumeln. Der Sommer feierte sein Fest.

Wolfram fuhr mit der S-Bahn zum Alexanderplatz. Im Wagon ging er noch einmal seine Aufzeichnung des heutigen Vorlesungsstoffs „Relativistische Quantenmechanik" durch. Er war gerade bei den Dirac-Gleichungen angelangt, als draußen die Lautsprecherstimme schepperte: „Bahnhof Alexanderplatz". Gerne hätte er weitergelesen.

Er stieg aus, lief die Wadzeckstraße hinunter und fand das Gebäude in der Keibelstraße. Es war Viertel vor Zwei. Er stellte sich in den Schatten der gegenüberliegenden Häuserfront und blickte auf das Polizeipräsidium. Diesen Klotz mit seiner einschüchternden Architektur hatte er noch nie aus der Nähe gesehen. Hohe, schmale Fenster, die ganze Front aus harten Vierecken aufgetürmt, eiskalt und martialisch. So gebaut, dass einem schon beim Betrachten das Herz in die Hose rutschen musste.

Kurz vor zwei Uhr wechselte er zur anderen Straßenseite und drückte die vergitterte Eingangstür auf, neben der an der Wand das Polizeiemblem hing. Innen schlug ihm abgestandener Dunst entgegen. Links die Pförtnerloge. Kleines Schiebefenster, dahinter ein älterer Vopo an einem Schreibtisch. Vor sich eine Schreibmaschine, rechts zwei schwarze und ein rotes Telefon. An der Wand eine Schalttafel mit in mehreren Reihen angeordneten roten, blauen und grünen Lämpchen. Der Polizist beugte sich vor und schob die Glasscheibe zur Seite.

„Guten Tag, ich habe eine Vorladung zu vierzehn Uhr."

Wolfram legte seinen Personalausweis und die Vorladung so auf den Tresen, dass der Polizist alles lesen konnte, ohne den Ausweis öffnen oder die Karte umdrehen zu müssen. Der Vopo hatte ein zerknittertes Rauchergesicht. Sein Hemd war zugeknöpft, der Schlips saß fest und schnürte den faltigen Hals ein. Mit den nikotingelben Fingern seiner rechten Hand nahm er gleichgültig die Papiere entgegen, studierte die Vorladung und verglich sie mit einer Liste, die auf seinem Schreibtisch lag. Griff den Ausweis, sah auf das Bild, blickte sein Gegenüber an, schaute erneut in den Ausweis, dann nochmal auf den Vorgeladenen. Füllte zwei Besucherbögen und einen Passierschein aus, stempelte Vorladung und Blätter an mehreren Stellen durch und legte die Papiere zusammen mit dem Ausweis in eine Faltmappe aus Pappe. Er schob das Glas zu und nahm den schwarzen Telefonhörer.

„Personenbegleitung, Aufgang Eins", tönte es gedämpft aus der Pförtnerloge. Der Vopo schob das Glas wieder zur Seite und blickte hoch.

„Setzen Sie sich."

Einige Minuten später erschien ein junger Polizist, nahm die Mappe mit Wolframs Papieren und sah zu ihm hinüber.

„Folgen Sie mir."

Sie gingen zum Aufgang. Stiegen ausgetretene Granitstufen empor. Ihre Schritte hallten durch das Treppenhaus. Der Polizist ging zügig voraus. Sie sprachen kein Wort.

Wozu der ganze Aufwand, fragte Wolfram sich. Sollte das wirklich alles wegen „Fritz" sein, dem Schrottauto aus der Vorkriegszeit?

Im zweiten Stockwerk verließen sie das Treppenhaus und bogen in einen langen Flur ein. Kahle weiße Wände, Neon-Deckenleuchten, Lichtreflexe auf gebohnerten Fußböden. Links und rechts Türen. Schreibmaschinengeklapper. Polizisten kamen ihnen entgegen und wurden von seinem Begleiter militärisch gegrüßt. An einer der Türen stoppte der Polizist und bedeutete Wolfram zu warten. Er klopfte. Von drinnen hörte man Stühle rücken. Ein drahtiger Mann, Mitte fünfzig öffnete. Er trug einen anthrazitfarbenen Dederon-Anzug. Der erste Nichtuniformierte in diesem Haus. Hatte das etwas zu bedeuten? Stasi? Hier im Volkspolizei-Präsidium?

Der Polizist übergab dem Zivilisten die Mappe, der schlug sie auf, musterte die Dokumente und unterschrieb. Der Vopo grüßte und ging den Weg zurück, den sie gekommen waren. Der „Dederonmann" musterte Wolfram aufmerksam und kühl.

„Kommen Sie rein."

Wolfram betrat den nüchternen Raum mit hohem Doppelfenster, vor dem ein großer Schreibtisch stand. Neben dem Tisch ein Bürostuhl in dem sich ein zweiter Mann in Zivil lümmelte. Auf der Tischplatte eine Pappunterlage, darauf ein Protokoll und daneben sauber angeordnet Notizblock, Bleistifte und Kugelschreiber, dazu eine schwarze Lampe, ein graues Telefon sowie ein Kasten mit Druckknopf und roten Lämpchen. Der Boden mit braunem Linoleum bedeckt. An den Seitenwänden je ein Bild. Das linke zeigte den jungen Erich Honecker mit schmallippig, verklemmtem Lächeln. Auf der Gegenseite der ewige Innenminister und Chef der Volkspolizei Friedrich Dickel, eine dieser fast unbekannten Nullen hinter Mielke und Honecker. Neben dem Honecker-Porträt ein Schrank mit Sprelacart-Oberfläche. Daneben ein dunkelgrüner Safe.

Der Mann neben dem Schreibtisch trug ein knappsitzendes Jackett, unter dem sich massige Muskelkraft ballte. Er mochte fünfunddreißig sein. Der bullige Nacken schob seinen zwischen den Schultern eingerammten Kopf vor sich her. „Specknacken" lehnte sich in seinem Sitz zurück. Seine Schweinsäuglein fixierten Wolfram.

„Setzen Sie sich", sagte „Dederon" ruhig, wies auf einen Stuhl in der Mitte des Raumes und nahm hinter dem Schreibtisch Platz. Er saß mit dem Rücken zum Fenster, so dass Wolfram gegen die Helligkeit blinzeln musste, die von außen in den Raum drang. Das Gesicht des Vernehmers blieb im Halbschatten, seine Konturen waren nur undeutlich zu erkennen.

Dederon öffnete die Mappe, klappte den Ausweis auf und blickte auf die Vorladung.

„Herr Fichtner, Sie wissen, warum Sie hier sind?"

Die Frage war einfach, fühlte sich aber trotzdem wie ein Tiefschlag an. Antwortete er mit „Ja", kam das fast einem Schuldeingeständnis gleich. Sagte er dagegen „Nein", klang es wie eine Lüge. Mit einem Mal ahnte Wolfram, warum sie ihn herbestellt hatten. Aber das war doch nicht möglich, wehrte er sich! Wie sollten die denn Wind von der Sache bekommen haben? Aber wenn doch? Seine Gedanken rasten.

„Dederon" blätterte in dem Protokoll.

„Ich vermute, es ist wegen des alten Autos, das auf meinem Hinterhof stand. Wir haben es gestern zum Schrottplatz geschoben."

„Dederon" schlug eine Seite um.

„Sie studieren Physik, Herr Fichtner. In diesem Fach findet man, soweit ich informiert bin, keine dummen Leute. Sie wollen uns doch nicht weismachen, dass Sie der Meinung seien, wir hätten Sie wegen einer solchen Lappalie vorgeladen."

„Woher soll ich das wissen, auf der Vorladung stand unser heutiges Thema nicht drauf."

„Specknacken" fuhr auf, seine fleischige Hand krachte auf die Tischplatte.

„Jetzt werde bloß nicht frech, Bürschchen. Du weißt wohl nicht, wo du hier bist!"

Seine sächselnde Stimme hallte im Raum nach. Wolfram fuhr zusammen, seine Knie begannen zu zittern. Lächerlich, dachte er, wie ein nackter Pinscher bei Bodenfrost.

Er warf einen Blick in den weiten Innenhof mit seinen grauen Mauern und hohen Fenstern. Auf einem Sims des gegenüberliegenden Gebäudeflügels saßen zwei Tauben. Die Sonne schien durch die Scheiben. Der Rahmen warf einen senkrechten Schatten. Er überflog im Kopf das Verhältnis von Sonnenstand und Himmelsrichtung und schätzte ab, dass er sich pro Stunde um etwa eine Handbreit nach links bewegen musste.

Geräuschlos klappte „Dederon" die Mappe zu, stützte beide Ellenbogen auf die Tischplatte und beugte sich nach vorn.

„Sagen Sie uns bitte alles, was Sie wissen."

Trotz der Hitze schauderte es Wolfram. Ging es um die Flugblätter? Nein, das konnten die unmöglich rausbekommen haben. Aber was sollte es sonst sein?

„Tut mir wirklich leid, aber ich habe keine Ahnung, worauf Sie hinauswollen."

„Specknackens" Gesicht färbte sich rot. Er brüllte plötzlich los.

„Wir wissen genau, dass du weißt, warum du hier bist."

„Dederon" machte eine besänftigende Geste in Richtung des Muskelberges.

Das Telefon klingelte. „Specknacken" hob ab. Meldete sich mit einem knappen „Ja". Hörte schweigend zu, dann wieder ein „Ja", diesmal scharf und schließlich: „Ja, Genosse, Hetze und Sabotage, dreieinhalb Jahre, mindestens."

Er knallte den Hörer auf die Gabel.

„Setz dich gerade hin! Hände unter die Oberschenkel. Unterschenkel senkrecht auf den Boden", herrschte er Wolfram an.

Wolfram richtete sich im Stuhl auf und setzte sich mit den Oberschenkeln auf seine Hände.

„Rücken gerade, nicht anlehnen."

„Specknacken“ stapfte mit schweren Schritten hinaus.

„Dederon“ studierte in aller Ruhe erneut die Akte. Wolfram schielte zum Fenster. Der Schatten des Rahmens war eine Handbreit nach links gewandert. Drei Uhr.

Der Vernehmer zündete sich eine Zigarette an, lehnte sich zurück und blätterte in dem Protokoll, das beunruhigend dick war. Er machte sich Notizen, legte die noch glühende Kippe in den Aschenbecher, nahm seine Unterlagen und verließ ebenfalls den Raum.

Wolfram hatte einen Moment lang heftige Sehnsucht nach Christine. Was würde sie ihm jetzt raten? Was wurde hier gespielt? Beobachtete man ihn durch ein geheimes Guckloch?

Die Tauben im Hinterhof rieben ihre Hälse aneinander. Über dem Dach konnte er den Fernsehturm erblicken. Vor einem Monat hatte er mit Christine in der Kuppel gesessen und eine Runde gedreht. Ewigkeiten war das her. Diese beschissenen Flugblätter. Er hatte von Anfang an ein mieses Gefühl gehabt. Würde er mildernde Umstände bekommen, wenn er gestand?

Die Zeit kroch. Christine war vermutlich schon zu Hause. Sie würde sich Sorgen machen. Im Aschenbecher verglühte die Kippe und steckte den Filter an. Der Geruch schwelender Cellulose verbreitete sich im Zimmer. Sein Rücken begann zu schmerzen. Er versuchte die Schultern locker hängen zu lassen. Das einfache, gerade Sitzen kostete unerwartet viel Kraft. Was hier ablief, hatte er in irgendwelchen Krimis zigmal gesehen: Ausgeliefert sein. Schmoren lassen, Macht demonstrieren. Guter Bulle, böser Bulle. Die uralten Verhörtricks, alles sonnenklar. Doch das Verrückteste: Es funktionierte trotzdem. Er fühlte sich klein und erbärmlich.

Er spielte noch einmal alles durch. Diese beknackte Flugblattaktion. Gottverdammt, woher wussten die das bloß? Der Oberkörper brannte. Schweiß begann ihm in Strömen den Rücken hinunterzulaufen.

Bin ich schon so devot, dass ich mich nicht mal anzulehnen traue, obwohl die gar nicht im Raum sind, dachte er.

Vorsichtig ließ er den Rücken gegen die Stuhllehne sinken. Er hatte nicht geahnt, wie wunderbar diese winzige Bewegung tun konnte. Er konzentrierte sich auf die hässliche Tapete, die ein in Braun und Creme variiertes Grasmotiv zeigte. Nach einer Weile verschwammen die Halme vor seinen Augen.

Als der Schatten zwei Handbreit weitergewandert war, flog die Tür endlich auf. Er setzte sich hastig aufrecht. „Specknacken“ und „Dederon“ kamen herein und ließen sich hinter dem Schreibtisch nieder.

„Dederon“ fasste die Akte mit beiden Händen und blickte ihn an.

„Wo waren Sie am 30. Juni zwischen 12:00 und 12:30 Uhr?“

Wolfram hatte die Frage erwartet, er fuhr trotzdem zusammen.

„Pass schön auf, was du jetzt sagst“, bellte „Specknacken“.

Wolframs Gedanken verschwammen, er wusste nicht mehr, was „Dederon“ gefragt hatte. Er schwieg, musste sich sammeln, warten, bis sich der zitternde Atem wieder beruhigt hatte.

„Nun, wird's bald, Bürschchen“, drohte „Specknacken“. Er hatte die Fäuste auf der Tischplatte geballt, sodass die Knöchel weiß wurden.

„30. Juni, ist ja schon eine Weile her. Ich kann mich wirklich nicht erinnern.“

„Dederon“ lächelte nachsichtig.

„Sie haben Recht, das ist nicht einfach. Deshalb wollen wir Ihnen etwas auf die Sprünge helfen.“

Seine Stimme klang milde.

„Sie haben an diesem Tage Ihr Seminar in theoretischer Physik geschwänzt.“

Wolfram sah ihn entsetzt an. Vorhin, als sie ihn allein gelassen hatten, war er fieberhaft alle Möglichkeiten durchgegangen. Geheime Kameras, versteckte Mikrofone, abgehörte Telefonate. Sogar an Denunziation hatte er gedacht. An Henning, der in letzter Zeit immer so verschlossen und gedrückt wirkte. Aber dass sie es der Firma so einfach gemacht hatten.

„Jetzt bist du erstaunt, Bürschchen, nicht wahr? Wir sehen es dir an. Wir lesen in dir wie in einem offenen Buch“, grinste „Specknacken“.

Wolframs Gedanken flogen umher. Sie waren ja so superschlau gewesen. Pustekuchen! Schlagartig war ihm alles klar.

Was die Firma gemacht hatte, war verblüffend einfach gewesen. Simple Puzzlearbeit. Die brauchten nur die Lehrveranstaltungen der Uni an diesem Tag durchgehen. Die Seminargruppensekretäre beiseite nehmen und Anwesenheitslisten der Kurse erstellen. Recherchieren, welche Schwänzer miteinander befreundet sind, Gruppen zusammenstellen und schon war man fertig. Riesenaufwand, klar. Aber die haben´s ja. Vermutlich hatte ein Dutzend Stasi-Leute die letzten zwei Wochen damit verbracht.

Er schwieg. Die beiden ließen sich Zeit.

Wolfram hatte das Gefühl, dass ihm seine Gedanken auf der Stirn geschrieben standen. Rasend schnell, wie in einem Wolkenstrudel türmten sie sich übereinander, verknäulten, verbanden und trennten sich. Dann riss der Himmel auf. Der Sturm war vorüber. Er blickte in sich hinein. Alles leer. Sein Kopf wie ausgebrannt. Er war erledigt.

„Wissen Sie inzwischen, was Sie an diesem Tag gemacht haben?"

„Dederon" musste ahnen, wie es in ihm aussah. Er war streng. Aber Wolfram spürte auch einen Hauch von Mitgefühl. Seine Zunge war trocken, die Stimme rau.

„Wahrscheinlich war ich in der Bibliothek, Literaturstudium."

Gut gekontert. Damit hatte er sie erst einmal abgeschüttelt.

„Dederon" lehnte sich zurück und verzog die Mundwinkel ironisch. „Specknacken" sprang plötzlich auf. Sein Stuhl stürzte um. Wolfram zog die Schultern ein.

„Für wie dumm hältst du uns eigentlich", brüllte er.

Mit einer Wendigkeit, die er diesem massigen Kerl nicht zugetraut hatte, war er um den Tisch herum. Auf den Fußspitzen wippend blieb er vor Wolfram stehen. Sein rauchgeschwängerter Atem streifte sein Gesicht. Er roch den mit süßlichem Rasierwasser vermischten Schweiß.

Wolfram wich auf der Sitzfläche zurück, stieß mit dem Rücken gegen die Lehne. Weiter weg ging nicht. „Specknacken" beugte sich zu ihm hinunter. Wolfram sah seinen Mund, die mit gesunden, weißen Zähnen bestückten Kiefer, nahm einen dünnen Speichelfaden wahr, der von der Ober- zur Unterlippe zog.

„Hör mal, Freundchen, willst du eigentlich wieder aus der Tür rausmarschieren, durch die du hereingekommen bist?"

Wolfram erstarrte. „Specknacken" atmete schwer. Er schnaubte, ließ von ihm ab und ließ sich keuchend auf seinen Stuhl fallen.

„Sitz gerade. Wir achten hier auf Umgangsformen."

„Dederon" wandte sich „Specknacken" zu und legte seine Hand beschwichtigend auf dessen Unterarm. Blickte zu Wolfram. Sprach langsam und ruhig.

„Wir haben uns die Anwesenheitslisten der Staatsbibliothek, in die die Physiker üblicherweise gehen, natürlich auch angesehen. Am 30. Juni waren Sie nicht im Lesesaal."

Alles haben sie kontrolliert, jede Stunde dieses ganzen beschissenen Scheißtages. Können mir genau beweisen, wo ich nicht gewesen bin, bis sie mich da haben, wo ich wirklich war.

„Sie studieren Physik, Humboldt Universität, viertes Studienjahr?"

„Drittes Studienjahr", verbesserte Wolfram.

„Aha", schnauzte „Specknacken", „wie wichtig! Willst du dein Studium eigentlich fortsetzen?"

„Ja", antwortete Wolfram leise und dünn.

„Dann merk dir eins: Ob du weiterstudieren kannst oder nicht, das bestimmen wir und niemand anders! Und wie wir uns entscheiden, hängt ganz davon ab, welche Haltung gegenüber der Wahrheit du hier einnimmst.“

Die Worte hallten im Raum nach. Wolfram hörte seine Armbanduhr ticken. Nichts war mehr wie vorher. Seine Gesichtsmuskulatur versteinert, Rücken und Nacken ein Brett. Schultern fallen lassen, locker bleiben, locker bleiben, hämmerte es in ihm, aber es ging nicht. Alles verkrampft. Überall Schmerzen. Sein Körper hatte bereits gestanden. Er wusste, dass „Dederon“ es registriert hatte. Zum Einlochen reichte es allemal.

„Specknackens“ Stimme durchschnitt seine Gedanken.

„Wenn du uns weiter so anlügst, werden wir dich aus dem Verhör heraus verhaften. Überleg dir, was du uns auftischst.“

Nun war es also raus. Verhaften oder exmatrikulieren oder beides, er stand kurz davor. Sie konnten ihn einsacken, warum taten sie es nicht?

„Dederons“ weiche Stimme meldete sich wieder.

„Vielleicht hilft es Ihrem Gedächtnis nach, wenn wir Ihnen sagen, wer an diesem Tage, zu dieser Stunde ebenfalls seine Lehrveranstaltungen geschwänzt hat: Ihre Freundin Christine Wolke das internistische Praktikum in der Charité. Gemeinsam mit Ihren Kommilitonen Bernd Winter, Andreas Moritz, Henning Kaufmann und Paula Wehrhoff. Der Freund der Wehrhoff, der Theologiestudent Lorenz Althoff, wurde in der Dogmatik-Vorlesung vermisst. Dass Sie alle eine Clique bilden, ist an der Universität kein großes Geheimnis. Es war also für uns nicht allzu schwer, das herauszubekommen.“

„Dederon“ schob das Protokoll zurück und sah ihn an. Sein Blick war nachdenklich. Wolfram leckte sich die trockenen Lippen. „Dederon“ beugte sich zur Seite, griff in ein Fach, holte eine Flasche Selters und ein Wasserglas hervor und stellte beides vor ihn hin.

„Setzen Sie sich bitte bequem hin, Herr Fichtner, so kann man es doch nicht aushalten.“

Wolfram ließ sich gegen die Stuhllehne sinken. Die Schmerzen im Rücken verflogen. Ein Wohlgefühl durchströmte seinen Körper. Er goss ein. Das Mineralwasser schmeckte köstlich.

Er warf einen Blick aus dem Fenster. Unter dem Dachüberhang hatten Schwalben ihre Nester gebaut. Gerade stürzte ein Vogel in gerader Linie in die Tiefe, fing sich blitzschnell, zog in einem weiten Bogen nach oben und verschwand über das Dach in die Freiheit.

„Wo Sie das jetzt sagen, erinnere ich mich wieder. Es war ein sehr heißer Tag. Wir hatten am Vorabend zu lange gefeiert und ziemlich viel gesoffen. Bevor wir schlafen gingen, hatten wir verabredet, am nächsten Tag zu schwänzen. Wir sind dann mittags zusammen ins Strandbad Müggelsee gefahren. Das muss ungefähr die Zeit gewesen sein, die Sie genannt haben."

„So, so", sächselte „Specknacken" ironisch, „das glaubst du doch selbst nicht."

„Sie können es ja nachprüfen."

Er erschrak über seine Frechheit. Das hauchdünne Eis unter ihm knirschte gefährlich.

„Worauf du dich verlassen kannst", schnappte „Specknacken".

„Dederon" schaltete sich ein.

„Es wäre wirklich besser, Sie erzählten uns jetzt, was Sie um diese Zeit gemacht haben. Es würde Ihr Strafmaß erheblich mindern. Sehen Sie, wir haben nur ein bisschen recherchiert. Sie haben eine Kostprobe von dem bekommen, was wir beherrschen. Bisher konnten wir nur mit halber Kraft operieren, da es an einer so großen Universität auch noch einige andere Gruppen gibt, die an diesem schönen Tag bourgeoises Faulenzertum dem ehrlichen proletarischen Eifer, zu dem unser Volk Sie delegiert hat, vorgezogen haben. Inzwischen aber hat sich der Kreis der Verdächtigen erheblich reduziert. Jetzt können wir richtig loslegen."

„Dederon" blickte ihn ernst an.

„Nehmen wir einmal an, es gäbe an der Humboldt-Universität eine Gruppe von Studenten, die alle eng miteinander befreundet sind. Personen, die eine skeptische Haltung gegenüber unserem Arbeiter- und Bauernstaat haben. Wichtigstes gemeinsames Merkmal: Sie haben am 30. Juni zwischen 11 und 14 Uhr ihre Pflichtveranstaltungen geschwänzt. Wie schwer dürfte es sein, diese Gruppe zu identifizieren?"

„Dederon" lehnte sich zurück und sah Wolfram nachdenklich an.

„Halten Sie als Physikstudent dies für eine lösbare Aufgabe? Ich denke ja, und, glauben Sie mir, wir bekommen es raus. Denn wir bekommen alles raus. Für die, die sich an der Republik schuldig gemacht haben, wird es bitter. Hetze im allerschlimmsten Ausmaß, das ist ein Verbrechen gegen den Weltfrieden."

„Specknacken" fiel ihm ins Wort.

"So etwas reicht für fünf bis zehn Jahre. Bei Entlassung bist du über dreißig. Deine Freundin ebenfalls, es sei denn, sie offenbart sich uns als Erste. In diesem Fall ist sie schon verheiratet und kennt dich nicht mehr, wenn du endlich draußen bist. Zweite Möglichkeit: Ihr offenbart euch gemeinsam, auch das würden wir akzeptieren."

„Dederon" ergänzte: „Denken Sie über eine Selbstanzeige nach. Wer reuig ist, dem bietet die Arbeiter- und Bauernmacht Milde und die Chance zur Wiedergutmachung. Wer sich aber verstockt zeigt, dem begegnet sie mit der ganzen Strenge, die die Feinde des Volkes verdienen."

Wolframs Kehle war wie zugeschnürt.

„Schauen Sie, Ihre Eltern sind Genossen, altgediente, bewährte Kämpfer, gestählt, immer auf der richtigen Seite. Ihre Mutter war sogar in der Moskauer Emigration. Lebte jahrelang mit unserem Staatsratsvorsitzenden, dem Genossen Walter Ulbricht unter einem Dach. Haben Sie Ihren Eltern gesagt, dass Sie heute hier sind? Dass Sie verhört werden?"

„Nein", flüsterte Wolfram heiser.

„Dederon" schüttelte sorgenvoll den Kopf.

„Und warum nicht? Ich will es Ihnen sagen. Sie wollten sie nicht beunruhigen. Sie wollten nicht, dass sie sich Sorgen machen."

Wolfram atmete tief ein und nickte. „Dederon" blickte ihn aufmerksam an.

„Sie wollten sie schützen. Ihnen Kummer ersparen. Weil Sie wussten, dass Sie einen schweren Fehler begangen haben."

Er zog die Augenbrauen nach oben.

„Das verstehe ich nur zu gut. Noch ist es nicht zu spät. Noch können Sie auf die richtige Seite zurückkehren."

Er seufzte.

„Aber gut, lassen wir das vorläufig erst einmal für heute."

Wolfram hielt den Atem an.

„Ich schätze Sie als einen ehrlichen Menschen ein. Ich glaube, es dürfte Ihnen nicht leichtgefallen sein, uns hier etwas vorzumachen."

Stimmt, dachte Wolfram, wie gern würde er alles loswerden. Endlich aufhören zu lügen. Es quälte ihn, „Dederon" zu beschwindeln. Sein Wunsch zu gestehen, wurde übermächtig.

„Wir sehen uns in genau zwei Wochen wieder, hier an dieser Stelle, Donnerstag, den 4. August, 14 Uhr."

Er drückte einen Knopf des Kastens mit den roten Lämpchen. Der junge Volkspolizist erschien.

„Ach, und noch etwas, wenn Sie an der ersten Straßenecke sind, überlegen Sie, ob Sie uns nicht sagen wollen, was Sie bisher verschwiegen haben. Kommen Sie zurück, wir warten hier auf Sie."

Betäubt stapfte Wolfram die Treppenstufen hinunter, nahm beim Pförtner seinen Ausweis entgegen und tauchte in den Glutofen der Straße ein.

Wie in einem billigen Thriller war das gelaufen. Dass es im wirklichen Leben genauso primitiv funktioniert, hätte er nicht gedacht. Und doch spürte er die von seinen Verhörern beabsichtigte Wirkung. Er hatte ein schlechtes Gewissen, weil er stundenlang nur rumgeeiert hatte.

Je näher Wolfram der Ecke kam, desto stärker wuchs sein Verlangen, reinen Tisch zu machen. Er wurde langsamer. An der Kreuzung Keibel-, Ecke Wadzeckstraße stockte er, hielt an, wandte sich um und blickte zurück, erst zum Eingang, dann nach oben. Wahrscheinlich standen sie am Fenster, sahen ihm nach und hatten sein Zögern bemerkt.

Er machte einen Schritt zurück. Jetzt umkehren und alles gestehen. Es wäre so leicht. Einen Moment sah er sich, alles auspacken.

Und Christine und die anderen verraten, schrie es plötzlich in ihm. Er schüttelte sich vor Scham. Fast wäre etwas passiert, was er nie mehr hätte gut machen können. Was sein ganzes Leben zerstört hätte.

Abrupt drehte er sich um und ging mit entschlossenen Schritten Richtung Alex. Wie schnell so etwas gehen kann, dachte er entsetzt.

Nein, niemals, zischte er durch die geschlossenen Zähne, ihr fickt mich nicht.

Kapitel 22

Hotte

Berlin-Johannisthal, Anfang 1972

Im Mai stand für Manfred, Hotte und Cornelia das Abitur an, sie waren die einzigen aus der alten Truppe, die noch im Heim wohnten. Kalle war im vorigen Jahr mit dem Abschlusszeugnis der 10. Klasse abgegangen. Gerd, der Junge, von dem Kalle immer die Hausarbeiten abgeschrieben hatte, war nach Hause zurückgekehrt, nachdem seine Mutter den ständig besoffenen und prügelnden Stiefvater endlich rausgeschmissen hatte. Zwei lebten nicht mehr: „Hasenscharte“ Reinhard und „Zappelphilipp“ Willi hatten in den letzten Sommerferien versucht, abzuhauen. Nachts wollten sie über die Lübecker Bucht schwimmen. Man fand ihre Kleidungsstücke am Strand, ein paar Tage später wurden ihre Leichen angeschwemmt. Sie waren an Unterkühlung und Entkräftung gestorben.

Die Wochenenden verbrachte Manfred meistens in Köpenick. Nach dem Abendessen zog Gerald sich mit ihm oft zu einem Gespräch in die Bibliothek mit den wandhohen Regalen zurück.

„Welche Bücher hast du in der letzten Woche gelesen?“

„Die ‚Hauspostille‘ von Bertolt Brecht und ‚Leben ist Brückenschlagen‘ von Gottfried Benn.“

„Dann hast du jetzt die beiden wichtigsten deutschen Lyriker des 20. Jahrhunderts durch. Wie findest du sie?“

Manfred freute sich auf diese Zusammenkünfte an den Sonntagabenden, wenn sie gemeinsam die Lektüre der letzten Zeit durchgingen. „Extreme Gegenpole. Brecht anarchistisch, kraftvoll, frech, sinnlich. Benn dagegen überfeinert, ästhetisch, hochgebildet. Brecht ist Überwindung, Aufbruch und Abrechnung, Benn trauernde Dekadenz: ‚Leben ist Brückenschlagen, über Ströme, die vergehn‘. Besser lässt sich seine Lebenshaltung nicht ausdrücken.“

Gerald nickte anerkennend, griff nach seiner Pfeife, legte sie seufzend zurück und zog einen Kaugummi aus der Packung.

„Warum haben wir Benn nicht in der Schule?“, fragte Manfred.

„Es ist tatsächlich ein beeindruckendes Wissen, das bei ihm aufscheint. Ich werde auch immer wieder neidisch, wenn ich ihn lese. Aber das ist bürgerliche Bildung. Sie passt nicht zu unseren proletarischen Massen. Wenn du sie dir aneignen möchtest, dann musst du es selbst tun. Aus eigener Initiative. So, wie wir es hier machen."

Gerald knüllte die leere Kaugummipackung zusammen, trat an das Regal und zog zwei Bücher heraus.

„Heute beginnen wir mit einem anderen wichtigen Pärchen: Voltaire und Rousseau, Philosophen des achtzehnten Jahrhunderts. Genau wie Brecht und Benn stehen sie für Dekadenz und Überwindung einer bedeutenden Epoche. Versuche dich in ihre Gedankenwelt hineinzulesen. Wenn du sie begreifst, verstehst du vieles unserer Zeit besser."

Er wandte sich zum Schlafengehen.

„Ich muss dir noch etwas berichten", sagte Manfred. „Ich habe neulich mit Hotte gesprochen. Wollte mal wissen, was seine Pläne sind. Die Haare will er sich lang wachsen lassen und Haschisch rauchen, ein Hippie werden. Und nach dem Abitur abhauen. Die große Freiheit suchen."

„Hat er schon konkrete Pläne?"

„Nein."

„Gut, dass du aufgepasst hast. Informiere mich weiter, wir müssen das rechtzeitig verhindern. Er ist ein anständiger Junge. Vielleicht ein bisschen schlicht. Er braucht jemanden, der ihn vor sich selbst beschützt."

Kapitel 23

Der Heiratsantrag

Berlin-Köpenick, 23. Juli 1977

„Schach."

Richards Springer war aus dem unübersichtlichen Unterholz seines Hinterlandes hervorgebrochen. Das Spiel war verloren.

„Scheiße, ich habe nicht aufgepasst."

„Du darfst es mir nicht zu leicht machen, Wolfram. Sonst denke ich noch, dass du mir einen Altersbonus einräumst", sagte Richard lachend, schob das Brett zur Seite und füllte die Gläser mit Bordeaux.

Richard Wolke, schlank und hochgewachsen, war mit seinen zweiundfünfzig Jahren und den graumelierten Schläfen das Idealbild eines Chefarztes. Seine aufmerksam blickenden wachen Augen gaben jedem, der sich mit Professor Wolke, Leiter des Städtischen Krankenhauses Berlin Mitte, unterhielt, das Gefühl, wichtig genommen zu werden.

Sie saßen im Schatten hundertjähriger Kastanien, die dem Garten der hoch aufragenden Jugendstilvilla einen parkähnlichen Charakter gaben. Am Morgen hatte es geregnet. Vögel zwitscherten in den Zweigen. Feuchte, vom Duft der Rosen beschwerte Luft, zog von der Terrasse herüber, wo die Sträucher eine Pergola berankten. Der Wind rauschte in den Ästen und wiegte die Kronen der alten Bäume.

„Den Wein", sagte Richard, „hat mir übrigens Marcel Kuefer, le médecin-chef des Unikrankenhauses Straßburg beim letzten Berliner Diabetes-Kongress mitgebracht. Ursprünglich waren es vier Flaschen, zwei mussten am selben Abend dran glauben. Marcel war bei uns zu Gast. Wir haben uns über alles Mögliche unterhalten. Zuerst über den Stand der diabetischen Forschung. Später etwas politisiert. Als meine Frau gegen zwölf schlafen gegangen ist, wurde es persönlicher. Marcel hat mir gestanden, dass er am Vortag eine zauberhafte Bekanntschaft gemacht hatte."

Richard prostete Wolfram lächelnd zu und ahmte den französischen Akzent seines Kollegen nach.

„Eine charmante junge Kollegin aus der Charité, entzückende sechsundzwanzig Jahre. Sie war nach meinem Vortrag an mich herangetreten und hatte eine Reihe sehr kluger Fragen gestellt. Ich war von ihrem Interesse, ihrem Wissen und ihrem mädchenhaften Charme tief beeindruckt, das kannst du dir sicher vorstellen, lieber Kollege."

Richard lächelte.

„Marcel war berauscht, aber weniger vom Wein. Er berichtete stolz, dass er am nächsten Tag mit ihr zum Abendessen verabredet sei."

Richard machte eine wegwerfende Handbewegung.

„Mein Gott, diese naiven Westler. Mein lieber Marcel, habe ich versucht, ihn zu bremsen, als Freund und hervorragenden Arzt würde ich ihn sehr schätzen, auch als unvergleichlichen Weinkenner, aber von DDR habe er leider keinen blassen Schimmer. Für seine achtundvierzig sähe er zwar noch glänzend aus. Aber was, glaube er, würde dieses herrliche junge Ding wohl bei ihm suchen? Sex, mit einem erfahrenen Mann? Den fände sie ohne jede Mühe auch anderswo. Für mich, sagte ich, gäbe es nur zwei Erklärungen für ihr Interesse. Die harmlosere Version: Sie wolle ein Verhältnis mit ihm, um auf diese Weise rauszukommen. Also schwanger werden, Heirat, Ausreise und so weiter. Für ihn gäbe es dagegen ein ungemütliches Nachspiel: saftiger Ehekrach, Scheidung, achtzehn Jahre Alimentenzahlung, das übliche. Was, wie gesagt, noch die günstigere Variante wäre. Viel wahrscheinlicher sei das zweite Szenario. Diese betörende Circe handele nicht in eigenem Interesse, sondern flirte im Auftrage einer höheren Macht.

Bei diesen Worten ist Marcel ziemlich ungehalten aufgefahren. Woher ich das wissen wolle und dass nicht alle Frauen so berechnend seien, wie ich sie bisher scheinbar erlebt habe.

Klar, antwortete ich, mir wären nur die miesen über den Weg gelaufen. Er möchte diese Sache aber bitte nüchtern betrachten. Es sei schließlich eine der ältesten Geschichten der Welt. Einer schönen, jungen Frau könne ein Mann in seinem Alter kaum widerstehen, das wisse man doch. Dann gab ich ihm den dringenden Rat, die Hände von der Dame zu lassen. Denn wahrscheinlich sei sie von der Stasi auf ihn angesetzt. Ein, eventuell auch zwei wunderbare Nächte lang wäre er wieder der junge Hirsch und vielleicht habe das Mädel ja auch seinen Spaß. Aber mit Sicherheit läge nach seiner Rückkehr ein dicker Umschlag mit Bildern und Filmen im Postkasten. Sollte er aus Spionagefilmen eigentlich alles kennen.

Marcel war auf einen Schlag nüchtern und sah um Jahre gealtert aus. Am nächsten Morgen und frisch geduscht, wirkte er wieder einigermaßen sortiert. Ich fragte ihn, wie er sich heute verhalten wolle.

Wie man sich Ladies dieser Art gegenüber eben benehme, antwortete er. Er werde ihr ins Gesicht sagen, dass er sie für eine Stasi-Agentin halte und sie sich zum Teufel scheren solle. Das hatte ich befürchtet.

Wenn er das täte, sei ich dran, denn die Stasi wisse selbstverständlich, wo er die letzte Nacht verbracht, wer ihm also diese Information gesteckt habe. Es helfe nichts, er müsse das, was als aufregend erotisches Abenteuer begonnen habe, leider als Komödie zu Ende spielen.

Er solle bei dem Treffen charmant sein, aber nicht persönlich werden und sowohl bei den fachlichen Fragen, als auch beim ‚Sie' bleiben. Nach einer Stunde möge er beginnen, von seiner wunderbaren Familie in Straßburg zu schwärmen. Dann könne er erleben, wie schnell die junge Frau anfangen werde, verstohlen zu gähnen, auf der Toilette zu verschwinden und nach dem Wiederkommen verkünden, dass sie sich gerne verabschieden würde, da es doch schon recht spät geworden sei.

Und damit würde er sich und uns beiden jede Menge Ärger ersparen, sagte ich ihm. Möglicherweise tue er der Kollegin sogar einen Gefallen. Denn wer weiß, vielleicht werde sie ja erpresst."

Richard grinste.

„Wie findest du diese Geschichte?"

Wolfram dachte an das Verhör. Sollte er sich offenbaren? Könnte Richard ihm helfen? Wie würde er reagieren, wenn er erführe, in was seine Tochter verwickelt ist? Er schob den Gedanken beiseite.

Christines Mutter, Karin, trat aus dem Haus. Sie trug ein Tablett mit Kaffeetassen und frischgebackenem Pflaumenkuchen. Christine folgte mit einer Schüssel Schlagsahne.

„Haben die Herren Weltverbesserer inzwischen etwas Hunger bekommen?"

Die schlanke Frau setzte das Tablett auf den Tisch ab und strich ihre dichten dunkelblonden Haarsträhnen hinter die Ohren. Sie hatte die gleichen traurig-schönen Augen wie ihre Tochter, aber dieser Ausdruck wurde, anders als bei Christine, nicht durch das leichte Lächeln ihres Mundes kontrastiert. Man hätte sie für eine traurige Person halten können, aber dieser Eindruck wurde beim ersten ihrer Worte aufgehoben, denn sie war ein Mensch voll überschäumender Lebenslust.

„Mit wieviel Stücken möchte unser junger Theoretiker beginnen?"

„Am liebsten das ganze Blech", seufzte Wolfram, als er den knusprigen Teig mit den saftigen Pflaumen sah.

Karin achtete darauf, dass Wolfram immer wieder mit Nachschub versorgt wurde, wenn er ein weiteres, mit schneeweißer Schlagsahne überzogenes Stück verdrückt hatte. Schließlich schob er seinen Teller ermattet zur Seite.

„Das war der beste Pflaumenkuchen, den ich je gegessen habe."

„Charmanter Schwindler", lächelte Karin, „lüge bitte immer weiter."

Während Richard seinen zukünftigen Schwiegersohn mochte, liebte Karin Wolfram und verwöhnte ihn, bis es Christine zu viel wurde.

„Jetzt reicht´s aber, was bleibt dann noch für mich übrig, wenn ihr hier alle so rumschleimt", lachte sie, küsste ihn auf den Mund und sprang in den Garten, „ich schneide die Hecke zu Ende, aber nachher gehört er mir, schließlich habe ich ihn angeschleppt."

Karin räumte ab und verschwand in die Küche. Die beiden Männer blieben auf der Terrasse zurück. Vom Garten zog ein kühler Hauch herüber, der den kommenden Abend ankündigte.

„Ich hole mir mal eine Jacke, mir wird´s zu kühl."

Richard stand auf und stieg die Stufen empor, die zur Villa führten. Oben angekommen, blieb er stehen und schnappte nach Luft. Er drehte sich von Wolfram weg, als wollte er das vor ihm verbergen.

Beim Abendessen war die Stimmung fröhlich und aufgelockert. Christine war besonders munter, die Flugblätter machten ihr offenbar keine Sorgen. Nur manchmal schien es Wolfram, dass sie etwas zu laut lachte.

Nach dem Essen verschwand das junge Paar im Turmzimmer, das mit seiner holzgetäfelten dunklen Decke altmodisch und feierlich wirkte.

„Geht´s dir gut?", fragte Wolfram.

„Aber so was von", seufzte Christine und schmiegte sich an ihn. Ihre Hände tasteten unter der Decke. „Oh, ist das alles für mich?"

Später lagen sie lange wach und blickten in den Mond.

„Ich glaube, meine Eltern wünschen sich Enkel."

„Und du?"

„Ich bin dabei. Und wie sieht es mit dir aus?", fragte sie leise.

„Ich möchte mit dir eine Familie gründen und drei Kinder haben. Ich will, dass wir uns nie trennen."

Sie atmete tief durch.

„War das so etwas wie ein Heiratsantrag?"

„Könnte man sagen."

Er sah ihr Gesicht im Mondlicht über sich. Die sonst so traurig blickenden Augen funkelten.

„Das muss ich mir noch überlegen", lachte sie und ließ sich auf seine Brust fallen.

Kapitel 24

Auftritt Galanski

Stasi-Zentrale Berlin-Lichtenberg, 25. Juli 1977

Zur außerordentlichen Lagebesprechung im Konferenzraum war Reinbeck wie üblich als letzter vor Franzen erschienen. Das gehörte zu seinen Privilegien gegenüber dem Rest der Meute. Schon an der Tür sah er, dass sein Platz besetzt war. Sein Stammplatz! Das war noch niemals vorgekommen.

Den Gecken, der eine Majorsuniform trug, kannte er nicht. Zwar war der andere bei seinem Erscheinen zackig aufgesprungen, „Galanski. Sehr erfreut, Sie kennenzulernen, Genosse Reinbeck", dann aber hatte sich dieser Komiker mit größter Selbstverständlichkeit einfach wieder hingesetzt – auf Reinbecks angestammten Platz! In ihm kochte es. Was war zu tun?

Sein Instinkt riet ihm, vorsichtig zu bleiben und so musste er den ungewohnten Platz neben Arnold, mit dem Rücken zu der Fensterreihe und seinem geliebten Stadtpanorama, einnehmen.

Nun hatte er diese dämliche Wand mit dem Porträt von Feliks Dzierżyński vor den Augen. Er nahm sich vor, ab sofort zu jeder Versammlung eine Viertelstunde früher zu erscheinen. Aber heute müsste er die nächsten zwei Stunden Auge in Auge mit dem „eisernen Feliks" auskommen, dessen kalter Blick ihn unermüdlich fixierte.

Was hatte der unerwartete Auftritt dieses Galanskis zu bedeuten? Da sich innerhalb der Stasi jede Einheit scharf von den anderen abzugrenzen hatte, musste man davon ausgehen, dass dieser Kerl von oben eingeschleust worden und seine Anwesenheit als Drohung zu verstehen war. Vermutlich würde er nichts anderes machen, als mitzuschreiben und Meister zeitnah und en detail zu berichten. Primitiv, aber wirkungsvoll.

Er wandte seinen Kopf nach rechts zu Rita Wegener. Sie hatte seine Irritation längst bemerkt und schenkte ihm ein tröstendes Lächeln. Er erwiderte es mit einem warmherzigen Blick, nicht nur, weil er sie inzwischen mochte, sondern auch, weil er wusste, dass sie mehr auszuhalten hatte, als ein paar Stunden von einem toten Killer angestarrt zu werden, viel mehr.

In diesem Moment wurde die Tür aufgestoßen. Franzen betrat mit wuchtigen Schritten den Konferenzraum. Alle sprangen auf und nahmen eine Habachtstellung ein.

„Setzen", schnarrte der Oberstleutnant.

„Genossen, Etappe eins des zweiten Teils der ‚Operation Blitz' ist abgehakt. Der Fichtner, Wolfram wurde als erster seiner Clique verhört. Seine Vernehmung wird bei allen Bandenmitgliedern Spuren hinterlassen. Arnold, vortragen!"

Arnold richtete sich auf.

„Wolfram Fichtner wurde am 21. Juli von Oberleutnant Dietrich und Unterleutnant Schmacht im Volkspolizeipräsidium vernommen. Die Legende, dass es sich um eine Befragung der Volkspolizei handelte, wurde gewahrt."

Während Arnold das Vernehmungsprotokoll vortrug, dessen Abschrift Reinbeck bereits kannte, schweiften seine Gedanken zur gestrigen Zusammenkunft mit Franzen ab. Sie hatten sich wieder im „Union Eck" getroffen.

Der Alte saß wie immer in seiner Beobachterecke und hatte bereits reichlich getankt, als Reinbeck die Kneipe betrat.

„Muss ich mir Sorgen machen?"

„Könnte schon sein."

„Wie ist das Verhör gelaufen?"

Franzen verdrehte die Augen und nahm einen großen Schluck.

„Du auch eins?"

Reinbeck nickte.

„Zwei Helle", dröhnte Franzens Bass durch den schwülen Dunst der Kneipe.

„Diese Scheißvernehmung. Ich hatte sie Arnold übertragen, da du ja mit solchen Dingen nicht belästigt werden möchtest. Hab ihm alles haarklein eingepaukt. Aber du kennst ihn ja. Er kapiert nur langsam und die Hälfte davon auch noch falsch."

Reinbeck war fassungslos.

„Arnold hat das Verhör organisiert? Das hatten wir so nicht abgesprochen."

Franzen winkte müde ab.

„Hast du vielleicht eine Ahnung, was ich im Augenblick um die Ohren habe? An allen Fronten Krieg: mit Meister, meiner Frau, meiner Familie."

Er fuhr mit dem Zeigefinger über den Rand seines Bierglases. Es gab einen schrillen Ton.

„Nur mit ihr nicht, sie ist ein richtig anständiger Mensch. Ich hatte nur Manschetten, dass sie in den ganzen Schlamassel hineingezogen wird. Du weißt, wer ‚sie' ist?"

„Na klar", nickte Reinbeck."

„Das Verhör ist erstklassig verlaufen!"

Arnolds Bericht zwang Reinbeck zurück in die Gegenwart.

„Wie aus dem Lehrbuch."

Genau, das war es. Wieder fühlte er den Ärger darüber aufsteigen, dass Franzen dieses verdammt wichtige erste Verhör abgegeben hatte, ohne ihn, Reinbeck, zu konsultieren. Wie hatte das passieren können? Um die Psyche des Alten musste es miserabel stehen.

Arnold fuhr fort.

„Fichtner machte natürlich einen auf völlig ahnungslos. Nein, er wüsste nicht, was er am 30. Juni gemacht habe. Als Oberleutnant Dietrich ihn dann mit den Fakten unserer Recherchen konfrontiert hat und die ganze Gruppe vor ihm aufblätterte, wirkte er wie von einer Dampfwalze überrollt. Es hat nicht viel gefehlt, er wäre umgefallen und hätte gestanden."

Reinbeck konnte ein Grinsen über die Stilblüte des Hauptmanns nur schwer unterdrücken. Franzen aber fuhr auf.

„Wozu hätte nicht viel gefehlt?"

Der Alte hatte jedes Wort herausgebellt. Er sprang auf, stapfte mit schweren Schritten zum Fenster, lehnte sich gegen die Scheiben und klatschte mehrmals mit der flachen Hand gegen das bebende Glas.

„Der wäre fast umgefallen? Sie haben die Vernehmung geleitet, Arnold. Sie sind dafür verantwortlich. Ich habe Ihnen mehrfach eingetrichtert, dass Sie nicht zu weit gehen dürfen. Einschüchtern wollen wir sie. Einschüchtern, aber nicht so sehr, dass sie zu singen anfangen. Auf keinen Fall sollen sie gestehen."

Franzen zitterte vor Wut.

„Man kann Ihnen gar nichts anvertrauen, nicht einmal so ein lappisches Verhör!"

Schwer atmend kehrte er wieder auf seinen Platz zurück.

„Was Sie sich hier geleistet haben, ist Sabotage. Sabotage, sage ich!"

So laut Franzen begonnen hatte, so plötzlich brach er ab. Der Raum hallte vom Nachklang wider. Hatte er vergessen, dass Galanski jedes Wort protokollierte? Wo war sein Verstand geblieben? Früher wäre ihm das nicht passiert. Reinbeck musste eingreifen, bevor der Alte den Karren an die Wand fuhr.

„Genosse Oberstleutnant, gestatten Sie, dass ich die Koordinierung der weiteren Maßnahmen übernehme."

Franzen starrte ihn mit leeren Augen an. Seine zitternde Unterlippe hing leicht, er sagte nichts und zog nur seine buschigen Augenbrauen zusammen. Stehend k. o., dachte Reinbeck, höchste Zeit, ihn aus den Seilen zu ziehen. Der Alte tupfte mit einem Taschentuch sein Gesicht ab und warf es in den Papierkorb. Sein Blick sammelte sich wieder.

„Gut", grunzte er, „Major Reinbeck übernimmt die weitere Führung der ‚Operation Blitz'. Hauptmann Arnold wird von seinen diesbezüglichen Aufgaben entbunden."

Die Kuh war vom Eis. Alle, bis auf Galanski, der undurchsichtig blieb, atmeten auf. Nur er, Reinbeck, war sauer. Er hatte Franzen wieder einmal den Arsch gerettet, sein Lohn würde ein monatelanger Knochenjob im operativen Bereich sein. Wie viele Grilltage würde ihn das kosten?

Franzen diktierte der Wegener mit deutlich beruhigter Stimme die Einzelheiten der Projektübergabe, was Reinbeck nicht mehr interessierte. Der Alte würde ihm ohnehin die ganze Arbeit aufladen. Seine Gedanken kehrten zurück ins „Union Eck".

„Was genau ist denn passiert?"

Franzen strich sich mit der flachen Hand über die unrasierten Wangen.

„Riesiger Ehekrach. Waltraud hat es rausbekommen, weil ich zu unvorsichtig war. Egal. Es wäre in ein paar Wochen ohnehin nicht mehr zu verheimlichen gewesen. Du ahnst, was passiert ist?"

„Ich ahne nicht, ich weiß", hatte Reinbeck lächelnd geantwortet.

„Sie hat Rita unter Druck gesetzt, abzutreiben. Mich wollte sie zwingen, das Mädel aufzugeben. Aber ich mache das nicht. Sie ist das Beste, was mir in meinem Alter passieren konnte. Ich glaube, sie ist meine wahre, meine ganz große, und ich glaube sogar, meine einzige Liebe."

Nie im Leben hätte Reinbeck dem alten Bock so viel Sentimentalität zugetraut. „Meine einzig, wahre, große Liebe." Üblicherweise hatte Franzen ihn in vergleichbaren Situationen angewiesen, eine abgelegte Geliebte ohne größere Kollateralschäden zu entsorgen, indem man ihr eine Neubauwohnung zuschanzte oder einen „Wartburg" schenkte. Geld hatte niemals eine Rolle gespielt. Auf diversen Konten, von deren Existenz die Ehefrau nichts ahnte, lag es haufenweise rum.

„Du musst mir helfen. Als nächstes wird Waltraud bei Meister aufschlagen und ihm die Ohren vollheulen. Du musst vor ihr da sein. Es reicht, wenn du der Rotweindrossel eine Flasche sehr teuren Bordeaux als Geschenk mitbringst. Die kann ich dir bis morgen aus Westberlin besorgen lassen. Den Wink wird er sofort verstehen. Sage ihm, dass es hilfreich wäre, Waltraud bereits auf seiner Stufe abzufangen und dafür zu sorgen, dass sie nicht bis Schneidewind durchstößt. Auf Meisters Ebene ließe sich noch etwas löten. Wenn sie ihre Taschentücher aber erst einmal beim Leiter der Hauptabteilung vollgeflennt hat, dann: Prost Mahlzeit. Meister soll mit ihr reden, Verständnis zeigen und sie vor dem Gang zum Generalleutnant neutralisieren."

„Das soll ich also für dich drehen?"

„Ne, mein Lieber, das machst du genauso auch für dich. Denn wenn ich falle, wird Arnold dein Vorgesetzter. Und dann gute Nacht, Marie. Der beherrscht keine Feinabstimmung. Der operiert nur mit Hammer und Sichel."

Reinbeck schreckte aus seiner Erinnerung auf, als Rita plötzlich aufsprang, zur Tür rannte und hinausstürzte.

Franzen stoppte mitten im Diktat und machte eine Geste, ihr nachzulaufen. Doch sie war schon verschwunden. Die Tür blieb hinter ihr offenstehen. Ihre Absätze trommelten den Gang hinunter. Man hörte ein lautes Würgen und das Aufplatschen eines Flüssigkeitsschwalles.

Franzen war blass geworden. Er stand hastig auf, man sah, dass er ihr zu Hilfe eilen wollte, sich dann aber besann und ersatzweise die Tür zum Flur schloss. Galanski schrieb weiter. Franzen trat an das andere Ende des Tisches, richtete Ritas Stuhl auf und kehrte zu seinem schwarzledernen Importsessel zurück. Er wirkte ratlos.

Nach einer Viertelstunde kehrte Rita zurück. Sie war sehr bleich. Wieder machte Franzen Anstalten, zu ihr hinzueilen.

„Kann ich Ihnen helfen? Ich bin, wie Sie sicher wissen, Arzt", kam Reinbeck ihm zuvor. Rita schüttelte verlegen den Kopf und ging zu ihrem Platz.

„Nein, danke, es geht schon. Mir war nur etwas übel."

Franzen versuchte, schnell zum Ende zu kommen.

„Beim nächsten Verhör braucht Fichtner mehr Luft zum Atmen. Er muss die Arena als scheinbarer Sieger verlassen. Die ganze Bande soll Kraft gewinnen, die Fluchtpläne in Ruhe zu schmieden. Dann können wir die Schlinge langsam, ganz langsam zuziehen. Die anderen müssen ebenfalls verhört werden, besonders Thomas. Wir werden die Einzelheiten zeitnah durchgehen, Genosse Reinbeck."

„Selbstverständlich, Genosse Oberstleutnant", sagte Reinbeck lustlos und klappte seine Akten zusammen. Er wollte gerade aufstehen, als er einen schüchternen Schenkeldruck an seinem Knie spürte. Danke, schien er zu sagen. Danke für alles. Er schielte zu Rita rüber, aber sie blickte in die andere Richtung. Er stand auf und ging, ohne sich umzudrehen, zur Tür. In ihm ein Gefühl, das er seit Jugendtagen nicht mehr erlebt hatte.

Kapitel 25

Schiessübung

Brandenburg, Frühjahr 1972

„Hallo Manfred, genug gelesen, du musst auch mal raus. Wollen wir nicht Schießen gehen?"

Manfred sah etwas zerstreut und erstaunt auf: „Habe doch erst neulich einen Teddy geschossen." Er lag auf dem Sofa und blätterte in Nietzsches „Der Wille zur Macht".

„Nein, nicht mit einem Luftdruckgewehr. Lass uns mal richtig rumballern. 7,62er Kaliber, das gibt einen ordentlichen Rumms, da hast du hinterher blaue Flecken an der Schulter." Gerald lächelte.

Sie fuhren die F5 Richtung Nordwesten und bogen irgendwo im Wald in eine kleine Seitenstraße ab. Nach einigen Hundert Metern tauchte eine Schranke auf. Gerald kurbelte sein Fenster herunter. Ein bewaffneter Posten trat an das Auto, erkannte ihn, grüßte militärisch und öffnete den Schlagbaum.

„Wie geht es Ihrem Sohn, Genosse Krüger?"

„Danke, Genosse Major, seit einem halben Jahr kann er laufen. Reißt jetzt alle Schubladen auf."

Aus diesem kurzen Dialog erfuhr Manfred, dass Gerald Offizier war. Gerald bestätigte auf Nachfrage, dass er einen militärischen Dienstgrad habe, gleichzeitig Psychiater und Offizier sei. Manfreds Herz schlug schneller. Plötzlich wurde ihm einiges klar.

„Du arbeitest beim MfS?"

„Ministerium für Staatssicherheit klingt immer ein bisschen bedrohlich, aber ich versichere dir, dass in meiner Gruppe gute Arbeit gemacht wird. Natürlich gibt es wie überall sone und solche. In meiner Abteilung sind aber nur sone."

Ihre Aufgabe sei es, sagte er, die Republik vor Feinden zu beschützen und sein spezieller Auftrag bestehe darin, Menschen, die gefährdet seien, wieder auf den richtigen Weg zurückzuführen.

Manfred hing an seinen Lippen.

„Aus mir hätte sicher ein guter Pfarrer werden können, so wie Vater und Großvater, aber als Psychiater fühle ich mich auch sehr wohl."

Auf dem Schießgelände befanden sich mehrere nebeneinanderliegende Hallen, in denen auf Zielscheiben geschossen wurde. Sie gingen zum Verwaltungsgebäude, um die Ausrüstung zu holen. Ein hünenhafter, junger Soldat brachte das Gewehr, Munition und Ohrenschützer. In dessen Hand sah die Waffe wie ein Spielzeug aus. Gerald nahm das Gewehr, Manfred bekam die Munition. Er wollte schon zu den Schießhallen hinübergehen, aber Gerald hielt ihn und den Soldaten zurück. Er schmunzelte.

„Erkennt ihr euch denn nicht?"

Erstaunt blickten die beiden sich an.

„Ihr habt euch natürlich ein paar Jährchen nicht mehr gesehen."

Plötzlich stutzte der Soldat. Röte schoss in seine glattrasierten Wangen. In diesem Moment klickte es auch bei Manfred.

„Werner?"

Der lange Kerl grinste und Manfred erkannte in seinem Gesicht einen fast vergessenen hämischen Zug. Er erschrak. „Fettbacke" überragte ihn um mehr als eine Kopflänge. Seine Schultern füllten die Uniformjacke stramm aus, seine Taille wurde vom Koppel, wie bei einem Modellathleten zusammengeschnürt.

Manfred war verlegen und das ärgerte ihn. Wenn er geglaubt hatte, die alte Furcht läge hinter ihm, hatte er sich geirrt.

„Und, was machst´n so?", fragte er.

Es sollte beiläufig klingen, tat es aber nicht. Das Schlimmste war, dass die anderen seine Unsicherheit spürten. Er fühlte es genau.

„Hab mich auf zehn Jahre verpflichtet. Erstmal den Mittelschulabschluss gemacht. Im Herbst beginnt meine Technikerausbildung. Wenn alles glatt läuft, kann ich vielleicht sogar studieren und Ingenieur werden. Kommt auf meine Beurteilungen an."

Werners Stimme klang tief und selbstsicher. Er lachte Gerald fröhlich zwinkernd an. Manfred wagte einen kurzen Blick nach oben. Als er den überlegenen Ausdruck im Gesicht des Riesen wahrnahm, schlug er die Augen nieder.

„Komm du mir noch einmal unter die Pfoten und ich schlag dich zu Brei. Dir habe ich schließlich Birkenwerder zu verdanken."

Hatte Werner das wirklich gesagt? Nein: „Fettbackes" Mund feixte noch immer, die Lippen hatten sich nicht bewegt und doch dröhnten seine nicht gesprochenen Worte in Manfreds Ohren nach. Ruhig bleiben, bloß ruhig bleiben. Er hörte sich von der „Klosterheide" erzählen, von Reinhard und Willi.

„‚Hasenscharte‘ und ‚Zappelphilipp‘“, grinste Werner, „wo sind´n die abgeblieben?“

„Beide tot“, sagte Manfred, „wollten abhauen und sind ertrunken.“

„Ach du Scheiße.“

„Die beiden haben dich immer bewundert, wollten genauso sein wie du.“

„Wie meinst´n das?“

„Wie ich´s gesagt habe. Du warst ihr Vorbild. In allem.“

Werner wich zurück. Sein Gesicht war plötzlich bleich geworden.

„Dit hab ich aber nicht jewollt.“

„Deine Idee war es doch gewesen, durch die Lübecker Bucht zu schwimmen. Bei dir ist dann allerdings Birkenwerder dazwischengekommen“, entgegnete Manfred. Er machte eine Pause und beobachtete „Fettbackes“ Gesicht. Werners Kiefer mahlten. Sein Blick zuckte zu Gerald hinüber. Der hob den Kopf nur leicht an. Eine winzige Bewegung. Der Riese schlug die Augen nieder.

„Mensch, wir haben doch damals alle dermaßen viel Scheiße gelabert, fünfzehn war ich gerade mal, viel Grips war in der Birne nicht drin, wie konnte ich denn ahnen, dass diese Vollidioten den ganzen Quatsch ernst nehmen würden?“

„Du warst ihr Anführer“, entgegnete Manfred kalt.

„Fettbackes“ riesige Gestalt verlor ihre Spannung, mit einer Hand hätte Manfred ihn jetzt umstoßen können.

„Ich denke, wir sollten mal langsam“, meldete sich Gerald. „Wir haben den Schießstand ja nur für zwei Stunden.“

„Warte doch mal kurz, Manne!“, Werner knetete verlegen seine Pranken. „Ich habe es dir schon lange sagen wollen. Aber ich hatte ja nie Gelegenheit. Also, das mit damals …“

Er begann zu stammeln.

„Was wir da gemacht haben, was ich gemacht habe …“

Er stockte wieder, seine Augen musterten den Boden.

„Du, das tut mir wirklich leid. War nich jut, oda?“

Manfred machte eine wegwerfende Geste, aber alles in ihm triumphierte.

„Halb so wild, hab kein Problem damit. Hast Glück gehabt, dass ich so ein kleiner Piepel war. Heute würde ich mir das nicht mehr gefallen lassen.“

Werner schwieg.

„Na, denn.“

Manfred klopfte „Fettbacke“ gönnerhaft auf die Schulter.

„Alles Gute, mach, was du dir vorgenommen hast."

Der Soldat grinste unsicher, suchte erneut Geralds Blick, aber der hatte sich schon abgewandt. Manfred nickte Werner zu, drehte sich um und ging mit sicheren Schritten Richtung Schießstand.

Auf der Rückfahrt war Manfred in Hochstimmung. Das Schießen hatte Spaß gemacht. Er hatte überlegt gezielt und gut getroffen. Er spürte eine Ruhe und Gelassenheit in sich, die er bisher nicht gekannt hatte. Die Werner-Geschichte hatte ihn insgeheim mehr geängstigt, als er es wahrhaben wollte. Jetzt war er so erleichtert, er hätte fliegen können.

„Dem hast du´s gezeigt", beglückwünschte ihn Gerald, „der hat nur noch gewinselt."

„Gib zu, du wolltest nur sehen, wie ich mich schlagen würde."

Gerald schmunzelte.

„Wir Psychiater haben unsere eigenen Techniken. Für dich war es wichtig, ohne meine Hilfe mit ihm fertig zu werden."

„Du hast ihn also in all den Jahren nicht aus den Augen verloren?"

„Natürlich nicht, wen ich einmal unter meine Fittiche nehme, den führe ich auch auf den rechten Weg zurück."

Kapitel 26

Cha-Cha-Cha

Berlin-Prenzlauer Berg, 26. Juli 1977

Um nicht abgehört zu werden, waren Wolfram, Christine und Lorenz zum Arnimplatz gegangen. Dort saßen sie in der Mitte des kleinen Parks neben dem alten Brunnen. Früher waren hier Wasserstrahlen aus einer Muschel geplätschert, die von zwei nackten Bronzefiguren, einem Jungen und einem engelsgleichen Mädchen getragen wurde. Das Wasser strömte schon lange nicht mehr. Die Skulptur war mit Taubenkot verdreckt.

„Keine Ahnung, was ich in diesem beknackten zweiten Verhör machen soll, falls die mir wieder Exen oder Knast androhen", sagte Wolfram.

Lorenz knispelte nervös an seinem Daumennagel.

„Wenn du dich beim nächsten Mal wieder so nassmachen lässt, wandern wir alle in den Bau."

Christine fuhr ihn zornig an.

„Hast du vielleicht eine bessere Strategie? Oder kannst du nur klugscheißen?"

Lorenz wollte antworten, aber Wolfram schüttelte den Kopf.

„Mich wundert wirklich, dass die mich nicht hopsgenommen haben. Die wissen doch schon fast alles."

Es war später Vormittag. Die Sonne brannte auf die Stadt nieder, drängte in die Straßenschluchten und versengte noch den letzten kleinen Winkel. Sie hatten die Bank im Schatten einer Linde gewählt. Die verwilderten Wiesenflächen um sie herum waren gelblich verdorrt. In der mittäglichen Hitze war das Vogelgezwitscher verstummt.

Wolfram zielte mit Steinchen auf den Po des Brunnenmädchens. Traf er, antwortete der kleine dralle Hintern mit hellem metallischem Klang.

Plötzlich sprang Lorenz auf.

„Sagt euch die ‚Echternacher Springprozession' etwas: zwei Schritte vor, einer zurück?"

Die Beiden sahen ihn verständnislos an.

„Nein? Aber den guten alten Cha-Cha-Cha, den kennt ihr doch: rechts-vor Cha-Cha-Cha, links-rück Cha-Cha-Cha. Ich mache euch das mal vor."

Er zog seine Schuhe aus, tanzte barfuß, wirbelte Staubwolken auf und versuchte, seinen Hintern wie ein Turniertänzer zu schwingen.

Christine prustete los. Lorenz schmunzelte.

„Wie gefällt euch das?"

„Toll", rief Christine, „glaubst du, ‚Dederon' und ‚Specknacken' werden beeindruckt sein?"

„Will ich doch sehr hoffen. Aber sagt mir mal, was ihr gerade gesehen habt."

„Einen steifhüftigen Intellektuellen, der den Brasilianer zu geben versucht", rief Christine.

Lorenz stimmte in ihr Lachen ein. Wolfram warf mit zusammengekniffenen Lippen weiter Kiesel.

„Nun komm schon, Wölfchen, sei nicht eingeschnappt. Großer weißer Häuptling wird uns sicher gleich erklären, warum und was du im Polizeipräsidium tanzen wirst. Wer ist übrigens der bessere Kavalier: der sensible ‚Dederon', oder der brutale ‚Specknacken'?"

„Macht euch ruhig lustig, mal sehen, wie´s euch geht, wenn ihr dran seid."

„Wolfram, ich verstehe ja, dass dir der Arsch auf Grundeis geht, aber so haut das nicht hin, du brauchst eine neue Verteidigungsstrategie", antwortete Lorenz und nahm wieder die Ausgangsstellung ein.

„O. K., ich tanze euch das noch einmal vor. Achtet bitte genau auf meine Füße und den Körper: rechts-vor Cha-Cha-Cha, links-rück Cha-Cha-Cha."

Er blieb stehen und sah sie erwartungsvoll an. Wolfram brütete finster vor sich hin, Christine blickte fragend zurück.

„Dann erkläre ich es euch: Ich habe mich unheimlich viel bewegt, nach vorne, zur Seite, nach hinten, wieder nach vorne, habe jede Menge Staub aufgewirbelt und bin am Ende nicht einen Zentimeter vorwärtsgekommen. Habt ihrs jetzt geschnallt?"

Christine begann es zu dämmern. Lorenz hockte sich vor Wolfram auf den Boden.

„Sieh mal, du bist der Physiker, denkst streng logisch, Schritt für Schritt und immer geradlinig. Dadurch können sie dich gut berechnen. Und genau deshalb machst du dieses Mal etwas, was sie weder vorhersehen noch erwarten werden, du tanzt ihnen beim zweiten Interview den Cha-Cha-Cha und alle anderen Tänze dieser Welt."

Wolfram runzelte die Stirn.

„Du bleibst unbestimmt, gehst vorwärts und rückwärts oder zur Seite. Ziehst Kreise und drehst Pirouetten. Wechselst vom Cha-Cha-Cha zum Foxtrott, machst einen Zwischenstopp bei der ‚Echternacher Springprozession', gerätst auch mal ganz aus dem Takt, bis deine Zuschauer nicht mehr wissen, wo vorne und hinten ist."

„Hm, und was genau soll das bedeuten?"

„Du wirst einfach nicht so antworten, wie sie es erwarten. Ziele immer daneben. Bleibe auf einem Fleck, aber schweife ständig ab. Sei schwammig, sei oberflächlich, sei schwatzhaft. Das ist etwas, was dir normalerweise überhaupt nicht liegt. In diesem Fall aber genau das Richtige ist. Fang an zu bramarbasieren, erzähle ständig dasselbe aus immer neuen Blickwinkeln. Komm nicht vorwärts und niemals ans Ziel. Bleibe immer unterwegs, irgendwo im Nirgendwo."

Der Schatten der Linde war weitergewandert, bald würden sie wieder in der prallen Sonne sitzen.

„Und ganz, ganz wichtig: Lass dir das Wort nicht klauen, bleibe immer dran. Höre nicht auf, wenn du eine Antwort gegeben hast, sondern plaudere weiter, immer weiter, solange deine Luft reicht, bis sie dir das Mikro aus der Hand reißen. Das Wichtigste ist nicht das, was du sagst, sondern, dass du immer am Quatschen bleibst. Halte den Schwatzmotor am Laufen. Beginne ständig ein neues Thema, finde immerzu neue Seitenäste, bis sie die Schnauze voll haben."

„Ich soll die Quasselstrippe machen?"

„Genau, gib den Unfassbaren, die Plaudertasche, den Klassenclown, den Animateur, den Selbstverliebten, den Unlogiker und eitlen Dummschwätzer, denjenigen, dem es einfach nicht gelingt, zum Kern einer Sache vorzudringen."

Christine strich Wolfram eine verschwitzte Haarsträhne aus dem Gesicht.

„Du schaffst das, Wölfchen."

Sie sah ihn fest an. Ihre Augen blickten traurig, ihr Mund lächelte.

„Rumsülzen ist nicht so mein Ding."

„Du bist stark, Wolfram", schaltete Lorenz sich ein, „du musst sie mit deiner Kraft überwältigen. Hier kommt es vor allem auf dein Durchsetzungsvermögen an. Versuche, es als energetisches Phänomen zu begreifen. Du wirst sehen, das läuft."

Wolfram blieb skeptisch. Lorenz fasste ihn mit beiden Händen an den Schultern.

„Sei der Pudding, den man nicht an die Wand nageln kann."

Sie bummelten zurück zur Kopenhagener. Ein Trabbi knatterte vorbei. Seine blaue Abgaswolke wehte zu ihnen hinüber.

„Und was mache ich, wenn die nicht mitspielen?“

„Sollen sie ja auch nicht“, lachte Lorenz, es ist schließlich deine Gala. Die dürfen dir dabei nur zugucken. Du brillierst so lange, bis sie bedient sind und dich rausschmeißen.“

Wolfram sah ihn zweifelnd an.

„Ich bin mir sicher, das funktioniert. Und weißt du warum? Weil es dir Spaß machen wird. Du wirst dich hineinsteigern, das wird der Wahnsinn. Total überrascht werden die sein, weil sie dich bisher nur als verschrecktes Hühnchen kennen. Jetzt bist du plötzlich der Tänzer. Das wird geil. Langsam fange ich an, dich zu beneiden.“

„Ich glaube, mir würde das auch liegen“, warf Christine lachend ein, „aber vergiss nicht: Am besten ist immer noch ein Lächeln. Also tanze und lächle, bis dir die Wangen abfaulen.“

Kapitel 27

"My Way"

Berlin-Mitte, 4. August 1977

Wolfram starrte abwesend auf die Autos, die an ihnen vorbeifuhren.

„Schau mich an, Wölfchen."

Er blickte gequält zu ihr hinüber. Christine hielt den Kopf schief. Ihre traurigen Augen sahen ihn an. In ihren Mundwinkeln wohnte das tröstliche Lächeln.

„Wie geht's dir?"

„Mein Gehirn ist leer wie eine ausgebrannte Wohnung."

„Wir haben massig Zeit. Du brauchst erst in anderthalb Stunden antreten."

Sie hatten in der Mocca-Milch-Eisbar in der Karl-Marx-Allee einen Tisch erwischt. Wolfram fühlte sich mau.

Christine winkte dem Kellner, einem arroganten Typen mit pomadenverstärkt nach hinten gekämmten schwarzen Haaren, der sie gleichgültig übersah. Der Laden war rammelvoll.

„Ich möchte etwas bestellen", rief sie mit schriller Stimme. Der Ton hatte gesessen. Gäste sahen sich um, der Kellner machte widerwillig einen Schlenker und hielt wippend vor ihrem Tisch.

„Sie wünschen?"

„Ein Glas Selters", sagte Wolfram.

Die Pomade machte eine Vierteldrehung zu Christine.

„Ich hätte gerne auch so einen großen Becher, wie die Leute, zwei Tische weiter, ach, ich sehe ja gerade, die am Nachbartisch haben es auch, na klar, das ist ja eine Milchbar, da trinken die meisten irgendwelche Milchgetränke nehme ich an."

„Geht´s auch ein bisschen kürzer Mädel, wie du siehst, habe ich ne Menge vor der Brust."

Der Kellner zog seinen Bestellblock aus der hinteren Hosentasche und nestelte ungeduldig an seinem großen Portemonnaie aus schwarzem Leder, das mit einer Kette an einer Bundschlaufe seiner Hose befestigt war.

Christine setzte sich auf, blickte ihn mit leuchtenden Augen an und fuhr mit verschwörerischer Stimme fort.

„Um Gottes Willen, ich möchte Sie auf gar keinen Fall aufhalten, das wäre ja das Letzte. Solche Menschen gibt es natürlich, die kommen nie zur Sache, wissen Sie, die nerven mich auch, und wie."

„Können wir zahlen?", rief es von weiter weg.

Wolfram blickte rüber und sah, dass ein Pärchen zwei Tische weiter mit aufgeregten Gesten versuchte, die Aufmerksamkeit des Obers zu gewinnen. Christine wurde hastig.

„Mein Gott, wie aufdringlich manche sind, können einfach nicht abwarten, bis sie dran sind, müssen sich immer dazwischen drängeln. Aber ich sehe schon, Sie haben es eilig, deshalb möchte ich mich auch ganz kurzfassen."

Der Kellner wechselte das Standbein. Ihre Stimme wurde vertraulich.

„Ich würde mich gerne für ein Milchgetränk entscheiden, aber vielleicht packen Sie noch eine Eiskugel rein oder drauf, das würde mir bei dieser Hitze bestimmt wirklich guttun. Nun, sagen wir mal, eine Himbeereiskugel oder vielleicht noch eine zweite? Erdbeere wäre natürlich auch eine tolle Wahl. Meinen Sie, ich kann mir das leisten?"

Sie legte die Hände kokett an ihre Hüften. „Pomade" prüfte mit Blicken bereits den Fluchtweg, konnte aber bei ihren Worten nicht umhin, ihr kurz in den Ausschnitt zu schielen.

„Also gut, ich habe mich ja auch schon entschieden, ich nehme noch eine Kugel, die zweite aber mit Schoko."

Christine schenkte „Pomade" ihr süßestes Lächeln. Der Kellner atmete gequält durch.

„War´s das?"

„Ja, natürlich, ich bin auch sofort fertig, aber ich glaube, ich nehme doch lieber zweimal Erdbeereis", sagte Christine, setzte ein vergnügtes Lächeln auf und fügte hinzu: „Mit einem Wort, ich hätte gern einen Erdbeereis-Milch-Shake."

„Pomade" verdrehte die Augen und schoss in Richtung Theke ab.

Christine ließ sich im Stuhl zurückfallen und grinste Wolfram an.

„Was war denn das für eine peinliche Nummer? Ich wäre fast auf die Toilette geflüchtet", sagte er.

Sie lachte und strich ihm liebevoll die verklebten Haare aus der Stirn.

„War doch herrlich. Dieses Gesülze erträgt kein Mensch. So machst du jeden fertig, Wölfchen, selbst die harten Jungs von der Stasi."

Der Milchshake und das Mineralwasser kamen. „Pomade" stellte beides ab und verschwand sofort wieder.

„Sieh mal Wölfchen, der hat schon richtig Bammel vor mir, dabei kennt der mich noch gar nicht. Du brauchst aber keine Angst zu haben", lächelte sie, fasste seine Hand, zog sie unter den Tisch und legte sie zwischen ihre Schenkel.

Sie brachte ihn bis zur Wadzeck-, Ecke Keibelstraße, von wo aus man den Eingang des Präsidiums sehen konnte und küsste ihn zum Abschied.

„Zuerst lächelst du sie fertig. Dann schwatzt du sie zu Boden."

Er nickte wortlos und drehte sich um. Vor ihm lag der graue Klotz des Volkspolizeipräsidiums. Er schloss den Mund und begann tief durch die Nase zu atmen. Auf unsicheren Beinen näherte er sich dem Eingang. Sein Atem flog, der Puls hämmerte in den Schläfen. Achte auf deine Körpersprache, trete fest auf, das macht dich sicher und unverletzlich, klangen ihre Worte in seinen Ohren nach.

Da war sie wieder, die schwere Eisentür, neben der das Volkspolizei-Emblem an der Wand hing: „FÜR DEN SCHUTZ DER ARBEITER-UND-BAUERN-MACHT." Er atmete noch einmal tief durch, drückte gegen das von der Sonne erhitzte Metall und betrat den stickigen Eingangsraum.

Innen das gleiche Bild wie vor zwei Wochen. Hinter dem Fensterchen der ältere „Raucherhaut"-Vopo.

So, meine Lieben, dachte Wolfram grimmig, ihr wolltet mich wiedersehen, da bin ich.

„Tach, ick bin der Fichtner, hab hier 'ne Vorladung zu zwei Uhr."

Er zog Karte und Ausweis heraus und legte sie so hin, dass der Vopo sich beide zurechtlegen musste. Der Polizist stutzte einen Moment, sah ihn kurz an und wischte die Papiere mit knapper Geste zu sich rüber.

Liste rausholen, Namen vergleichen, prüfender Blick, erst Gesicht, dann Ausweis, nochmal Gesicht, erneut Ausweis, Besuchsblatt ausfüllen, stempeln, Faltmappe, hinsetzen. Ein paar Minuten später folgte Wolfram wieder dem jungen Polizisten, demselben wie vor zwei Wochen.

Haltung und Spannung, tief atmen, ruhig bleiben, Bewegungen fließen lassen. Er richtete sich auf und stieg jede einzelne Stufe bewusst nach oben. Lächeln, nicht grinsen und nicht frech werden. Sie erreichten den zweiten Stock. Er lächelte verschlossene Türen an. Lächelte in den straffen Rücken des Vopos, in dessen kantige Bewegungen. Verstärkte die Wärmestrahlung seiner Augen, spannte die Schultern. Lächeln. Weiße Wände strömten an ihm vorbei, Türen, Schreibmaschinengeklapper. Er lächelte alles sonnig.

Da, „sein“ Zimmer. Der Polizist klopfte an die Tür. Wolfram blieb in drei Metern Abstand stehen und lächelte.

Drinnen Stühle rücken, Tür öffnen: „Dederon“. Hinter ihm am Fenster, rauchend „Specknacken“. Mein Dream-Team wieder vereint, dachte Wolfram. Der Jungvopo ließ die Übergabepapiere abzeichnen und verschwand.

Nach der Ouvertüre nun der erste Satz, befand Wolfram und schob sich lächelnd an „Dederon“ vorbei in das Zimmer. Der graue Mann öffnete den Mund, um ihn zurechtzuweisen, aber Wolfram war schneller.

„Guten Tag“, sagte er und streckte „Dederon“ eilfertig die Hand hin.

Der Vernehmer war so verblüfft, dass er Wolfram automatisch die Rechte gab, sie aber drucklos ließ und sofort verärgert zurückzog.

„Guten Tag“, lächelte Wolfram und bot auch „Specknacken“ die Hand.

„Setzen“, zischte der nur.

Wolfram ließ sich unverzüglich nieder. „Dederon“ sank peinlich berührt in seinen Sitz, starrte auf die Tischplatte, dann in seine Mappe, blätterte abwesend herum. „Specknacken“ stapfte zu seinem Stuhl, ließ sich hineinfallen und verschränkte die Arme vor der Brust.

Schweigen. Wolfram blickte zum Fenster. Wie vor zwei Wochen stand der Schatten des Rahmens senkrecht zum Fensterbrett.

„Dederon“ fasste sich und blickte auf.

„Ich möchte Sie fragen, Herr Fichtner, ob Sie uns heute alles sagen werden? Erinnern Sie sich inzwischen, wo Sie am 30. Juni, zwischen 12:00 und 13:00 Uhr gewesen sind?“

Wolfram rückte sich in seinem Stuhl zurecht, richtete sich auf und blickte erst „Dederon“, dann „Specknacken“ und wieder „Dederon“ liebenswürdig ins Gesicht. Seine Augen versprühten Offenheit.

„Meine Antwort ist ‚Ja‘, denn inzwischen kann ich mir denken, weshalb Sie mich vorgeladen haben. Es war letzten Endes gar nicht so schwer, das rauszukriegen. Dass ich vor zwei Wochen nicht draufgekommen bin, liegt daran, dass ich blockiert war. Ich muss das jetzt einfach mal eingestehen, denn heute weiß ich es. Ich habe leider eine ganze Weile gebraucht. Wissen Sie, wenn man zu Hause ist und in Ruhe über alles nachdenken kann, ist eben alles ganz anders als hier, bei einer so wichtigen Befragung. In der eigenen Wohnung hat man keinen Stress und es fällt einem vieles ein, was vorher wie weggeblasen war.“

Dederon und Specknacken wechselten erstaunte Blicke.

„Ja, jetzt hab´ ich es. Mein Freund Bernd Winter hat es mir erzählt. Und der hatte es wiederum in der Mensa gehört. Im Unigebäude Unter den Linden sind zu der Zeit, nach der Sie immer gefragt haben, Flugblätter abgeworfen worden. So hat man es berichtet. Aber damit habe ich natürlich überhaupt gar nichts zu tun. Das müssen Sie mir wirklich glauben. Obwohl, vielleicht war´s gar nicht so schlimm, ich weiß ja noch nicht einmal, was darauf gestanden hat."

„Woher kennen Sie den Bernd Winter?", gelang es „Dederon" einzuwerfen, bevor Wolfram hastig fortfuhr.

„Also, kennengelernt habe ich Bernd, entschuldigen Sie bitte, unter Studenten duzt man sich natürlich. Ich meine, wir leben ja nicht mehr im 19. Jahrhundert, wo alles so förmlich war."

„Specknacken" begann auf seinem Stuhl hin und her zu rutschen. Wolfram beschleunigte.

„Also, wie ich schon sagte, zum ersten Mal gesehen haben wir uns in einem vormilitärischen Ausbildungslager, vor einem Jahr in Tambach-Dietharz. Damals habe ich auch meine Freundin Christine kennengelernt, die mit Bernd Winter Medizin studiert. Die sind jetzt im sechsten Semester, oder im zweiten klinischen, wie das bei den Medizinern heißt, wenn die ihr Physikum geschafft haben. Hat aber nichts mit meinem Fach, der Physik zu tun."

Wolfram gönnte sich ein verschmitztes Grinsen. Er sah, dass „Specknacken" darauf lauerte einzugreifen und nur auf ein Zeichen seines Chefs wartete.

„Und die ganze andere Clique, deren Namen Sie mir vor zwei Wochen gesagt haben: Henning Kaufmann, Paula Wehrhoff, Andreas Moritz, die waren ebenfalls in diesem Ausbildungslager. Henning, Paula und Andreas studieren ebenfalls Medizin. Die habe ich dort auf einen Schlag kennengelernt. Es ist ja nicht so, dass ich vorher einsam war, aber diese ganze Truppe hat mir richtig gut gefallen. Später kamen dann noch deren Freunde dazu, darunter auch Lorenz Althoff, der Freund von Paula, dem ich mich inzwischen auch sehr verbunden fühle."

„Specknacken" hatte seinen schweren Kopf gehoben und die Augen zusammengekniffen.

„Uns alle, und damit meine ich Christine, Bernd, Lorenz, Andreas und Paula, eint die Leidenschaft für das Theater. Deshalb haben wir in der ‚Studiobühne', dem Studententheater, mitgemacht. Wir haben bis heute einige Stücke aufgeführt. Aber ich fürchte, das ist jetzt für Sie nicht so wahnsinnig interessant. Immerhin ist man bei einem Verhör, es war ja vor zwei Wochen mein Erstes, heute ist schon mein Zweites und ich hoffe auch mein Letztes", Wolfram schenkte beiden ein kumpelhaftes Grinsen, „also, man ist da einfach im Stress und ganz schön aufgeregt, das kann ich Ihnen sagen, ich weiß nicht, ob Sie das nachvollziehen können. Kurz und gut, vor zwei Wochen bin ich partout nicht draufgekommen, was Sie meinten. Sie können sich das vielleicht nicht vorstellen, aber für mich ist das hier eben keine alltägliche Situation. Zuviel Adrenalin, die Synapsen im Gehirn sind blockiert."

„Dederon" fuhr verärgert auf.

„Hören Sie auf, uns mit Fremdwörtern imponieren zu wollen. Kommen Sie zur Sache: Was wissen Sie über diese Flugblätter?"

„Natürlich, entschuldigen Sie bitte, Sie haben völlig recht. Wissen Sie, das haben mir schon viele Leute gesagt, dass ich manchmal zu viel daher schwafele, mich treiben lasse, einfach nur undiszipliniert bin und nie beim Thema bleibe. Ich merke es oft gar nicht, Sie müssen mich einfach immer wieder darauf hinweisen."

„Worauf du dich verlassen kannst", zischte „Specknacken".

Wolfram nickte ihm beflissen zu.

„Wissen Sie, ich habe mir vorgenommen, dieses Mal ganz präzise zu sein, konkret zu antworten und dazu stehe ich auch. Klare Fragen erfordern klare Antworten. Ja, ich ahne, was Sie von mir erwarten. Und, entschuldigen Sie bitte, auch ich finde das einfach wichtig. Ich meine, ich weiß, dass mir das nicht zusteht. Doch ich denke, man sollte immer ehrlich bleiben. Kurz und gut, dazu stehe ich mit meinem Wort. Aber die Scheu bleibt trotzdem. Wie ich schon sagte, es ist ja keine alltägliche Situation."

„Dederon" spitzte die Lippen, aber Wolfram war schneller.

„Also, wie ich schon sagte, wenn man mal zur Ruhe gekommen ist, kann man besser nachdenken. Ich jedenfalls bin jemand, der Zeit braucht. Zeit und Entspannung. Ich habe mich zu Hause natürlich gefragt, was will man von mir? Warum laden mich die Organe der Volkspolizei zu einer Unterredung vor? Ausgerechnet mich? Also nicht, dass Sie jetzt vielleicht denken, dass ich mich für einen Musterknaben hielte. Ich bin vorgestern zum Beispiel bei Rot über die Kreuzung gelaufen. Jaja, das geschieht schon mal, wenn man in Gedanken ist oder es eilig hat. Natürlich kein gutes Vorbild für die anderen, besonders für die Kinder, ich will das überhaupt nicht beschönigen, keinesfalls, aber andererseits ... Man ist eben auch nur ein Mensch. Und ja, ähm, wie bin ich eigentlich jetzt darauf gekommen? Ach, richtig, es ging um Ehrlichkeit und Wahrheit!"

„Jetzt ist aber Schluss mit deinem dämlichen Gequatsche", brüllte „Specknacken" und schlug die Faust auf den Tisch.

Wolfram zog erschrocken die Schultern ein, fing an zu stammeln, redete aber weiter.

„Also, wie gesagt, ich bin zu dem Schluss gekommen, aber bitte schön, das ist jetzt meine ganz persönliche Vermutung, ich glaube jedenfalls, also ich denke, es muss sich um diese Flugblätter handeln, die zu dieser Stunde dort verteilt worden sein sollen. Und wenn Sie meine Meinung dazu hören wollen, ich habe dazu natürlich einen Klassenstandpunkt. Und der ist mir auf jeden Fall ganz wichtig. Und dazu stehe ich auch. Natürlich gibt es noch andere Aspekte, die ich nicht gesehen habe. Aber von meinem Klassenstandpunkt aus betrachtet frage ich mich natürlich, warum man in der DDR Flugblätter verteilen muss. In unserer Gesellschaftsordnung darf doch jeder frei denken und sagen, was er will."

„Specknacken" war wieder im Stuhl zurückgesunken.

„Warum also diese ganze Heimlichtuerei? Das wäre doch nur ein Signal an den Klassenfeind, dem eine falsche Unterdrückungssituation vorgespiegelt werden soll, die in Wirklichkeit gar nicht besteht. Das ist unsozialistisch."

„Dederon" kritzelte in einem Notizheft.

„Sie können sich ja denken, dass ich so etwas selbstverständlich verurteile. Vom Klassenstandpunkt aus gesehen lehne ich solche Maßnahmen hundertprozentig ab. So etwas darf man nicht machen. Ich halte sie für einen Fehler."

„Einen Fehler?", hakte „Specknacken" nach.

„Ja, ich denke, es war ein Fehler. Ein schwerer Fehler."

Wolfram verlangsamte das Tempo und ließ die Worte nachklingen. Bevor sein letzter Satz erklärt war, konnten sie nicht eingreifen.

„Ein Fehler, der auf einer falschen Interpretation unserer sozialistischen Gesellschaftsordnung beruht! Einer revisionistischen Einschätzung der gesellschaftlichen Notwendigkeiten. Man kann natürlich nur spekulieren. Befanden sich die Leute, die das gemacht haben, in einer ideologischen Schieflage? Waren sie durch die Hetze des Westfernsehens verblendet? Waren es vielleicht sogar Agenten des Klassenfeindes?"

Der Schatten war eine Handbreit weitergewandert, die erste Stunde überstanden. „Specknacken" räusperte sich ärgerlich.

„Ich will jetzt endlich erfahren, was du von diesen Flugblättern weißt."

„Wie ich bereits gesagt habe, verurteile ich Flugblattherstellung und -verteilung auf das Entschiedenste. Wir brauchen so etwas nicht. Hier tauchen natürlich Fragen auf. Man hört ja, dass die fortschrittlichen Studenten im Westen viele Flugblätter drucken. Ist es deshalb drüben besser? Ist es freier?"

„Specknacken“ massierte mit der rechten Hand seinen linken Daumen. „Dederon“ öffnete die Lippen. Aber Wolfram spürte, dass „Dederon“ nach dieser verfänglichen Einlassung erst abwarten musste, wie er, Wolfram, sich aus der Affäre ziehen würde.

„Selbstverständlich nicht. Im Westen wird das Volk ausgebeutet. Die Menschen haben keine Rechte. Das Kapital regiert! Viele haben nicht einmal genug zum Leben! Die brauchen natürlich Flugblätter, um auf ihre eigene Lage aufmerksam zu machen. Flugblätter bei uns hieße dagegen, unsere sozialistische Gesellschaftsordnung verraten. Die Arbeiter- und Bauern-Macht hat es uns ermöglicht, zu studieren. Nehmen wir zum Beispiel einmal mich, meine Eltern kommen aus der Arbeiterklasse. Nichts Besonderes, einfache, ehrliche Menschen. Im Kapitalismus hätte ich niemals studieren können. Das ist ja klar. Ein Arbeitersohn kann in der BRD kein Abitur machen. Das ist nur den Reichen vorbehalten. Den Kindern der Kapitalisten oder ihren Handlangern. In der DDR dagegen darf ich lernen, da kann ich etwas werden. Das werde ich nie vergessen, dafür bin ich dankbar. Wenn es Probleme gibt, dann müssen wir die lösen, aber nicht mit Hetzflugblättern, sondern durch eine verantwortungsvolle sozialistische Diskussion.“

„Gibt es im Sozialismus Probleme?“, warf „Dederon“ ein.

Wolfram jubelte innerlich, jetzt hatte er sie da, wo er sie haben wollte.

„Aber sicher, Probleme gibt es natürlich auch bei uns. Wie der Genosse Honecker auf dem neunten Parteitag betont hat, dürfen sie auf keinen Fall verschleiert werden. Neulich gab´s zum Beispiel in unserer Einkaufshalle vier Wochen lang keinen Tee. Dann gab's wieder welchen, dafür fehlten Letscho und Toilettenpapier.“

„Specknacken“ schnaubte verächtlich durch die Nase.

„Ich gebe zu, das sind natürlich alles nur Kleinigkeiten. Keine gravierenden Dinge. Das Entscheidende ist ja, dass unsere Probleme keinen antagonistischen Charakter haben. In der DDR braucht niemand zu hungern, wie in den kapitalistischen Ländern. In der BRD lebt es sich doch nur dann gut, wenn man reich ist. Dagegen sind die Widersprüche, die wir haben, lösbar. Es handelt sich um nicht antagonistische Probleme.“

„Dederon“ quetschte seine Hände.

„Es gibt da eine sehr wichtige Stelle im ‚Kapital‘, Band 1. Dort definiert Marx das Wesen nicht antagonistischer Widersprüche in der sozialistischen Gesellschaft. Das ist Ihnen natürlich bekannt. Interessant ist, dass er dort sieben Hauptwidersprüche aufzählt.“

„Specknacken“ glotzte ungläubig.

„Ja, sieben“, bekräftigte Wolfram.

„Das wissen wir alles“, behauptete „Dederon“.

„Ja natürlich, ich wollte Sie um Gottes willen auch nicht belehren, das stünde mir überhaupt nicht zu. Aber ich habe es erst neulich nachgelesen und es ist doch wahnsinnig interessant, dass Marx sieben Widersprüche benennt, denn Engels hatte bekanntlich nur drei vorgeschlagen: die zwischen den Geschlechtern, zwischen Kapitalisten und Proletariern und drittens zwischen Natur und Bürokratie. Klingt heute natürlich etwas antiquiert.“

„Specknacken“ fuhr auf.

„Antiquiert?“

„Nein, nein, natürlich nicht im Sinne von veraltet.“

Wolfram lächelte kollegial.

„Es ist nur so, dass Lenin in seinem Hauptwerk ‚Was tun?‘ bekanntermaßen fünf weitere Widersprüche benennt, so dass wir heute von insgesamt zwölf ausgehen müssen. Neben den oben genannten, sind das vor allem …“

„Also?“, unterbrach „Dederon“ kühl. „Zum letzten Mal, was wissen Sie über die konterrevolutionäre Flugblattaktion vom 30. Juni?“

Vor-zurück-zur Seite-ran.

„Entschuldigung, ich habe das alles nur entwickelt, weil es die haushohe Überlegenheit unseres sozialistischen Systems gegenüber dem Kapitalismus beweist.“

Wolframs Blick streifte zum Fenster, der Schatten des Rahmens war zwei Handbreit weitergewandert.

„Specknacken“ wischte sich den Schweiß von Stirn und Nacken. Dann zog er plötzlich sein Jackett aus, holte eine Zigarettenschachtel aus der Jackentasche und zündete sich eine „f6“ an. Er inhalierte heftig und blies den Rauch in Wolframs Richtung. Wolfram wich mit dem Oberkörper zurück und hielt sich die flache Hand vor die Nase. „Specknacken“ blies ein zweites Mal. Wolfram dachte an Andreas Moritz, der Asthma hatte und immer keuchen musste, wenn jemand rauchte.

Er begann zu husten, wollte sich zurückhalten, nahm sich zusammen, biss sich auf die Lippen, musste aber weiterhusten. Er wühlte hektisch in der Hosentasche, fand das Röhrchen mit Schmerztabletten, die Christine brauchte, wenn sie ihre Tage hatte. Sie hatte es ihm gegeben, weil er in letzter Zeit oft verspannt war und Kopfschmerzen hatte. Er warf zwei Tabletten ein.

„Specknacken“ starrte ihn böse an, schielte dann aber unsicher zu „Dederon“. Der machte eine unwillige Bewegung. Wütend stieß „Specknacken“ die Zigarette in den Aschenbecher.

Wolfram hustete weiter. Als er nach einer Weile endlich wieder freier atmen konnte, zog er sein Taschentuch aus der Hosentasche, faltete es auf und würgte eine Mischung aus Schleim und Speichel hinein. Bevor er es zusammenknüllte und in der Tasche verschwinden ließ, warf er noch einen Blick auf das, was er hervorgebracht hatte, sodass auch „Dederon" und „Specknacken" es sehen konnten. „Dederon" warf „Specknacken" einen angeekelten Blick zu. „Specknacken" sprang auf und öffnete das Fenster. Warme, schwüle, aber unverbrauchte Luft strömte in den Raum. Wolfram begann, tiefer zu atmen. Es dauerte eine Weile, bis sich der Hustenreiz gelegt hatte. Endlich ging es wieder. Er setzte sich auf und versuchte zu sprechen. Aber immer, wenn er ein Wort herausbringen wollte, zwang ihn ein Kratzen in der Kehle, wieder aufzuhören.

„Specknacken" knallte das Fenster zu. Wolfram blickte ihn erleichtert an.

„Vielen Dank, bitte entschuldigen Sie."

Seine Stimme war noch immer brüchig.

„Ich habe starken Heuschnupfen, und wenn, so wie heute, starker Pollenflug ist, kann ich Zigarettenrauch gar nicht vertragen. Entschuldigen Sie bitte nochmals, danke, dass Sie Rücksicht auf mich genommen haben."

„Specknackens" Kaumuskulatur mahlte.

„Mein Freund Andreas Moritz, er ist auch im Studententheater, das sagte ich ja bereits, also der hat noch schlimmer unter Allergien zu leiden. Dafür hat Andreas mehr Talent als ich, ich bin leider ein ziemlich lausiger Schauspieler. Das ist schade, denn ich liebe das Theater. Christine, meine Freundin, hat auch viel mehr Ausstrahlung als ich. Jedenfalls, wie ich schon sagte, wenn wir die verstaubten, alten Kulissen rausholen, bekommt der Andreas jedes Mal einen Hustenanfall. Ich kann Ihnen sagen! Dagegen ist das, was Sie gerade gesehen haben, ein Klacks."

„Komm endlich zum Thema" fiel „Specknacken" ein, „wo warst du am 30. Juni, zwischen zwölf und dreizehn Uhr?"

„Sie haben Recht, ich bin wieder mal abgeschweift, also ich erinnere mich, dass wir alle zusammen im Strandbad Müggelsee waren, gebadet, Eis gegessen, gequatscht und uns gesonnt haben. Flugblätter, nicht mit mir, wo denken Sie hin. Sowas würde ich doch niemals machen! Ich denke, man sollte mit den Menschen offen und ehrlich reden. Ansprechen, was wichtig ist. Denn die Partei der Arbeiterklasse und unser Staat sind für die Menschen da und nicht gegen sie. Deshalb lehne ich für meinen Teil so etwas wie Hetzblätter kategorisch ab. Das passt nicht in unsere sozialistische Gesellschaftsordnung. Dafür habe ich überhaupt kein Verständnis."

Wolfram sah, dass „Dederon" etwas einwerfen wollte und überfuhr ihn hastig.

„Ich kann einfach nicht verstehen, dass jemand unseren Friedensstaat verraten will. Dem Westen in die Hände spielen? Da kann man sich doch nur verkaufen! Ich begreife das nicht und will es auch nicht, ich bin fassungslos!"

Aus den Augenwinkeln nahm Wolfram wahr, wie „Dederon" den linken Ärmel seines Jacketts unauffällig hochzog und nach seiner Armbanduhr schielte.

„Sie sind also fassungslos?", fragte „Dederon" zerstreut.

Wolfram riskierte einen weiteren Blick zum Fenster. Drei Handbreit. Fünf Uhr. Ehrliche Arbeiter hatten jetzt Feierabend. Auch die beiden Schützer des Friedensstaates wurden langsam unruhig. Nur Wolfram nicht, es gab ja noch so viel zu sagen. Dieses Interview, von dem er seine Hinrichtung erwartet hatte, machte ihm richtig Spaß. Lorenz hatte Recht gehabt.

„Natürlich, es gibt da ja eine gewisse menschliche Tragik. Schließlich sind es Menschen, die hier aufgewachsen sind. Menschen, denen man möglicherweise sogar schon begegnet ist. Die vielleicht im Zuschauerraum des Studententheaters gesessen, unsere Aufführungen von Dürrenmatt und Brecht gesehen haben! Wir waren, nebenbei gesagt, richtig gut, hatten eine klasse Presse. Das Pankower ‚Kreisblatt' hat uns einmal eine ganze Spalte für unsere Inszenierung der ‚Lederköpfe' von Georg Kaiser gewidmet."

„Wir machen für heute Schluss," befand „Dederon".

„Wenn Sie meinen", entgegnete Wolfram enttäuscht und ließ sich zurücksinken. „Wir hatten übrigens auch Lesungen in Greifswald. Und stellen Sie sich mal vor, der Lorenz mit seiner Intellektuellenstimme …"

„Dederon" blickte mit schweren Augen auf.

„Wir haben auch Kindervorstellungen gegeben und Bernd Winter hat sich immer die schwierigen Charaktere ausgesucht. Den Müller in den ‚Bremer Stadtmusikanten' zum Beispiel. Die machten ihm einfach mehr Spaß, sagte er, diese tiefer angelegten Rollen."

„Das Verhör ist beendet, Herr Fichtner. Wenn wir Sie noch mal sehen wollen, werden wir Sie benachrichtigen."

„Dann hatten wir auch noch ganz fantastische Lesungen von Max Frisch, die waren immer ausgezeichnet besucht."

„Dederon" stand auf. Der Jungvopo trat ein. Wolfram blieb an der Stuhllehne angelehnt sitzen. „Dederon" kam zu ihm rüber und bedeutete ihm, sich zu erheben. Mit ausladendem Arm wies er ihm den Ausgang.

„Schiller war auch ein großer Erfolg. Ich finde, als Student muss man einfach Klassiker spielen. Theater als Wirklichkeit leben: ‚Ernst ist das Leben, heiter ist die Kunst'."

Wolfram lächelte die drei erwartungsvoll an. „Dederon" verstellte ihm den Weg zurück. Ließ ihm nur die Lücke nach draußen. „Specknacken" stand abgewandt rauchend am Fenster.

„Auf Wiedersehen", sagte Wolfram, aber da war die Tür hinter ihm bereits verschlossen.

Die Luft war süß und frei. Dieses Mal zögerte er nicht, als er die erste Ecke erreichte. Hundert Meter weiter drehte er sich noch einmal um. Dort oben im zweiten Stock stand „Specknacken" wahrscheinlich noch immer am Fenster und starrte wütend in den Hof. Als Wolfram außer Sichtweite des Polizeipräsidiums war, machte er einen Luftsprung, schrie laut „Juchhu!" und sprang Hopse auf dem Bürgersteig. Dann verfiel er in einen Marschrhythmus und sang halblaut:

„Eines Morgens in aller Frühe
O Bella ciao, bella ciao - bella ciao ciao ciao
Eines Morgens in aller Frühe
Trafen wir auf unseren Feind."

Ein paar Ecken weiter passierte er eine Eckkneipe. Biergeruch bis auf die Straße. Er kehrte um und trat ein. Nur wenige Tische besetzt. Der Raum dunkel und schmierig. Am Tresen ein paar Bauarbeiter. In so ein Loch hatte Wolfram sich noch nie verirrt. Er trat an die Theke: „Eine Lage für alle!"

Die Arbeiter blickten erstaunt auf und musterten ihn von oben bis unten.

„Is jemand jestorbn?", fragte einer.

„Nee, keine Hoffnung, aber mir geht´s saugut. So gut, dass ich schon besoffen war, bevor ich hier reinkam. Alleine halte ich den Zustand gerade nicht aus. Wir trinken jetzt auf das Glück des Überlebens und auf die Liebe."

Die Arbeiter sahen sich an, einer tippte sich mit dem Zeigefinger gegen die Stirn. Als das frische Bier kam, nahmen sie es trotzdem und prosteten ihm grinsend zu.

Wo im Körper entsteht das Glück, fragte Wolfram sich, als der erste Schluck durch seine ausgetrocknete Kehle rann. In Brust und Bauch, entschied er. Da musste es herkommen. Wenn Magen und Lunge zu einem wohligen Nichts zusammenfließen, sich tiefer Frieden einstellt.

„Und gleich noch mal 'ne Lage!", rief er dem Wirt zu.

Die Arbeiter, die neben ihm standen und den Eingang im Auge hatten, blickten plötzlich wie auf ein Kommando alle gleichzeitig auf. Einer pfiff anerkennend durch die Zähne, ein paar nickten bewundernd. Wolfram drehte sich um.

In der Eingangstür stand Christine. Ihr Körper zog eine scharfe Silhouette gegen das helle Außenlicht. Sie trug ein knappes Nicki und einen kurzen Rock, der genug von ihren festen Oberschenkeln zeigte, um jedem Mann in diesem Raum den Atem stocken zu lassen. Ihre Ausstrahlung hatte er vorhin in der Milchbar nicht wahrgenommen.

„Na, mein Lieber", sagte sie mit der dunklen Stimme Lauren Bacalls, wenn sie Humphrey Bogart um Feuer bittet: „Wie sieht´s aus?"

Sie fragte, obwohl er sah, dass sie schon wusste. Wolfram grinste breit und hielt beide Daumen steil in die Höhe. Die Arbeiter sahen gespannt zu.

„Männer", sagte sie laut, „Männer, ich schmeiße eine Lage."

„Ihr beede kriegt ab heute ´n Platz an unserem Stammtisch", rief ein Maurer in staubigen Hosen.

„Wir haben etwas zu feiern", lächelte Christine, und die Arbeiter, die eben noch laut diskutiert hatten, waren plötzlich still. Christine machte eine Pause, sah sich langsam im Raum um. Dann zeigte sie auf Wolfram.

„Dieser Mann hier hat mir vor ein paar Tagen einen Heiratsantrag gemacht und ich habe gerade beschlossen, ihn anzunehmen."

Die Arbeiter brüllten los und schlugen ihre Gläser im Takt auf die Biertische. Der Wirt drückte eine Kassette in den Recorder. Frank Sinatra sang „My Way".

Die Männer in ihrer verdreckten Arbeitskleidung nahmen Christine in die Mitte und tanzten jeder eine Runde mit ihr. Wolfram blieb am Tresen stehen, hatte den Maurer um die Hüften gefasst und sang laut den Refrain mit.

„And more, much more than this, I did it my way."

Irgendwann standen sie alle wieder verschwitzt um die Theke herum.

„Alles auf meine Rechnung!", rief Wolfram und dann leise zu ihr: „Wie kommst du eigentlich hierher?"

„Ich habe auf dich gewartet. Bin an der Ecke stehengeblieben, wo wir uns verabschiedet hatten. Habe den Eingang die ganze Zeit im Auge behalten. Es war elend langweilig, stundenlang auf dieses bescheuerte Volkspolizeiemblem zu starren. Und heiß wie im Höllenofen außerdem. Aber auch so spannend, als ich mir vorstellte, wie mein Held die Stasi-Arschgeigen gerade an die Wand tanzt. Alles zugleich. Und dann bin ich dir gefolgt, als du endlich rauskamst. Habe dich wie ein kleines Mädchen hopsen sehen und wusste schon Bescheid, bevor ich hier reinkam."

„Warum hast du das gemacht?"

„Du sahst so verloren aus, mein Junge, als du losgedackelt bist. Ich musste wissen, ob du in einem Stück wieder rausmarschieren würdest."

„Und wenn nicht?"

Sie sah ihn an, strich sich ein paar Haarsträhnen hinter die Ohren und schüttelte mitleidig den Kopf. Ihre Augen blickten traurig, aber ihr Mund lächelte, als wunderte sie sich, dass Wolfram so etwas Dämliches fragen konnte.

„Dann wäre ich reingegangen und hätte dich rausgeholt. Ist doch logisch."

Er sah sie verdutzt an.

„Hättest du im umgekehrten Fall doch auch getan, oder?"

Sie war sich sicher. Er aber fragte sich, ob er das draufgehabt hätte.

Kapitel 28

Ungebetener Besuch

Berlin-Prenzlauer Berg, 9. August 1977

Einige Tage nach dem zweiten Verhör war Wolframs Hochstimmung verflogen. Sein Sieg im Polizeipräsidium war triumphal gewesen, aber nur für den Moment. Es war klar, dass die anderen am längeren Hebel saßen. Sie könnten ihn jederzeit wieder in die Mangel nehmen.

Im Morgengrauen lag er neben Christine im Bett und grübelte im Halbschlaf, was das nächste Ziel ihrer Verfolger wäre. Wie lange brauchten sie, um die letzten Puzzleteile zu finden?

In diesem Moment pochte es an die Tür. Wolfram erschrak.

Er zog die Turnhose an, ging auf den Flur und wollte gerade öffnen, als es laut und durchdringend klingelte. Er erstarrte. Wieder läutete es. Dann heftiges Bummern gegen die Wohnungstür.

Wie betäubt schloss er auf. Draußen standen drei Männer mit entschlossenen Gesichtern, die nicht den Eindruck machten, eine weitere „Felix Krull"-Nummer zu akzeptieren.

„Wolfram Fichtner?", fragte einer mit breitknochigem, zerknittertem Gesicht. Er hielt eine brennende Zigarette zwischen nikotingelben Fingern. Ein zweiter streckte ihm einen kleinen Klappausweis hin.

Mundgeruch schlug ihm entgegen.

„Wir haben einen Durchsuchungsbeschluss!"

Wolfram trat zur Seite, die drei drängten hinein.

„Anziehen! Ist außer Ihnen noch jemand anwesend?"

„Ja, meine Freundin, sie schläft noch."

„Ebenfalls anziehen. Lassen Sie die Tür offenstehen."

Wolfram ging in das Schlafzimmer. Christine war inzwischen aufgewacht und rieb sich verschlafen die Augen.

„Was ist denn los?"

„Hausdurchsuchung, du musst sofort aufstehen."

Einen Moment lang dachte er, sie würde losschreien, sich weigern. Sie schüttelte den Kopf, dass die Locken zur Seite flogen, aber nur, um richtig wach zu werden, sprang aus dem Bett und schlüpfte in Nicki und Jeans.

„Knitterhaut" war eingetreten und blickte zu Christine und Wolfram. Er suchte einen Aschenbecher, fand keinen und klopfte die Asche der Zigarette in eine halbvolle Rotweinflasche vom letzten Abend, die auf dem Tisch stand.

„Sie gehen beide in die Küche und bleiben dort, bis die Maßnahme beendet ist."

Inzwischen hellwach und gleichzeitig benommen setzten sie sich an den Küchentisch. „Mundgeruch" hatte sich dort bereits an die Arbeit gemacht, begonnen, die Fächer des Küchenschrankes auszuleeren und den Inhalt auf die Herdfläche zu verteilen. Der dritte, ein jüngerer Mann mit kräftiger Statur und frischer Gesichtshaut, hatte im Flur Position bezogen und lehnte gelangweilt an der Wohnungstür.

„Mundgeruch" holte mit professioneller Gleichgültigkeit alle Sachen aus den Schränken. Die abgenutzten Teller des Studentenhaushaltes, eine Kaffeekanne ohne Griff und die angerostete Pfanne. Schweigend durchwühlte er die Ablage unter dem Küchenfenster, wo die Lebensmittelvorräte lagerten: ein paar Scheiben aufgeschnittener Käse, ein Päckchen Butter, ein Glas Marmelade, eine Packung Nudeln, eine Handvoll Eier, ein halbes Brot. Nach einer Viertelstunde hatte er alles gesehen.

„Knitterhaut" kam aus dem Zimmer herüber. Er schien ebenfalls fertig zu sein. Durch die geöffnete Tür sah Wolfram die abgezogenen Betten und Laken. Die Matratzen waren umgedreht und an die Wand gestellt.

„Mundgeruch" und „Knitterhaut" zündeten sich neue Zigaretten an.

„Wo ist die Schreibmaschine?", fragte „Mundgeruch".

„Welche Schreibmaschine?"

„Stellen Sie sich nicht dumm, sonst nehmen wir Sie gleich mit", entgegnete „Knitterhaut" scharf.

„Ach so. Sie meinen meine alte Klapperkiste. Die habe ich vor ein paar Wochen weggeworfen. Ein Typenhebel war abgebrochen. Nicht mehr zu reparieren."

„Aha", antwortete „Mundgeruch" mit drohendem Unterton.

„Knitterhaut" öffnete das Küchenfenster, sie schnipsten ihre Zigarettenstummel in den Hof.

„Seien Sie gegenüber Dritten zurückhaltend in den Schilderungen dieses Morgens. Übertreiben Sie nicht. Sonst könnte es sein, dass wir wiederkommen müssen. Wir wünschen einen angenehmen Tag."

Der ganze Spuk hatte keine halbe Stunde gedauert.

Als die Männer verschwunden waren, blieben Christine und Wolfram noch minutenlang stumm in der Küche sitzen und sahen sich mit schreckgeweiteten Augen an. Christine schüttelte den Kopf.

„Kneif mich mal, ist das wirklich passiert?“

Nach einer Stunde hatten sie alles wieder eingeräumt und aufgestellt. Es fehlte nichts, nichts war kaputt gegangen – bis auf ihre Zuversicht, ungeschoren davonzukommen.

„Was jetzt?“, fragte Wolfram.

Kapitel 29

Der einzige Ausweg

Berlin-Prenzlauer Berg, 10. August 1977

Am nächsten Nachmittag trafen sie sich alle am Arnimplatz.

„Bei meiner Mutter waren sie auch“, sagte Bernd, „haben richtig zujelangt. Überall jesucht. Sachen aus´m Schrank jerissen, Wände abjeklopft, Böden nach Hohlräumen abjesucht, Hängeboden ausjeräumt. Im Garten das Kompostbeet umjegraben und immer wieder nach der Schreibmaschine jefragt. Sie war noch janz käsig im Jesicht, als ick mittags rausgefahren kam. ‚Wo ist die bloß geblieben?‘, wollte sie wissen. ‚Keine Ahnung‘, hab ick jeantwortet. Hat sie mir natürlich nicht abjenommen. ‚Junge, hat se jesacht, Junge, du gehst einen gefährlichen Weg.‘“

Sie saßen auf der „Cha-Cha-Cha-Bank“ und stierten in den späten Nachmittag.

Lorenz begann mit angespannter Stimme: „Wir müssen uns klarmachen, wo wir stehen. Was würdet ihr an Stelle der Stasi als Nächstes tun?“

Sie schwiegen lange, dann räusperte sich Wolfram.

„Ich würde zuerst die Wohnungsnachbarn aushorchen. Dann käme sehr schnell heraus, dass in unserem Hinterhof zwei Wochen lang pausenlos getippt worden ist. Wir hatten in unserer heiligen Einfalt der Hitze wegen ja alle Fenster geöffnet.“

„Scheiße, Scheiße, Scheiße“, fluchte Bernd und schlug sich mit der Hand gegen die Stirn, „Wat sind wir bloß für Idioten jewesen.“

Lorenz ergänzte: „Zwei Wochen Schreibmaschinengeklapper, 12 Stunden jeden Tag. Das nervt. Muss jedem aufgefallen sein. Alle zwei Stunden wechselt der Schreibrhythmus. Manchmal geht es schnell und flüssig, dann wieder stockend und unregelmäßig. Nach einer Woche ein neuer Sound. Die Anschläge werden härter und präziser. Stasi-Analyse: mehrere Schreiber, erst mechanische Schreibmaschine, dann Umstieg auf eine elektrische. Letztere wiederum lässt sich ganz schnell Bernds Mutter zuordnen, weil sie die alten amtsärztlichen, mit der elektrischen Maschine geschriebenen Ausdrucke routinemäßig aufbewahrt haben.

Und am 29. Juni, einen Tag vor der Flugblattaktion, plötzlich Schluss. Absolute Ruhe."

Lorenz sah sich nachdenklich um.

„Noch mehr gefällig?"

Henning war auf der Bank zusammengesunken und hatte sein Gesicht in den Handflächen vergraben. Bernd dagegen war aufgesprungen und hatte seine Flasche wütend ins Gras geschmissen.

„So eine Scheiße, jetzt haben sie uns am Arsch."

„Vielleicht bin ich ja ein bisschen paranoid, aber ich könnte mir sogar vorstellen, dass die jedes Flugblatt genau untersuchen. Und an einigen werden sie möglicherweise das eine oder andere kurze, rote Haar entdecken, das durch elektrostatische Aufladung auf den Seiten haften geblieben ist. Katzenhaare, wie sich bei mikroskopischer Untersuchung leicht zeigen lässt."

Wolfram schwindelte es. Er hielt sich an der Bank fest.

Lorenz fuhr unbarmherzig fort.

„Dann brauchen die Jungs nur noch diesen Dozenten aufzutreiben, der euch auf der Treppe begegnet ist. Gegenüberstellung und Sense."

Sie schwiegen niedergeschlagen. Henning ließ eine leere Flasche auf dem Boden kreiseln. Paula sprang auf und nahm sie ihm weg.

„Hör auf, das macht mich wahnsinnig."

Henning lachte laut. „Na, dufte, wir sind ja sowas von erledigt. Und nun?"

„O. K.", meldete sich Lorenz wieder „sieht nicht besonders gut aus. Trotzdem haben wir, glaube ich, noch Chancen, wir dürfen uns aber keinen einzigen Fehler mehr leisten."

Er winkte den anderen, näher heranzurücken. Sie setzten sich im Halbkreis um ihn herum. Er flüsterte.

„Bisher haben die nur Indizien. Was wirklich schaden würde, wäre dieser beschissene Dozent. Solange sie den nicht aufgetrieben haben, können sie uns nichts beweisen. Unsere Verteidigungsstrategie ist daher ganz einfach: Wir müssen nur stur bei unseren Aussagen bleiben."

Er blickte den anderen in die Augen.

„Die dürften ihre tolle Puzzle-Fahndung inzwischen auf das Lehrpersonal ausgedehnt haben. Eine recht überschaubare Gruppe. Offensichtlich haben sie ihn aber bisher nicht erwischt. Sonst hätte es längst eine Gegenüberstellung gegeben. Umkehrschluss: Dieser Mensch gehört nicht zum Lehrkörper. Also irgendein zufälliger Besucher. Dadurch schwer auszugraben."

Bernd stöhnte erleichtert auf. „Und wat ham´se uff der Pfanne?"

Lorenz wiegte den Kopf.

„Leider eine ganze Menge: Die kennen unsere Gruppe. Wissen, dass die elektrische Schreibmaschine Bernds Mutter gehörte. Dass in Wolframs Wohnung geschrieben worden ist."

Wolfram blickte zu Paula. Ihre schönen Gesichtszüge waren eingefallen. Um die Augen hatten sich dunkle Ringe gebildet.

„Klingt alles erst mal ziemlich verheerend, aber wenn wir uns nicht wieder wie Amateure verhalten, kriegen wir´s hin."

Lorenz sah sich um und blickte in die mutlosen Gesichter. Dann wandte er sich an Wolfram.

„Du borgst dir den Staubsauger deiner Mutter. Erzählst ihr irgendetwas von wüsten Partys. Ihr saugt und wischt die ganze Wohnung sorgfältig durch. Strich für Strich, dreimal hintereinander. Besonders unter dem Bett."

Henning blickte erleichtert auf. Lorenz wischte sich den Schweiß aus dem Gesicht.

„Aber am wichtigsten: Wir haben am 30. Juni alle unsere Vorlesungen und Seminare geschwänzt und waren im Strandbad Müggelsee. Auf der linken Seite. Vier Stunden, von 12 bis 16 Uhr. Haben Bockwurst gegessen und Fassbrause getrunken. Jeder war mehrmals im Wasser. Haben rumgealbert und ihr Mediziner habt wieder eure endlosen, langweiligen Prüfungsgespräche geführt. Danach sind wir zusammen mit der S-Bahn nach Hause gefahren. Bei dieser Version müssen alle bleiben, denn sie werden jeden einzeln verhören. Solange wir dazu stehen, passiert nichts. Vermutlich werden die uns kein einziges Wort abnehmen, aber solange keiner davon abweicht, können die uns nichts weiter, außer am Arsch lecken."

Wolfram musterte seine Freunde. Links von ihm hockte Christine. Am Nachmittag hatten sie sich wieder über Flucht unterhalten. Sie war wild entschlossen. Es gäbe keine andere Möglichkeit, der Schlinge, die sich langsam zuzog, zu entkommen.

Neben Christine saß Andreas. Wolfram war verblüfft, wie ruhig er war. Der hatte seinen Glauben, sein Gottvertrauen. Er würde seinen inneren Frieden auch ins Gefängnis mitnehmen.

Am Ende der Bank saß Henning. Er drückte seine Handflächen auf beide Knie, konnte aber ihr Zittern nicht verbergen.

Paula kauerte auf dem Boden. Sie atmete flach und beklommen.

Bernd starrte auf seine Rotweinflasche.

Lorenz lachte verzweifelt auf.

„Wir können eigentlich nur abhauen. Das ist unsere einzige Möglichkeit."

Der Nachmittag ging in den frühen Abend über. Erste kühle Luftschwaden strömten aus den Büschen und vermischten sich mit der flirrenden Luft neben dem Brunnen. In den Häusern der Umgebung erwachte das Leben. Aus geöffneten Fenstern drang Musik. Hochsommer, Partyzeit. Wolfram war danach, sich zu besaufen.

An einem offenen Fenster in der Seelower Straße lehnte ein Mann am Rahmen und blickte auf den Arnimplatz.

Vor ein paar Tagen auf dem Dach war alles noch Theorie gewesen. Jetzt mussten die Gedanken zu Ende geführt werden. Wolfram wehrte sich dagegen. Wenn sie dabei umkämen? Oder im Gefängnis landeten?

„O. K.“, begann er zögernd, „ich kann ja mal sagen, was ich mir überlegt habe. Ein Wasserstoffballon, mit dem wir über die Mauer fliegen können, müsste einen Durchmesser von zehn Metern haben. Idiotisch groß. Wo kriegen wir die Seide für die Hülle her und den Wasserstoff? Völlig aussichtslos.

Zweite Idee: Tunnel unter der Mauer durchgraben funktioniert auch nicht mehr. Da sind überall Seismographen installiert, keine Chance. Und über die Mauer springen geht auch nicht. Das wäre Selbstmord.“

Er blickte in enttäuschte Gesichter.

„Eine Möglichkeit gibt es noch. Mein Großonkel Hans, der in Westberlin wohnt, hat mir von jemandem erzählt, der es vor fünf Jahren über die Donau geschafft hat. Der ist von Rumänien nach Jugoslawien geschwommen. Allerdings meinte er, im Nachhinein wäre das doch ganz schön gefährlich gewesen. Überall bis an die Zähne bewaffnete Posten mit Schäferhunden. Er würde eher abraten.“

Wolfram schwieg wieder, bückte sich nach einem Stein und warf ihn nach dem Po des Bronzemädchens. Es war alles sinnlos. Sie saßen hier in Ostberlin wie auf einem Präsentierteller. In ein paar Wochen würde die Stasi sie bequem einsacken. Was waren sie naiv gewesen.

Bernd reichte eine Flasche „Balkanfeuer“ herum. In der späten Hitze des Tages schoss Wolfram der Alkohol sofort in den Kopf. Hennings Blicke irrten von einem zum anderen.

„Also, ich hätte vielleicht was“, begann Paula zögernd. „Ich war letzten Sommer drei Wochen mit meiner Freundin Sibylle an der polnischen Ostsee. Sibylle hatte sich in Kolberg mit einem Polen angefreundet, mit dem wir einige Abende zusammen am Hafen gesessen und gesoffen haben. Andrzej kann gut Deutsch, er hat in Rostock studiert. Ist jetzt irgend so ein Chef der Fischerei in Kolberg.“

Wolfram war plötzlich hellwach. Er merkte, wie auch die anderen fasziniert an Paulas Mund hingen. Sie wurde sicherer.

„Zweimal sind wir mit ihm rausgefahren. So weit, dass man die Küste nicht mehr sehen konnte. Das wäre hier bei uns natürlich unmöglich. Aber bei den Polen geht das, die haben sich nicht so. Andrzej wohnt in einer ziemlichen Bruchbude, er würde sich gern ein schönes neues Haus bauen. Außerdem träumt er von einem eigenen Boot."

Paula brach ab und blickte in die Runde.

„Also, wie viel?", platzte Christine in das gespannte Schweigen.

„15 Tausend Westmark will er für seine Hilfe haben. Ich habe das damals nicht ernst genommen, vor einem Jahr wollte ich ja noch nicht weg. 15 Riesen sind ja bei uns schon ein ganz schöner Hieb. Aber in Polen ist man damit richtig, richtig reich. Für das Geld bringt er uns in einer Nacht nach Dänemark. Riskiert immerhin ein paar Jährchen Knast, von daher wäre das ein fairer Preis, findet ihr nicht?"

„Fair?", rief Bernd, „dit is irre, dit machen wir."

Wolfram fühlte, wie eine zentnerschwere Last von ihm abfiel. Die dritte Flasche ging von Mund zu Mund. Der Ritt über die Ostsee war mittlerweile zu einer lockeren Überquerung eines Flüsschens geschrumpft.

Bernd stritt mit Paula bereits, in welcher Stadt sie ihr Medizinstudium fortsetzen sollten.

„Hat sich eigentlich schon jemand überlegt, wie wir an den Zaster rankommen?", meldete sich Henning.

Niemand hörte ihn. Er wiederholte seine Frage. Bernd blickte auf.

„Muss ick wohl meene Oma in Westberlin anzapfen."

„Und wie kommt das Geld rüber?", hakte Henning nach.

„Bevor ihr weitere Pläne schmiedet …", versuchte sich Andreas Gehör zu verschaffen, „Leute, seid doch mal ruhig. Also, bevor ihr noch konkreter werdet, muss ich mich an dieser Stelle verabschieden."

Plötzlich war es still. Verdutzt blickten sie Andreas an.

„Ich kann nicht weg, so sehr ich es auch möchte. Meine Mutter ist schwerbehindert, mein Vater letztes Jahr gestorben. Wenn ich abhaue, kommt sie ins Heim. Das kann ich ihr nicht antun."

Wolfram bemerkte, wie ein erstauntes Leuchten über Christines Gesicht zog. Andreas machte eine kleine Pause und schluckte.

„Deshalb ist es besser, wenn ich von euren Plänen nichts weiß. Ihr müsst mir allerdings versprechen, dass ihr mich raushaltet, falls die Sache schief geht. Ich kenne weder eure verbrecherischen Fluchtpläne, noch habe ich irgendetwas mit irgendwelchen konterrevolutionären Flugblattaktionen zu tun gehabt."

Andreas trat an Wolfram heran. Sie umarmten sich.

„Du brauchst keine Angst zu haben. Wenn sie uns erwischen sollten, toi, toi, toi, wirst du überhaupt kein Thema sein. Du hast mit unseren Sachen nichts zu tun gehabt. So einen Langeweiler wie dich, den hätten wir doch niemals eingeweiht."

Andreas lächelte traurig.

„Ich hoffe, es wird euch drüben gut gehen. Ich beneide dich."

Er machte eine Pause, sah ihn lange an und fügte leise hinzu: „Und mach sie bitte glücklich."

Nacheinander umarmte er jeden einzelnen. Am Ende stand er vor Christine. Er sprach leise mit ihr, länger als mit allen anderen. Er drückte sie und es schien Wolfram, als wolle er nicht mehr aufhören.

„Kommt gut rüber. Ich wünsche euch …"

Seine Stimme brach ab. Er grüßte mit erhobener Hand, drehte sich um und entfernte sich mit schnellen Schritten, die Hände in die Hosentaschen versenkt, die Schultern eingezogen und den Kopf nach unten gerichtet. Es tat Wolfram weh, ihn so gehen zu sehen.

Lorenz räusperte sich.

„O. K., will noch jemand aussteigen? Besser, ihr sagt es sofort."

Christine schüttelte den Kopf. Bernd kniff die Lippen zusammen. Henning musterte den Sand zu seinen Füßen.

„Gut", begann Lorenz „ich denke, wir sind uns einig. Was schätzt ihr, wie lange die Firma uns noch in Ruhe lässt?"

„Der Knackpunkt ist der Dozent", überlegte Wolfram, „um den zu finden, müssen die ihre Recherche noch einmal mächtig ausdehnen. Schwer zu schätzen, aber ich denke mal, die brauchen dazu vier bis sechs Wochen."

Wie sachlich ihm diese Lageanalyse über die Lippen kam! Im selben Moment legte sich ein eiserner Ring um seine Brust. Das Atmen war plötzlich schwer. Jetzt erst, wo es ausgesprochen war, begriff er es selbst: Die Stasi würde sie so lange vor sich hertreiben, bis sie aufgeben mussten. In ein paar Wochen würden sie in den Knast wandern, wenn ihnen vorher nichts einfiel.

„Das hieße also", begann Lorenz stockend, „dass uns für die ganze Organisation und Durchführung lächerliche vier, wenn wir Glück haben, sechs Wochen bleiben."

Auf einmal war es totenstill, als hätten sie erst in diesem Moment ihre Lage erfasst. Paula warf Lorenz einen verängstigten Blick zu.

„So schlimm?"

„Schlimm? Leute, uns steht das Wasser bis Oberkante Unterlippe. Einen läppischen Monat haben wir noch. Wenn ich daran denke, was wir bis dahin regeln müssen, wird mir schlecht: Geld ranschaffen, die Flucht in Polen organisieren, gleichzeitig aber unser normales Leben mit Seminaren und Vorlesungen weiterführen, damit ‚Dederon' und ‚Specki' nichts mitbekommen."

„Na jut", mischte Bernd sich ein, „dann planen wir ma mit drei Wochen, damit wir uff jeden Fall im grünen Bereich bleiben."

„Und wir müssen damit rechnen, dass wir beobachtet und abgehört werden", warf Wolfram ein und merkte, wie ihm das Herz bis zum Halse schlug.

Sein Blick fiel wieder auf das offenstehende Fenster in der Seelower Straße. Der Mann, der dort, von der Gardine zur Hälfte bedeckt, lehnte, starrte noch immer in ihre Richtung.

„Also, Leute", begann Lorenz, „wie kommen wir an die 15 Westriesen? Da wir zu sechst sind, macht das pro Kopf genau 2500 DM."

„Ein ganz schöner Batzen für meine alte Oma in Bielefeld", meinte Paula, „die hat eine ganz schmale Rente."

„Alte Leute haben immer etwas auf der hohen Kante, egal wie wenig Rente sie haben. Diese Generation ist einfach so", warf Henning ein. „Du wirst es ihr ja mit Zins und Zinseszins zurückzahlen. Bei mir ist es meine Cousine. Die ist nicht arm, aber geizig. Wird ein hartes Stück Arbeit. Was sollen wir den lieben Angehörigen denn schreiben, damit sie den Zaster rausrücken? Und überhaupt, wie bekommen wir die Briefe über die Grenze? Mit der Post geht´s nicht, wird doch alles gefilzt."

Mit einem Mal redeten alle durcheinander. Bernd wollte die Verwandten von einer Telefonzelle aus anrufen, Paula, die Briefe ohne Absender abschicken. Wolfram hatte die Idee, einen Westberliner Studenten, der ihn gelegentlich besuchte, eine Tasche mit doppeltem Boden anfertigen zu lassen, in der man die Briefe schmuggeln konnte. Henning schlug vor, eine kleine Dose voller eng zusammengefalteter Briefe mit einer Zwille über die Mauer zu schießen. Christine dagegen bestand darauf, eine Flaschenpost von der Weidendammbrücke in die Spree zu werfen, aus der man sie ein paar Stunden später in Westberlin herausfischen könnte.

„Schluss jetzt", beendete Lorenz die Diskussion, indem er zur Bekräftigung mit einem Stein gegen den Po des Brunnenmädchens schlug.

Die streitenden Köpfe fuhren auf.

„Ich habe in der schwedischen Botschaft in Bonn einen Cousin zweiten Grades. Wir sind gut befreundet und sehen uns gelegentlich. Ingmar hat diplomatische Immunität. Er kann unsere Briefe in den Westen schmuggeln und drüben einwerfen."

„Hättste ja gleich mit rausrückn können, statt uns hier so lange ufflaufn zu lassn", maulte Bernd.

„Musste erst mal nachdenken, ob ich ihm das aufladen kann. Ist schon eine ziemliche Zumutung."

Lorenz wurde nachdenklich.

„Ingmar hat einige Male den typisch schwedischen Blues geschoben. Ich habe ihm geholfen, wieder rauszukommen. Er ist einer von den Komplizierten, aber ich denke, uns zu unterstützen, wird auch ihm helfen."

Damit war das erste Problem gelöst.

„Um in Westdeutschland alle Adressen abzuklappern, braucht er garantiert mehrere Tage", rechnete Wolfram.

Lorenz lächelte und nahm einen Schluck aus der Seltersflasche.

„Ich schätze eher zwei Wochen: Alle Omas, Tanten, Onkel und Cousinen anrufen, Termine vereinbaren, koordinieren, hinfahren, ein paar Stunden mit ihnen reden oder ins Ohr brüllen, die Zögernden bearbeiten und schließlich gemeinsam zur Bank fahren, um das Geld abzuheben. Zwei Wochen sind schon mächtig wenig, eigentlich bräuchte er vier."

Lorenz machte eine Pause und sah alle der Reihe nach an.

„Ist jedem klar, wie knapp das ist? Wir haben keine Stunde zu verschenken."

Der Mann am offenen Fenster der Seelower Straße war für kurze Zeit verschwunden. Jetzt tauchte er wieder auf, lehnte am offenen Fenster, telefonierte und blickte unverwandt in ihre Richtung.

„Lasst uns abhauen," schlug Wolfram vor. „Wenn wir stundenlang in dieser Hitze rumsitzen, fällt das auf."

Sie liefen die Schönfließer hinunter, überquerten die Bornholmer und bogen in die Ibsenstraße ein, hielten sich auf der schattigen Seite und drehten sich ab und zu um. Niemand folgte ihnen.

An der Ecke Stavangerstraße stand ein beigefarbener „Lada". Zwei jüngere Männer lehnten an der Karosserie und rauchten. Sie blickten den Näherkommenden entgegen. Als die sich ihnen bis auf fünfzig Meter genähert hatten, warfen sie ihre Kippen auf den Boden, traten sie flüchtig aus, stiegen in den Wagen und brausten davon.

„Das Wichtigste sind jetzt die Briefe", überlegte Lorenz. „Einerseits müssen wir ihr Herz rühren und ihnen klarmachen, welches Damoklesschwert über uns schwebt, anderseits dürfen wir ihnen keinen Ausweg lassen. Für Diskussionen mit den alten Herrschaften haben wir keine Zeit. Der erste Brief muss sitzen."

„Außerdem", warf Christine ein, „müssen wir sie unbedingt davon abhalten, unsere Eltern zu informieren."

„Also Hilfsbereitschaft und Liebe erwecken, gleichzeitig Angst machen und Verbote aussprechen. Das ist etwas, was die Kirche seit zweitausend Jahren macht“, lächelte Paula, „also dein Feld, Lorenz.“

„Kein Problem. Der Text geht ungefähr so: Liebe Tante Erna, ich befinde mich in einer verzweifelten Lage, die Stasi wird mich verhaften, wenn es mir nicht gelingt, ganz schnell aus der DDR zu fliehen. Dafür brauche ich 2500 DM, um jemanden zu bezahlen, der mir helfen wird. Vertraue dem Überbringer dieses Schreibens, er ist ein Freund. Als Beweis, dass der Brief von mir ist, lege ich ein Foto von dir und mir dazu, hab keine Angst, es wird alles gut, und so weiter ...“

„Und was ist mit Andrzej?“, wollte Christine wissen.

„Das ist ein Job für uns beide“, entschied Paula, „wir fahren am Wochenende nach Polen, ein oder zwei Flaschen Wodka werden wir überleben müssen. Sonntagabend sind wir wieder zurück in Berlin. So versäumen wir keine Vorlesung.“

Sie erreichten die Schönhauser Allee. Die Stadt ächzte verödet und still unter der glühenden Sonne. Als Wolfram, in Gedanken versunken, die Straße überquerte, fuhr ein „Lada“ an ihm vorbei. Er blickte ihm nach.

War er beige?

Kapitel 30

Zwischen Skylla und Charybdis

Berlin-Prenzlauer Berg, 4. September 1977

Vor dem Rinnstein am „Union Eck“ stand eine der wuchtigen grünlackierten Wasserpumpen aus dem letzten Jahrhundert. Ein Junge stemmte den eisernen Schwengel nach oben, stellte sich auf die Zehenspitzen und hängte sein ganzes Gewicht in den Bügel. Ein paar nur mit Badehosen bekleidete Kinder drängelten sich unter der zu einem Drachenkopf geformten, gusseisernen Tülle, aus der das Wasser stoßweise hervorschoss. Sie hielten ihre Köpfe und Hände unter den Schwall und bespritzten sich gegenseitig. Ein kleines Mädchen plantschte in dem steinernen Ausgussbecken. Das Kreischen der Kinder erfüllte die Straße. Reinbeck lächelte wehmütig. Wie sehr hatten seine Frau und er sich Kinder gewünscht.

Die Kneipentür stand offen, im Inneren empfing ihn verräucherte Luft. Franzen saß wie immer an seinem Tisch in der hinteren Ecke, mit dem Gesicht zum Gastraum, vor ihm ein Bierglas und ein Aschenbecher, an dessen Rand eine Zigarette qualmte. Er hatte den Stuhl zurückgeschoben und die Beine gemütlich ausgestreckt.

In seinem Blick lag eine Spur heiterer Gelassenheit. Reinbeck setzte sich.

„Na, mein Lieber, was haben wir denn auf dem Herzen? Willst du mir etwa verkünden, dass es Zwillinge werden?“

Franzen schwieg und lächelte. Der Wirt brachte Bier und „blaue Würger“.

„Wir sehen uns heute wahrscheinlich zum letzten Mal“, begann Franzen.

„Wie bitte, was ist los?“

„Nischt ist los, außer, dass die Kacke am Dampfen ist“, erwiderte Franzen. „Es war leider völlig sinnlos, dass du bei Meister gewesen bist. Hätte es eigentlich wissen müssen. Eine eifersüchtige Frau kann nichts und niemand aufhalten.“

Er gluckste.

„Wir Männer denken immer hierarchisch. Meine liebe Waltraud aber hat den Dienstweg locker ignoriert, dem Parteisekretär ihrer Diensteinheit die Ohren vollgeheult, Meister übersprungen und sich direkt bei Schneidewind eingeklinkt. So einfach. Der Rest ist logisch. Du weißt ja, dass der große Chef immer ein offenes Ohr für gebrochene Herzen hat."

Reinbeck stieß einen leisen Pfiff aus. „Scheiße, und ich hatte Meister schon weichgekocht."

„Was ich zu spüren bekommen habe. Der will uns weghauen. Im Augenblick nur mich, aber sein nächstes Ziel bist du. Keine Ahnung, wie lange die Bordeaux-Nummer noch zieht. Ich würde mich nicht mehr drauf verlassen."

Franzen zündete sich eine neue Zigarette an.

„Ich darf jetzt zwischen Waltraud plus Berlin und Rita mit Jüterbog wählen."

Reinbeck verschluckte sich am Bier. Halleluja, wie würde er selbst sich entscheiden? Nach Jüterbog gehen? Auf keinen Fall! Aber Rita und das Kind alleinlassen? Niemals. Der Alte hing zwischen Skylla und Charybdis.

Sie tranken Bier und kippten „Würger".

„Ich gehe nach Jüterbog. Lasse alles zurück: das Haus, die „Hellerau"-Möbel, den Westfernseher, den Hund, alles. Haue nur meine Wäsche in den Wagen und zwitscher ab. Fange noch mal von vorne an. Wie ein Student. Freue mich schon darauf. Ein Stück geschenkte Jugend."

Reinbeck mochte es kaum glauben. Der alte Bock wollte tatsächlich seine Karriere aufgeben? In wenigen Jahren könnte er Meister beerben.

Eine neue Lage Bier kam.

„Ich verzichte auf den Traum von der ganz großen Laufbahn und gehe als freier Mann. Hättest du mir nicht zugetraut, oder? Du hast mich immer nur testosterongesteuert und machtgeil gesehen."

Der Alte grinste.

„Bin ich ja auch und war ich auch. Aber mit Rita ist das anders geworden. Kann dir nicht sagen warum, aber bei ihr habe ich das Gefühl, zu Hause zu sein. Klingt kitschig, ist es natürlich auch, stimmt aber: Ich bin endlich angekommen."

Reinbeck fühlte sich mit einem Mal sehr leer.

„Wie lange haben wir beide zusammengearbeitet? 16 Jahre, unter dir brauchte ich mich um die Drecksarbeit nicht zu scheren."

„Stimmt, die Hände haben sich andere schmutzig gemacht. Ich zum Beispiel", grinste Franzen, „aber du hast mir genauso geholfen wie ich dir."

„Irgendwie habe ich dich immer gerngehabt, du alter Drecksack."
„Tut mir leid, aber ab morgen hast du erwachsen zu sein."
Eine weitere Lage stand auf dem Tisch. Reinbeck hatte genug.
„Ab jetzt trinke ich nur noch Brause."
Franzen schob ihm Bier und „Würger" rüber.
„Man wird dir meine Position anbieten, bin mir sicher."
„Und wenn ich passe?"
Franzen tippte sich mit dem Zeigefinger gegen die Stirn.
„Na, was wohl? Die werden dich versetzen. Kannst ja nicht unter einem Dienstrangniederen arbeiten. Bekommst irgendwo irgendeinen Idiotenposten. Überlässt deinen Thomas dem Genossen Arnold, den sie als kommissarischen Leiter einsetzen werden."
Reinbeck erschrak. Sein „Tommy" unter der Fuchtel von Arnold, diesem Analphabeten.
Andererseits, was sollte schon noch geschehen? „Operation Blitz" lief wie geschmiert. Der Schwede hatte das Fluchtgeld eingesammelt. Die Frauen mit dem polnischen Fischer alles klargemacht. Die Studenten waren inzwischen auf dem Weg nach Kolberg. In drei Tagen würde die große Flucht stattfinden. Mit den polnischen Genossen war vereinbart worden, das Fischerboot zu ignorieren, wenn es die Hoheitsgewässer verließ. Bisher hatte alles perfekt geklappt. Andererseits, irgendetwas passiert immer. Er musste auf Nummer Sicher gehen.
„Gut, ich werde den Boss machen. Solange, bis Thomas drüben angekommen ist."
„Und dann?" setzte Franzen nach, „willst du ihn danach wirklich diesen Ratten überlassen?"
Reinbeck schwieg. Arnold würde als neuer Chef Meisters willenloses Werkzeug sein und sich nicht um ‚Thomas' kümmern. Er, Reinbeck, war also dazu verdammt, die Führung auf Dauer zu übernehmen, wollte er „Tommy" nicht untergehen lassen. Was für eine gottverdammte Scheiße.
„Was ist mit diesem Galanski?"
„Der Kerl ist Meisters Kanaille. Er soll auf dich aufpassen und auf deine Fehler lauern, um dich schnellstmöglich abzusägen. Gleichzeitig werden sie ihn als deinen Nachfolger aufbauen."
Er legte seine Tatze auf Reinbecks Hand.
„Nun hab nicht so viel Schiss. Musst selbst angreifen. Gib dem Schleimer eine Aufgabe, die er nicht stemmen kann. Zum Beispiel die Unterwanderung der Neonazitruppe in Eberswalde. An der hat sich bisher noch jeder die Zähne ausgebissen."
Die nächste Lage stand auf dem Tisch.

„Los, mein Lieber. Jetzt trinken wir noch einen. Unser letztes Abendmahl."

Reinbeck nippte am Bier und brütete vor sich hin.

„Jüterbog ist natürlich allerletzte Provinz, aber ein hübsches Städtchen", sinnierte Franzen. „Ich habe schon vor einiger Zeit, als sich die ganze Kacke hier zusammenzubrauen begann, eine Hand auf ein nettes Haus am Stadtrand gelegt. Gehörte einem Republikflüchtling. Das Erdgeschoss soll als konspiratives Objekt genutzt werden. Mir egal. Wir überlassen dem Verein eben einmal pro Woche für zwei Stunden unseren Salon. Sollen sich meinetwegen an meinem georgischen Weinbrand bedienen und ihre IMs auf Vordermann bringen. Ist mir alles wurscht."

Franzen machte eine wegwerfende Geste.

„Häuptling in Jüterbog ist ein Kumpel von mir. Der wird mir die Hütte zuschanzen. Liegt am Waldrand. Dichter Buchenbestand, erstklassiges Jagdrevier. Zum Baden fahren wir an den Mellensee oder wie früher an die Helene. Herz, was willst du mehr?"

Reinbeck gab auf. Der Alte war in Gedanken schon abgereist.

„Und was sollst du dort arbeiten?"

„Arbeiten", grinste Franzen. „Ich bekomme das Referat ‚Auswertung und Information'. Die Nachrichten der operativen Mitarbeiter der Kreisdienststelle sichten die unteren Chargen. Mit dem Lesen langweilen sich die mittleren. Da gibt's ja nicht viel: den Bahnhof, die ‚Freunde', ein paar Kirchenheinis und das übliche Gejammere. Werde mich nur um die wirklich wichtigen Fälle kümmern, die ab und zu anfallen und die kann ich mit nach Hause nehmen. Studiere dann, was irgendein frustrierter Professor aus dem Kreiskrankenhaus an eine Westzeitung schreibt, während mir mein kleiner Sohn zwischen den Beinen rumkrabbelt."

„Ein Sohn?"

„Ja, ein Sohn." Franzen lächelte stolz. „Ich lasse den ganzen Mist hinter mir. Und wenn mir eines Tages die Sache endgültig stinkt, werde ich Ausgang ‚A' benutzen."

Reinbeck blickte ihn fragend an.

„‚A' wie Alkohol. Werde mich wieder einmal tierisch besaufen und beim Rückwärtseinparken eine Laterne zerlegen. Anschließend ein Nickerchen halten, die Vopos, die sich dann irgendwann mal zu meiner Seitenscheibe hinunterbücken, auslachen, ihnen meinen Ausweis vor die Nase halten und wegfahren."

Reinbeck sah ihn ungläubig an.

„Das kannst du doch nicht machen. Du bekommst ein Disziplinarverfahren vom Feinsten. Die degradieren dich, setzen dich raus und du landest in der Produktion."

Franzen lächelte zufrieden.

„Ganz genau. Zuerst ein Gespräch mit meinem Vorgesetzten, dann Kritik und Selbstkritik im Arbeitskollektiv. Anschließend stationäre Entzugstherapie. Ein halbes Jahr später passiert mir derselbe Mist. Spätestens ab diesem Zeitpunkt bin ich untragbar. Unheilbarer Alkoholiker. Sie werden mich rauskomplimentieren und mir eine Stelle in irgendeinem VEB zuschanzen. Da mache ich den Kaderleiter und schiebe bis ans Ende meiner Zeit eine ruhige Kugel. Vielleicht setzen sie mich auch gleich auf Rente. Wäre mir am allerliebsten."

Reinbeck kippte einen „Würger".

„Du meinst, das wird dich glücklich machen?"

Franzen lachte dröhnend. Die Gäste an den anderen Tischen flüsterten.

„Glücklich, Mensch, ziemlich große Worte von dir altem Zyniker. Glück, so ein Quatsch. Das ist ein Wort für die Jugend. Wenn wir ehrlich sind, kommt es für unsereinen doch nur noch drauf an, nicht unglücklich zu werden. Und wenn ich mir den Mist, den wir die ganzen Jahre verzapft haben, angucke, war ich nahe dran."

Reinbeck schüttelte ungläubig den Kopf.

„Waltraud?"

„Nein, mein Lieber, um Waltraud geht es überhaupt nicht. Klar, wir haben uns auseinandergelebt, aber ich meine etwas Anderes." Er wurde nachdenklich. „Etwas ganz Anderes."

Reinbeck stand schwankend vor dem stinkenden Pissoir, stützte sich mit beiden Händen an der mit gelben Spritzern bedeckten Wand ab und versuchte freihändig zu pinkeln. Als er zurückkehrte, stand bereits eine neue Ladung auf dem Tisch. Franzen fasste ihn väterlich an den Schultern.

„Du wirst jetzt die Ernte einfahren. Deine Studenten kommen in drei Tagen als große Helden im Westen an. Thomas wird ein Interview geben, sich zu der Flugblattscheiße bekennen und groß rauskommen. Das Ganze ist dein Baby und wird dir zu einem sensationellen Aufstieg verhelfen. Hier hast du meinen herzlichen Glückwunsch."

Franzen umarmte ihn. Reinbeck spürte seine stachligen Wangen.

„Und jetzt zieh bloß nicht so eine Fresse, sonst muss ich auf meine alten Tage noch ein paar Tränen vergießen. Ich meine nicht wegen der Firma, sondern deinetwegen."

„Wie kommt es, dass du den Abschied so locker wegsteckst? Ist dir alles egal, was du hier verlässt, dein ganzes Arbeitsleben?"

Franzen lehnte sich zurück und verschränkte seine Arme hinter dem Kopf.

„Bin selbst ganz überrascht, aber mich hält hier nichts mehr. Nichts, außer dir vielleicht", grinste er, „aber du willst ja nicht mit nach Jüterbog."

Sie kippten weiter „Würger" und tranken Bier. Reinbeck wehrte sich nicht mehr.

„Was meintest du vorhin mit etwas Anderes?"

Franzen beugte sich vor und senkte die Stimme.

„Nachdem die mich gezwungen haben, alles aufzugeben, habe ich innerlich mächtig Abstand gewonnen. Und da ist mir einiges klargeworden. Unsere Arbeit zum Beispiel. Immer nur Leute fertigmachen. Angeblich ging es ja um unseren geliebten Friedensstaat. Aber wieviel Menschen lieben diesen Staat wirklich? Und ist der Sozialismus überlebensfähig?"

Reinbeck sah sich erschrocken um und rückte ein Stück von Franzen weg. Der Alte lachte und zog ihn wieder heran.

„Hast du denn noch nicht bemerkt, wie hier alles den Bach runtergeht?"

Er kam mit seinem Mund an Reinbecks Ohr.

„Ich habe einen alten Kumpel, der sitzt in der Hauptabteilung XVIII. Ziemlich weit oben. Auf seinem Schreibtisch laufen die Wirtschaftsdaten aus den Kombinaten zusammen. Ich meine die halbwegs realistischen Zahlen, die als Rohmaterial ans Ministerium der Finanzen gehen, ehe sie dort zu ‚Statistiken' zusammengepanscht werden."

Reinbeck hielt den Atem an. Franzen dagegen nahm Fahrt auf.

„Wir haben einen Abend lang zusammengesessen, er hat mir alles erklärt. Kurz gesagt, mit uns geht´s bergab. Die besten Sachen werden ins Ausland verkauft. Für unsere Bevölkerung, und damit meine ich nicht uns selbst, wir leben ja im Schlaraffenland, ich meine für das Volk, reicht es oft nicht mal für die ganz grundlegenden Sachen: sauberes Trinkwasser, Dächer, durch die es nicht durchregnet, Telefonanschlüsse für jedermann. Wenn man unsere Wirtschaftsdaten extrapoliert, wird klar, dass wir in spätestens zehn, maximal fünfzehn Jahren abschmieren. Die große Sowjetunion kann uns dann auch nicht mehr helfen. Der geht es ja noch beschissener als uns."

Franzen schob sein Gesicht vor Reinbecks trübe Augen.

„Und da hatte ich endlich begriffen, wo der Frosch die Locken trägt."

Reinbeck war sprachlos. Der Alte war immer linientreu gewesen. Solange er denken konnte, ein Hundertfünfzigprozentiger.

Der Wirt brachte eine neue Lage.

„In sagen wir mal fünfzehn Jahren sind wir da angelangt, wo die Genossen in Nordkorea heute schon sind. Wusstest du, dass es dort Hungersnöte gibt? Glaubst du, dass die Menschen bei uns beginnen werden, Graswurzeln zu kauen, wenn ihnen im Westfernsehen die Waren aus der Mattscheibe entgegenquellen? Was werden sie tun?"

Reinbeck blickte verwirrt. Franzen grinste.

„Ach, ist das schön, dass ich dir im Kopf einmal etwas voraushabe. Du kannst die Frage nicht beantworten, weil du Scheuklappen hast. Du denkst nicht zu Ende. Dabei ist es doch ganz einfach. Wenn genug Menschen unzufrieden sind, werden sie sich zusammenrotten und zur Mauer ziehen. Sind es nur zehn, kannst du sie wegputzen, hundert lassen sich noch einsammeln, wenn aber Tausende losziehen, ist es vorbei. Das wird der Tag sein, an dem der ‚Antifaschistische Schutzwall' fällt. Einfach zusammenbricht."

„Kann ich mir nicht vorstellen", lallte Reinbeck.

„Genau das ist es ja. Dein brillanter Verstand reicht für diese Gedankenspiele allemal aus, aber du traust dich nicht, mein Lieber. Mir ging es ja genauso. Ich habe meinen Verstand ein halbes Leben lang abgeschaltet. Erst die Sache mit Rita hat mir die Augen geöffnet. Glaub mir Reinbeck, die Geschichte endet nicht mit einem Sieg des Sozialismus."

Draußen hatte das Lärmen der Kinder aufgehört.

„Ich glaube, ich müsste dann mal langsam, sonst denkt meine Frau noch, ich hätte mir auch eine Geliebte zugelegt."

Franzen warf eine Handvoll Scheine auf den Tisch, sie wankten zum Ausgang. Draußen lehnte Reinbeck sich an die Hauswand. Ihm war übel. Am liebsten hätte er in den Rinnstein erbrochen. Wie kam er jetzt zu seinem Auto?

„Denk nicht mal dran", sagte Franzen, „du bist viel zu besoffen. Ich fahre dich nach Hause, bin im Gegensatz zu dir Alkohol gewohnt."

Franzen hakte sich bei Reinbeck unter. Gemeinsam torkelten sie zum Wagen. Stiegen ein. Franzen startete den Motor. Reinbeck fiel augenblicklich in einen tiefen Schlaf.

Hell, sehr hell.

Augen öffnen.

Zu schwer, müde, schwach.

Wo?

Piep. Piep. Piep.

Hand, warm …

„Ich bin es, Liebster. Ihr hattet einen schweren Unfall. Dich hat´s ganz schön erwischt, aber keine Angst, jetzt ist alles gut. Die größten Operationen hast du jedenfalls hinter dir."

Kapitel 31

Von Muscheln und Helden

Kolberg, 6. September 1977

Um nicht aufzufallen, waren sie, in kleine Gruppen aufgeteilt, nach und nach in dem hanseatisch geprägten polnischen Ostseestädtchen Kołobrzeg, deutsch Kolberg, eingetroffen.

Wie alle anderen hatten auch Wolfram und Christine über Andrzej eine Übernachtungsadresse erhalten. Es war eine kleine heruntergekommene Pension mit vergilbten Tapeten und ausgeblichenen Gardinen, in die sich der Geruch tausender Zigaretten eingefressen hatte.

Nach dem einfachen Abendbrot auf der windigen Terrasse zogen sie sich auf ihr Zimmer zurück. Christine hatte ein paar Kerzen aufgestellt und angezündet. Sie blickten in die zuckenden Flammen, nippten am süßen „Tokayer" und hielten einander an den Händen. Stumm sahen sie die Lichter herunterbrennen und verlöschen. Um Mitternacht gingen sie zu Bett.

„Zum letzten Mal im Sozialismus", flüsterte sie und schmiegte sich an ihn.

Tief in der Nacht erwachte er. Sie lag neben ihm und starrte aus dem Fenster.

„Lass uns an den Strand gehen", flüsterte sie.

Sie liefen Hand in Hand durch die auslaufenden Wellen, die ihnen die Hosen bis über die Knie durchnässten.

„Ohne dich hätte ich´s mich niemals getraut", sagte er.

Sie blieb stehen und küsste ihn.

„Mach dich nicht kleiner, als du bist. Du hast so viel Mut."

Sie spürte seinen Zweifel.

„Morgen Nacht kommt Andrzej mit seinem Fischerboot, wir brauchen nur einzusteigen und ihm die Knete geben. Fünf Stunden später sind wir in Dänemark. Was kann jetzt noch passieren, außer, dass Andrzej seekrank wird?"

Sie passierten lange Sandstrände und kletterten über dunkle Buhnen. Möwen schliefen auf dem Wasser. Wellen liefen auf und brachen vor dem

Strand, um am Ufer in einer Schaumlinie auszulaufen. Sie hatten den Leuchtturm erreicht, einen trutzigen rot verklinkerten Steinbau, der aus den Mauern des alten Forts aufragte. Die Laternen der menschenleeren Bastion waren gelöscht. Das Leuchtfeuer sandte seine Lichtkegel weit in die Nacht hinaus.

Sie drückte seine Hand.

„Hast du auch Angst?"

„Ja", seine Stimme zitterte, „Angst vor morgen und davor, was uns drüben erwartet. Im Grunde genommen wissen wir doch fast nichts."

Nach einer Stunde erreichten sie eine große Buche, die hart an der Abbruchkante des Steilufers aufragte. Ein Teil ihrer Wurzeln war als Geflecht bereits aus der abgetragenen Wand freigelegt, aber der starke Baum hielt sich noch fest im Wind. Er war der Orientierungspunkt der kommenden Nacht. Sie legten sich in den Sand und schauten auf das Meer hinaus. Dort draußen, nur 150 Kilometer entfernt, lag die dänische Insel Bornholm.

„Was passiert, wenn´s schief geht?", fragte er.

„Ich werde auf dich warten, wenn ich eher rauskomme als du", sagte sie und hielt einen Moment inne, als sei es ihr erst jetzt bewusst geworden, dass sie sich in diesem Fall ein paar Jahre nicht sehen würden.

„Ich bin dann Mitte zwanzig", sagte er, „und darf nach der Entlassung vielleicht als Hilfsarbeiter in der Schwarzen Pumpe ‚rabotern'. Dich exen sie natürlich auch, aber du bist immerhin die Tochter des Chefarztes."

„Wenn du in die Schwarze Pumpe musst, werde ich neben dir am Band stehen", antwortete sie heftig.

Das Spiegelbild des Mondes tanzte auf der Wasseroberfläche. Bei ruhiger See bildete es einen Kreis, wenn Wellen kamen, wurde die bleiche Scheibe in die Länge gezogen oder in mehrere Teile zerrissen.

„Sollten sie uns wirklich schnappen, läuft es sowieso anders", sagte sie. „Politische Häftlinge werden am Ende der Haftzeit in den Westen entlassen. Das habe ich über den Oberarzt meines Vaters erfahren. Dessen Tochter hatte zweieinhalb Jahre wegen Republikflucht bekommen. Davon musste sie zwei absitzen, dann wurde sie vom Westen freigekauft."

„Freigekauft?"

„Ja, freigekauft! Der Preis richtet sich übrigens nach der Qualifikation. Bei ihr hat der Westen Hunderttausend bezahlt, weil sie schon Fachärztin ist."

„Das heißt, wir kommen auf jeden Fall in den Westen, selbst wenn es morgen nicht klappen sollte?"

„Genau“, lächelte sie, „ich ziehe den direkten Weg aber vor. Wichtig ist: Sie gucken sich immer einen Anführer aus. Der bekommt ungefähr drei bis dreieinhalb Jahre, die armen verführten Schäfchen zweieinhalb.“

Sie liefen zurück. Der Himmel war klar, eine Sternschnuppe zog ihre glänzende Bahn am Firmament.

„Dann sollten wir jetzt ausmachen, wer von uns beiden den Anführer gibt und wer den Verführten spielt“, überlegte Wolfram. „Wenn wir bei den Verhören beide auf große Helden machen, bekommen wir zweimal die Höchststrafe.“

Sie riss einen Halm Strandhafer aus und blies auf dem gespannten Blatt einen schrillen Ton.

„Na gut, wenn es dir so scheiß wichtig ist: Ich werde die Anführerin spielen. Ich habe dich angestiftet abzuhauen, weil man bei uns nicht seine Meinung sagen, nicht reisen darf, weil ich endlich die Welt sehen möchte ...“

„Du spinnst wohl! Was glaubst du, wie ich mich fühle, wenn du ein Jahr länger sitzen musst als ich?“

Sie lachte auf.

„Denkst du, mir geht es anders? Allerdings kommt es selten so dicke, wie es sich anhört. Meistens erlassen sie dir bei guter Führung ein halbes Jahr. Rechnen wir also mit zwei bis maximal drei Jahren.“

„Drei Jahre“, wiederholte er langsam.

„Nein“, fiel sie ihm ins Wort, „die drei übernehme ich.“

Sie stritten noch ein wenig und stapften weiter durch den Sand, dann blieb er plötzlich stehen und umarmte sie.

„Was sind wir für Idioten.“

Er bückte sich, griff in den Sand und ließ in seiner Hand zwei kleine, ineinandergeschobene Muscheln verschwinden. Er richtete sich auf und nahm die Arme hinter den Rücken.

„In einer Hand habe ich eine Muschel. Wenn du die wählst, bist du das Opfer und ich der Verführer. Im anderen Fall bist du die Anführerin, O.K.?“

„Wenn du unbedingt willst.“

Er verteilte die Muscheln hinter seinem Rücken auf beide Hände und streckte ihr die Arme mit den geschlossenen Fäusten entgegen.

„Gut“, stieß sie hervor und zeigte auf seinen rechten Arm. Er öffnete die Hand. Sie schlug wütend dagegen. Die Muschel flog in hohem Bogen davon und während sie unwillkürlich den Kopf wegzog, ließ er die Muschel der anderen Hand in den Sand fallen.

In der nächsten halben Stunde sprach sie kein Wort. Ab und zu kickte sie wütend einen Ballen Seetang weg.

Als sie den Leuchtturm erreichten, drehte sie sich zu ihm um.

„Also gut, mein angebeteter Zampano. Ich Dummchen, du großer Anführer. Ich dir nur wegen Liebe gefolgt."

Sie grinste.

„Mein allerliebster Held, ich schwöre dir für den Fall, dass das morgen Nacht in die Hose geht, keinen Mann anzusehen, bevor du rauskommst und mich endlich wieder umarmst."

Sie küssten sich und gingen weiter.

Ihm war, als strahlten die Sterne plötzlich besonders hell. Er würde Christine beschützen. Sein Herz schlug schnell und hart, er atmete tief durch, die Angst war verschwunden.

Kapitel 32

Die Flucht

Kolberg, 7. September 1977

Am Abend des nächsten Tages trafen sich alle im Restaurant des alten Bahnhofs Kolberg. Die untergehende Sonne erhellte mit ihren schrägen Strahlen den Raum, der sich im Takt der Zugfolge mit Menschen füllte oder leerte. Die Freunde hatten sich an einen Tisch gesetzt, der in einem abgewinkelten Teil des Saales stand, wo es ruhiger zuging und sie unauffällig warten konnten.

Bernd und Henning rutschten unruhig auf ihren Stühlen herum, rauchten nervös, redeten hektisch, tranken viel und lachten laut. Die anderen starrten gespannt und wortkarg auf die große Schwingtür des Eingangs, durch die der Schwede gegen zwanzig Uhr eintreten musste.

Bei neuen Reisenden schreckte Henning auf und musterte sie misstrauisch. Als einer der Passagiere seinen Blick erwiderte, hielt er es nicht mehr aus, griff in den Rucksack, holte eine Sonnenbrille heraus und setzte sie auf.

Um zwanzig Uhr fuhr ein Zug donnernd auf der Plattform ein. Das rhythmische Stampfen der Dampflok hallte in der Bahnhofshalle nach, die Bremsen kreischten, ihr Ton ging in ein langgezogenes Quietschen über, das schrill im Ohr hängen blieb, bis die Wagen endlich standen. Türenknallen, lautes Trappeln und Rufen vieler Menschen, erneutes Türenschlagen, eine Durchsage und Pfiffe. Langsam setzten sich die Wagen wieder in Bewegung.

Mit dem Schwall neuer Reisender betrat auch ein großer blonder Mann den Raum.

Lorenz sprang auf: „Ingmar."

Als der Schwede Lorenz entdeckte, flog ein Lächeln über sein jungenhaftes Gesicht.

„Ich freue mich", begann er in gutem Deutsch mit weichem schwedischem Akzent. „Macht euch keine Sorgen. Alles wird gut."

Wolfram atmete erleichtert aus. Seine Körpermitte füllte sich mit Wärme. Wie nach dem zweiten Verhör, als seine Angst einem Moment puren Glücks gewichen war.

„Auf der Bank gab es Schwierigkeiten, aber jetzt habe ich die Moneten. Kann mir jemand die Toilette zeigen?“ fragte Ingmar.

„Komm mit“, antwortete Lorenz und ging ihm voran zur „Ubikacja“.

Als die beiden ein paar Minuten später wieder zurückkamen, konnte Lorenz ein breites Grinsen nicht unterdrücken.

„So, Leute, wir haben jetzt alles, was wir brauchen. Wir sind schon so gut wie drüben.“

Ingmar warf einen Blick auf seine Uhr.

„Ich muss los. Mein Zug kommt jeden Moment.“

Tatsächlich hörte man vom Bahnsteig her bereits erneut das Schnaufen und Quietschen einfahrender Wagen.

„Ich fahre von hier aus direkt nach Sassnitz, nehme die Fähre nach Trelleborg und bin morgen früh in Bornholm. Wir treffen uns im Hafen von Rønne. Ich helfe euch bei den Formalitäten in Dänemark. Und nun macht´s gut. Ich wünsche euch viel Glück.“

Ingmar nahm seine Tasche und eilte zum Ausgang. An der Schwingtür drehte er sich noch einmal um und hielt die rechte Hand mit emporgerecktem Daumen in die Höhe.

„Der hat´s gut“, seufzte Paula, „du hast die Kohle?“

„Alles hier, fünfzehn Riesen. Ich fühle mich jetzt schon als Kapitalist.“

Lorenz sah sich verstohlen um, öffnete seine Jacke ein wenig und ließ das Bündel Geldscheine sehen, das er in der Innentasche trug.

„Hört auf, mich anzustarren“, feixte er und knöpfte seine Jacke zu, „reich sind wir nur für ein paar Stunden. Morgen früh sind wir alles wieder los.“

Sie bezahlten, standen auf, griffen ihre Taschen und schlenderten durch die mittelalterlichen Gassen Richtung Hafen.

Abendliche Ruhe hatte sich über Kolberg gelegt. Von weither drangen mehrstimmige Frauengesänge, sehnsuchtsvolle slawische A-cappella-Weisen. Als sie den Hafen erreichten, ging die Sonne unter. Leuchtturm und Bastion flammten im Abendrot auf. Wolfram blieb stehen. Die anderen zockelten weiter. Christine, die mit Paula gesprochen hatte, drehte sich um und kam zurück.

„Fällt es dir auch ein bisschen schwer?“

Er nickte. Sie umarmte ihn.

„Zum Glück nehme ich das Beste, was der Osten zu bieten hat, mit.“

Sie folgten dem Ufer, liefen, bis die Stadt hinter ihnen lag. Es dunkelte immer mehr. Die Strandlinie krümmte sich in weitem Bogen zum offenen Meer hin. Hinter sich sahen sie die Lichter von Kolberg tausendfach in den Wellen glitzern. Dann bog das Ufer zum Landesinneren ab. Die Stadt verschwand hinter den Dünen. Der Mond war noch nicht aufgegangen. In der Dunkelheit glitzerten die Sterne klar und kalt am schwarzen Himmel.

Der ablandige Wind blies feine Sandkörner gegen Gesicht und Beine. Steine und Muscheln knirschten unter den Fußsohlen.

Vorne gingen Bernd und Henning. Schwankend versuchten sie die Uferlinie zu halten. Lorenz und Paula liefen eng umschlungen dahinter. Wolfram und Christine hatten sich etwas zurückfallen lassen.

Sie erreichten die Buche und legten sich in die Dünen. Eine Wodkaflasche kreiste. Bernd und Henning verabschiedeten sich in einen trunkenen Tiefschlaf.

Christine schmiegte sich an Wolfram.

„Ich habe daran zu knabbern, dass ich es meinen Eltern nicht gesagt habe und dass sie es von der Stasi erfahren werden. Ausgerechnet von denen. Meinst du, mein Vater wird verstehen, dass ich es ihm nicht beichten konnte?"

„Es wird ihn im ersten Moment kränken, aber später wird er begreifen, dass du keine andere Möglichkeit hattest."

„Ob sie meinen Vater rausschmeißen, wenn sich herausstellt, dass seine Tochter eine Republikverräterin ist?", fragte sie.

„Glaube ich nicht."

Er streichelte ihr Haar.

„Na ja, ganz ungerupft wird er wohl nicht davonkommen. Vielleicht nehmen sie ihn für einige Zeit aus dem Reisekader, aber sicher nicht für die Ewigkeit. Danach wird er wieder dürfen, sie brauchen ihn ja. Er ist ihr diabetologisches Aushängeschild."

Die Wellen rauschten. Aus Hennings Richtung drangen tiefe Atemzüge, Bernd schnarchte.

„Hört endlich auf, das hält ja keiner aus", meldete sich Lorenz, „für mich ist es auch nicht leicht. In meiner Fakultät wird es ganz schön rumsen, wenn sich herausstellt, dass Lorenz Althoff, der beim nächsten theologischen Kongress der Ostseeanrainer in Rostock ein Hauptreferat halten sollte, getürmt ist." Er gluckste in sich hinein. „Ich habe meinen Vortragstext mit der Schreibmaschine geschrieben und ohne Namen in meinem Postfach liegengelassen. Einmalige Chance für meinen faulen Doktorvater, sich endlich mal richtig zu profilieren."

Weit draußen auf dem Wasser näherte sich von links ein grünes Positionslicht, direkt dahinter ein weißes. Einträchtig tanzten sie nebeneinander über den Wellen. Auf der Meeresoberfläche zogen ihre Reflexe leuchtend parallele Striche, die am Ende in Tausende von Glitzerpunkten zerfielen. Nach einer Weile verschwand das weiße Licht. Dafür tauchte neben dem grünen ein roter Leuchtfleck auf. Langsam wurden die Punkte größer.

„He, Leute", rief Wolfram und sprang auf. „Das Boot kommt. Aufwachen, aufwachen!"

Bernd und Henning fuhren in die Höhe.

„Wat is´n los?", stammelte Bernd.

„Sie sind wirklich da", rief jetzt auch Paula, deren Stimme sich vor Aufregung überschlug.

Das Boot war inzwischen nah an den Strand gekommen. Sie konnten den Motor durch die Brandung hören. Die Maschine verstummte. Dann, Wolfram hielt den Atem an, flammte eine Taschenlampe auf. Christine war bis an die Wasserlinie vorgerannt, hielt ihr Halstuch in den Wind, schwenkte es und sprang in die Höhe. Die Taschenlampe erlosch. Dafür leuchtete an Bord ein rotes Licht auf. Langsam wurde es im Kreis herumgeschwenkt. Dreimal rechts, dreimal links herum. Wie beim Countdown des Jahreswechsels wurde jede Umdrehung laut mitgezählt. Als sie bei sechs angelangt waren, brach Jubel aus. Paula und Christine hatten sich um die Hüften gefasst und begonnen sich in einem ausgelassenen Tanz umeinander zu drehen.

„Jetzt du, Bernd, du musst antworten", rief Wolfram.

„Weeß ick selbst, du Schlauberger, hab allet im Griff."

Bernd kroch auf dem Boden herum und suchte hektisch die Taschenlampe.

„Verdammte Scheiße, wo isn dit blöde Ding? Typisch Osten. Die muss irjendwo im Sand liegn. Könntet ihr vielleicht ooch mal zugreifn, statt euch die Nüsse zu schaukeln?"

Wolfram stürzte hinüber zu Bernd. Die anderen folgten. Paula begann mit beiden Händen den Sand, auf dem Bernd gelegen hatte zu durchsieben. Lorenz kroch durch die Dünen und grub zwischen den Strandhaferbüschen. An Bord wurden zum zweiten Mal Lichtsignale gegeben.

„Alles umsonst, nur weil du Suffkopp die Lampe verloren hast", schrie Henning und stürzte sich auf Bernd. Sie rangen im Sand.

So enden die großen Träume, dachte Wolfram.

„Hat jemand Feuer?"

„Wenn", rief Lorenz, „dann eine von den beiden Nasen da unten."

„Jetzt reicht´s, ihr Vollidioten."

Wolfram sprang vor, packte beide am Genick und zerrte sie empor.

„Streichhölzer her!“

Die beiden glotzten ihn verständnislos an.

„Streichhölzer oder Feuerzeug, wird´s bald?!“

Ziellos begann Bernd an den Verschlüssen seiner Jackentaschen zu nesteln.

„Durchsuch ihn“, befahl Lorenz und fing an, Hennings Taschen zu durchwühlen. Es dauerte nicht lange, da hielt er ein Feuerzeug in der Hand. Sie rannten ans Wasser. Christine stand mit dem Gesicht zum Meer. Sie hatte die Hände zum Gebet gefaltet.

„Schnell, die haben schon dreimal Signale gegeben.“

Lorenz zündete das Feuerzeug an. Die Benzinfunzel flammte einen Moment lang schwach auf und erleuchtete die angespannten Gesichter.

„Na, wer sagt´s denn, Rauchen kann also doch Leben rett´n“, lallte Bernd, der von hinten herangetreten war.

„Keine Kommentare, besonders nicht von dir“, schnauzte Wolfram.

Die Flamme wurde von einem Windstoß ausgeblasen. Wolfram packte Bernd an den Schultern und stellte ihn quer zur Uferlinie an das Wasser.

„Du auch“, herrschte er Henning an, der gerade den Strand heruntertorkelte. Er griff ihn am Kragen und schob ihn neben Bernd.

„Stehenbleiben, sonst gibt´s was auf die Nuss.“

Vom Boot kam jetzt das vierte Signal. Lorenz zündete das Feuerzeug wieder an, kniete sich in den Windschatten der lebenden Mauer und beschrieb mit ausgestrecktem Arm einen rechten Kreis, dann einen Zweiten und einen Dritten.

„Au, Mist, ist das heiß.“ Er ließ das Feuerzeug fallen und pustete gegen seine Finger.

„Nimm doch die Taschenlampe, ich habe sie gefunden“, lallte Henning.

„Warum sagst du das nicht gleich“, herrschte Wolfram ihn an, nahm die Lampe und malte drei Kreise links herum.

„Hast mich ja nicht gefragt, sondern gleich bedroht.“

Sie starrten auf das Meer. Nach quälend langen Sekunden antwortete das Boot endlich mit der vereinbarten Folge unterschiedlich langer Lichtsignale. Zweimal kurz, einmal lang. Nun gab es kein Halten mehr. Sie lagen sich in den Armen.

„Ahoi“, rief Lorenz, „schnappt euch die Sachen, es geht los.“

Henning nahm die Sonnenbrille von der Nase und schob sie in die Hosentasche. Jeder ergriff sein Bündel, sie liefen Richtung Wasser. Das Boot hatte inzwischen wieder Fahrt aufgenommen. Zweihundert Meter vor dem Ufer drehte es bei und blieb liegen. Der Mond war aufgegangen und tauchte Strand und Meer in silbriges Licht. Sie wateten hinaus. Das Wasser ging ihnen bis zu den Knien. Wolfram hielt Christines Hand. Er glaubte noch immer nicht, was hier geschah. War denn wirklich er das, der mitten in der Nacht durch das Meer watete?

Inzwischen waren sie bis auf hundert Meter an den Kutter herangekommen. Das ruhige Tuckern seines auf Standgas laufenden Motors drang durch das Rauschen und Aufschlagen der Wellen.

Jetzt tauchte ein Beiboot auf. Am Heck saß eine kräftige Gestalt, die den Motor bediente. Es kam schnell näher. Als der Mann die Gruppe erblickte, winkte er und nahm das Gas weg. Das Boot glitt weich in ihre Richtung. Der Mann, der bis zur Brust Ölzeug trug, warf achtern einen Anker. Dann sprang er von Bord, behielt die Leine, die am Bug befestigt war, in der Hand und watete zur Gruppe hinüber.

„Niemiecki?“, fragte er mit rauer Stimme.

„Niemiecki!“, antwortete Lorenz.

Der Fischer hatte breite Schultern und ein wettergegerbtes Gesicht. Er musterte jeden Einzelnen, dann winkte er Christine zu sich, fasste mit seiner kräftigen rechten Hand ihren Arm und hievte sie mühelos ins Boot. Nach kurzer Zeit waren alle an Bord. Der Fischer schwang sich als Letzter in den Kahn, holte den Anker ein und gab Gas.

„Ist das Andrzej?“, flüsterte Lorenz.

Paula schüttelte den Kopf.

Schnell näherten sie sich dem Kutter. Jetzt konnten sie Einzelheiten erkennen. Aus dem Türspalt der Kajüte drang ein schwacher Lichtschein. Oben an Deck wartete eine weitere Gestalt. Sie legten an. Der Fischer vertäute das Beiboot neben einer eisernen Leiter an der Kutterwand. Zuerst stieg Christine an Bord. Sie lachte und gab dem Mann an Deck die Hand. Einer nach dem anderen erklommen sie das Boot. Als Letzter enterte der Fischer die Reling. Sie standen in einem Halbkreis um den Mann und sahen ihn erwartungsvoll an.

„Willkommen an Bord“, grüßte er mit starkem polnischem Akzent.

„Ich dachte, Andrzej wird uns abholen“, antwortete Lorenz.

„Andrzej krank, liegt im Bett, konnte nicht kommen. Ich Karol, bester Freund von ihm. Alles in Ordnung. Wo ist Geld? Zweitausend Anzahlung.“

Lorenz griff in seine Jacke, zog zögernd zwei Tausender hervor und reichte sie Karol.

Der Pole nahm das Geld und steckte es in seine linke Hosentasche. Dann befahl er: „Alles!“

„Alles?", protestierte Lorenz, „Abgemacht war, den Rest erst in Bornholm zu übergeben."

„Alles!", wiederholte Karol mit leiser Stimme, „Alles, sonst …"

Er wies mit dem Kopf zurück zum Strand.

„Gib´s ihm", raunte Christine Lorenz zu, „wir haben doch keine Wahl."

Lorenz langte in seine Jackentasche, zog die übrigen Scheine hervor und drückte sie Karol widerwillig in die Hand. Der nahm das Geld, zählte es durch und steckte es in seine rechte Hosentasche.

Karol gab dem Fischer einen Wink. Der ging zur Kajüte und schlug mit seiner schweren Hand gegen das Blechdach. Von innen hörte man polternde Tritte, die Tür flog auf, drei mit Maschinenpistolen bewaffnete Männer stürmten aus der Kabine und bauten sich vor den Flüchtlingen auf.

„Jesteś aresztowany!" Karol wiederholte mit starkem polnischem Akzent: „Alle verhaftet!"

Wolfram hatte einen Moment lang das Gefühl, als würden die Wellen über ihm zusammenschlagen. Seine Knie sackten ein. Er griff nach Christines Schulter und spürte, wie ihr Körper ihm entgegensank. Was dann folgte ging zu schnell, als dass er es begreifen konnte.

Karol zog ein Papier hervor, knipste eine Taschenlampe an und las vom Zettel ab: „Bernd Winter?" Er schaute in die Runde.

Bernd starrte ihn an. Rausch und Realität kämpften miteinander.

„Bernd Winter?", wiederholte Karol ungeduldig.

Bernd nickte.

Karol wies ihn mit einer Geste an, auf seine Seite zu kommen. Bernd tat es widerstandslos.

„Paula Wehrhoff?"

Paula öffnete die Lippen und hauchte ein kaum hörbares „Ja".

Karol wiederholte die Geste. Paula stellte sich neben Bernd.

„Christine Wolke?"

Christine löste sich von Wolfram und trat neben Paula.

„Henning Kaufmann?"

Henning war plötzlich hellwach. Aus seinem Gesicht war alles Blut gewichen, die Augen flackerten fiebrig.

„Hier rüber", sagte Karol und winkte ihm zu, „kommen auf meine Seite."

Henning zögerte, sein Atem ging stoßweise.

„Ich warten", zischte Karol und blickte bedeutsam zu den Bewaffneten rüber.

Henning sprang plötzlich nach vorn, stieß einen der Männer zur Seite, rannte zur Reling und warf sich in die dunkle See. Wolfram hörte noch, wie er aufklatschte, dann war er verschwunden.

Karol fing an zu schreien. Er gestikulierte und kommandierte die Bewaffneten auf Polnisch an die Reling. Ein Suchscheinwerfer tastete das Wasser ab. Die Brandung hob sich neben dem Boot. Für einen Moment tauchte auf ihrem Kamm Hennings Kopf auf, seine weit aufgerissenen Augen starrten zurück ins Boot.

„Tam on plywa!“

Einer der Bewaffneten riss seine MP in den Anschlag und gab einen Feuerstoß in die Wellen ab.

Karol schrie ihn an: „Nie strzelaj, idioci“! Er schlug den Lauf der MP hoch.

Im selben Moment war Henning in der Gischt untergetaucht. Wütend trat Karol gegen eine Fischkiste, die unter seinem Tritt zersplitterte. Er packte Christine am Arm und stieß sie in die Kajüte. Die Bewaffneten drängten von hinten nach und schoben die anderen ebenfalls hinein. Von außen wurde ein Riegel zugeschlagen.

Zwei altersschwache Wandlampen beleuchteten das Innere der Kabine. Es war eng und roch nach Fisch.

Sie starrten sich entsetzt an.

Kapitel 33

Gibt es einen Verräter?

Ostsee, 7. September 1977

Es wurde Vollgas gegeben. Unter heftigen Nickbewegungen prallte das Boot gegen Wellenberge und stürzte Täler hinab.

Wolframs Gedanken irrten umher, so wie das Boot, das ständig die Richtung wechselte. Von außen hörte er hastige Kommandos, Schritte und Laute, die er nicht zuordnen konnte. Er blickte zu Christine. Sie war auf die Bank gesunken, die vor einem kleinen Tisch montiert war. Die Ellenbogen auf die Platte gestützt, das Gesicht in ihre Handflächen gepresst. Schultern und Rücken, deren sanften Übergang er so liebte, zuckten. Er legte seine Hand auf ihren Nacken. Er war feucht und kalt. Sie sprang auf und warf sich ihm an die Brust. Immer noch sagte niemand ein Wort. Jeder starrte irgendwo hin.

Der wilde Tanz über die Wellen endete plötzlich. Das Maschinengeräusch ging in ein leises Tuckern über. Das Boot schaukelte auf und nieder. Schwere Schritte polterten über das Deck, der Motor des Beibootes sprang an.

Sie suchen Henning, dachte Wolfram.

„Leute, wir haben jetzt noch ein paar Minuten, um miteinander zu reden. Danach werden wir uns ziemlich lange nicht mehr sehen."

„Dit kann doch nich wahr sein, ach du Scheiße, wat is´n bloß passiert", jammerte Bernd vollkommen ernüchtert. Er saß auf dem Boden. Seine Hände wühlten in den nassen Haaren.

„Hat irgendjemand eine Ahnung, was hier gespielt wird?", fragte Lorenz mit hohler Stimme.

„Irgendwie müssen die Wind bekommen haben", murmelte Christine.

Von draußen hörte man das Beiboot ablegen. Es umkreiste sie, entfernte sich und kam wieder näher. Der Kutter schaukelte auf und nieder. Das Schloss der Kabinentür schlug im Takt der Wellen gegen den Rahmen.

Wolfram löste Christines Kopf behutsam von seiner Brust, legte den Arm um ihre Schultern und versuchte seiner Stimme einen festen Klang zu geben.

„Sieht jemand irgendwelche Lücken?"

Er blickte in leere Gesichter.

„Klar ist, dass wir nach meinem ersten Verhör professionell vorgegangen sind. Wir haben keine Fehler mehr gemacht. Die konnten uns nicht abhören."

„Wenn die Firma uns nicht belauschen konnte, was bleibt dann noch übrig?", überlegte Lorenz.

„Wir haben uns auf dem Bahnhof ziemlich auffällig benommen", stieß Paula hervor und warf Bernd einen bösen Blick zu.

„Na klar", rief Bernd und sprang auf, „ick bin schuld, Henning is schuld, die paar Bier habn dem polnischen Jeheimdienst unsre Pläne dermaßn offenbart, dass se Andrzej sofort ausfindig jemacht und verhaftet ham. Tolle Verschwörungstheorie."

„Hör auf zu schreien, Bernd, jetzt muss alles auf den Tisch", sagte Wolfram.

„Dit können die unmöglich erst heute Nachmittag rausjefundn habn", fuhr Bernd fort, „wie solltn die dit denn so schnell orjanisiern, die Sache mit dem Schiff, der polnische Offizier, die Namensliste? Die wusstn doch sojar, wieviel Westgeld wir hattn. Ne meen Lieba, die Saubande hatte uns schon länga jepeilt."

Lorenz wischte sich eine schweißnasse Haarsträhne aus dem Gesicht.

„Fällt euch sonst noch was ein?"

„Wat is´n mit deinem Ingmar? Der war doch in allet einjeweiht."

Lorenz schnaubte Bernd wütend an.

„Ingmar ist mein Cousin. Den kenne ich seit meiner Kindheit. Ingmar ist absolut sauber."

Wolfram unterbrach ihn.

„Irgendjemand muss es aber gewesen sein."

„Andrzej", platzte Paula heraus. „Andrzej wusste auch alles. Andererseits kann ich mir kaum vorstellen, dass der auf fünfzehn Riesen verzichtet, nur um irgendeinen blöden Orden abzugreifen."

„Glaube ich auch nicht", überlegte Christine. „Aber vielleicht ist er abgehört worden, oder hat sich im Suff verquatscht, oder gehört zu dem Verein."

Das Beiboot näherte sich dem Kutter und legte an. Lautes Rufen, Fluchen und Kommandos. Feste Schritte an Bord, dann ein schweres, schleifendes Geräusch an der Heckseite. Der Motor des Kutters brüllte auf. Er fuhr mit Vollgas gegen die Wellen, wieder wechselten Aufprallen und Abstürzen einander ab. Christine griff nach Wolframs Hand. Wie viele Minuten hatten sie noch?

„Andreas Moritz hat auch jewusst, dass wir´s über Polen versuchen wollen", warf Bernd ein, „vielleicht hatte er sich deshalb so plötzlich verabschiedet."

„Und was ist mit Henning?", murmelte Lorenz.

„Er hat versucht unser Freund zu bleiben und gleichzeitig für die Firma zu arbeiten. Irgendwas ist da schiefgelaufen. Deshalb vielleicht seine Nervosität. Ein Stasi-Agent, den man beim Türmen erwischt, bekommt ganz andere Strafen. Zehn Jahre, oder lebenslänglich, oder noch mehr."

Das Stampfen war in rollende Bewegungen übergegangen. Ging es jetzt parallel zum Ufer, Richtung Hafen? Bis dahin dürften es nur noch wenige Minuten sein.

Sie schwiegen, aber alle spürten, dass noch nicht alles angesprochen worden war.

„Na jut, wenn sich keena traut, dann sage ick´s eben", setzte Bernd an. „Jenausojut kann it ooch jemand von uns jewesn sein."

„Und was soll der davon gehabt haben? Mit allen anderen zusammen verhaftet zu werden?", stieß Christine hervor.

„Wat weeß ick denn, bin ick Einstein? Vielleicht braucht jemand eine superaalglatte Legende, oder er wird erpresst. Keene Ahnung. Ick weeß nur, dat ick dit nich war."

Wolfram spürte das plötzlich erwachte Misstrauen. Jeder versuchte den forschenden Blicken der anderen standzuhalten.

Er flüsterte Christine ins Ohr: „Ich der Anführer, du das Dummchen."

Sie sah ihn mit traurigen Augen an, aber immer noch lebte ein kleines Lächeln in ihren Mundwinkeln.

„Lade dir nicht zu viel auf", sagte sie und legte den Kopf ein wenig zur Seite, „ich will nicht so lange auf dich warten."

Der Motor wurde leiser. Der Kutter glitt über das Wasser. Christine atmete heftig durch und krallte sich in Wolframs Hand. Taue klatschten auf die Hafenmole. Laute Kommandos. Das Boot wurde festgezurrt. Schritte auf dem Deck. Jemand machte sich an der Tür zu schaffen.

Bernd trat mit dem Fuß gegen einen Schrank.

„Wenn it eena von euch is, bring ick ihn um, sobald ick draußen bin. Dit schwör ick."

Im selben Moment wurde die Tür aufgestoßen.

Wolfram blinzelte in das Licht der Laternen, die die Mole beleuchteten. Draußen hatten die bewaffneten Männer der Bootsbesatzung mit weiteren Dazugekommenen zwei Reihen gebildet.

„Hände vorstrecken", forderte Karol ihn auf, als er hinaustrat.

Metall blitzte im gelben Licht der Lampen auf. Handschellen schnappten zu. Wolfram ging durch die Gasse, die die Soldaten ihm ließen, stolperte das Fallreep hinunter und stoppte auf der Mole hinter den anderen.

Christine stand einige Meter vor ihm und starrte zum Boot. Er folgte ihrem Blick und entdeckte am Heck eine Plane, unter der etwas Längliches lag. Ein Fischernetz? Was war daran so wichtig? Und dann sah er es auch. An einer Seite war die Plane verrutscht. Etwas Dunkles, Glattes, in dem sich die Lichtreflexe einer Hafenlampe spiegelten, war zu sehen. Hennings Sonnenbrille.

Christine schrie auf, Wolfram schluckte.

Ein Soldat packte Wolfram am Oberarm und führte ihn die Mole entlang, an deren Ende zwei „Barkas" standen.

„Los, los, schnell, schnell."

Neben den Pritschenwagen standen rauchende Männer in Zivil. Die Freunde wurden hintereinander aufgestellt. Wolfram war der Letzte in der Reihe, vor sich Christine. Wie gerne hätte er sie noch einmal berührt.

„Keine Unterhaltung", sagte einer der Männer, in reinstem Sächsisch, „bei jedem Fluchtversuch wird von der Schusswaffe Gebrauch gemacht."

Die Namen wurden nacheinander verlesen. Die Aufgerufenen mussten nach vorn treten. Die Handschellen wurden abgenommen

„Personalausweis."

Wolfram zog seinen Ausweis aus der Tasche und reichte ihn dem Sachsen. Der verglich die Personalien mit seiner Liste.

„Einsteigen."

In dem kastenartigen Aufbau des „Barkas" befand sich hinter dem Beifahrersitz eine schmale Tür, durch die die anderen verschwunden waren. Wolfram stieg ebenfalls ein, wurde in einen engen Gang geschoben und in eine winzige Kabine gepresst. An der Seite war eine schmale Bank eingelassen. Er zwängte sich auf die Pritsche. Die Tür fiel zu. Es war dunkel. Wolfram räusperte sich. Irgendjemand antwortete mit einem Hüsteln.

„Ruhe!", schrie der Sachse.

Der Motor wurde angelassen. Draußen hörte man noch einige Zeit polnische und deutsche Worte, ohne sie zu verstehen. Endlich sprang der zweite Wagen an.

In einen „Barkas“ passen genau fünf Gefangene, überlegte Wolfram. Zwei Wagen, weil sie mit Henning zu sechst gewesen wären. DDR-Kennzeichen und eine vorbereitete Namensliste. Bernd hatte Recht. Die Sache war von längerer Hand vorbereitet worden.

Bei der Fahrt über das Kopfsteinpflaster der Hafenstraßen stieß er gegen die Seitenwände.

Er dachte an seine Eltern. Es würde ihnen wehtun. Er sah die feuchten Augen seiner Mutter. Dann fing er selbst an zu weinen.

Kapitel 34

Rückkehr in die Heimat

Polen – DDR, 8. September 1977

Wolfram versuchte, sich zurechtzurücken. Der winzige Verschlag war zu eng für seine Schultern, der Hintern presste gegen die Rückwand, die Knie in die Wand vor ihm. Er richtete sich auf. Sein Kopf knallte gegen die Decke. Er wich nach vorn aus und prallte mit der Stirn gegen die Wand. Die Beine waren eingekeilt, ließen sich weder ausstrecken, noch weiter beugen. Er stützte sich mit den Armen auf den Oberschenkeln ab.

Raus hier, schrie es in ihm! Aushalten, dachte er, du musst das aushalten. Du musst!

Die Panik ließ etwas nach. Doch es blieb eng. Arme und Beine schliefen ein. Der Wagen schüttelte ihn durch. Wolfram versuchte Entlastung zu finden, indem er sich in der Wirbelsäule drehte. Das half für einige Momente, dann meldeten sich Rücken und Nacken schmerzend zurück. Er spannte abwechselnd die linke und rechte Pobacke an und probierte die Wirbel einzeln abzurollen, vom Becken bis zum Nacken und zurück. Fuhr der Wagen in ein Schlagloch, schlug sein Kopf gegen die Decke.

Das Zeitgefühl verlor sich. Waren sie eine Stunde unterwegs oder vier? War es noch Nacht oder schon Vormittag?

Sie verließen das unebene Pflaster. Der Motor drehte auf höhere Touren. Die Straße unter ihnen war jetzt glatt, nur in regelmäßigen Abständen erfolgten Stöße. Du dumm, du dumm, du dumm. Die Schwellen von Betonplatten? Autobahn?

Einmal hielt der Wagen kurz an, von draußen drangen polnische und deutsche Wortfetzen ins Wageninnere. Die Grenze?

Du dumm, du dumm, du dumm. Der Motor blieb auf hohen Touren, wurde dann leiser. Die Stöße hörten auf. Hatten sie die Autobahn verlassen? Glatte Strecken wechselten mit holprigen. Manchmal hielten sie kurz oder bogen um Kurven. Irgendwann stoppte der Wagen, setzte etwas zurück und kam zum Stehen. Der Motor wurde ausgeschaltet. Es war sehr still. Das Herz schlug ihm bis zum Hals. Er klopfte gegen die Wand zur Nachbarzelle.

„Christine?"

„Nein, ich bin´s, Lorenz."

„Verlier deinen Mut nicht", hörte er ihre Stimme aus der Tiefe des Wagens.

„Ruhe, hier wird nicht gequatscht", kläffte es von draußen.

Die äußere Tür wurde aufgerissen, danach eine der Innentüren.

„Raustreten."

Unsichere Schritte im Gang. Das musste Paula sein, sie war als Erste eingestiegen. Der Wagen wippte, als sie ausstieg.

„Raustreten."

Leichte Schritte: Christine!

„Vergiss mich nicht!", rief sie.

„Niemals!", rief er zurück.

Der Wagen wippte.

Die nächsten Schritte waren schwer, das konnte nur Bernd sein.

„Raustreten", brüllte es jetzt in unmittelbarer Nähe.

Er hörte, wie Lorenz sich erhob und die Kabine verließ. Gleich würde er dran sein. Das Herz raste. Sein Verschlag wurde aufgerissen. Der grelle Strahl einer Taschenlampe traf seine Augen, die seit Stunden in tiefstes Schwarz gestarrt hatten. Rote Ringe brannten sich in seine Netzhaut.

„Raustreten!"

Wolfram versuchte, seine Beine zu bewegen. Es ging nicht. Sie waren nur noch taube Klumpen Fleisch.

„Wird´s bald oder braucht es eine Extraeinladung?"

Er stemmte sich mit Ellenbogen und Händen empor und kam irgendwie hoch. Sein Kopf stieß gegen die Decke.

„Na los", brüllte es wieder, „heute Nacht konnte es doch gar nicht flott genug gehen."

Die Freunde waren schneller rausgekommen, aber er war der größte und kräftigste von allen, ihn hatte es in dem Loch am stärksten zusammengequetscht. Er fühlte seine Unterschenkel nicht mehr, ging wie auf Stümpfen. Beim Aussteigen stolperte er über die eigenen Füße und stürzte. Mit beiden Händen zog er sich am Türrahmen empor.

Draußen empfing ihn schmerzende Helligkeit. Er hob die Arme schützend vor die Augen, blinzelte zu Boden, sah nur noch Uniformhosen und Stiefel, tapste vorwärts, wurde geschoben, durch eine Metalltür gedrängt.

„Links ran treten. Gesicht zur Wand, Hände auf den Rücken, nicht sprechen.“

Langsam gewöhnten sich seine Augen an die Helligkeit. Das Gefühl in den Beinen kehrte zurück. Er versuchte die Zehen zu bewegen.

„Ruhig stehen“, brüllte es von hinten.

Er starrte auf die Kalkwand vor sich, ihr graues Einerlei. Dann sah er genauer hin und entdeckte, dass sich die Oberfläche erstaunlich gliederte. Erblickte Landschaften. Straßen umkurvten Berge und verbanden Senken. Es gab Plateaus, in die zu Felsbrocken angewachsene Sandkörner tiefe Schleifspuren eingegraben hatten. Er schloss die Augen und versuchte im Geist, den Weg von Ost nach West zu fahren. Es gelang. Aber wohin führte der Fluss, der sich am Ende seines Blickfeldes in ein Delta, Richtung Osten erweiterte? Er drehte sich unmerklich nach rechts.

„Hier wird nicht zur Seite geglotzt“, brüllte es von hinten.

Er starrte wieder nach vorn, folgte den Straßen und Wegen, versuchte eine zweite Passage nach Westen zu finden. Es gab keine.

Auf einmal wurde er sehr müde. Eine tiefe Erschöpfung, wie er sie noch nie erlebt hatte, fraß in ihm. Hinlegen und schlafen. Nur noch schlafen.

Aber schon ging es weiter. Er wurde in eine Kammer geführt. Der Soldat, der hinter einem Schreibtisch saß, würdigte ihn nur eines kurzen gleichgültigen Blickes und verglich seine Angaben mit dem Personalausweis, der auf seinem Schreibtisch lag. In scharfem Ton wies er Wolfram an, seine rechte Hand neben ein großes Stempelkissen zu legen. Nacheinander rollte er Wolframs Finger einzeln ab und fixierte die Abdrücke auf einem Formular. Danach die andere Hand.

„Da hineinsetzen“, kommandierte er und zeigte auf ein klobiges Holzgestell an der anderen Wand.

Wolfram zwängte sich in die Apparatur und blickte in ein Kameraobjektiv, das fest an der Wand angebracht war.

„Kopf hoch, Blick ge-rade-aus“.

Bei der letzten Silbe, blitzte es vor seinen Augen auf. Der Soldat zog einen Hebel. Das Gestell drehte sich um neunzig Grad.

„Kopf hoch, Blick ge-rade-aus“.

Wieder blitzte es, diesmal von der Seite. Und noch einmal, aus einem Winkel von fünfundvierzig Grad.

„Aufstehen!“

Es ging in einen Untersuchungsraum. An der Wand stand eine Liege. Auf dem Schreibtisch lag ein Stethoskop. Ein Mann mit weißem Kittel befahl: „Nackt ausziehen.“

Der „Weißkittel" horchte ihn ab, untersuchte seinen Bauch, Ohren und Mund. Dann zog er Gummihandschuhe an.

„Hinstellen, Gesicht zur Wand, bücken."

Seine Hinterbacken wurden auseinandergezogen. Ein Finger fuhr in seinen Anus.

„Locker lassen, ham´se sich nicht so."

Der Mann verließ den Raum, die Stahltür schloss sich hinter ihm. Ein paar Minuten später ging sie wieder auf, jemand warf ihm ein Bündel Klamotten zu und nahm seine Kleidung mit. Die neue Kluft bestand aus einem zerbeulten, völlig verschlissenen Trainingsanzug ohne Reißverschluss und Gummi, an vielen Stellen mit Garnen unterschiedlicher Farbe gestopft. Die Hosenbeine zu kurz. Ausgeleierte Socken und Filzpantoffeln.

Mit diesem Dreck wollen sie mich fertigmachen, dachte Wolfram. Wenn ich mich bloß hinlegen könnte.

„Abmarsch."

Sie zogen durch lange, nach Desinfektionsmitteln stinkende endlose Flure, stiegen Treppen empor und hinab. Die in einem schmutzigen Beige gestrichenen Gänge waren schwach erleuchtet, links und rechts gingen graue Zellentüren ab, deren Riegel und Schlosskästen schwarz abgesetzt waren. Der Soldat lief voran. Wolfram folgte ihm mit drei Schritten Abstand, die Arme auf dem Rücken. Mit einer Hand hielt er die rutschende Hose fest. An Kreuzungen hingen Ampeln von der Decke herab. Waren sie auf grün geschaltet, öffnete der Soldat eine schwere Gittertür, die hinter ihnen ins Schloss fiel, sobald sie sie passiert hatten. Leuchtete es rot, musste Wolfram vor einem Stoppstrich halten, der auf den Boden gemalt war.

„Halt, stehen bleiben, Gesicht zur Wand."

Stiefelabsätze knallten hart auf den Betonboden hinter ihm, leise schleifende Pantoffeln folgten. Die Augen fielen ihm fast zu. Einmal knickten die Knie ein.

„Weitergehen, marsch, marsch, vorwärts."

Sie passierten ein Treppenhaus, das die Stockwerke miteinander verband. Zwischen den Geschossen waren etagenweise Stahlnetze eingezogen. Damit sich hier niemand hinunterstürzen kann, dachte Wolfram. Die Schritte des Soldaten dröhnten durch das ganze Gebäude.

„Anhalten, Gesicht zur Wand."

Wolfram blieb einen Schritt neben einer Zellentür stehen, legte die Arme auf den Rücken und drehte sich zur Wand. Der Soldat schloss auf und schob ihn hinein.

„Sie bekommen das rechte Bett. Betritt jemand von der Wachmannschaft den Verwahrraum, ist ordnungsgemäß zu melden. Ihre Verwahrraumnummer ist 116. Der Raum ist für zwei Strafgefangene vorgesehen. Wer von der Tür aus links schläft, hat die Nummer 1, der Rechte die Nummer 2. Wird die Tür geöffnet, treten Sie soweit wie möglich nach hinten zurück, legen die Hände an die Hosennaht und melden sich mit 116-2. Das gilt auch für die Zeit der Einzelhaft. Verstanden?“

„Ja“, krächzte Wolfram. Er hatte seit Stunden nichts mehr gesagt.

„Wie wird gemeldet?“

„116-2.“

„Singen, Pfeifen, lautes Sprechen ist gemäß Verwahrraumordnung verboten. Tagsüber dürfen Sie nicht auf dem Bett liegen. Verstanden?“

„Ja.“

Die Tür fiel zu, der Schlüssel fuhr ins Schloss, das Schlüsselbund rasselte. Stille.

Wolfram sah sich um. Die Zelle mochte ungefähr neun Quadratmeter groß sein. Die Stirnseite bestand aus Glasbausteinen, deren Außenseite so verdreckt war, dass kaum Tageslicht durchdrang. Beidseits an den Wänden je ein Holzbett. Rechts ein Klosett ohne Deckel, daneben ein Waschbecken, links ein Hocker und eine kleine Tischplatte, die an der Wand angeschraubt war. Die Luft stickig und abgestanden.

Unter der Decke ein schmaler Lüftungsschlitz. Über der Zellentür eine Glühbirne. Kein Wandschalter. An einer Wand fand er ein paar in den Putz eingeritzte Buchstaben, die bei späteren Renovierungen mit Farbe überstrichen worden waren: „A“, dahinter ein Punkt. „B“, zwei Punkte. So ging es weiter bis zum Buchstaben „K“ mit elf Punkten. Danach hatte der Schreiber offenbar die Lust verloren. Wolfram kniete nieder, blickte unter die Betten. Keine Ratten, keine vergessene Feile, kein Kanten Brot, keine Staubflocke. Er setzte sich auf den Hocker. Wann hatte er das letzte Mal gegessen und getrunken? Gestern Abend, im Bahnhof Kolberg. Danach nichts mehr. Seine Lippen waren aufgesprungen, die Zunge klebte am Gaumen.

Er war so müde, dass es im Magen wehtat. Oder war es der Hunger? Nur ein paar Minuten schlafen. Er lehnte seinen Rücken gegen die Wand und schloss die Augen. Im nächsten Moment schrak er auf. Die Blende vor dem Spion war zur Seite geschoben worden, die Klappe in der Tür flog auf.

„Nicht anlehnen.“

Die Klappe schlug zu. Er stand auf und begann hin- und herzugehen.

Wie spät war es? Hinter den Glasbausteinen war es hell, also noch Tag. Durst und Hunger. Hunger, Durst und Müdigkeit. Er zählte in Drei erschritten von null bis 1002 und rückwärts in Schritten von 4,5, bis er bei drei angelangt war. Beim nächsten Mal variierte er die Schritte und zählte von 3,75 bis 1050. Rückwärts in Folgen von 10,5 bis hinunter auf null.

Die Klappe fiel runter. Ein Blechteller mit trockenem Brot, einem Klecks Marmelade und eine Tasse heißen Muckefucks tauchten auf. Er sprang nach vorn und griff zu. Das Brot war pappig, die süßliche Schmiere ekelhaft. Der Muckefuck schal. Aber Hunger und Durst überdeckten alles. Er leckte die letzte Brotkrume vom Teller.

Die Zeit verlief quälend langsam. Wie spät war es? Wann würden sie ihn endlich zum Verhör holen? Seine Interviews fielen ihm ein. Dieses Mal würde es viel einfacher sein. Es gab nichts mehr zu verbergen. Er war fast erleichtert. Er würde alle Schuld auf sich nehmen. Hoffentlich hielt Christine sich an ihre Abmachung. Einen Moment lang fühlte er wieder den Stolz, sie zu beschützen. Nein, er brauchte nicht zu lügen. Es war alles klar. Sie waren auf frischer Tat ertappt worden und er hatte seine Freundin zur Flucht angestiftet.

Und zum Abwerfen der Flugblätter, durchzuckte es ihn. Das war ja das viel schlimmere Verbrechen. In der letzten Nacht in Polen hatten sie nur über die Flucht geredet. Diese Flugblattscheiße würde ihm bestimmt weitere fünf Jahre einbringen. Dreieinhalb als Rädelsführer für die Flucht, plus fünf für die Flugblätter, minus anderthalb, wenn ihn der Westen freikaufte. Summa summarum sieben Jahre.

Sieben Jahre ohne die Eltern. Ohne Christine. Keine Musik, kein Studium. Keine Freiheit. Entlassung mit Achtundzwanzig.

Die Jugend inzwischen vergangen, die Dirac-Gleichungen längst vergessen.

Er setzte sich auf den Schemel, schlug sich gegen den Kopf und murmelte immer wieder: „Mein Gott, was bist du für ein Idiot, ein Idiot, ein Idiot!“

Warum hatte er sich auf diese ganze Scheiße nur eingelassen? Er konnte es nicht glauben. Was würde Mutter sagen, wenn sie es erfuhr? Was passierte mit Christine? Was mit Paula? Und Bernd? Würde man ihn als Schwulen im Gefängnis fertigmachen? Armer Lorenz. Er war ihr Theoretiker, weich und sensibel. Dann irrten seine Gedanken zu Henning und blieben bei ihm hängen.

Die Zeit wollte nicht vergehen. Er war so müde. Eine Minute wollte er sich auf die Liege legen. Nur ein Minütchen, das würde ihm so helfen.

Im nächsten Moment schlug die Klappe in der Tür auf.

„Aufstehen, nicht hinlegen“, brüllte es in die Zelle.

Er sprang erschrocken auf und lief hin und her. Es dauerte lange, bis sein Herz sich wieder beruhigt hatte.

Von der Nachbarzelle ein dumpfes Klopfen. TACK, TACK, TACK, TACK, TACK, TACK, TACK, TACK. Pause. TACK. Pause. Dann zwölfmal hintereinander: TACK. Pause. Nochmal zwölf TACKs. Pause. Schließlich fünfzehnmal hintereinander: TACK. Nach einer längeren Stille folgte dieselbe Sequenz. Das musste eine Art Morsealphabet sein. Richtig morsen konnte hier bestimmt keiner. Also würde es ein Schlüssel sein, den man auf Anhieb begreifen konnte. Waren die eingeritzten Zeichen an der Wand eine Art „Gefängnis-Alphabet"? Als die Serie zum dritten Mal kam, buchstabierte er jede Klopffolge durch. Acht TACKs bedeuteten „H". Eins war „A". Zwölf ein „L" und die fünfzehn ein „O": „HALLO"

Er antwortete: „HALLO"

„WER DU"

„WOLFRAM"

„JOHANNES"

Bis es hinter der Wand aus Glasbausteinen endlich dämmerte, hatte er erfahren, dass Johannes, zweiundzwanzig Jahre alt, Student, seit drei Monaten hier einsaß. Versuchte Republikflucht. Wartete auf seinen Prozess.

Es war so wunderbar, nicht mehr allein zu sein.

Die Klappe fiel wieder herunter. Es gab süßen Tee und einen Teller mit pappigem Brei. Er schlang die Pampe gierig hinunter.

Draußen war es dunkel geworden. Die Funzel über der Tür ging an. Langsam schlurfte er auf und ab, übermüdet und gereizt. Hatte keine Lust mehr, mit seinem Nachbarn zu „morsen". Eine Klingel schrillte. Das Licht wurde von draußen ausgeknipst. Endlich!

Er legte sich auf das Bett, zog die Decke hoch und drehte sich zur Seite. Der Rücken entspannte sich, es fühlte sich herrlich an.

Im nächsten Augenblick wurde mit voller Wucht gegen die Metalltür geschlagen. Die Klappe fiel herunter, das Licht ging an.

„Auf dem Rücken schlafen. Hände auf die Bettdecke legen."

Die Klappe knallte zu. Der Schreck fuhr ihm so in den Körper, dass es fast unerträglich schmerzte. Ab diesem Zeitpunkt wurde das Licht in der Zelle alle paar Minuten an- und ausgeschaltet. Die Blende vor dem Spion öffnete sich. Dahinter erschien ein grotesk vergrößertes Auge. Zur Abwechslung schlugen sie manchmal mit einem Metallteil gegen die Zellentür. Er war sterbensmüde, wollte nur noch schlafen, schlafen, schlafen. Die Müdigkeit schmerzte im ganzen Körper. Folter, dachte er, fertigmachen, ohne dich zu verprügeln. Wenn du jetzt durchdrehst, gehst du kaputt.

Plötzlich erinnerte er sich an Tante Hedwig, deren Perserkatze Elfriede er während der Flugblattaktion betreut hatte, als die alte Dame im Krankenhaus lag. An ihre Wohnung mit den Buddha-Bildern an den Wänden. Die Witwe galt in der Familie als liebenswerte Spinnerin. Vor Jahren hatte sie versucht, ihm ihre Yogaübungen schmackhaft zu machen. Wolfram hatte das nie ernst genommen, aber manchmal mitgemacht, um ihr einen Gefallen zu tun.

Nun sah er sie, wie sie sich über ihn beugte, sah ihre dünnen, grauen Löckchen, ihre runde Brille, die auf dem Nasenrücken immer wieder nach vorn rutschte. Ihre alten Augen blickten ihn liebevoll an. Zum ersten Mal in seinem Leben hörte er ihr genau zu.

„Atme in deinen rechten Arm, in deinen linken Arm. Jetzt in dein rechtes Bein, in das linke Bein", flüsterte sie ihm zu.

„Jetzt in den Bauch, in die Brust. Und nun in das Herz, mein kleiner Liebling. Dort ist der Sitz deiner Seele. Lass sie wachsen."

Er atmete tief und inbrünstig in sein Herz hinein und spürte seine Seele anschwellen. Das Licht ging an und aus, das „Zyklopenauge" starrte durch den Spion. Sie schlugen gegen die Tür.

Er aber atmete in seine Seele, machte sie groß.

„Kehre zu dir selbst zurück", flüsterte ihre gute Stimme.

„Ja, Tante Hedwig", antwortete er mit zehnjähriger Verspätung.

Er erwachte erst am Morgen, als die Klappe runterfiel.

„Aufstehen, Betten machen."

Kapitel 35

Eins plus eins gleich eins

Regierungs-Krankenhaus Berlin-Buch, 12. September 1977

Der Wind fuhr in die knorrigen Äste der Kiefer vor seinem Fenster. Reinbeck liebte diesen kargen Baum. Ein Stück märkischer Heimat. Gab es neben ausgewaschenen Böden, Spargel und Kartoffeln etwas, das typischer für Brandenburg war als seine Föhren?

Er kniff die Augen zusammen und versuchte, schärfer zu sehen. Vor ein paar Tagen hatte er den Stamm noch doppelt wahrgenommen und ständig überlegen müssen, welcher der Richtige war. Unter solchen Übungen waren die Stunden zwischen Morgenvisite und Abendbrot vergangen, unterbrochen nur von den Besuchen seiner Frau.

„Du siehst schon viel besser aus, fast wie ein Mensch", hatte sie vor einigen Tagen verkündet und dabei Pflaumen und Äpfel aus dem eigenen Garten ausgepackt. „Wieder ein Gerät weniger, ich konnte dieses ewige Gepiepe nicht mehr hören."

Die beiden Bäume hatten sich inzwischen einander genähert, aber noch nicht vollständig vereint.

„Das wird schon", beruhigte Professor Bisanz ihn. Der renommierte Kopfchirurg hatte vor einer Woche seine rechte Augenhöhle, deren Fraktur für die Doppelbilder verantwortlich war, zusammengeschraubt. Es war nicht das erste Mal gewesen, dass man an ihm rumgeschnippelt hatte. Leider auch nicht das letzte. Im Computertomogramm des Kopfes war vor ein paar Tagen eine Blutung, ein subdurales Hämatom, entdeckt worden, das sich langsam vergrößerte. Das Blutgerinnsel erklärte seine anhaltenden Kopfschmerzen und die Dumpfheit. Die Trepanation war für den Nachmittag angesetzt.

Sich auf Denken oder ein Gespräch zu konzentrieren kostete ihn mehr Kraft, als er im Augenblick aufbringen konnte. Immer wieder flossen ihm die Gedanken weg, wie Blätter auf einem vorbeiströmenden Fluss.

„Können Sie mich verstehen, Genosse Major?", hörte er Diepholts Stimme, die sich mühsam eine Schneise durch den Nebel bahnte.

Reinbeck löste seine Augen nur mit Anstrengung von der Kiefer und wandte sich dem Oberleutnant zu, der neben seinem Bett saß. Was wollte man von ihm? Die sollten ihn gefälligst in Ruhe lassen. Er war krank.

„Sehen Sie das Laub an der Buche?", hatte ihn der Chefarzt vor ein paar Tagen gefragt.

Natürlich sah er die blöden Blätter, die sich im Wind bewegten.

„Wenn das abgefallen ist und der Baum neu getrieben hat, dürfen Sie langsam daran denken, wieder mit dem Arbeiten anzufangen."

Prost Mahlzeit. Im ersten Moment war er schockiert gewesen, aber dann gewöhnte er sich an den Gedanken, eine Kunstpause einzulegen. Urlaub ohne Kollegen, Regeneration in seinem geliebten Garten. Ungestörte Grillnachmittage ohne Ukas. Diese Aussicht tröstete und gefiel ihm von Tag zu Tag besser. Nur auf Besäufnisse mit Franzen würde er sich nie wieder einlassen. Besäufnis, Franzen? Ihm fiel ein, dass es keine Treffen im „Union Eck" mehr geben würde.

„Genosse Oberstleutnant Franzen liegt zwei Stock höher. Dass die Feuerwehr ihn aus diesem Schrotthaufen lebend rausschweißen konnte, ist ein kleines Wunder. Er befindet sich noch immer im künstlichen Koma, aber wir bekommen ihn durch", hatte Bisanz ihm vor einer Woche versichert.

„Nachdem Sie und Oberstleutnant Franzen ausgefallen waren, hat Oberst Meister die Leitung der ‚Operation Blitz' Hauptmann Arnold übertragen."

Wer sprach da? Richtig, Diepholt. Der Oberleutnant saß noch immer neben seinem Bett.

„Arnold?!"

Reinbeck versuchte, nachzudenken. Dieser Versager leitete jetzt also die „Operation Blitz". Na, wenn schon. Sie war ohnehin abgeschlossen. Die ganze Studententruppe bereits im Westen. Spielten inzwischen die großen Freiheitshelden.

„Arnold hat von oben neue Instruktionen erhalten, Genosse Major."

„Instruktionen?"

„Die Studenten sind vor fünf Tagen in Polen verhaftet worden."

Was? Verhaftet? In Polen? Das ergab keinen Sinn. Oder doch? Wie konnte diese Ratte es wagen? Wenn nur der Nebel nicht wäre.

„Ich brauche ein feuchtes Handtuch."

Diepholt sprang auf, nahm ein frisches Handtuch aus einem Schrank, machte es unter dem Wasserhahn nass, wrang es aus und legte es Reinbeck auf die Stirn.

„Verhaftet, in Polen, auf Arnolds Befehl?"

Für einen Moment riss der Dunst auf. Er sah das graue Männchen vor Meisters Schreibtisch sitzen. Verkrampft, schmächtig, unterwürfig. Hörte, wie Meister ihm befahl, die „Operation Blitz“ zu kassieren. Was für eine exzellente Gelegenheit für den Oberst, diese für ihn so peinliche Affäre zu beenden. Ihm und Franzen die Sache aus der Hand zu schlagen und im selben Atemzug sechs Republikflüchtlinge festzunehmen. Trotz der Gehirnquetschung stieg eine Welle aus Wut und Angst in ihm auf.

„Es tut mir leid, Genosse Major. Ich weiß, was die ganze Operation Ihnen bedeutet.“

Bedeutet! Diepholt hatte ja keine Ahnung.

Reinbeck stellte sich „Thomas“ im Gefängnis vor. Kahlgeschoren, Gefängnislumpen. Mieser Fraß. Verzweifelt. Verraten. Er, Reinbeck, hatte ihm hoch und heilig versprochen, dass alles gutgehen würde.

„Verhaftet, in Polen?“, seine Stimme war rissig und schwach.

„Ja, Genosse Major, gleich nachdem sie das Schiff bestiegen hatten. Inzwischen sind sie in Berlin eingetroffen und werden verhört.“

Reinbeck drehte das Handtuch auf seiner Stirn um. Die Gedanken zu sammeln kostete alle Energie, über die er jetzt noch verfügte.

„Und Thomas?“

Diepholt macht eine bedauernde Geste.

Reinbeck blickte aus dem Fenster. Die beiden Kiefern hatten sich wieder voneinander getrennt. Welche war die Richtige?

„Diepholt, ich kriege im Augenblick nichts mehr auf die Reihe. Nur Nebel und Watte. ‚Operation Blitz‘ versaut. Was wird aus Thomas?“

Sein Kopf sank auf das Kissen zurück. Diepholt beugte sich zu ihm hinüber.

„Die haben im Gefängnis alle Zeit der Welt, darüber nachzugrübeln, was passiert ist. Sich an die winzigsten Kleinigkeiten zu erinnern. An jedes Gespräch, jedes Gesicht. Wenn Sie gestatten, entwickle ich ganz kurz, was die sich meiner Meinung nach, im Laufe der nächsten Jahre zusammenreimen werden, Genosse Major.“

Reinbeck nickte schwach.

„Wer kommt, deren Meinung nach, für den Verrat infrage? Der polnische Fischer? Wohl kaum, der wäre ja bescheuert gewesen, wenn er das Geld nicht eingesackt hätte. Der Schwede? Abwegig. Der will Diplomat werden und kein kleiner Denunziant. Andreas Moritz? Der ist der erste wirklich Verdächtige, vor allem nach seinem vorzeitigen Ausstieg. Gilt allerdings als unbeirrbarer Humanist. Henning Kaufmann? Der ist übrigens vom Boot gesprungen und erschossen worden.“

„Erschossen?!“

„Dämlicher Unfall. Einer vom polnischen Eingreifkommando konnte seine MP nicht im Zaum halten, hat aus Nervosität einfach losgeballert."

Diepholt grinste. „Auf der Flucht erschossen."

Reinbeck sah ihn scharf an, der Oberleutnant wurde sofort ernst und straffte sich.

„Da sich Kaufmann seinen Freunden gegenüber als IM offenbart hatte, kommt er als ‚Verräter' nicht in Betracht. Das würde auch nicht zu seinem Sprung vom Boot passen."

Reinbeck hatte Mühe, klar zu denken.

„Bleiben nur noch die überlebenden Mitglieder der Gruppe selbst. Am Ende wird jeder jeden verdächtigen. Und am meisten Thomas. Sie werden sich an die alten Gerüchte, die über ihn im Umlauf waren, erinnern, deretwegen wir die ‚Operation Blitz' gestartet hatten. Sie werden ihm misstrauen, wenn sie entlassen sind. Als großen Freiheitshelden können wir ihn dann nicht mehr verkaufen."

Reinbeck stöhnte.

„Diepholt, mir verschwimmt alles."

Er griff nach der Hand des Oberleutnants.

„Denken Sie sich was aus, damit der Verdacht von Thomas abfällt. Das ist ein Befehl, denn de facto bin ich jetzt der Chef der Gruppe. Oberstleutnant Franzen wird vermutlich nach Jüterbog abkommandiert werden."

Diepholt nickte. „Hab schon so etwas läuten hören, Genosse Major."

„Strengen Sie sich an. Machen Sie einen neuen Plan und ziehen Sie ihn gegenüber Arnold durch. Sagen Sie ihm, dass er von mir kommt."

In die letzten Sätze hatte Reinbeck alle Kraft gelegt, die er zusammenklauben konnte. Erschöpft sank er zurück.

„Diepholt, Sie wissen, wie ich denke, ich muss Ihnen vertrauen. Hauen Sie Thomas raus. Aber ohne Schweinereien! Haben Sie mich verstanden? Finden Sie einen sauberen Weg. Im Frühjahr bin ich zurück. Ich ziehe Ihnen die Hammelbeine lang, wenn Sie Scheiße gebaut haben."

„Natürlich, Genosse Major, ich lasse mir etwas einfallen, genau in Ihrem Sinn, verlassen Sie sich darauf. Ich bekomme das ohne Sauereien hin."

Es klopfte, der Pfleger trat mit einer Spritze in der Hand ein.

„Es geht los, Genosse Major."

Kapitel 36

Ein humanistisches Werk

Stasi-Zentrale Berlin-Lichtenberg, 13. September 1977

In den langen Sommermonaten, die jetzt zu Ende gingen, hatte sich der „Betonsarg“ an der Ruschestraße mit Hitze vollgesogen. Abgestandener Dunst hing in Gängen und Räumen.

Diepholt trocknete sich mit einem Taschentuch nervös die feuchten Hände. Reinbecks gestrige Instruktion „Hauen Sie Thomas raus, aber ohne Schweinereien“, hatte ihm eine schlaflose Nacht bereitet.

Er ahnte, dass ihn heute ein schwerer Gang erwartete. Dieses Ding durchzuziehen war eine Sache. Es Reinbeck später als humanistisches Werk zu verkaufen, eine zweite. Dabei keinen der anderen Platzhirsche zu verprellen die Dritte.

Wer waren die anderen? Zunächst Arnold, der gerade zum kommissarischen Vorsitzenden der Arbeitsgruppe ernannt worden war. Eher ein Bambi als ein Bock. Da stellte Galanski schon ein anderes Kaliber dar. Der Major hielt sich zwar bedeckt, aber es war klar, dass er Meisters Mann war. Mit dem Oberst, seinem dritten und gefährlichsten Gegner, durfte er es sich auf keinen Fall verderben.

Diepholt stand vor der eigentlich unlösbaren Aufgabe, als rangniedrigster Offizier Reinbecks Auftrag gegen drei Vorgesetzte durchzudrücken.

Bei dem anstehenden Scharmützel könnte er schnell zwischen die Fronten geraten. Reinbeck auf der einen Seite, Meister auf der anderen. Gewann er gegen einen, schuf er sich mit ihm einen lebenslangen Feind in der Firma. Versaute er die Sache, würde seine Karriere irgendwo bei der Postzollfahndung versanden.

Arnold hockte, den kahlen Kopf zwischen den schmächtigen Schultern eingezogen, auf Franzens Ledersessel, als Diepholt den Konferenzraum betrat. Der Hauptmann war eine Witzfigur, die sich gegen keine Seite behaupten würde. Und doch war klar, dass dieses Würstchen alles noch komplizierter machte. Wollte Diepholt Erfolg haben, musste er über Bande spielen. Diese Niete ansprechen, dabei aber Galanski meinen.

„Guten Morgen, Genosse Hauptmann."

Arnold blickte unsicher auf. An diese Form ehrenvoller Begrüßung nicht gewöhnt, leuchtete in seinen Augen eine Mischung aus Stolz und Erschrecken auf.

Diepholt nahm Platz. Hinter ihm öffnete sich die Tür, Galanski trat ein. Er grüßte Arnold und Diepholt und setzte sich auf Reinbecks Stuhl. Hinter Galanski schlüpfte die Nachfolgerin von Rita Wegener hinein. Ein, in irgendwelchen Schreibbüros ergrautes, unscheinbares Wesen.

Arnold richtete seine vor ihm auf dem Tisch liegenden Akten an einer unsichtbaren senkrechten Linie aus. Seine Augen tasteten unsicher den Raum ab, um schließlich Diepholts Blick einzufangen, der ihm unmerklich zunickte. Das Männchen hüstelte.

„Genossen, hiermit eröffne ich die heutige Sitzung, in der ich kommissarisch den Genossen Franzen vertrete. Von dieser Stelle aus möchte ich unsere solidarischen Kampfesgrüße an den Genossen Vorsitzenden schicken und ihm und dem Genossen Reinbeck herzliche Genesungswünsche übermitteln. Weiterhin möchte ich Feldwebel Schneider vorstellen, die die Genossin Wegener vertritt. Ich darf Sie, Genosse Galanski, bitten, den Lagebericht vorzutragen."

Arnold ließ erleichtert die Schultern sinken.

Galanski hob den Kopf und begann mit präziser Stimme.

„Genossen, in der Nacht vom 7. zum 8. September ist uns ein großer Schlag gegen eine Bande republikflüchtiger Subjekte gelungen. Fünf Verräter konnten von den polnischen Genossen auf unsere Vorarbeit hin verhaftet werden. Sie befinden sich in unserem Gewahrsam in Hohenschönhausen."

Sechs, korrigierte Diepholt in Gedanken. Nicht dass ihn Kaufmanns Tod allzu sehr berührte. Schließlich hatte der IM ‚Guntram' Verrat begangen. Aber Ordnung musste sein.

Wichtiger waren die drückenden Gedanken an den Scheißjob, den Reinbeck ihm aufgehalst hatte. Warum hatte er den Major nicht einfach weiterschlafen lassen, als er ihn schlummernd in seinem Krankenhausbett angetroffen hatte? Keiner hätte ihm daraus einen Strick drehen können. Andererseits war das seine große Chance. Dass man Arnold demnächst absägen würde, war klar, und dass Reinbeck, wenn er im Frühjahr wieder zurückkäme, ohne seinen Gönner Franzen viel Freude empfinden würde, war auch nicht zu erwarten. Die oberen Etagen würden sich in naher Zukunft deutlich lichten. Diepholt sah viel freien Himmel über sich.

Galanski fuhr fort.

„Wir müssen heute die Strategie bezüglich Thomas festlegen, denn selbstverständlich ist nicht zu akzeptieren, dass unser IM ein paar Jahre absitzt."

Galanski blickte zu Arnold. Das Männchen räusperte sich.

„Mein Vorschlag ist, Thomas ein Geständnis ablegen und ihn vor Gericht als Belastungszeugen auftreten zu lassen. Danach kann er sofort entlassen werden."

Fantastisch, fand Diepholt. Denken sollte als Unterrichtsfach eingeführt werden. Zumindest in der Firma. Es wurde Zeit für seinen Auftritt.

„Genosse Arnold, darf ich darauf aufmerksam machen, dass wir mit einem solchen Vorgehen Thomas endgültig verbrennen würden."

Arnold zog erschrocken die Augenbrauen hoch.

„Ich erinnere daran, dass der Genosse Oberst Meister in der Sitzung vom dritten Juli bekräftigt hatte, dass Thomas uns noch sehr nützlich sein könnte", ergänzte Diepholt zur Sicherheit.

Er hielt den Atem an. Es war riskant gewesen, Meister mit seinen eigenen Worten vorzuführen. Arnold blickte Diepholt ratlos an, griff zum Taschentuch und tupfte seine Stirn ab. Seine Augen irrlichterten hilfesuchend durch den Raum und blieben an Galanski hängen. Der Major malte mit seinem Kugelschreiber Kringel in die Akten.

„Thomas ist in der Tat wichtig, wir dürfen ihn auf keinen Fall dekonspirieren", sagte Galanski schließlich. Sein rechtes Augenlid zuckte.

Mit einem Mal erkannte Diepholt, dass in diesem Spiel nicht er der Gejagte war. Nachdem Meister die „Operation Blitz" wutschäumend und ohne daran zu denken, wie er dieses Vorgehen später rechtfertigen konnte, eingesammelt hatte, musste ihm inzwischen gedämmert haben, wie gefährlich sich die Angelegenheit für ihn entwickeln konnte. Galanski und Arnold waren nicht hier, um ihn in die Pfanne zu hauen. Sie taten nur so. De facto waren sie blank. In Wirklichkeit ging es darum, Meisters Arsch zu retten. Einen Weg zu finden ihn, Diepholt, und das hieß Reinbeck zufriedenzustellen, damit die Wahrheit nicht durchgestochen wurde.

„Sehen Sie einen Weg, Genosse Diepholt, Thomas sauber rauszubekommen, ohne ihn zu kompromittieren?"

Jetzt hieß es, seinen Triumph nicht allzu deutlich raushängen zu lassen.

„Genosse Major, die Verhaftung der Fluchtgruppe hat dem Unternehmen ‚Blitz' einen weiteren, überaus positiven Aspekt hinzugefügt.

Thomas wird später im Westen nicht nur Widerständler und Flüchtling sein. Er wird zusätzlich auch noch die Haftzeit in seine ‚Reputation' einbringen können."

Diepholt genoss den anerkennenden Blick von Galanski.

„Meines Erachtens muss ein anderer aus der Gruppe eine Selbstanzeige machen, um den Verdacht von Thomas abzuwenden. Nach Durchsicht der Akten glaube ich, dass in erster Linie der Fichtner, Wolfram, infrage kommt. Biographisch gibt es einen politischen Konflikt mit den Eltern, den wir ausnutzen könnten. Sollte das nicht funktionieren, wäre seine Freundin, die Wolke, Christine dran. Deren Vater muss demnächst am Herzen operiert werden. Für diese Operation gibt es eine eng begrenzte Warteliste, da es sich um eine kostspielige Therapie handelt, für die teures Material aus dem Westen eingekauft werden muss. An dieser Stelle könnten wir locker ansetzen. Allerdings plädiere ich eher für die Fichtner-Variante, weil das Motiv des verlorenen Sohns volkstümlicher ist."

„Sehe ich genauso", grinste Galanski, „und vermute außerdem, dass die biblische Deutung dem Genossen Reinbeck gefallen wird."

Hatte Galanski sich gerade über Reinbecks Herkunft lustig gemacht, fragte sich Diepholt verblüfft. Deutete sich hier ein Machtwechsel an?

„Soweit, so gut", nahm Galanski den Faden wieder auf. Schließlich konnte er Diepholt nicht völlig die Initiative überlassen. „Aber das würde ja bedeuten, dass wir Thomas für lange Zeit hinter Gitter bringen. Grob gerechnet: Republikflucht plus Devisenvergehen macht drei Jahre, plus Flugblattabwurf in besonders schwerem Fall noch mal vier. Summa summarum sieben. Da sehe ich erhebliche Probleme."

„Das ist die entscheidende Überlegung, Genosse Major", beeilte sich Diepholt zu bestätigen. „Als ich dem Genossen Major Reinbeck gestern einen Besuch im Krankenhaus abstattete, hat er mir den Auftrag gegeben, folgenden Vorschlag vorzutragen."

Was er jetzt sagen würde, war mit Reinbeck nicht abgekaspert worden, aber das würde er ihm schon beibringen, sobald der wieder an Deck war.

„Der Major schlug zwei Maßnahmen vor. Als Erstes sollten wir die Flugblattaktion unter den Tisch fallen lassen. So tun, als hätten wir davon nichts gewusst. Dann kommen die Typen mit zweieinhalb Jahren davon. Teilamnestie berücksichtigt, kann Thomas seine Karriere als großer Freiheitskämpfer also bereits nach zwei Jahren starten."

Galanski nickte zustimmend.

„Die zweite Maßnahme bezieht sich auf Thomas. Er sollte nur scheinbar einsitzen. Dazu genügt es, wenn er in dieser Zeit zweimal auf die anderen trifft. Zuerst beim Prozess, zum zweiten Mal bei Entlassung. Die übrige Zeit lebt er draußen und studiert weiter."

Galanski runzelte die Stirn.

„Aber das ist doch im Nu rum."

„Nicht, wenn Thomas im kapitalistischen Ausland studiert, Genosse Major. Unter fremdem Namen und als bundesdeutscher Auslandsstudent."

Galanski wiegte verblüfft den Kopf. Er wird es fressen, dachte Diepholt. Konnte froh sein, dass er ihm einen gangbaren Weg aus der verfahrenen Situation gewiesen hatte. Jetzt musste er ihm nur noch Gelegenheit geben, sein Gesicht zu wahren.

„Die Sache hat nur einen Haken", begann er. „Beim Prozess und zur Entlassung trifft Thomas auf die Mitglieder der Truppe. Während die anderen depressiv und abgehärmt rumhängen, kommt er gut genährt, mit normaler Gesichtsfarbe und optimistischer Körperhaltung daher. Das könnte auffallen."

Als würde ihm dieses Problem ernsthaft zu schaffen machen, ließ er entmutigt die Schultern hängen.

Galanski grinste. „Nun, da habe ich eine Idee. Wir lassen ihn zweimal kurz einsitzen. Vor Prozessbeginn und Entlassung darf er jeweils vierzehn Tage lang das normale Häftlingsleben studieren. Vegetiert dort wie ein gewöhnlicher Knastbruder, bekommt den ungenießbaren Gefängnisfraß und genießt die übliche Behandlung. Das verhilft ihm zu dem typischen Haft-Teint und den Grundkenntnissen des Lebens hinter Gittern. Wie es da zugeht, hat er schnell drauf. Er ist ja ein intelligentes Bürschchen. Außerdem lässt sich auf diese Weise arrangieren, dass er mit anderen Häftlingen zusammenkommt, die dann die Kunde seiner Anwesenheit ein bisschen breittreten.

„Ich halte das für eine geniale Strategie, Genosse Major", beeilte sich Diepholt, eilfertig zu versichern. Galanski lächelte zufrieden.

„Gut", stieß Arnold erleichtert hervor, „ich werde diesen Maßnahmenplan dem Obersten zur Genehmigung vorlegen. Damit schließe ich die heutige Sitzung."

Er klappte seine Akten zusammen, stand auf und verließ den Raum. Feldwebel Schneider beendete ihre Schreibarbeiten und eilte hinterher.

Galanski lehnte an der Fensterbank und rauchte eine „f6". Diepholt trat hinzu und nahm die ihm angebotene Zigarette dankend an.

„Kompliment, Diepholt, Sie sind schlau. Clever gemacht und sauberen Kompromiss hinbekommen. Aber passen Sie auf, Sie operieren hier gefährlich zwischen den Fronten."

„Ich habe mich nicht in die Schusslinie gedrängt, Genosse Major. Mein Interesse bestand nicht darin, diese Dinge zuzuspitzen."

Galanski klopfte die Asche seiner Zigarette in den Aschenbecher.

„Aber schon darin, Ihre Karriere zu fördern."

„Wollen wir das nicht alle, Genosse Major", grinste Diepholt, „die Kunst ist eben, dem Sozialismus zu dienen und gleichzeitig Gutes für sich selbst zu tun."

Galanski blies den Rauch gegen die Fensterscheibe.

„Ihren Namen werde ich mir merken", antwortete er nachdenklich und drückte seine Zigarette aus. „Ich habe den Eindruck, Sie haben begriffen, dass hier Veränderungen anstehen. Halten Sie mir auch in Zukunft den Rücken frei. Dann ziehe ich Sie bei meinem Aufstieg mit."

Diepholt lächelte erfreut.

„Abgemacht."

„Abgemacht", antwortete Galanski, sah ihn noch einmal fest an und verließ den Raum.

Diepholt legte seine Stirn gegen die Fensterscheibe und blickte zum Fernsehturm hinüber. In ein, zwei Jahren würde er Reinbecks Posten haben, das war sicher. Und er würde gewiss mehr daraus machen, als dieser schöngeistige Spinner von Pfarrerssohn.

Kapitel 37

Das neue Alphabet

Berlin-Hohenschönhausen, 14. September 1977

Wolfram stand auf. Hielt seinen Kopf unter den Wasserhahn, wusch mit einem löchrigen grauen Waschlappen den ganzen Körper und putzte sich die Zähne. Dann rasierte er sich mit einem Nassrasierer, den man ihm gegeben hatte.

Es schepperte an der Tür. Das Frühstück stand auf der Klappe: ein Blechteller mit trockenem Brot, ein Klecks rötliche Marmeladenschmiere, ein Becher Pfefferminztee.

Er hatte den ersten Tag überlebt und trotz Folter durchgeschlafen. Einen Moment lang war er stolz auf sich. Wie die anderen wohl diese Nacht überstanden hatten? Er war sicher, dass Christine in diesem Moment an ihn dachte.

Die Klappe ging wieder auf, er stellte Teller und Becher drauf, es wurde weggeräumt, ohne dass er einen Menschen zu Gesicht bekam.

Dann saß er auf dem Hocker und starrte die dreckigen Glasbausteine an. Versuchte, irgendetwas dahinter wahrzunehmen. Eine Bewegung, einen Schatten, eine Unregelmäßigkeit.

Die Wand blieb grau und ereignislos. Nichts geschah. Totenstille.

Er begann zu summen. Sang halblaut kommunistische Kampflieder und all die Schlager, derer er sich erinnern konnte.

„Wohin auch das Auge blicket,
Moor und Heide nur ringsum.
Vogelsang uns nicht erquicket,
Eichen stehen kahl und krumm."

Er bekam zwei Strophen zusammen. Die Zeit wollte nicht vergehen. Er sprang auf und begann zu laufen. Vier Schritte bis zur Glaswand, vier zurück zur Zellentür. So lange, bis er anfing, zu schwitzen. Wo waren die

Ratten aus den Gefängnisfilmen, die man mit Brot und Käsestückchen dressieren konnte? Nicht mal Fliegen oder Mücken gab es.

Johannes meldete sich.

„WIE WAR NACHT"

Wolfram tackerte ebenso knapp zurück.

„UEBERLEBT"

„RUHE ERST NACH GESTAENDNIS"

„KEIN VERHOER WANN DEINS"

„NACH VERHAFTUNG"

„HOFFE MEINS HEUTE"

„MANCHMAL DREI AM TAG MANCHMAL WOCHEN NICHTS"

Dieser Dialog zog sich über Stunden hin. Er hatte zwar keine Uhr, aber schnell hatte sich bei ihm eine innere Zeitmessung eingestellt.

Ich muss körperlich fit bleiben, dachte er und machte fünfzig Kniebeugen, danach vierzig Liegestütze. Dann Dehnungsübungen. Er nahm sich vor, diese Sequenz viermal am Tag zu wiederholen.

Zum Mittagessen gab es lauwarme Kartoffelsuppe, in der labbriger Speck mit Borsten schwamm. Auf den Nachschlag verzichtete er.

Am Nachmittag versuchte er, mit anderen Häftlingen Kontakt aufzunehmen. Er klopfte gegen die linke Zellenseite.

„KENNT JEMAND CHRISTINE PAULA LORENZ BERND"

Dann gegen die rechte Seite. Anschließend gegen das Heizungsrohr. Einmal kam ein „NEIN". Ansonsten keine Antwort. Wo war Christine? Irgendwo, in diesem Bau. Vielleicht nur wenige Meter entfernt.

„Hab keine Angst, Liebste, ich schaffe das."

Er summte das Lied von Hildegard Knef:

„Aber schön war es doch, aber schön war es doch,
und ich möcht' das noch einmal erleben."

Er stellte sich den Tag vor, an dem er endlich rauskäme. Sie würde ihn abholen, denn sie war ja schon lange vor ihm frei.

„Komm schnell nach Hause, mein Liebster, wir haben so viel nachzuholen."

Er wiederholte seine Sportübungen. Halblaut redend ging er in der Zelle auf und ab:

„Ihr wollt mich schmoren lassen. Damit ich, wenn ihr mich endlich holt, so übervoll bin, dass alles aus mir raussprudelt."

Was würde er im Verhör sagen? Wer hatte sie verraten? Andrzej, Ingmar, Henning?

Wenn es jemand aus ihrer Gruppe war, käme die Flugblattaktion auf den Tisch.

„Brüder zur Sonne zur Freiheit
Brüder, zum Lichte empor
Hell aus dem dunklen Vergangenen
leuchtet die Zukunft hervor."

Seine Hände fuhren über das Holz der kleinen Tischplatte, die an die Wand befestigt war. Die Finger fanden auf der Rückseite unebene Stellen. Er tastete weiter und spürte so etwas wie Buchstaben. Er legte sich auf den Boden und schaute auf die Unterseite des Tisches. Jemand hatte mit einem spitzen Gegenstand etwas eingeritzt.

„Lieber Gott mach mich fromm, dass ich in den Westen komm."

Er begann mit seiner dritten Trainingseinheit. Danach wieder vier Schritte vor, vier zurück mit dem Brecht-Lied im Kopf:

„Vorwärts, und nicht vergessen,
worin unsre Stärke besteht
beim Hungern und beim Essen."

Was wusste die Stasi?

Ich werde nur das gestehen, was nicht zu leugnen ist. Nicht ein Wort mehr. Die Flucht ist klar. Was die Flugblätter angeht, abwarten. Möglicherweise haben sie die ganze Geschichte nach meinem zweiten Verhör ad acta gelegt. Ziemlich unwahrscheinlich, aber wer weiß? Läuft es so, komme ich mit dreieinhalb Jahren davon. Minus einem, falls ich freigekauft werde.

Es dämmerte. Das Licht ging an. Das Abendbrot kam. Trocknes Brot und ein Blechteller mit Nudelsuppe. Die dünne Plörre lauwarm, auf der Oberfläche eine zähe, dicke Haut.

„NIEMALS MAHLZEIT AUSLASSEN", hatte Johannes ihn gewarnt, „ABNEHMEN VON ALLEINE, WUERGE ALLES RUNTER."

Hinterher wusch er sich und putzte gründlich die Zähne. Die Klingel ertönte. Das Licht erlosch. Er legte sich auf den Rücken, packte die Hände auf die Bettdecke.

„Atme in dein Herz, mein Liebling, mache deine Seele groß."

Er schlief ein und nahm im Halbschlaf kaum noch das Aufleuchten des Lichtes, das „Zyklopenauge" und das Hämmern gegen die Zellentür wahr. Er hatte seinen zweiten Tag hinter sich gebracht. Den zweiten von eintausendzweihundertfünfundsiebzig. Oder zweitausendfünfhundertfünfundfünfzig.

Nummer drei und vier verliefen so eintönig wie die ersten beiden. Der fünfte begann wie inzwischen gewohnt.

„Aufstehen. Betten machen."

Klappe, Frühstück mit trocknem Brot, Marmeladenschmiere, Pfefferminztee. Zähneputzen. Waschen. Johannes meldete sich.

„STUDIERST DU"

„PHYSIK"

„WERDEN DICH EXEN WIE MICH"

„WAS DU"

„THEOLOGIE"

Wolfram war elektrisiert.

„WELCHES JAHR"

„VIER HUMBOLDT"

„KENNST DU LORENZ ALTHOFF"

„KLAR DUFTE GEHOLFEN PHILOSOPHIE DU WOHER"

„LANGE FREUND"

Wolfram machte eine Pause. Sollte er weiter „morsen"? Es war egal. Was er jetzt tackern würde, war kein Geheimnis.

„BEIDE VERHAFTET FLUCHT POLEN"

„SCHEISSE"

Wolfram begann seinen ersten Sportzyklus. Er erweiterte ihn um andere Dehnungsübungen, die er so intensiv durchführte, wie er es früher nie getan hatte. Er schätzte, dass alles zusammen jetzt eine halbe Stunde dauerte. Dann wieder Laufen. Die Viererschritte so schnell wie möglich. Bis ihm der Schweiß ausbrach.

„Die Gedanken sind frei,
wer kann sie erraten,
sie fliehen vorbei,
wie nächtliche Schatten.
Kein Mensch kann sie wissen,
kein Jäger erschießen.
Es bleibet dabei:
Die Gedanken sind frei."

Früher war es darum gegangen, Zeit zu genießen oder zu gewinnen. Hier, sie zu vernichten. Als er auf das Abendbrot wartete, rasselte draußen ein Schlüsselbund. Die Tür flog auf. Ein Soldat stand in der Öffnung. Wolfram trat nach hinten, legte die Hände an die Hosennaht und meldete: „116-2."

„Mitkommen", brüllte der Soldat.

Nach den Tagen in der engen Zelle betrachtete er staunend die Weite der Flure. Treppauf, treppab, lange Gänge. Grüne Ampeln, rote Ampeln. Kreuzungen und Abbiegungen. An die Wand stellen, warten.

„Weitergehen."

Hinter dem Soldaten bleiben. Hosen festhalten. Die harten Absätze der Soldatenstiefel hallten durch die Gänge. Wolframs Filzpantoffeln hinterließen ein leises, schleifendes Geräusch. In Kopfhöhe liefen Seile an den Wänden entlang. „ALARMDRAEHTE", hatte ihn Johannes informiert, „FALLS JEMAND MIST BAUT EIN GRIFF DANN TEUFEL LOS"

„Halt, stehen bleiben! Da rein."

Der Soldat schob ihn durch eine geöffnete Tür in ein Zimmer. Der Raum war nüchtern eingerichtet, aber keine Zelle. Hinter einem Schreibtisch aus hellem Kiefernholz saß ein Mann in gutsitzender Uniform.

Sein Gesicht war noch jung, zeigte aber schon eine Tendenz, ins Feiste überzugehen. Auf seiner pastösen Haut glänzte ein fettiger Schimmer. Nach hinten gekämmtes schwarzes Haar, Schuppen auf Kragen und Schultern. Geheimratsecken. Die Gläser der schweren dunklen Hornbrille ließen seine Augen größer erscheinen, was ihm gleichzeitig Gravität und Gemütlichkeit verlieh.

An der rechten Seitenwand ein zweiter Schreibtisch, an dem eine blonde Frau saß. Vor ihr eine elektrische Schreibmaschine. Hübsches Gesicht, schulterlanges Haar, große Ohrringe. Etwa in seinem Alter. Wäre er ihr auf der Straße begegnet, hätte er nie vermutet, dass so eine für die Stasi arbeitet.

An den Wänden ein paar Bilder mit den üblichen Gestalten: neben Honecker noch Mielke und Dzierżyński. Hinter den Milchglasscheiben des Fensters die verschwommene Silhouette eines Gitters.

Erstes Verhör, dachte Wolfram erleichtert.

„Blondi" schlug einen Schreibblock auf und warf ihm einen neugierigen Blick zu. „Schuppe" hatte ihn, als er eintrat, aufmerksam gemustert und sich dann wieder in die Akte vertieft, die auf seinem Schreibtisch lag. Der Soldat setzte sich hinter ihm auf einen Stuhl neben der Tür. Wolfram blieb stehen und schwieg. Arme auf dem Rücken, die Hände hielten die Hose fest. „Blondi" prüfte ihre Fingernägel. Eine Viertelstunde verging. Dann klappte „Schuppe" die Akte sorgfältig zu, blickte hoch und sagte: „Setzen Sie sich."

Wolfram ließ sich nieder.

„Wolfram Fichtner, Sie wurden bei dem Versuch, die DDR illegal zu verlassen, verhaftet. Was haben Sie dazu vorzubringen?"

„Zunächst einmal, dass ich nicht die DDR verlassen wollte, sondern Polen."

„Schuppe" sah überrascht hoch und zog die Augenbrauen zusammen. Rote Flecken malten sich auf seinem Hals. Er atmete tief durch.

„Für das Protokoll: Fichtner gibt zu, einen illegalen Fluchtversuch über die Volksrepublik Polen unternommen zu haben."

„Blondi" stenographierte in Sprechgeschwindigkeit auf ihren Schreibblock.

„Was war denn das Ziel Ihrer Kreuzfahrt in dieser schönen Spätsommernacht?"

„Wir wollten nach Dänemark."

Jetzt war es raus. Er hatte gestanden. Mit zwei Sätzen. Er musste nur noch aufpassen, Christine nicht zu belasten.

„Und um Ihre nächste Frage gleich zu beantworten. Ich wollte weg, weil ich die Schnauze voll habe vom Sozialismus. Ich will in den Westen. Nehmen Sie das bitte zu Protokoll."

„Schuppe" sah ihn scharf an.

„Was ins Protokoll kommt, bestimmen nicht Sie. Ab jetzt antworten Sie nur noch auf die Fragen, die ich Ihnen stelle. Vielleicht haben Sie noch nicht begriffen, wo Sie hier sind."

Verärgert zog er die Akte zu sich heran. Der Soldat brüllte Wolfram von hinten an.

„Gerade hinsetzen! Hände unter die Oberschenkel! Nicht anlehnen!"

Das kannte er schon. Es würde wehtun. Egal. Er wollte frech sein. Fühlte sich besser an.

„Schildern Sie genau, wie diese verbrecherische Operation ablaufen sollte."

„Wir wollten mit dem Boot über die Ostsee fahren. Der Fischer sollte uns am nächsten Morgen in Bornholm raussetzen."

„Wie heißt der Fischer?"

Wolfram machte ein unwissendes Gesicht.

„Irgendein polnischer Name mit vielen Zischlauten. Konnte ich mir nicht merken."

„Schuppe" lächelte ironisch.

„So, so, Sie wissen es also nicht. Dann werde ich mal nachhelfen. Hieß er vielleicht Andrzej?"

„Na, wenn Sie meinen, wird´s wohl stimmen."

Sein Rücken begann bereits schmerzhaft zu brennen. Er wusste, dass es noch schlimmer werden würde, viel schlimmer. Solange, bis es irgendwann einmal egal war. Er versuchte, sich auf seinem Stuhl zurechtzurücken.

„Nicht rumhampeln", brüllte es von hinten.

„Dieser Andrzej wollte Sie also aus lauter ‚Freundschaft' über die Ostsee schippern?"

„Eher nicht. Wir hatten fünfzehntausend West-Mark dabei. Zweitausend sollte er ‚bei Fahrtantritt' als Anzahlung bekommen, den Rest, sobald wir in Bornholm gelandet wären."

„Schuppe" zog die Akte an sich und fing erneut an, in ihr zu blättern. Wolfram erinnerte sich daran, wie Karol zwei Tausender in die linke Hosentasche geschoben hatte, die dreizehn anderen in die rechte. Er grinste. „Schuppe" sah ihn böse an.

„Das Feixen wird Ihnen schon vergehen."

Wolfram wurde wieder ernst, hielt aber seinem Blick stand.

„Woher hatten Sie das Geld?"

Wolfram blickte wieder ratlos.

„Sie wissen es nicht, Herr Fichtner? Nun, Ihre Kumpane haben bereits gestanden, dass ein Schwede, ein gewisser Ingmar, das Geld bei Ihren westlichen Verwandten eingesammelt hat. Wollen Sie das abstreiten?"

„Wenn Sie das sagen, muss es ja stimmen."

„Schuppe" hakte eins nach dem anderen ab. Wer den Kontakt zu Ingmar hergestellt habe, wer zu Andrzej. Auf welchen Wegen sie nach Polen gekommen waren, wer das Geld dorthin gebracht habe. Wo sie in der letzten Nacht vor dem Fluchtversuch übernachtet hatten. Wolfram gab nur zu, was die Stasi bereits eindeutig wusste. Aber „Schuppe" war sehr gut informiert. Bis in das kleinste Detail. Jemand musste wie ein Zeisig gesungen haben.

Nach drei Stunden war der Fluchtversuch in allen Einzelheiten abgearbeitet. „Schuppe" lächelte zufrieden, klappte den Aktendeckel zu und schob ihn zur Seite.

„Na bitte, geht doch. Sie dürfen es sich bequem machen."

Wolfram zog seine Hände unter den Oberschenkeln hervor. Sie waren weiß und fühlten sich taub an wie zwei fremde Stücke Fleisch. Er schüttelte sie aus und lehnte sich zurück. Die brennenden Stränge in seinem Rücken entspannten sich. Er atmete erleichtert aus. „Schuppe" wandte sich zur Sekretärin.

„Setzen Sie bitte das Verhörprotokoll auf."

„Blondi" legte den Notizblock zur Seite und tippte den Text mit drei Durchschlägen in die elektrische Schreibmaschine. Sie schrieb mit rasender Geschwindigkeit. Wenn wir dich bei unserer großartigen Widerstandsaktion dabeigehabt hätten, dachte Wolfram. Wir hätten die ganze Straße mit Flugblättern geflutet. Vorsicht, durchzuckte es ihn. Bloß nicht dran denken. „Schuppe" hatte das Thema bisher mit keinem Wort erwähnt, war nicht mal in die Nähe gekommen. „Blondi" spannte immer neue Blätter ein. Das Protokoll war fünf Seiten lang, alle eng beschrieben. „Schuppe" schob ihm ein Exemplar zu. Er las sich alles durch und unterschrieb.

„Abführen."

„ERSTES VERHOER", meldete sich Wolfram am nächsten Morgen, „ALLES GESTANDEN".

„PROZESS WANN"

„GERNE GLEICH"

„SCHERZKEKS SUCHEN WIDERSPRUECHE"

„ALLES GESAGT"

„SUCHEN HINTERMAENNER AUS WESTEN"

„KEINE"

„GESTAENDNIS GUT JETZT RUHE"

Johannes behielt Recht. Die Schikanen hörten auf. Sie ließen ihn so schlafen, wie er wollte. Das Licht ging nachts nur noch selten an, sie schlugen nicht mehr gegen die Tür. Nur das „Zyklopenauge" tauchte noch in regelmäßigen Abständen im Spion auf, doch das störte nicht.

Bei der nächsten Befragung, die drei Tage später folgte, trat ein neuer Verhörer auf, ein bulliger Typ mit rötlicher Gesichtsfarbe.

„Dass Sie hier den Helden spielen wollen und nur das zugeben, was wir bereits wissen, ist dämlich", brüllte er los. „Alle anderen, inklusive Ihrer sauberen Freundin, waren viel auskunftsfreudiger. Wie kann man nur so blöde sein? Jeder Ihrer Kumpane versucht doch, seine jämmerliche Haut zu retten. Machen Sie bloß so weiter, dann gibt´s ´ne Woche Dunkelhaft."

Andere Tonlagen kannte er nicht. Wolfram ließ es über sich ergehen und blieb bei seiner Taktik.

Beim nächsten Mal war wieder „Schuppe" dran, er wechselte sich in den Wochen danach mit „Brüllaffe" ab. Guter Bulle, böser Bulle. Kannte er auch schon.

Die Verhöre drehten sich immer wieder um das Thema Flucht.

Der Umgangston zwischen ihm und „Schuppe" hatte sich versachlicht, da der Vernehmer merkte, dass Wolfram, was ihn betraf, nichts verschwieg. Manchmal ließ er ihm eine Tasse Kaffee hinstellen, einmal bot er ihm sogar ein paar Kekse an, die wunderbar schmeckten.

„Wer hatte als erster die Idee, die Deutsche Demokratische Republik illegal zu verlassen?"

„Keine Ahnung, wer das aufgebracht hat. Ich weiß nur, dass ich sofort begeistert war."

„Würden Sie sagen, dass Sie zu den Antreibern dieses verbrecherischen Unternehmens gehört haben?"

„Ich würde diese Bezeichnung nicht verwenden. Wir wollten nur unser Menschenrecht auf die freie Wahl des Wohnsitzes wahrnehmen."

„Komm´n Sie mir nicht mit dem Quatsch, Fichtner. Bourgeoise Kampfbegriffe. Außerdem war das nicht der Inhalt meiner Frage."

„Schuppe" feixte. Wolfram ahnte, dass der andere Spaß an diesen Spielchen hatte. Sie boten eine nette Abwechslung. Immer nur einschüchtern war auch langweilig.

„Ich kann nur sagen, dass meine Freundin Christine zuerst nicht abhauen wollte. Ich musste sie ziemlich bearbeiten mitzumachen."

„Schuppe" lehnte sich zurück. Ein Mundwinkel verzog sich ironisch nach oben.

„Sie haben also Ihre Freundin zu dieser Schweinerei angestiftet?"

„Ich habe sie überredet, bei der Republikflucht mitzumachen. Wenn Sie so wollen, habe ich ihre Liebe ausgenutzt, um sie emotional zu nötigen."

„Donnerwetter. An dieser Formulierung haben Sie sicher lange gefeilt."

Zurück in der Zelle dachte er an die Flugblätter. „Schuppe" und „Brüllaffe" schienen keine Ahnung davon zu haben. Wusste in der Stasi die rechte Hand nicht, was die linke tat? So perfekt, wie er sich die Firma vorgestellt hatte, schien sie nicht zu sein.

In den nächsten Tagen und Wochen wurde er fast täglich zum Verhör geholt. Die Befragungen dauerten vier bis sechs Stunden. Hinterher war er erschöpft. Aber verhört zu werden, war besser, als alleine in der Zelle zu grübeln.

Wenn seiner Aussage etwas hinzugefügt worden war, was Christine belastete, verweigerte er die Unterschrift. „Schuppe" wurde dann wütend und schrie ihn an. Wolfram war es egal. Dass er alles gestanden hatte, gab ihm einige Freiheiten. Schlimmeres konnte ihm hier kaum noch passieren.

Nach zwei Monaten ließen Dauer und Häufigkeit der Verhöre nach. Die Länge der Protokolle ebenfalls. Längst war alles geklärt. Man wiederholte sich. Es wurde langweilig.

Hatte er sich im Verhör gut geschlagen, sang er nach der Rückkehr in die Zelle gern das Lied der Partei. Die groteske Anbiederung des Autors erheiterte ihn auf düstere Art.

„Die Partei, die Partei, die hat immer recht …"

Häufig träumte Wolfram von Henning. Sah seinen Kopf aus dem Wellenkamm ragen. Seine aufgerissenen Augen.

„Wozu hast du unseren Sohn angestiftet?", fragte ihn Hennings Mutter.

Er erwachte schreiend.

Einmal in der Woche wurde geduscht und die Wäsche gewechselt. Während dieser Zeit filzte man seine Zelle. Sinnlos. Er hatte nichts zu verstecken. Leider.

An den Wochenenden, wenn die schweren Schritte der Soldaten und das Lärmen der Metalltüren verhallt waren, begann Wolfram, mit Stoßbewegungen seiner Faust, das Knie des Klosetts leer zu pumpen. War das Rohr frei, konnte er mit den Nachbarn, deren Toiletten am selben Strang hingen, sprechen. Mit Johannes leider nicht, weil der an ein anderes Fallrohr angeschlossen war. Manchmal gelangen Gespräche über mehrere Stockwerke. Über ihm saß ein junger Arbeiter ein, der versucht hatte, mit einem falschen Pass abzuhauen. Unter ihm ein Familienvater in mittleren Jahren, der einen Ausreiseantrag gestellt und schriftlich begründet hatte, warum seiner Meinung nach in der DDR kein richtiger Sozialismus existierte. Erst von ihnen erfuhr er, wo er sich befand. Er war im Stasi-Gefängnis Berlin-Hohenschönhausen.

Er fragte überall nach Christine und den anderen. Niemand hatte von ihnen gehört.

Kapitel 38

Der Prozess

Berlin-Hohenschönhausen, Dezember 1977 – Januar 1978

Weihnachten stand vor der Tür. Selbst in diesen gottesfernen Mauern spürte Wolfram das christliche Fest herannahen. „Schuppe“ nahm sich etwas zurück und sogar „Brüllaffe“ war nicht mehr so aggressiv wie in den Monaten zuvor. Natürlich schrie und drohte er weiter, aber alles auf niedrigerem Niveau.

Als Wolfram an einem dieser Tage vom Verhör zurückkehrte, prallte er am Zelleneingang zurück. Ein Mann in Häftlingskleidung stand im hinteren Teil des Raumes, hatte Haltung angenommen und meldete zackig: „116-1“

Es war ein dicklicher Kerl in Wolframs Alter, mit weichem Gesicht und linkischen Bewegungen, der erste andere Häftling, den Wolfram nach den einsamen Monaten zu Gesicht bekam. Er war irritiert über seinen Anblick und erstaunt, seine Zellennummer von einem Fremden zu hören. Dann überwog die Freude. Endlich würde er sich mit jemandem richtig unterhalten können. Ob es ein Spitzel war? Na, wenn schon, er hatte ja alles gestanden. Alles, bis auf die Flugblattaktion. Dieses Thema müsste er meiden.

Es stellte sich bald heraus, dass er keine Sorgen haben musste. Helmut, wie sein Zellenmitbewohner hieß, war an seinen Geschichten nicht interessiert. Er beschäftigte sich nur mit der eigenen. Und dazu hatte er allen Grund.

Sein Abenteuer war selten dämlich.

Helmut war Soldat. Ein Jahr seines Wehrdienstes hatte er schon abgerissen. Oft hatte man ihm den Urlaub gestrichen, weil er immer wieder mit dem „Spieß“ diskutiert hatte. Da er aber ein gutmütiger Typ war, hatte er das hingenommen. Doch dann hatte er Marlies kennengelernt und nun brauchte er den Ausgang. Seine Klappe zu halten, hatte er trotzdem nicht gelernt und als ihm das dritte Wochenende hintereinander gesperrt wurde, war er in die KFZ-Garage seiner Kaserne eingebrochen.

Einen gepanzerten Mannschaftswagen kurzzuschließen und mit ihm die Eingangsschranke zu durchbrechen war für den gelernten Fahrzeugmechaniker ein Kinderspiel. Ohne weiter nachzudenken, brauste er mit Vollgas Richtung Neubrandenburg, wo seine Liebste wohnte. Parkte vor ihrer Haustür und hatte gerade noch genug Zeit für ein knappes Schäferstündchen, bevor ihn die Kettenhunde Marlies Armen entrissen.

„Wat globste, werdn die mir uffbrummen?“, fragte er beklommen.

„Schätze mal, dass du mit fünf Jahren ganz gut bedient wärst.“

„Nich Todesstrafe?“

„Nein“, grinste Wolfram, „gibt´s ja nicht mehr. Immerhin, ein bisschen Fahnenflucht, Zerstörung von Volkseigentum und schwerer Diebstahl. Kommt schon was zusammen.“

Helmut saß auf dem Stuhl und heulte.

„Ick war so sauer, hab doch janich weiter nachjedacht.“

Wolfram klopfte ihm auf die Schulter.

„Sei froh, dass du kein politisches Motiv hast.“

„Wat meenst’n damit?“

Wolfram versuchte, es ihm zu erklären. Als Helmut begriffen hatte, schüttelte er den Kopf.

„Ne, ick hatte keen ‚Motiv‘, wollte bloß nich, dass se fremdjeht.“

Er trocknete die Tränen mit dem grauen Toilettenpapier, das mit kratzenden Holzspleißen gespickt war.

„Fünf Jahre. Meinste Marlies wird auf mich warten?“

Bestimmt nicht, dachte Wolfram, welche Frau vertrödelt schon ihre halbe Jugend mit dem Warten auf so einen Kindskopf. Dann musste er an Christine denken. Auch sie würde auf ihn warten müssen.

„Auf jeden Fall wird sie das, ganz bestimmt.“

Das Gesicht des anderen leuchtete auf.

„Einen Mann, der so viel für seine Liebe wagt, findet sie nie wieder. Du kannst ganz sicher sein, die vergisst dich nicht.“

Wolfram sah Christine vor sich, wie sie vor dem Gefängnistor auf ihn wartet, wenn er endlich entlassen wird. Sie hält einen riesigen Rosenstrauß im Arm. Als sie ihn erblickt, läuft sie jubelnd auf ihn zu und wirft die Blumen hoch in die Luft. Die Rosen tauchen den Himmel in leuchtendes Rot und bedecken im Niedersinken den ganzen Vorplatz. Sie fällt in seine Arme. Er hebt sie in die Luft und trägt sie über den Blumenteppich.

„Globste wirklich?“, fragte Helmut schniefend und blickte ihn mit verheulten Augen an.

„Ganz bestimmt.“

Nach Monaten der Einsamkeit musste Wolfram sich nun an einen anderen Menschen gewöhnen. Absolvierte er seine Sportübungen, hatte Helmut sich an die Wand zu quetschen. Bei Helmuts Morgenschiss verbreitete sich mörderischer Gestank in der Zelle.

Aber nach einer Woche störte Wolfram auch das nicht mehr. Das Wichtigste war, dass die Zeiten quälender Langeweile vorbei waren.

„Wat is'n eijentlich bei dir passiert", erkundigte sich Helmut nach einigen Tagen.

Wolfram berichtete von seiner Flucht. Er passte auf, dass ihm nicht mehr entschlüpfte, als er in Dutzenden Verhören zu Protokoll gegeben hatte.

„Einer von euch hieß Lorenz?"

„Ja, wieso?"

„Gloob, den kenne ick. War'n paar Tage lang mit in meiner Zelle. Aus Berlin, lernt Pfarrer, oder? Wollte hinterher weiterstudieren. Aba im Westen. Will sich diesn Anwalt Vogel nehmen, damit sie ihn nach drüben entlassen."

Wolfram war außer sich, als hätte er den Freund selbst getroffen.

„Wie ging es ihm?"

„Nich so übel. Hat mich sojar jetröstet und mia jeraten, ´n bisschen uff dämlich zu machen. Sei strafmildernd. Wat meinst´n du?"

Da brauchst du dich nicht zu verstellen, dachte Wolfram.

„Auf jeden Fall. Wenn du denen klarmachst, dass es nur um Marlies ging, wird´s nicht so schlimm werden. Vielleicht nur vier Jahre oder dreieinhalb."

Helmut strahlte. Wolfram aber ging erregt auf und ab. Wenn Lorenz so gut klarkam, würden es die anderen auch schaffen.

Er fieberte dem Prozess entgegen, der für Mitte Januar angesetzt war. „Schuppe" hatte angedeutet, dass es ein Gruppenverfahren sein werde. Sie würden sich also alle wiedersehen. Er freute sich darauf. Das Herz klopfte ihm bis zum Halse, wenn er daran dachte.

Vor dem Urteil hatte er keine Angst. Da die Flugblattaffäre niemals zur Sprache gekommen war, konnte er mit dreieinhalb, vielleicht sogar nur drei Jahren rechnen. Minus sechs bis zwölf Monaten bei guter Führung, minus den vier Monaten, die er schon hinter sich hatte. Er würde es überstehen.

Oft stellte er sich vor, wie es sein würde, Christine wiederzusehen. Dann bebte er vor Freude. Wahrscheinlich könnten sie nicht miteinander sprechen, aber ein Lächeln würde sie ihm bestimmt schenken. Sie würde sehen, dass er die ganze Schuld auf sich genommen hatte. Er nahm sich vor, ihr nach der Urteilsverkündung eine Kusshand zuzuwerfen. Es würde ihn vielleicht eine Woche Dunkelhaft kosten. Das war es ihm wert.

Am Tag des Prozesses bekam er morgens persönliche Sachen ausgehändigt. Seine Mutter hatte den dunklen Anzug gereinigt, die schwarzen Lederschuhe blank geputzt, das weiße Hemd und den Schlips frisch gebügelt. Die Schuhe drückten, er war sie nicht mehr gewohnt. Die Hose rutschte bis auf die Hüfte hinunter.

Wieder ging es mit einem unauffälligen, grauen „Barkas“ auf Reisen. Wie am Verhaftungstag hatte er die hinterste Zelle des Wagens erwischt. Neben sich hörte er ein Räuspern, männlich, aber hell, das könnte Lorenz sein, dann ein anderes Räuspern, auch männlich, aber tiefer. Wahrscheinlich Bernd. Dann ein drittes Räuspern, sehr hell. Christine!

„Ruhe“, brüllte es von außen.

Beim Aussteigen zählte er mit. Es wippte dreimal, einmal sehr schwer, einmal schwer und einmal leicht. Zwei Männer, eine Frau. War Paula in ein anderes Gefängnis verlegt worden?

Als er den Wagen verließ, wurde er mit Handschellen an einen Vopo gefesselt, der ihn, bevor sie losgingen, warnte: „Keine Dummheiten, bei jedem noch so kleinen Fluchtversuch wird sofort scharf geschossen.“

„Wie soll ich denn fliehen, wenn ich an Sie gefesselt bin?“

„Halten Sie das Maul und reden Sie gefälligst nur, wenn Sie gefragt werden, 116-2.“

Im Gerichtsgebäude roch es intensiv nach „Wofasept“, was ihn an Universität und Schule erinnerte. Staunend betrachtete er die weiten Gänge, die Türen mit Klinken, die gitterlosen Fenster, die vielen Menschen und die Gesichter der Fremden, die ihn anstarrten.

Am Ende des langen Flures, durch den er von seinem Vopo geführt wurde, standen seine Eltern. Die Mutter war blass und angespannt. Sie blinzelte und tupfte mit einem Taschentuch ständig die Augen. Der Vater stützte sie am Arm. Doch Wolfram schien es, als hielte er sich an ihr fest.

Auch Wolfram vibrierte innerlich, aber vor Freude. Die beschissene Untersuchungshaft ging endlich zu Ende, gleich würde er seine Freunde sehen. Im selben Moment taten ihm die Eltern leid. Was hatten sie seinetwegen aushalten müssen. Seine Mutter schien um Jahre gealtert. Er nickte ihnen zu. Sie hob eine Hand zu einem zaghaften Gruß. Er grinste zurück.

Man führte ihn in ein kleines Besprechungszimmer und nahm ihm die Handschellen ab. Gierig erhaschte er durch das Fenster einen Blick auf die Straße. Ein Wagen fuhr vorüber, eine Frau mit Kinderwagen überquerte den Damm.

„Nicht raussehen“, befahl der Wachhabende.

Wolfram riss sich vom Anblick freien Lebens los. Ein Mann trat auf ihn zu und stellte sich vor: „Eichhorst, Rechtsanwaltsbüro Vogel. Ich vertrete Sie in dem Prozess, genau wie Ihre Freunde.“

Wolfram lächelte erfreut. Alle Eltern hatten sich also kurzgeschlossen und das Büro Vogel gewählt. Damit war die spätere Entlassung in den Westen beschlossene Sache. Als der Wachhabende sich einen Moment lang zur Tür wandte, um auf ein Klopfen zu öffnen, raunte Eichhorst ihm zu: „Das ist hier alles nur eine Farce, das Urteil steht bereits fest. Ich werde Ihnen leider kaum helfen können, nur zusehen, dass Sie nicht gedemütigt werden.“

„Wieviel werde ich bekommen?“

„Keine Ahnung, bin ja nicht die Stasi. Weiß nur, dass die Urteile schon geschrieben sind.“

Er wurde noch leiser.

„Da ist noch etwas, das Sie wissen sollten, ich vertrete nicht alle.“

Der Wachhabende trat auf sie zu.

„Ihre Gesprächszeit ist um, Sie müssen jetzt in den Gerichtsraum gehen.“

Schweißgeruch und verbrauchte Luft empfing ihn, als er den Saal betrat. Er atmete hastiger. Der Vopo führte ihn zu der Stuhlreihe, in der seine Freunde saßen. Links außen ein Vopo, dann Bernd, daneben wieder ein Vopo, dann Paula, noch ein Vopo, daneben Lorenz, dann ein vierter Vopo. Seine Brust schnürte sich zusammen. Christine hatte nicht im Wagen gesessen.

Bernd war kaum wiederzuerkennen. Graue Haut, das Gesicht teigig aufgeschwemmt, Tränensäcke. Paula starrte ihn an, versuchte zu lächeln, es gelang ihr nicht. Ihre Haare waren kurz geschnitten, zwischen Nase und Mundwinkel hatten sich zwei Kerben gebildet. Sie saß geduckt, ihre Augen hatten den Glanz verloren. Lorenz schien sich etwas besser gehalten zu haben. Bernd und Paula aber wirkten wie aus der Welt gefallen. So, wie ich wahrscheinlich auch, dachte Wolfram.

Er setzte sich, der Polizist nahm an seiner linken Seite Platz. Christine war noch nicht da. Wahrscheinlich wurde sie aus einem anderen Knast hergebracht. Da sie als letzte käme, würde er ihr ganz nahe sein. Sein Puls pochte bis in die Ohren.

Ihnen gegenüber stand unter dem Bild von Erich Honecker ein breiter Tisch, bedeckt mit der DDR-Fahne. Rechts dahinter eine Tür. Die Vorhänge vor den Fenstern waren zugezogen. Links stand ein einzelner

Tisch, an dem ein Mann saß. Vor ihm lag ein Aktenstapel. Der Staatsanwalt? Auf der rechten Seite hatte an einem weiteren Tisch Rechtsanwalt Eichhorst Platz genommen. Er lehnte sich in seinem Stuhl zurück und musterte die Angeklagten. Sein Gesicht verriet nichts, wirkte weder unfreundlich noch angespannt. Kein Wunder, dachte Wolfram, da die Urteile bereits feststehen.

Rechts konnte er nur das Profil seines Vopo-Nachbarn erkennen. Er schob sich langsam nach vorn, sehr langsam. Diese Form schleichender Haltungsänderung hatte er in der Untersuchungshaft erlernt, um bei dem häufigen Stehen vor den Gefängniswänden etwas von den Vorbeigehenden zu erhaschen. Unmerklich erweiterte sich sein seitliches Blickfeld. Jetzt nahm er Lorenz Profil wahr. Der Freund blickte nach vorne, hatte aber Wolframs Manöver bemerkt, denn er nickte mit dem Kopf.

Wo blieb Christine?

Die Tür an der Stirnseite ging auf. Ein beleibter Mittfünfziger, vermutlich der Richter, trat ein, warf einen kurzen Blick auf die Bank der Angeklagten und schritt gewichtig zu seinem Platz in der Mitte des Tisches. Ihm folgten zwei Frauen mittleren Alters, wahrscheinlich die Schöffinnen. Der Staatsanwalt und Eichhorst erhoben sich, ebenso die Vopos, die den Freunden bedeuteten, ebenfalls aufzustehen. Der Richter setzte sich als erster, dann die Frauen, danach ließen sich Staatsanwalt und Eichhorst nieder, am Ende Vopos und Angeklagte. Wolfram nagte an der Unterlippe. War Christine krank geworden? Oder bekam sie einen eigenen Prozess?

Der Richter eröffnete das Verfahren, der Staatsanwalt erhob sich und verlas die Anklageschrift. Routiniert rasselte er die Paragraphen herunter. Wolfram konnte sich nicht konzentrieren, hörte nur etwas von illegalem Grenzübertritt, Devisenvergehen, Verstößen gegen das Zollgesetz, Bandenbildung. Womit zu rechnen war. Noch etwas? Nein. Das war´s.

Er atmete verhalten auf. Von Flugblättern kein Wort, also maximal dreieinhalb. Fast wäre er dem Impuls gefolgt, sich nach vorn zu beugen und Lorenz auf das Knie zu klatschen.

Der Staatsanwalt begann, die Begründung der Anklage zu verlesen. Wolfram kannte alles. „Schuppe" war es unzählige Male Wort für Wort mit ihm durchgegangen. Er war stolz darauf, dass er Christine in allen Anklagepunkten entlastet hatte: Er habe, als die Fluchtgedanken aufkamen, als erster zugestimmt, habe sie, als sie zögerte, für das Abhauen begeistert und Christine, sooft sie abspringen wollte, immer wieder zurückgeholt.

Sein Vopo bedeutete ihm, aufzustehen.

„Angeklagter Fichtner, geben Sie die Ihnen zur Last gelegten Verbrechen zu?“

„Ja.“

„Bereuen Sie Ihr Verhalten?“

„Nein, auf keinen Fall.“

Er setzte sich, eine Glutwelle durchströmte seinen Körper. Eines Tages würde sie erfahren, wie er hier aufgetreten war. Nach der Beweisführung folgten die Stellungnahmen der gesellschaftlichen Ankläger.

Jürgen, Wolframs SemSek, war in den Gerichtssaal getreten und blickte sich unsicher um, bis er Wolfram entdeckte. In seinem guten Anzug, aus dem er ein bisschen herausgewachsen war, sah er komisch aus. Er verlas die Beurteilung, die von Wolframs Seminargruppe verfasst worden war. Die Studienfreunde hatten das Minimum an Distanzierung gewählt, das gerade noch möglich war. Dass Wolfram sich verirrt habe, aber kein Feind der DDR sei. Ein Wahrheitssuchender, vom Wege leider abgekommen, doch bestimmt kein Gegner, und so weiter. Wolfram staunte. So viel Mut hätte er seinen nüchternen Kommilitonen nicht zugetraut. Er nickte Jürgen anerkennend zu, als der den Saal verließ.

Sein Herzklopfen, mit dem er Christine erwartet hatte, war inzwischen einer tiefen Unruhe gewichen. Was bedeutete die Bemerkung von Eichhorst, dass er nicht alle … Dass er sie nicht alle vertrat? Dass Christine nicht seine Klientin war? Er stöhnte laut auf. Sein Vopo drehte sich unwillig zu ihm hin und zischte leise.

Wolfram folgte den Tiraden der anderen gesellschaftlichen Ankläger nur noch mit halbem Ohr. In seinem Kopf hämmerte wieder der harte, schnelle Puls. Sein Magen krampfte sich zusammen.

Die Beurteilungen seiner Freunde waren nicht so wohlwollend abgefasst wie seine. Paula wurde Egoismus nachgesagt, Bernd ideologische Schieflage, Lorenz eine verwerfliche Orientierung am Klassenfeind. Wo blieb Christines Beurteilung?

Der Staatsanwalt erhob sich.

„Ich rufe als Zeugin Christine Wolke auf.“

Christine, endlich. Sie war also weder gestorben, noch krank. Gleich würde er sie sehen. Aber was sollte das bedeuten, Zeugin? Sie war doch Angeklagte, genau wie sie alle. Die Tür hinter ihnen öffnete sich, er drehte sich um. Sie stand im Eingang.

Christine.

Sein Herz hielt ein paar Sekunden inne, um im nächsten Moment wieder dröhnend einzusetzen. Christine stockte an der Schwelle, gab sich einen Ruck und tat ein paar zögernde Schritte in den Raum. Sie tapste steifbeinig und unsicher, als wenn sie nach einem Geländer suchte. Ihr Gesicht, das er so liebte, war zur Maske erstarrt, der Mund lächelte nicht, ihre Augen hatten den schwermütigen Trauerblick verloren und fuhren stattdessen unstet nach allen Seiten. Als sie ihn erblickte, zuckte sie zurück und blieb stehen. Dann ging sie wie gegen einen Widerstand, tippelte ein paar Schritte an ihm vorbei und trat, ohne sich noch einmal umzublicken, vor den Tisch des Richters.

„Wie ist Ihr Name?"

„Christine Wolke."

„Woher kennen Sie die Angeklagten?"

„Wir sind befreundet."

Der Richter nickte. Dann beugte er sich vor und sagte in wohlwollendem Ton: „Wie lautet Ihre Aussage, Frau Wolke?"

Wolfram sah sie von hinten, nahm die nach vorn fallenden Schultern, ihren hängenden Kopf wahr. Die Hände, die sich an dem Rock trockenwischten. Sie räusperte sich und flüsterte etwas Unhörbares. Es folgte ein Wortbrei. Dann brach sie ab.

„Sie müssen schon ein bisschen lauter sprechen, damit es alle verstehen, Frau Wolke."

Christine räusperte sich noch einmal und würgte ein paar Sätze hervor.

„Ich habe, um die Deutsche Demokratische Republik vor ihren Feinden zu schützen, eine Selbstanzeige gemacht. Ich habe gestanden, an der Vorbereitung einer verbrecherischen Grenzverletzung und der illegalen Beschaffung westlicher Devisen teilgenommen zu haben. In den Briefen an unsere Verwandten in der BRD haben wir unseren sozialistischen Friedensstaat verleumdet. Ich habe diese Anzeige gemacht, weil ich meine unsozialistische Handlungsweise zutiefst bedaure."

Sie hatte die Worte wie auswendig gelernt heruntergeleiert. Am Ende versiegte ihre Stimme, sie schwieg, den Kopf gesenkt, die Hände in die Oberschenkel verkrampft.

Ihre Worte dröhnten in seinen Ohren, schlugen gegen sein Gehirn. Was hatte sie gesagt, was lief da ab? Er verstand nichts, sah sich selbst in einem Film, den er nicht begriff. Wusste nur, dass gerade etwas Schreckliches passiert war.

„Danke Frau Wolke, Sie dürfen gehen", sagte der Richter.

Ihr Rücken krümmte sich noch mehr. Sie drehte sich um und stakste auf unsicheren Beinen hinaus. Ihr Gesicht war bleich wie ein Laken, die blonden Locken klebten an der nassen Stirn. Vor der Bank verzögerte sie den Schritt, hatte einen Moment lang den Mut aufzuschauen, seinen

Blick zu suchen. Starrte ihn mit tränennassem Gesicht an. Ihre Lippen öffneten sich, zuckten und blieben stumm. Dann schlug sie sich die Hand vor den Mund, schluchzte auf und stürzte hinaus.

Der Rest der Verhandlung zog wie Nebelschwaden an Wolfram vorüber. Er bekam gerade noch sein Strafmaß mit, nur drei, weniger als erwartet. Es war egal. Er fühlte nichts mehr.

Auf dem Gang standen seine Eltern. Die Mutter winkte ihm zu. Er sah sie, nahm sie aber nicht wahr, tappte wie betäubt die Treppen hinunter. War froh, dass er mit den Handschellen am Vopo festgekettet war. Er wäre sonst gefallen oder hätte sich hinuntergestürzt.

Kapitel 39

Der Hunne

Berlin-Hohenschönhausen – Cottbus, 1978

Am nächsten Morgen hörte er nach dem Frühstück das vertraute Schlüsselgeräusch. Im Laufe der letzten Monate hatte er gelernt, die Schließer an der Art zu erkennen, wie sie ihr Schlüsselbund einsetzten. Heute war es der ältere Polizist, der nicht zu denen gehörte, die immer rumbrüllten.

„116-1", „116-2", meldeten Helmut und Wolfram zackig.

„116-2, alles mitnehmen, Sie gehen auf Transport."

Wolfram raffte seine Habseligkeiten zusammen: Kamm, Seife, Zahnbürste, Rasierapparat.

„Dann mach´s mal gut, Kumpel."

Er reichte Helmut die Hand. Der brachte keinen Ton heraus, sah ihn nur traurig an.

„Vergiss deine Marlies, so schnell es geht", hätte Wolfram ihm fast noch hingeworfen, ließ es aber sein. Was gingen ihn dessen Weibergeschichten an? Und was verstand er selbst denn davon?

Zum letzten Mal lief er Gänge und Treppen dieses Gebäudes ab. Er kannte auf seinem Weg alle beschädigten Stufen, jeden Riss im Boden, die Ausdünstungen der verschiedenen Ecken, wusste aber nichts von dem Davor, Dahinter, Darüber oder Darunter und nichts von den Menschen, die alle für sich in ihren eigenen Löchern hausten. Der riesige Block bestand für ihn auch nach Monaten nur aus seiner Zelle, der Dusche, dem Verhörraum und den gewundenen Fluren, die alles miteinander verbanden.

Die Reise begann in einem LKW, auf dessen Ladefläche ein geschlossener Kasten montiert war. Auf beiden Seiten des Innenraumes und in der Mitte standen festgeschraubte Holzbänke, auf denen Häftlinge saßen. Sie waren mit Handschellen gefesselt und zusätzlich bankweise mit je einer Kette verbunden. Wolfram musterte seine Mitgefangenen, er kannte niemanden. Sprechen war nicht möglich, weil vier Vopos mitfuhren, aber Unterhaltungen interessierten ihn ohnehin nicht. Seine Gedanken hingen im Gestern fest.

Die Verhaftung, die schon unendlich lange zurücklag, war ein Schock gewesen, von dem er sich noch nicht erholt hatte. Der Prozess aber, das wusste er schon jetzt, war die Katastrophe seines Lebens. Sein Inneres brannte. Wie bei dem schweren Liebeskummer mit sechzehn. Nur viel, viel schlimmer.

Während der Fahrt zog es frostig durch die Ritzen des Kastens. Er fror. Die Wiederbegegnung mit der frischen Luft aber war nach den Monaten, in denen er nur abgestandenen Dunst geatmet hatte, aufregend. Eine Stunde später hielt der Wagen. Beim Aussteigen blickte Wolfram in den Himmel, sog gierig die frische Luft ein. Ließ den Wind über sein Gesicht streichen. Ein Schwarm Krähen zog über ihn hinweg. Die schwarzen Vögel krächzten laut, zankten und jagten einander. Die Sonne war nur wenig über den Horizont gekrochen, ihre spärlichen Strahlen drangen durch Lücken in der Wolkendecke, zogen Streifen in die diesige Luft, fielen flach ein und warfen lange Schatten.

Nur ein trüber Wintertag, doch trotz seines Schmerzes war ihm, als hätte er nie im Leben Herrlicheres erblickt.

Der Wagen stand am Ende eines Bahnhofs. Zur rechten Seite verlor sich das Band glänzender Gleise in der nebligen Ferne. Nach links musste sich die Plattform des Bahnsteigs erstrecken. Er konnte sie aber nicht einsehen, da der LKW so aufgestellt war, dass er die Sicht versperrte. Ein schmaler Spalt zwischen Fahrzeug und Eisenbahn gestattete immerhin einen flüchtigen Blick auf die riesige Bahnhofshalle. Die hallenden Lautsprecherdurchsagen, die Trillerpfeife des Schaffners und das Lärmen der vielen Menschen vermischten sich zu einem wehmütigen Gruß aus der Freiheit.

„Einsteigen, einsteigen“, trieben die Vopos sie an.

Die Häftlinge sortierten sich entlang ihrer Eisenketten und erklommen den Waggon. Als alle drin waren, verschlossen die Vopos die Ausgänge, nahmen sie von der Kette, lösten aber nicht die Handschellen.

Die Fenster waren mit milchigen Scheiben verglast. Wie gern hätte er ins Land geschaut, selbst wenn er es nicht betreten durfte.

Im Abteil waren die Häftlinge unter sich, und als der Zug anfuhr, fingen sie sofort an zu reden. Offensichtlich waren auch die anderen lange isoliert gewesen. Die ersten Sätze tastend und vorsichtig. Dann siegte, nach den Monaten des Schweigens und der Monotonie, die Gier zu sprechen. Wie sich schnell herausstellte, waren es nur politische Häftlinge, die meisten wegen Republikflucht verurteilt, zwei wegen Hetze. Das übliche Maß lag zwischen zwei und vier Jahren. Sosehr Wolfram froh darüber war, endlich wieder unter Menschen zu sein, so schnell erlahmte sein Interesse an den Geschichten der anderen, die sich sehr ähnelten. Verratene Fluchtversuche, Denunziationen, beim Abhauen erwischt. Es war immer dasselbe.

Seine Gedanken kehrten zum Prozess zurück. Warum hatte sie das getan? Die Frau, die er über alles liebte. Hatte auch sie ihn nicht leidenschaftlich zurückgeliebt? Wie hatte er sich so täuschen können?

Wie geschickt sie das angestellt hatte. Ihre Gefühle schienen so echt gewesen zu sein. Alles nur Berechnung? Alles? War sie vielleicht verrückt? Hatte sie ihm nicht einmal ausführlich das Krankheitsbild der Schizophrenie vorgestellt, als sie für die Psychiatrieprüfung gebüffelt hatte?

Allmählich begann er, viele Dinge anders zu sehen. Und verstand doch nichts. Hatte er als Physiker keine Ahnung von Psychologie, oder war er einfach zu unerfahren, um Menschen in die Seele zu blicken?

In den schlaflosen Stunden der letzten Nacht waren die trügerischen Bilder des gemeinsamen Glücks an ihm vorübergezogen. Er sah sie mit erlöstem, tränenglücklichem Gesicht. Konnte keinen einzigen Moment der Lüge entdecken. War er so dämlich, so blind, den Verrat nicht zu erkennen? Am frühen Morgen waren seine Gedanken schließlich in einen wirren Traum übergegangen, in dem er sie zur Rede gestellt hatte.

„Warum hast du das getan?“

„Ich habe meine Überzeugungen. Marxistische Gewissheiten, die wichtiger sind als alles andere.“

„Bedeuten sie mehr als unsere Liebe?“

„Es kommt am Ende nur auf die Zukunft der Menschheit an“, antwortete sie und sah ihn mit traurigen Augen an, während ein Lächeln ihre Mundwinkel umspielte. Ach, dieses Lächeln. Er hatte in ihm immer ihre Wärme gespürt. Jetzt sah er nur noch Spott.

„Sei nicht böse Wölfchen, es ging ja nicht um dich oder mich. Es gibt eben höhere Dinge als uns.“

Dabei lächelte sie immer noch. Packen wollte er sie, schlagen und schütteln, aber sie entwischte ihm immer wieder, bis die Klingel ihn weckte.

Der Zug war eine Bummelbahn und hielt an jedem Bahnsteig. Fuhr er wieder, quälte die Lok sich altersschwach über die Schienen. Fenster und Abteiltüren der Waggons klapperten im Takt der Schienenstöße. Die Fahrt dauerte lange und doch dürften sie sich nicht allzu weit von Berlin entfernt haben. Nach mehreren Stunden verdunkelten sich die Fensterscheiben, der Zug hielt an. Das musste ein überdachter Bahnhof sein. Die Tür wurde aufgerissen.

„Aussteigen! Aussteigen!"

Die Häftlinge im Abteil wurden mit ihren Handschellen wieder an die Kette geschlossen und verließen den Zug als Gruppe. Ohne einen normalen Menschen erblickt zu haben, verschwanden sie auf der Ladefläche eines LKWs. Als sie nach kurzer Fahrt wieder ausstiegen, stand der Wagen in einem engen Hof. Es folgten die bekannten Prozeduren. Warten mit Blick zur Wand, Überprüfung der Personalien. Lunge röntgen. Leibesvisitation, entkleiden, Vorhaut zurückziehen, bücken. Ein Sanitäter fingerte in seinem Anus herum. Später untersuchte ihn ein Arzt. Stumm und uninteressiert.

In der Kleiderkammer gab er seine alten Stasi-Fetzen ab und bekam die neue Kluft ausgehändigt: ein gestreiftes Hemd, eine dunkle Hose und eine blaue Jacke, auf deren Rücken ein senkrechter gelber Balken genäht war, der „Kartoffelkäferanzug" im Häftlingsjargon.

Es dämmerte bereits, als es durch Gänge und Flure ging. Sein Weg führte an vielen Türen vorbei, die aber wesentlich weiter auseinanderlagen, als er es bisher kannte. Offensichtlich waren diese Zellen viel größer als im Stasi-Gefängnis Hohenschönhausen. Neu war auch, dass sein Vopo die Kommandos nicht ständig brüllte. Offensichtlich liefen die Dinge hier etwas anders ab als in Berlin.

Er wurde in eine Zelle gebracht, aus der ihm der Dunst von feuchter Wäsche und altem Schweiß entgegenschlug. Verglichen mit seinem Stasi-Loch war der Raum riesig. Allerdings überfüllt mit Männern, die ihn neugierig, abschätzend oder gleichgültig musterten.

Viele standen nur herum, einige lasen, andere saßen an Tischen, spielten Schach oder unterhielten sich. In der Mitte der Zelle waren mit halbhohen Wänden zwei kleinere Räume abgeteilt. Durch offenstehende Türen erkannte er Klos und Waschbecken. An den Wänden türmten sich metallene Bettengerüste mit vier übereinander liegenden Etagen auf. Auf den Heizkörpern lagen Berge von grauen Hemden und ausgeleierter Unterwäsche zum Trocknen.

Er kam nicht dazu, all die Bilder zu ordnen, denn von der Seite trat jemand an ihn heran. Ein muskulöser Kerl, der sich in den Schultern wiegte. Der Verwahrraumälteste? Er sprach ihn jedoch nicht an, sondern hob blitzschnell den rechten Arm mit geballter Faust. Wolfram, der an der Uni einige Semester geboxt hatte, erkannte die Bewegung des anderen zwar spät, schaffte es aber noch, seinen Kopf wegzuziehen. Die Faust streifte sein Kinn. Er taumelte zurück, fand an der Wand Halt und schnellte in der nächsten Sekunde wieder nach vorn. Sein Gegner dagegen, der sein ganzes Gewicht in diesen Schlag gelegt hatte, verlor die Balance. Wolfram setzte nach, erwischte ihn, ergriff ihn am Hemd, hielt ihn mit der linken Hand fest und schlug ihm mit voller Kraft ins Gesicht.

Der Angreifer ging zu Boden, blieb ein paar Sekunden benommen liegen und rappelte sich verdutzt auf. Ohne einen weiteren Angriffsversuch verschwand er in einem Toilettenkabuff, um seine blutende Nase unter den Wasserhahn zu halten.

Wolfram staunte über sich selbst. In Schulzeiten hatte es die eine oder andere Prügelei gegeben. Aber noch nie hatte er so hart zugeschlagen, nicht einmal bei Wettkämpfen. Es war die Wut, die sich seit dem Prozess unterhalb der Trauer aufgestaut hatte. Die Erbitterung dar-über, dass sein ganzes bisheriges Leben sinnlos, ihm alles genommen worden war, was er geliebt hatte. Dieser Kerl hatte ihn in einem denkbar ungünstigen Zeitpunkt angegriffen. Es hätte Wolfram nichts ausgemacht, ihn totzuschlagen.

Das Ganze war in wenigen Sekunden über die Bühne gegangen, aber Wolfram registrierte, dass alle aufgeblickt hatten, selbst die Lesenden. Einige nickten anerkennend, andere grinsten schadenfroh. Ein schlaksiger Schachspieler erhob sich vom Tisch. Als er Wolframs abwehrende Haltung bemerkte, machte er eine beschwichtigende Geste.

„Ich will mich nicht schlagen."

Er streckte ihm lächelnd seine Rechte hin.

„Ich bin Ralf und das eben war ein Begrüßungsritual, wenn auch ein besonderes. Mir wurde diese Ehre nicht zuteil, aber ich bin auch nicht so jung und attraktiv wie du."

Ralf hatte ihn zu einem freien Tisch gezogen, wo er in gedämpftem Ton weiter auf ihn einredete.

„Gut, dass du dich gewehrt hast. Hättest du es dir gefallen lassen, wärst du sein Sklave geworden und hättest ihm jeden Tag die Schuhe putzen müssen. Abgesehen mal von Liebesdiensten, die da noch kämen."

Er wies mit dem Kopf auf Wolframs Angreifer, der an einem der Bettentürme gerade eine Serie Klimmzüge absolvierte.

„Das war übrigens Susi, der ist Langstrafer, ein Krimineller. Vergewaltigung und Mord, hat noch seine zehn Jahre vor sich."

„Susi?"

„Ja, seinen richtigen Namen kennt keiner."

Ralf mochte dreißig sein. Seine kurzen blonden Haare begannen sich bereits zu lichten. Unter der hohen Stirn öffnete sich ein sympathisches Gesicht mit lebendigen Augen. Manchmal, wenn er zu schnell redete, begann er zu stammeln.

„Die Langstrafer sind fast alle notschwul. Da musst du aufpassen. Sieh zu, dass du dem nicht allein über den Weg läufst, wenn der mit seinen Kum-pa-panen zusammen ist. Wenn du hier keinen Freund hast, gehst du einen schweren Weg."

Als er Wolframs zusammengezogene Augenbrauen bemerkte, grinste er.

„Keine Angst. Es geht nur um gegenseitigen Schutz. Wir beide sollten zusammenhalten. Du bist stark. Ich dagegen kenne mich bestens aus, weil ich schon über ein Jahr hier bin. Das erhöht unserer beider Chancen, heil rauszukommen."

Ralfs Stimme klang vertrauensvoll. Aber was ist, dachte Wolfram, wenn der mich auch bescheißt? Wie soll ich in Zukunft erkennen, ob mich jemand anlügt?

„Summa summarum, wir werden uns wunderbar ergänzen. Und falls du es noch nicht weißt. Du bist hier in Cottbus gelandet, was unter allen Möglichkeiten, die wir haben, noch die beste ist."

Wolfram wollte misstrauisch bleiben. Aber andererseits, was konnte ihm hier noch passieren? Die Karten lagen auf dem Tisch, welchen Verrat musste er fürchten? Er beschloss, sich auf Ralf einzulassen, aber vorsichtig zu bleiben. Ralf stellte ihn dem Stubenältesten der Politischen vor, einem ruhigen Mann in den Dreißigern.

Detlef, ein promovierter Biologe, Abteilungsleiter an der Akademie der Wissenschaften, hatte sieben kritische Gedichte verfasst, die er in angeregtem Zustand bei einer Party vorgetragen hatte. Das hatte ihm drei Jahre wegen Hetze eingebracht, die zur Hälfte bereits abgesessen waren. Der „Dichter" zeigte Wolfram die Koje, die er beziehen musste: Sie befand sich in der obersten Etage eines der sieben Bettentürme.

„Pass auf, dass du jeden Morgen das Bett auf Kante baust. Selbst da oben. Die Kriminellen verpfeifen dich sofort, falls du geschlampt hast. Wenn die sich beim ‚Hunnen' lieb Kind machen können, tun sie es und dann kriegst du´s mit dem zu tun."

Detlefs Stimme war fest. Er sprach behutsam mit mecklenburgischem Dialekt und rollendem „r".

„Beim ‚Hunnen'?"

Detlef kam nahe an sein Ohr heran.

„Der Schlimmste unter den Aufsehern. Die nennen sich übrigens Erzieher, du merkst, wir befinden uns hier in einer pädagogischen Besserungsanstalt für sozialistisches Benehmen."

Er sah sich um.

„Nicht alle Erzieher sind schlimm. Mit einigen kommt man sogar ganz leidlich aus. Aber der ‚Hunne' ist brutal. Aggressiv und reizbar. Ein

Sadist, braucht keine Gründe, jemanden zu quälen. Der hat einmal einen Kameraden stundenlang in einem eiskalten Wasserbad sitzen lassen. Der arme Kerl lag hinterher einen Monat auf der Krankenstation."

Wolfram war in den nächsten Stunden damit beschäftigt, alles Neue in sich aufzunehmen. Da er so lange isoliert gewesen war, ermüdete ihn der intensive Kontakt zu den anderen Häftlingen, ihre unterschiedlichen Stimmen, Gesichter, Gerüche, Blicke.

Ralf wich jedoch nicht von seiner Seite.

„Ich habe einen exzellenten Draht zu unserem Schichtleiter. Er ist zwar Krimineller, aber zuverlässig, wenn er einen guten Schnitt machen kann. Ich habe noch Bonus bei ihm. Der kann dir einen Posten bei uns beschaffen. Wir bauen die Gehäuse für ‚Pentacon' Dresden. Die Fotoapparate gehen alle in den Export, so etwas Gutes hast du noch nicht gesehen."

Sie saßen am Tisch und spielten Schach. Ralf war ein vorzüglicher Spieler und damit die Sache nicht zu langweilig wurde, stellte er einen seiner Springer erst gar nicht auf. Gewann aber trotzdem meistens.

„In der Kaiserzeit war diese Zelle mit 14 Mann belegt, jetzt sind wir 28, von denen 5 promoviert sind. Du siehst, der Fortschritt ist unaufhaltbar. Immerhin ist Cottbus ein besonderer Knast. Zwei Drittel ‚Politische'.

Mich haben sie erwischt, als ich die Flucht für meine Familie vorbereitet habe: meine Frau und unsere beiden kleinen Töchter. Ich hatte über meinen Cousin im Westen ein Fluchtunternehmen kontaktiert, das sollte uns in einem Kofferraum rüberbringen. Klappte alles fantastisch, bis auf die Tatsache, dass der Verein von der Stasi unterwandert ist. Ich habe nur Schwein, dass ich meine Familie aus der ganzen Sache raushalten konnte, sonst wären die Kinder weg. Zwangsadoption."

Ralf schwieg, wendete sich ab und trocknete die Augen an seinem Ärmel. Wo die Freunde wohl sind, fragte sich Wolfram. Möglicherweise treffe ich jemanden wieder, hier werden wir ja nicht mehr isoliert. Vielleicht Bernd oder Lorenz? Die Frauen natürlich nicht. Die sind im Frauenknast „Hoheneck".

Die Frauen, wiederholte er bitter in Gedanken. Ist ja nur noch Paula. Meine geliebte Christine genießt jetzt ihre tolle Freiheit und studiert weiter. Hat die sich eigentlich überlegt, wie ihr klassenkämpferischer Einsatz bei ihren Kommilitonen ankommen wird? Sicher nicht, dachte er. Die werden sie verachten. Das erste Mal fühlte er, wie Hass in ihm aufstieg.

Der nächste Tag war ein Montag, Wecken um fünf. Beim Schrillen der Klingel sprang die Frühschicht sofort aus den Betten, um einen Platz am Wasserhahn zu erwischen. Wolfram war unter den letzten, da er sich aus dem vierten Stock des Bettenturmes, der keine Leitern hatte, hinunterhangeln musste. Er erlebte zum ersten Mal, wie wichtig es war, hier einen Freund zu haben. Ralf kam ihm mit einem wassergefüllten Zahnputzbecher entgegen, als er das Ende der Schlange erreicht hatte.

Wolfram kam in den Bereich Sprela, wo in einer zugigen Fabrikhalle an schrottreifen Maschinen aus der Vorkriegszeit Sprelacart-Platten geschliffen, gebohrt und gefräst wurden. Dichter Staub hing in der Luft, schmutzig war alles, was man berührte. Das Kreischen der Maschinen fraß sich ins Ohr. Durch die verdreckten Fenster drang trübes Licht.

Die Einweisung durch den Vorarbeiter dauerte keine fünf Minuten.

„Wichtig ist nur die Normerfüllung und zwar in guter Qualität. Bringst du die nicht, gibt´s am Monatsende keine Prämie, dann kannst du dir im Gefängnisladen nichts kaufen. Also weder Zigaretten noch Kaffee oder Schokolade. Lauter Zeugs, was sie selbst in der HO nicht mehr loswerden, die hier aber absolute Delikatessen sind. Geld von außen dringt nicht durch, du musst schon mit den paar Pfennigen auskommen, die du dir hier erschuftest. Solltest du dich aber entscheiden, lieber ‚ne ruhige Kugel zu schieben, hast du dich geschnitten. Dann landest du für eine Woche in der Dunkelhaft und machst Bekanntschaft mit dem ‚Hunnen'. Dessen Lehrstunden hat bisher noch niemand vergessen. Hinterher hat jeder seinen Arsch doppelt so schnell durch die Gegend geschoben. Erspar dir diese Lektionen also und klotz lieber gleich richtig ran."

Wolframs Aufgabe bestand darin, halbfertige Sprelacart-Platten von einem Ende der Halle zum anderen zu transportieren. Er strengte sich an, hatte in der Untersuchungshaft aber viel Kondition verloren. Am Ende des Tages war er müde und ausgelaugt und hatte trotzdem nur neunzig Prozent seiner Norm geschafft.

„Ich habe mit unserem Boss gesprochen", kam Ralf am Abend zu ihm. „Du kommst nächste Woche zu uns, in den Bereich Pentacon."

Wolfram schwieg.

„Ich verstehe ja, dass du misstrauisch bist. Nehme an, du bist verraten worden. Du weißt, dass du in Zukunft vorsichtig sein musst. Ist ja alles richtig. Aber übertreibe es nicht. Paranoia ist auch keine Lösung."

Ralf grinste und schob ihm ein kleines Viereck Schokolade über den Tisch, das er aus einer Tafel gebrochen hatte, die er in der Tasche trug.

„Ich habe im Dezember doch tatsächlich meine Norm erfüllt."

Am folgenden Montag wurde Wolfram auf einen Arbeitsplatz im Pentacon Bereich kommandiert. Er musste Gehäuseteile der Fotoapparate, die aus Aluminiumblech gestanzt waren, entgraten, sie in eine Zeitungsseite „Neues Deutschland“ einschlagen und vorsichtig in eine Kiste packen. Die Arbeit war stupide und man musste aufpassen, seine Hände nicht an den scharfen Kanten der Rohlinge zu verletzen. Trotzdem ging es ihm hier viel besser. Es war weder dreckig noch so laut wie in der Fabrikhalle. Außerdem konnte er mit Ralf zusammenarbeiten, der an der Stanze stand.

„Cottbus ist das Sammelbecken für die Ausweiser, also die, die erklärt haben, in den Westen zu wollen. Wer hier einsitzt, ist für ihren Sozialismus verloren. Das bedeutet auch, dass sie dir mit ihrer Überzeugungsscheiße nicht mehr auf den Sack gehen.“

Es dauerte Wochen, bis Wolfram sich an die Schwere der Arbeit gewöhnt hatte. Abends lag er erschöpft in seinem Bett, dicht unterhalb der Zellendecke und fand keinen Schlaf. Die verbrauchte, warme Luft ballte sich hier oben. Schweiß und Ausdünstungen der Männer, die hier schliefen, schnarchten und onanierten, vermischte sich mit dem Gestank der Latrinen zu einem erstickenden Mief.

Gearbeitet wurde im Dreischichtensystem. Hatte Wolfram Frühschicht, blieben ihm nur wenige Schlafstunden, da die Spätschicht erst gegen dreiundzwanzig Uhr in der Zelle eintraf und rücksichtslos lärmte. Die Spätschicht wiederum wurde nach wenigen Stunden von der Frühschicht geweckt, die um fünf Uhr morgens rausmusste. Am übelsten erwischte es die Nachtschicht, die gegen acht Uhr morgens erschöpft in die Betten fiel. Bei dem ständigen Kommen und Gehen der anderen Häftlinge war tagsüber an einen ungestörten Schlaf nicht zu denken. Nach einigen Wochen hatte sich in ihm eine tiefe Übermüdung ausgebreitet.

Trotz der Enge der Zelle und der harten Arbeit war Wolfram jedoch froh, der Einsamkeit der Untersuchungshaft entkommen zu sein. Zum endlosen Grübeln blieb keine Zeit. Außerdem wusste er jetzt, was ihn erwartete und wie lange es dauern würde. Die Gedanken an Christine ließen ihn dennoch nicht los. Während er Gehäuse verpackte, während er mit Ralf Schach spielte und in jeder Nacht.

Was hat sie verdammt noch mal dazu gebracht, uns zu verraten? War sie bei der Stasi? Wurde sie jetzt befördert? Sie war es doch gewesen, die ihn angetrieben hatte. Erst zur Flugblattaktion, am Ende zur Flucht. Immer vorneweg. Ein Agent Provokateur? Und dann ihr Vater. Kein gutes Haar hatte der an diesem ganzen Sozialismus gelassen. Dabei hatte

Wolfram genau gemerkt, dass er sich in seiner Gegenwart sogar noch zurückhielt. Worum ging es hier?

Er dachte fast jede Nacht an sie, aber einmal hatte er einen besonderen Traum.

„Wölfchen, weißt du denn nicht, dass das alles nur eine Farce war? Nichts als Schmierentheater! Wie kannst du nur glauben, dass ich eine von denen bin! Ich doch nicht. Niemals!“

Ihr wunderschönes Gesicht mit den traurigen Augen beugte sich zu ihm herab. Ihre Haarspitzen kitzelten seine Haut, auf ihrem Mund lag das geliebte Lächeln.

„Ich liebe dich mehr als mein Leben. Eher würde ich sterben, als dich zu verraten. Es war ein Trick, bitte vertrau mir.“

Sie kam näher. Berührte sein Gesicht mit den Händen.

„Ich freue mich so sehr“, flüsterte er und verspürte heftige Lust, als ihre Körper sich aneinanderschmiegten.

Die Klingel weckte ihn. Er erwachte mit einem tiefen Glücksgefühl. Und obwohl er wusste, dass alles nur ein Traum gewesen war, hielt diese Empfindung an und begleitete ihn durch den ganzen Tag.

Kapitel 40

Die "Mumpe"

Cottbus, 1978 – 1980

Doch abgesehen von solchen seltenen Glücksmomenten kippte seine psychische Grundstimmung im Lauf der Zeit ins Negative. War er früher optimistisch auf Menschen zugegangen, wurde er jetzt misstrauisch und vertraute nur noch wenigen Menschen: Neben Ralf und Detlef gehörten zwei weitere Kameraden zu dieser kleinen Gruppe. Joachim, ein dreiundvierzigjähriger Gynäkologe hatte vor seiner Verhaftung mit erheblichem Übergewicht zu kämpfen gehabt. Dieses Problem bestand jetzt nicht mehr. Hinter den runden Gläsern seiner Hornbrille blinzelten neugierige Augen in die Welt. Joachim hatte die Geburtsabteilung eines Greifswalder Krankenhauses geleitet. Er war geschnappt worden, als er versucht hatte, sich mit seiner Familie von Ungarn nach Österreich abzusetzen. Die Professur war natürlich futsch. Damit hatte er gerechnet. Dass aber seine Frau als Mitwisserin ebenfalls ein Jahr gesessen hatte und seine beiden Jungs so lange bei den Großeltern leben mussten, hatte ihm schwer zu schaffen gemacht. Zum Glück war seine Frau bei der letzten Amnestie freigelassen worden. Seither war er erleichtert und sah den dreizehn Monaten, die er noch vor sich hatte, gelassen entgegen.

Der Vierte im Bunde war Carsten, ein siebenunddreißigjähriger Ingenieur der Bergakademie Freiberg, der wegen staatsfeindlicher Verbindungsaufnahme und Vorbereitung zum illegalen Verlassen der DDR zu drei Jahren und zehn Monaten verurteilt worden war. Carsten war ein nervöser, schreckhafter Mann mit einem Tick, der sich, wenn er aufgeregt war, noch verstärkte. Er zog die Stirn hoch, einmal, zweimal hintereinander oder öfter, je nachdem.

Vor zwei Jahren hatte er im Kofferraum eines Fluchtautos gelegen. Alles war gutgegangen: Einstieg auf einem dunklen Autobahnrastplatz, Fahrt bis zum Grenzübergang. Dort aber hatten die Grenzer den Wagen aus der Warteschlange rausgewunken und ihn endlos lange auf einem abgeschirmten Platz stehen lassen. Es war ein frostiger Wintertag, Carsten zitterte in seinem Versteck vor Kälte und Angst und wagte nicht, sich in dem harten, unbequemen Verließ zu bewegen. Als die Kofferraumklappe endlich hoch ging, wurde er von den einfallenden Strahlen mehrerer Taschenlampen geblendet. Er konnte nichts erkennen außer den Läufen zweier Maschinenpistolen, deren Mündungen auf ihn gerichtet waren.

Die linke Ecke der Zelle war an den Sonntagnachmittagen der Treffpunkt der Politischen. Dort konnten sie, von zwei Seiten geschützt, die „Krimis", die die Politischen gerne provozierten, etwas auf Abstand halten.

Wolfram berichtete, wie er, aus kommunistischem Elternhaus stammend, vor einigen Jahren seinen Glauben an die große Menschheitsbeglückung verloren hatte, wie sie die Flucht geplant und durchgezogen hatten. Das Flugblattabenteuer überging er diskret.

Während er sprach, hatte Susi am benachbarten Bettenturm mit seiner sonntäglichen Turnerei begonnen: Klimmzüge am Bett des dritten Stocks. Dabei zählte er laut mit, damit jeder es mithören konnte. Als er bei vierzig angelangt war, ließ er das knirschende Gerüst los und sprang auf den Boden. Zwischen seinen Schulterblättern hatte sich ein Rinnsal gebildet. Stolz tastete er seinen muskulösen Oberkörper ab und tupfte ihn mit seinem grauen Handtuch trocken. Dabei warf er immer wieder herausfordernde Blicke zu Wolfram hinüber, der ihn aber nicht beachtete.

Wolfram schilderte Christines Auftritt im Prozess, als alles, woran er bis dahin geglaubt hatte, in wenigen Minuten zusammengebrochen war.

Als er geendet hatte, herrschte Schweigen. Detlef fuhr sich nachdenklich mit der Hand über die kurz geschnittenen Haare, Carsten runzelte die Stirn zweimal hintereinander.

„Ist dir ja ganz schön nahegegangen", sagte Ralf.

„Nahegegangen", äffte Susi ihn nach. „Unser Prinzesschen hat Liebeskummer, dit kommt davon, wenn´ste dich mit Weibern einlässt."

Wolfram fuhr wütend auf, aber Ralf fasste ihn an der Schulter.

„Sie hat dich gelinkt. Jetzt glaubst du, dich auf nichts mehr verlassen zu können."

„Sieh mal, uns Politischen ist das fast allen so gegangen. Die meisten von uns sind verraten worden", sagte Detlef, „bei mir war es beispielsweise einer meiner Mitarbeiter, jemand, dem ich voll vertraut habe. Der hat sich meine Gedichte geschnappt, als ich schon besoffen war und nicht mehr daran gedacht habe, sie zu zerreißen ..."

„Und die Schnipsel auf drei verschiedene Papierkörbe zu verteilen, die an unterschiedlichen Orten stehen", ergänzte Ralf.

Joachim hatte in diesem Kreis die meiste Lebenserfahrung.

„Verrat ist menschlich. Gehört zum Leben dazu wie Tod und Geburt. Muss als Naturgesetz akzeptiert werden. Das Problem ist nur, dass man uns das nie gesagt hat. Wir sind zu idealistisch erzogen worden."

Plötzlich schüttelte es Wolfram. Ohne Vorankündigung brach er in Tränen aus. Die anderen standen ratlos herum.

Mit einem Mal gab es ein Gedränge. Susi war herangetreten und hatte die anderen zur Seite geschoben. Er boxte Wolfram freundschaftlich gegen die Schulter.

„Nu lass dir mal nich so hängen, Alter. Hübscher Kerl wie du, braucht ´ner Schnalle nicht nachzuheulen. Hast doch mich."

Es wurde Sommer. Nach und nach hatte Wolfram seine Schlafposition in der Bettenpyramide verbessert. Sobald ein „Dienstälterer" seines Turms entlassen wurde, rückte er ein Stockwerk nach unten. Als es im Juli in der Zelle heiß und stickig wurde, war er im zweiten angekommen, wo die Luft erträglicher war.

Er hatte sich längst an den Tagesablauf gewöhnt, der zwischen dem Wecken und der Nachtruhe, den drei Mahlzeiten und dem Freigang genau geregelt war. Einmal in der Woche fand der Häftlingseinkauf statt, einmal im Monat konnte er sich ein Buch ausleihen. Auch die Zeitung „Neues Deutschland" durfte gekauft werden. Obwohl sie nur 15 Pfennig kostete, wurde immer nur ein Exemplar angeschafft und weitergereicht.

Der Sommer ging zu Ende. Bäume konnte er bei seinen Freigängen im Hof nicht sehen. Ab und zu jedoch wehte der Wind ein Blatt auf den abgezäunten Platz, auf dem sie ihre Runden drehten. Im Sommer waren die wenigen, die sie erreichten, noch grün gewesen, jetzt kamen die ersten gelben und roten Blätter. Die Sonne stand tiefer. Die Luft war leichter.

Und dann kam er wieder, der 7. September. Vor einem Jahr hatten sie in Kolberg am Strand gelegen und auf das Fischerboot gewartet. Fünf Stunden später wollten sie in Dänemark sein. Er hatte mit Christine gestritten, wer von beiden die Schuld auf sich nehmen sollte, falls man sie verhaftete. Sie war sauer gewesen, als er darauf bestand, sie zu entlasten. Handelte jemand so, der den anderen schon verraten hatte? Er verstand es noch immer nicht, bemerkte aber, dass er schon lange nicht mehr an sie gedacht hatte. Und wenn er es tat, waren es körperlose Vorstellungen gewesen. Er begehrte sie nicht mehr, sie war ihm fremd geworden, seine Wut auf sie war einer Trauer gewichen, die nichts mehr mit ihr zu tun hatte.

Der Spätherbst kam und brachte die ersten kühlen Tage. Er hörte auf, an sie zu denken. Die Trauer war vergangen. Sein tägliches Behaupten in der heillos überbelegten Zelle war das Einzige, was noch zählte.

Viele Politische waren Akademiker. Wenn sie sich sonntags in ihrer Lieblingsecke versammelten, musste einer von ihnen einen Vortrag aus seinem Fachgebiet halten. Wolfram war schon einige Male dran gewesen. Er hatte über Atomphysik und Hebelgesetze referiert, die Unmöglichkeit eines Perpetuum mobile bewiesen oder versucht, den anderen die Newtonschen Axiome nahezubringen.

Manchmal trat einer von den „Krimis" von hinten an den Kreis heran, meistens um zu stören, doch wenn Joachim, der Gynäkologe vortrug, waren auch sie interessiert.

Heute sprach er über den weiblichen Zyklus. Steffen, ein Gewohnheitsdieb und Einbrecher, mit achtzehn bereits zu einer langjährigen Freiheitsstrafe verurteilt, inzwischen dreiundzwanzig, hatte bisher nur spärliche Erfahrungen mit Frauen sammeln können. Gebannt stand er am Rande und hörte zu.

Joachim schlug einen weiten Bogen vom Menstruationsgeschehen, der Rolle von Östrogen und dem Gelbkörperhormon über Menarche und Schwangerschaft bis hin zur Menopause. Als er aufgehört hatte, prasselten Fragen auf ihn ein. Joachim antwortete geduldig und erklärte ausführlich. Er und seine Zuhörer hatten alle Zeit der Welt.

Am Ende räusperte sich Steffen, der normalerweise frech und provozierend auftrat. Verlegen setzte er an: „Bin ja noch sehr jung gewesen, als ich eingefahren bin. Hab nicht so die dicke Ahnung. Dieser Homomkram juckt mich auch nicht besonders. Aber kannste denn nicht einfach mal sagen, wie eine Frau untenrum so aussieht?"

Die Zelle dröhnte vor Lachen, aber Joachim blieb ernst: „Komm her."

Steffen wäre am liebsten abgehauen, aber Susi und Schniepel, ein chronischer Scheckbetrüger, hielten ihn fest und schoben ihn nach vorn. Mit hochrotem Kopf stand er vor Joachim. Der hatte inzwischen ein Blatt Papier organisiert und das, wonach sich die meisten hier sehnten, skizziert.

„So sieht eine Frau aus, wenn sie steht und so, wenn sie vor dir liegt und ihre Beine spreizt."

„Also, wenn du ihr einen bläst", warf Susi ein.

„Was weißt du denn davon, Schwuli“, grinste Ralf.

„Draußen hab ick jede Menge Weiber jestoßen, bestimmt mehr als du Sackjesicht“, raunzte Susi und machte einen Schritt nach vorn.

Wolfram versperrte ihm den Weg. Susi kam nah an ihn heran.

„Dir würde ick natürlich lieber vernaschen, als dieset Hühnerbeinchen verprügeln.“

„Schieb ab“, schnauzte Wolfram und drehte sich um.

Joachims Skizze wurde hinter die Türzarge einer der Toiletten geklemmt. Dieses Kabuff war in den Tagen danach ständig belegt, bis einer der Erzieher bei einer Routinekontrolle die Zeichnung entdeckte und mitnahm.

Der Winter kam. Wenn Wolfram morgens erwachte, klebte die Dunkelheit zwischen den Ritzen der Stahlblechblenden, die die Fenster verdeckten und deren Schlitze nach unten wiesen, um den Blick nach draußen zu versperren. Kehrte er abends zurück, war es draußen wieder finster. Vier Monate lang kroch nur an den Wochenenden für wenige Stunden etwas dämmriges Licht durch die Schlitze der rostigen Lamellen.

Die Leere in seiner Seele breitete sich immer weiter aus. Er mied neue Kontakte. Dafür lieh er sich gerne Bücher aus. Am Anfang waren es noch heitere Werke, wie „Die Heiden von Kummerow“ gewesen. Doch dann tendierte er immer mehr zu düsteren Dichtern. Dostojewskis „Schuld und Sühne“ las er zweimal hintereinander.

Seine Gedanken wurden träge. So wie er allmählich Christine aus seinem Herzen verdrängt hatte, verlor er auch immer mehr die Lust, sich seine Zukunft nach der Entlassung auszumalen. Irgendwann zog er sich ganz zurück und hörte zu lesen auf. Manchmal lag er den ganzen Sonntag auf seinem Bett im Parterre, das er inzwischen erreicht hatte und starrte auf die durchgelegene Matratze über sich.

„Dich hat die Depression erwischt“, konstatierte Ralf, „so geht das nicht, wir müssen dich auf andere Gedanken bringen. Es ist ihretwegen, nicht wahr?“

Der Freund hatte sich auf seine Bettkante gesetzt.

„Lass sie endlich sausen. Sie ist doch nur eine miese, kleine Zinkerin. Drüben, im Westen, warten Scharen herrlicher junger Frauen auf dich. Ein Jahr musst du noch durchhalten.“

Wolfram sah mit stumpfen Augen an ihm vorbei und sagte nichts.

In den nächsten Wochen schleppte er sich jeden Tag mit letzter Kraft zur Arbeit. Im Februar blieb er um dreißig Prozent unter seiner Norm.

„Du musst dich anstrengen, sonst landest du in der ‚Mumpe‘ “, redete Ralf auf ihn ein.

Die „Mumpe“ war die Dunkelhaft, das Revier vom ‚Hunnen‘.

Wolfram nickte, er wusste es. Aber die Handgriffe fielen ihm immer schwerer, im März fiel er mit vierzig Prozent ins Minus.

Der Vorarbeiter schimpfte: „Klotz endlich ran, sonst kann ich nichts mehr für dich tun.“

Es half nichts. An einem Morgen im April wurde er vor Dienstantritt rausgerufen und fortgeführt.

„Eine Woche ‚Mumpe‘“, zischte ihm der Erzieher zu, den sie „Watschler“ nannten, weil er beim Gehen seine Füße nach außen setzte.

„Sieh zu, dass du dort Mäuschen spielst, sonst stehst du das nicht durch.“

Die „Mumpe“ war ein Keller, dessen Decke so niedrig war, dass er nicht aufrecht stehen konnte. Nur durch die Ritzen der Zellentür war ein schwacher Lichtschein zu erahnen. Liegen durfte er nicht. So stand er den ganzen Tag, den Kopf entweder nach vorn gebeugt oder zur Seite geneigt. Nach wenigen Stunden wurden die Schmerzen in Nacken und Schultern unerträglich. Er ging in die Knie oder stellte sich mit weit gespreizten Beinen auf. An die Wand anlehnen war verboten. Die Posten kontrollierten häufig über den Spion. In der Mitte der Decke verlief ein heißes Heizungsrohr. Die Luft in dem Loch war stickig warm.

Zu trinken gab es pro Tag drei Glas Wasser. Beim Zähneputzen wurde er mit einer Taschenlampe abgeleuchtet. Erwischten sie ihn beim Runterschlucken, wurde aus seinem nächsten Wasserglas vor seinen Augen die Hälfte weggeschüttet.

Das Essen bestand aus trocknem Brot. Manchmal ließen sie den Teller so lange vor der Zellentür stehen, bis ein darauf dressierter Hund das Brot bepisst hatte. Erst dann wurde der Behälter auf die Klappe gestellt.

Er verlor jedes Zeitmaß. Wenn am Abend die Pritsche heruntergeklappt wurde, zählte er weiter: Hatte er den dritten Tag überstanden oder schon den vierten?

Einmal hörte er einen anderen Häftling schreien, gegen die Tür trommeln und den Cottbus-Song in der Melodie des KZ-Liedes „Die Moorsoldaten“ singen:

„Cottbus heißt die öde Stätte, wo ein Zuchthaus fest erbaut,
dient politischen Gefang’nen jahrelang als Aufenthalt …“

Er kam bis zur zweiten Strophe, dann knallte ein Gitter gegen die Wand, das Getrappel harter Stiefelsohlen und die lauten Kommandorufe vermischten sich mit dem aufheulenden Gesang. Eine Tür kreischte auf und in dem klatschenden Geräusch von Gummiknüppeln, die auf Weiches trafen, erstickte die dritte Strophe. Nachdem die Stiefel endlich abgezogen waren, wimmerte es noch stundenlang.

Als er nach einer Woche zurückkehrte, rutschte ihm die Hose über die Hüften. Mit einer Hand schirmte er sein Gesicht gegen das Licht ab. Seine Augen waren rot entzündet. Ralf nahm ihn an den Schultern, führte ihn zu seinem Bett und brachte ihm Brot und Wasser.

„Vorsichtig trinken und nicht zu viel auf einmal essen."

Er wusch ihm das Gesicht, tupfte die entzündeten Augenlider ab.

„Wird schon, keine Angst, bin bloß froh, dass du wieder da bist. Hatte Schiss, die würden dir zwei oder drei Wochen reinwürgen. Oder der ‚Hunne' hätte dich in die Mangel genommen. Haste noch mal richtig Schwein gehabt."

Im Juli 1979 bekam er Besuch von seinen Eltern. Die Mutter lächelte ihn an und versuchte tapfer auszusehen.

„Ein Jährchen noch, Wolfram, maximal anderthalb, das schaffen wir."

Die Furchen zwischen Mutters Nase und den Mundwinkeln hatten sich seit dem letzten Besuch vertieft. Vaters Haare waren ergraut. Alles meine Schuld, dachte er.

„Wie geht es dir?", fragte sie.

„Ich komme klar."

Die Mutter nickte und atmete tief durch. Es entstand eine Pause und alle wussten, worüber sie jetzt sprechen würden. Da immer ein Wachhabender, der den Fall kannte, anwesend war, waren sie irgendwann einmal stillschweigend übereingekommen, von Christine nur als von seinem Diplombetreuer Dr. Hans Seiffert zu sprechen.

„Hast du Dr. Seiffert gesehen?"

Die Mutter nickte.

„Er geht weiter zur Uni, einmal sind wir uns auf der Straße begegnet. Im ersten Augenblick hatte ich den Eindruck, dass er mich sprechen wollte, aber dann hat er sich umgedreht und ist schnell weggegangen."

Wolfram spürte einen Stich im Herzen. Das kam unerwartet, er hatte gedacht, er hätte es hinter sich. Die Mutter musste es bemerkt haben. Ihre Augen glänzten feucht.

„Er wirkte einsam, sein Gang war schleppend, er lachte nicht mehr wie früher, obwohl er mich genau erkannt hat."

Jetzt hatte es der Wachhabende geschnallt. Er richtete sich auf.

„Der Besuch ist beendet. Verabschieden Sie sich."

Ende November 1979 hatte er siebenundzwanzig Monate hinter sich. Detlef war vor einem Vierteljahr entlassen worden. Ralf würde demnächst folgen. Genau konnte man es nicht wissen.

Am ersten Dezember wurde der „Cuvée Cottbus“ angesetzt. Dazu schrubbten sie sorgfältig eines der Klobecken, säuberten es mehrfach, pumpten das Knie mit der Faust leer. Anschließend wurde es mit frischem Wasser aufgefüllt und Brot und Zucker nach einem Rezept von Christoph, einem Verfahrenstechniker aus Dresden, zugegeben. Jeden Tag inspizierte er das Gebräu und ersetzte sorgfältig das verdunstete Wasser, bis es am 31. Dezember so weit war. Der „Schampus Cottbus“ war fertig. Mit einem Becher wurde das Getränk aus dem Klo geschöpft und auf alle Häftlinge verteilt. Wolfram, der inzwischen der Zellenälteste der Politischen war, sprach den Trinkspruch. Sie nippten an ihren Bechern und tranken das köstliche Gesöff in kleinen, kostbaren Schlückchen.

Im Frühjahr 1980 wurde Wolfram langsam ungeduldig. Zweieinhalb Jahre hatte er hinter sich. Er hatte sich gut geführt, alles in allem wenig Probleme gemacht, würde man ihm den Rest schenken?

Im April wurde er rausgerufen.

„Pass uff, wat jetzt passiert, mach bloß keenen Fehler“, raunte ihm Susi noch zu, bevor Wolfram dem Erzieher folgte.

In einem Verhörraum wartete ein Zivilist auf ihn.

„Guten Tag, Herr Fichtner, setzen Sie sich bitte.“

Seit Jahren hatte ihn niemand mehr so angesprochen. Sein Gegenüber war ein freundlicher, jovialer Mann in den Fünfzigern. Er trug gutgeschnittene Hosen, Weste, weißes Hemd und einen gestreiften Seidenschlips. Im freien Leben würde Wolfram ihm die Stasi nicht im Entferntesten ansehen.

„Towarischtsch Jovial“ bot ihm Kaffee und Kekse an. Echten Kaffee und echte „Hansa“-Butterkekse!

Der Duft des Kaffees stieg ihm in die Nase und löste eine Welle erregender Empfindungen aus, wie er sie in dieser Intensität noch nie erlebt hatte. Sein Geruchssinn ertastete jede einzelne Kaffeebohne und schwelgte in Aromen, deren Existenz er bisher nicht einmal geahnt hatte. Ungläubig musterte er die Kekse auf dem Teller. Sollten diese Kostbarkeiten wirklich etwas mit dem gleichnamigen, pappigen Backzeug zu tun haben, das in den Regalen seiner Kaufhalle immer so lange liegengeblieben war, bis es nichts Besseres mehr zu kaufen gab?

„Towarischtsch Jovial“ hatte es sich in seinem Sessel gemütlich gemacht und betrachtete ihn väterlich.

„Nehmen Sie sich doch bitte noch einen. Wenn Sie möchten auch mehr, es ist ja genug da."

Wolfram zelebrierte eine zweite Tasse Kaffee und biss in das knusprige Backwerk. Der Genosse zauberte eine weitere Packung herbei, dazu eine Schachtel „Halloren Kugeln". Wolfram nahm eine Kugel und ließ sie im Mund zergehen.

„Die können Sie, so Sie möchten, mit in die Zelle nehmen."

Der Mann lächelte gutmütig.

„Seien Sie ehrlich, es hat Ihnen geschmeckt."

Wolfram nickte.

„Sie werden jetzt sicher denken, keine Kunst, nach zweieinhalb Jahren Gefängnisfraß."

Wolfram grinste.

„Nun, abgesehen davon, dass ich Sie gerne bewirte, wollte ich Ihnen vor allem demonstrieren, dass Geschmack sehr relativ ist. Haben Sie nur einen Tag lang gehungert, mundet Ihnen ein Stück trocken Brot besser als ein Drei-Sterne-Menü in einem Pariser Restaurant."

„Wüsste nicht, wie ich das beurteilen sollte."

„Towarischtsch Jovial" lächelte einfühlsam.

„Glauben Sie es mir einfach. Ich weiß es, habe lange genug dort gelebt. Schauen Sie: Der Westen ist so übersättigt, dass er dem ursprünglichen Geschmack, dem tiefen Erlebnis ständig hinterherhecheln muss, ohne ihn jemals wieder zu erlangen. Er ist ihm unwiederbringlich verlorengegangen."

„Aber wer mag schon hungern, nur damit es ihm besser schmeckt?"

„Towarischtsch" schmunzelte.

„Ständig überfressen zu sein, ist auch kein Vergnügen, lieber Herr Fichtner. Teuer und ungesund außerdem."

Er lehnte sich zurück, holte eine Flasche georgischen Weinbrand aus einem Seitenfach des Schreibtischs hervor und füllte zwei Gläser.

„Ihre Haft geht zu Ende. Lassen Sie uns auf einen glücklichen Abschluss anstoßen."

Wolfram nippte am Glas und spürte den Alkohol in den Kopf schießen.

„Was ich Ihnen sagen möchte, ist Folgendes: Natürlich lebt man im Westen materiell auf einem wesentlich höheren Niveau. Das wissen wir selbst. Aber die relative Gaumenfreude ist keinesfalls höher als bei uns, denn wer verwöhnt ist, kann das Einfache nicht mehr genießen. Die Hetze nach immer mehr, nach immer Besserem ist allgegenwärtig. Der Gewinn, den Sie zu haben glauben, zerrinnt am Ende zwischen den Fingern. Nach kurzer Zeit wird Ihnen der ‚Bahlsen'-Keks am Ku´damm nicht besser schmecken, als unser ‚Hansa'-Keks im Café Moskau. Nur, dass Sie drüben erheblich härter schuften müssen und für den Mammon Ihre Seele verkaufen."

Er füllte die Gläser nach. Wolfram merkte, wie ihm etwas benommen wurde.

„Sie sind ein guter und ehrlicher Mensch. Was Sie getan haben, war ein Irrtum, aber Sie haben Ihre Strafe verbüßt und unser Staat hat Ihnen verziehen. Wir haben große Dinge vor, für die wir junge, intelligente Menschen brauchen. Solche wie Sie."

Wolfram stellte das Glas ab.

„Ich möchte Sie in unsere Projekte einbeziehen. Arbeiten Sie mit uns zusammen, wir brauchen Ihre kritischen Anregungen, denn wir wollen den Staat umformen und die alten Verknöcherungen, die uns bisher gelähmt haben, beseitigen."

„Towarischtsch Jovial" trat an das Milchglas-Fenster und öffnete es: Tageslicht und frische Luft erfüllten den Raum.

„Kommen Sie bitte her, lassen Sie uns gemeinsam hinausschauen."

Wolfram erblickte die Sonne, die hoch am blauen Himmel stand. Wolken zogen über das Firmament. Bäume begannen sich grün zu färben. Er sah auf die Dächer der Stadt, hörte Menschen und Autos. Wann hatte er das letzte Mal so viel freies Leben gesehen?

7. September 1977, Kolberg, am Tag ihrer Flucht. In der Nacht zuvor hatte er das letzte Mal mit Christine geschlafen. Er spürte den Strand unter seinen nackten Füßen, die Brandung, die seine Waden umspülte. Hörte ihr Lachen. Der Weinbrand hüllte seine Gedanken in Wattewolken. „Towarischtsch Jovial" führte ihn zurück zum Tisch.

„Unterschreiben Sie das hier, dann sind Sie innerhalb einer Woche ein freier Mann. Können sofort ins Studium zurückkehren, die Wohnung behalten, Ihre armen Eltern trösten, und …", seine Stimme wurde nun ganz warm, „…Ihre Christine endlich wieder in die Arme schließen. Denn, erlauben Sie, dass ich mal ganz direkt werde: Das ist es doch, wonach Sie sich am meisten sehnen, nicht wahr? Und ich kann Sie so gut verstehen, war ja selbst mal jung. Sie ist schon eine außergewöhnliche Frau."

Wolfram schluckte.

„Ich versichere Ihnen, sie wartet seit zweieinhalb Jahren auf Sie, hat keinen anderen angesehen, verzehrt sich nach Ihnen."

Wolfram schwindelte. War es nur der Schnaps? Er warf einen Blick auf das Papier, das vor ihm lag.

„Ich, Wolfram Fichtner, verpflichte mich zu einer Zusammenarbeit mit dem Ministerium für Staatssicherheit …"

So stand es also. In ein paar Tagen wieder draußen sein. Die ganze Scheiße hinter sich lassen. Weiter studieren, die Mutter umarmen. Christine wiedersehen. Einen Moment lang sah er ihr Gesicht vor sich, die traurigen Augen und den Mund, in dem das geliebte kleine Lächeln wohnte. Roch den Duft ihres Atems. Spürte ihren Kopf an seiner Schulter. Alles war wieder da, nichts vergessen. Wie ein riesiger Magnet zog der Kugelschreiber seine Hand an. Eine kleine pissige Unterschrift und die Welt war wieder in Ordnung.

Auf einmal erinnerte er sich an die Szene, als er nach dem ersten Verhör gerade das Polizeipräsidium verlassen hatte. Wie er fast umgekehrt wäre und alles verraten hätte. Auch Christine, die ihn dann ein paar Monate später ins Gefängnis brachte. Zu dieser Denunziantin zurückkehren? Die verloren geglaubte Wut stieg wieder in ihm hoch. Er stieß das Blatt zurück.

„Leck mich."

„Towarischtsch Jovials" Blick wurde hart. Er sprang auf und drückte den Klingelknopf.

„Die Keksschachtel bleibt hier."

Der Erste, der ihn bei der Rückkehr begrüßte, war Susi.

„Na Alter, hamse dir umjedreht?"

Wolfram schüttelte den Kopf.

„Hier sind jede Menge Enten jepresst worden. Steffen, dieser Idiot, hat sogar jegen dich jewettet."

Susi grinste und umarmte ihn.

„Ick natürlich nich. Kenn dir doch, du dämliches Arschloch. Kriegst die geilsten Angebote und lehnst allet ab, du bekloppter Wichsgriffel."

Kapitel 41

"Kalle-Malle"

Cottbus – Karl-Marx-Stadt, Mai 1980

Die nächsten Wochen zogen sich wie Kaugummi. Wolfram fertigte immer noch Gehäuse für die „Pentacon"-Kameras, die anders als er, tatsächlich in den Westen verkauft wurden. Manchmal schien ihm, als hätte er nie etwas anderes getan. Das freie Leben war kaum mehr als eine blasse Erinnerung.

Inzwischen hatte er Karriere gemacht und war zum Kontrolleur aufgestiegen. Über seinen Tisch ging jedes Teil, bevor es die Halle verließ. Ein klasse Job. Zwar nicht so gut wie ein Posten in der Küche, von dem jeder Häftling träumte. Aber hier in der Halle war er ein kleiner Chef. Allerdings musste er aufpassen, von niemandem beschissen zu werden. Sollte es einem gelingen, ihm ein verpfuschtes Teil unterzujubeln, müsste er sich verantworten. Beim zweiten wäre die Monatsprämie futsch, beim dritten sein Chefposten.

Doch Wolfram war mit seinen vierundzwanzig Jahren inzwischen ein alter Hase. In Cottbus machte ihm niemand mehr etwas vor. Fing die Fräsmaschine neben dem Eingang an zu kreischen, war der Fräskopf nachzuschärfen. Roch es nach verbranntem Öl, arbeiteten die Jungs an der Bohrmaschine wieder mal mit zu großem Druck. Und gab es an der Säge klackende Geräusche, war klar, dass ein Sägeblatt nachzuspannen war.

Das alles erfasste er blind und wusste genau, welchen Arbeitsplatz er zu inspizieren hatte.

Abends, auf dem Rückweg von der Schicht, suchte er den Blick des „guten Erziehers". War es endlich so weit? Aber der „Watschler" schüttelte nur unmerklich den Kopf. Jetzt, wo seine Entlassung anstand, konnte Wolfram es kaum noch erwarten.

„Du gehst bald auf Transport, kannste mir glooben. Ick hab´s im Urin", sagte Susi, aber es passierte nichts.

Für die, die als nächste dran waren, wurde sonntags eine Art Vogelschau veranstaltet. Hierzu faltete Susi ein dünnes Zigarettenpapier in

Längsrichtung, sodass ein dreieckiges Gebilde entstand, das aufrecht stehen konnte. Dann wurde es vorsichtig angezündet. Das dünne Material flammte lichterloh auf. Nun gab es zwei Möglichkeiten: Wurde das brennende Papier von den heißen Gasen nach oben gerissen, bedeutete das den baldigen Abflug in den Westen. Fiel es aber als weiße Asche zusammen, hieß es weiteres Bleiben. Wolframs Auspizien fielen miserabel aus, sein Papier stieg niemals auf.

Doch dann ging es auf einmal sehr schnell. Anfang Juni kommandierte der „Watschler“: „Strafgefangener Fichtner, fertigmachen, in fünf Minuten gehen Sie auf Transport.“

Mit zitternden Händen packte er seine Siebensachen zusammen: Zahnbürste, Zahnpasta, Waschlappen, Becher, Kamm, Rasierapparat und den Bleistift, mit dem er seine Monatsbriefe schrieb. Er verabschiedete sich von Carsten, der vor Aufregung kaum sprechen konnte, nur mehrfach die Stirn hochzog und Christoph, dem Schöpfer des „Cuvée Cottbus“. Beiden hatte er schon vor Wochen die Adresse seiner Oma Hertha in Westberlin gegeben.

Susi trat heran.

„Machs jut, Schwanzlutscher.“

„Hätt´ste wohl gerne gehabt“, grinste Wolfram.

„Darauf kannste eenen ziehen lassen, aber egal, 'n dufter Typ, schade, dass de abhaust.“

„Deine Sympathie kam am Anfang nicht so deutlich rüber.“

„Kennst eben unsere Sprache nicht, dit war ne echte Liebeserklärung.“

Als sie draußen auf dem Gang in einem toten Winkel standen, strahlte der „gute Erzieher“ über beide Wangen.

„Es geht nach ‚Kalle-Malle‘.“

„Abflug zum Klassenfeind?“

Der „Watschler“ nickte. Wolfram fühlte, wie sich von seinem Zwerchfell aus wohlige Wärme im Körper ausbreitete. Es war zu Ende, endlich vorbei.

„Sie waren einer der Wenigen, die menschlich mit uns umgegangen sind. Ich möchte Ihnen danken. Dürfte ich zum Abschluss noch Ihren Namen erfahren?“

Der dickliche, unscheinbare Mann schüttelte den Kopf.

„In der Welt, in die Sie jetzt kommen, sollte niemand meinen Namen kennen. Behalten Sie mich einfach als den ‚Watschler‘ in Erinnerung, ich weiß, dass mich alle so nennen, und nehmen Sie mit, dass es im Leben nicht nur schwarz oder weiß gibt.“

In der Effektenkammer erhielt er seine Zivilklamotten zurück.

Die Fahrt mit dem „Barkas“ nach Karl-Marx-Stadt war luxuriös. Natürlich hatten sie ihn mit Handschellen an einen festgeschweißten Stahlbügel angeschlossen. Und selbstverständlich waren die inneren Türklinken entfernt worden. Aber er saß bequem auf der Hinterbank und konnte dem Fahrer über die Schulter schauen. Sah Häuser und Bäume, Gras, Blumen, Straßen, Autos und Menschen, spielende Kinder und Radfahrer. Hörte Hunde bellen, eine Diesellok pfeifen und Autoreifen quietschen. Und erblickte junge Frauen. An den so lange entbehrten Bildern und Tönen konnte er sich weder sattsehen noch satthören, starrte die ganze Fahrt über durch die Frontscheibe und ließ sich keinen Moment entgehen.

Sie hielten vor einer hohen, grau verputzten Mauer, deren Krone mit Stacheldraht bewehrt war. Die Tore öffneten sich. Der Wagen fuhr hinein, die Türen schlossen hinter ihnen mit schwerem metallischem Klang.

Er war wieder in einem Gefängnis, aber dieses Mal brauchte er seine Sachen nicht mehr abzugeben. Und auch sonst war alles anders.

Der Anstaltsleiter begrüßte ihn mit den Worten: „Willkommen Sportsfreund“ und gab ihm die Hand. Nach der Registrierung wurde er von einem betont höflichen Bewacher in einen Block gebracht, in denen die Häftlinge – er traute seinen Augen kaum – in Gängen und Räumen locker zusammenstanden und miteinander redeten. Man führte ihn zu einer offenstehenden Zweimannzelle, in der eine Liege belegt war. Das Bettzeug seines Mitbewohners war zerknüllt, anscheinend interessierte es hier niemanden mehr, ob die Laken festgezurrt und die Kanten der Decken messerscharf und millimetergenau gefaltet waren. Der Mitbewohner war ausgeflogen.

Wolfram ließ sich auf das Bett fallen. Über ihm nur die Zellendecke. Er atmete tief durch. Was für ein herrliches Gefühl, nicht mehr drei Leute über sich zu wissen. Er schmiegte sich in die Matratze. Bald würde er frei sein.

Von draußen drang ein Gewirr von Stimmen in die Zelle. Eine ähnelte der von Lorenz. War er es? Wolfram trat auf den Gang. Die Häftlinge lungerten in kleineren Gruppen herum. Manche kannten sich offenbar, redeten vertraut miteinander und hatten sich nach der langen Trennungszeit viel zu sagen. Dann entdeckte er ihn, obwohl er ihm den Rücken zuwandte. Eine Glückswelle durchfuhr ihn. Der Freund unterhielt sich mit einem anderen Mann, der aber zu dicht an Lorenz stand, als dass Wolfram ihn erkennen konnte. Er schlich sich von hinten heran und als er ihm die Augen mit den Händen zuhielt, erkannte er auch den anderen: Es war Bernd. Die Drei lagen sich in den Armen.

Bernd hatte es am härtesten getroffen, er war die ganze Zeit über in Brandenburg gewesen, wo mehrheitlich Schwerverbrecher einsaßen.

„Absolute Unterwelt, aber ick bin klarjekomm´n. Wahrscheinlich, weil ick schon imma´n Faible für die hart´n Jungs hatte."

Lorenz war am Vortag angeliefert worden, er hatte das „Gelbe Elend" in Bautzen überlebt.

„Ich war in der Schneiderei. Glück gehabt. Die Arbeit war nicht besonders schwer, nur ziemlich staubig."

Er trat einen Schritt zurück.

„Lass mal gucken, wie du aussiehst."

Er sah Wolfram prüfend an.

„Etwas aufgeschwemmt, aber nicht so verzweifelt, wie ich befürchtet habe."

„Hat jemand irjendwat von unsrer kleenen Petze jehört?", fragte Bernd.

„Keine Ahnung, meine Mutter ist ihr einige Male zufällig begegnet, weil sie in der Unigegend arbeitet. Soll nicht besonders glücklich ausgesehen haben", antwortete Wolfram gleichgültig.

„Meen Mitleid hält sich in Grenzn", sagte Bernd.

Wie sich herausstellte, war Lorenz Wolframs schlampiger Zellenmitbewohner. Auch ihm war die Trennung von seiner Freundin schwergefallen und doch hatte er es leichter gehabt. Mit Verrat brauchte er sich nicht auseinanderzusetzen.

„Ich habe viel an dich denken müssen. Eine Knastmacke haben wir ja alle bekommen, aber für dich war es sicher die Hölle."

„Im ersten Jahr schon, aber jetzt bin ich drüber weg und will auch nicht mehr drüber reden, es kotzt mich nur noch an."

Die folgenden Tage vergingen in ungewohntem Müßiggang. Hier, im „Vogel-Käfig" – eine Anspielung auf den Namen des Rechtsanwalts, der den Häftlingsfreikauf koordinierte – durften sie aufstehen, wann sie wollten, bekamen gutes Essen, sogar Schokolade und wer mochte, auch Westzigaretten.

„Die päppeln uns auf, damit wir drüben nicht wie KZ-Häftlinge ankommen."

Es gab noch einige offizielle Gespräche, in denen die persönlichen Verhältnisse wie Schulden, Vermögen oder Alimente geklärt wurden.

„Ich habe weder noch und verlasse Ihr angebliches ‚Paradies der Werktätigen' trotz Verurteilung so unschuldig wie ein neugeborenes Kind."

Sein Gesprächspartner blieb professionell freundlich.

„Sie dürfen sich den Westen nicht zu idealistisch vorstellen. Sie werden brutal ausgebeutet. Und mit der Freiheit ist es auch nicht so weit her: Abweichende Meinungen werden unbarmherzig verfolgt.“

Wolfram lehnte sich zurück. Er genoss es, keine Angst mehr zu haben.

„Kann mir kaum vorstellen, dass ich drüben härter ausgepresst werde als in der klassenlosen Gesellschaft des ersten Friedensstaates auf deutschem Boden. Und Ihre zweite Aussage können Sie sich sonst wohin stecken. Sie beten ja nur nach, was Sie in Rotlichtkursen eingebläut bekommen haben.“

Der andere lächelte.

„Unterschätzen Sie nicht die Schwierigkeiten, die vor Ihnen liegen. Wir können Ihnen helfen, sich in diesem rücksichtslosen Milieu besser zurechtzufinden.“

Wolfram verschränkte die Arme vor der Brust und grinste.

„Der brutalste aller Profitmacher ist doch Ihr Arbeiter-und-Bauern-Staat. Erst verhaftet er mich, weil ich frei sein will. Dann behandelt er mich drei Jahre wie einen Sklaven, am Ende werde ich Devisenbringend an den Westen verscheuert und jetzt wollen Sie zum Abschluss noch einen Extraprofit rausschlagen, indem Sie versuchen, mich für die Firma zu werben.“

Die Augen des Profis zogen sich zu schmalen Schlitzen zusammen. Wie gern würdest du mich in die „Mumpe“ stecken, dachte Wolfram, darfst du aber nicht, musst nett bleiben.

„Mit ihrem Verein“, Wolfram betonte jedes Wort, „mit der Stasi, werde ich niemals zusammenarbeiten. Ich will nur noch eins: der Diktatur des Proletariats endlich den Rücken kehren.“

Ein Augenlid seines Gegenübers zuckte. Dem geht es schlechter als mir, dachte Wolfram, für den ist das hier ein Strafposten.

Sie schwiegen einen Moment. Dann hatte der andere sich wieder im Griff. Er setzte ein erprobtes zynisches Lächeln auf.

„Sie werden sich noch nach den menschlichen Verhältnissen in der DDR zurücksehnen.“

„Sie tun mir jetzt schon leid“, antwortete Wolfram.

An jedem Dienstag gingen Häftlingstransporte in den Westen. Jedes Mal dieselben Szenen von Jubel und Enttäuschung, wenn die Namenslisten verlesen wurden. Wolfram hatte am zweiten Tag recherchiert, wie viele Häftlinge vor ihnen gekommen waren. Drei Tage später kam sein erster Dienstag. Er zählte die Entlassungen. Danach wusste er, dass sie in zwei Wochen dran waren.

Am Montag vor seiner Abreise wurde er zum letzten Mal vorgeladen.

„Wolfram Fichtner, Sie werden gemäß §10 des Gesetzes vom 20. Februar 1967 aus der Staatsbürgerschaft der Deutschen Demokratischen Republik entlassen."

Der Polizist schob ihm eine Urkunde über den Tisch, ein schmuckloses Blatt Papier, das aber immerhin von Innenminister Friedrich Dickel unterschrieben war.

„Kommt Ihr Boss noch zu seiner eigentlichen Arbeit, wenn er diese Massen an Entlassungen persönlich signieren muss?"

Der Polizist kniff die Lippen zusammen.

„Der Nächste bitte."

Am folgenden Tag wurden Wolfram, Bernd und Lorenz aufgerufen. Draußen nieselte es. Die schmutzige Zementfarbe der Gefängnismauern ging in das düstere Blaugrau der schweren Wolken über. Auf dem Hof stand ein MAN-Bus. Vor dem Wagen warteten ein paar Frauen, von denen eine laut aufschrie und auf die Freunde zu rannte. Sie fiel Lorenz um den Hals, weinte und lachte in einem. Wieder und wieder umarmte sie ihn, um ihn dann mit ausgestreckten Armen von sich wegzuhalten und anzublicken. Ihre Augenlider waren rot unterlaufen, die Gesichtshaut blass und teigig, der Körper abgemagert. Die Haare hingen stumpf und ungepflegt in die Stirn, was ihr sichtlich unangenehm war. Ständig fuhr sie mit den Händen durch die Frisur, als wollte sie sie damit zum Glänzen bringen.

„Tut mir leid, aber nach dieser Tortur sind wir wohl alle nicht mehr in bester Form. Obwohl", sie sah Lorenz noch einmal prüfend an, „dir scheint das noch am wenigsten ausgemacht zu haben."

Paula umarmte nun auch Wolfram und Bernd.

„Wisst ihr, wie schön es ist, wieder einen Mann in den Armen zu halten, ich wusste gar nicht mehr, wie sich das anfühlt."

Sie gab Wolfram einen Kuss auf die Wange.

„Tut mir leid für dich, armer Kerl."

Sie fuhren Richtung Eisenach. Vor jeder Ausfahrt wurde es im Bus still. Würden sie auf der Autobahn bleiben oder abbiegen? Sie blieben. Weiter nach Eisenach, weiter nach Westen.

Vorn im Bus saßen zwei Stasi-Typen. Vor ihnen fuhren zwei Wagen: ein goldfarbener „Mercedes" und ein „Wolga" mit zwei Männern, denen man ihre Profession durch zwei Fensterscheiben hindurch ansah. Ihnen folgte ein weiterer Stasi-„Wolga".

Dann kam das Schild Eisenach: „Letzte Ausfahrt in der DDR". Der Bus wurde langsamer, wechselte auf die rechte Spur und verließ die Autobahn.

„Ich hab's geahnt", flüsterte Paula, „die lassen uns nicht rüber, wollten uns nur verarschen."

Ihr Gesicht war aschfahl. Der Bus steuerte eine Tankstelle an, tankte und kehrte auf die Autobahn zurück.

„Bitte nicht noch mal so 'n Ding", flüsterte sie. Sie hatte die Arme vor der Brust gekreuzt und atmete stoßweise. Auf der rechten Seite tauchte ein Betonwachtturm auf.

„Die Grenze", grinste Lorenz.

Wolfram boxte ihn in die Seite. Am Grenzübergang wartete eine lange Schlange von Westwagen. Der Bus fuhr an ihnen vorbei und hielt auf einem abgezäunten Platz, wo sie niemand beobachten konnte. Die Stasi-Typen stiegen aus. Auch der goldfarbene „Mercedes" stoppte. Ein schmächtiger Endfünfziger verließ den Wagen, betrat den Bus und baute sich neben dem Fahrer auf.

„Ich bin Dr. Vogel, Ihr Anwalt, darf ich erfahren, ob noch einer aussteigen will?"

Alle hielten den Atem an, Vogel grinste. Dann hielt er eine kurze Rede. Routiniert und sehr präzise. Sie sollten drüben nicht zur Springer-Presse laufen und die Verhältnisse in den DDR-Gefängnissen anklagen, das schade nur ihren potenziellen Nachfolgern. Sie sollten auch nicht mit den imperialistischen Geheimdiensten zusammenarbeiten, denn das würde die Ausreise derer verzögern, die nach Ihnen rauswollten. Er machte eine kleine Pause und veränderte seinen Tonfall fast unmerklich. Sie mögen sich auch klarmachen, dass es durchaus Möglichkeiten gäbe, ihr weiteres Verhalten im Westen von hier aus zu beobachten. Dann stieg er aus, setzte sich in seinen goldfarbenen „Mercedes" und fuhr davon.

Der Busfahrer startete den Motor. „Die sind wir los. Wir fahren jetzt über die Grenze. Wenn das Rumpeln aufhört, seid ihr im Westen."

Sie erreichten die Autobahn, bei jedem Stoß zweier Betonplatten machte es du dumm, du dumm, du dumm. Wann hatte er dieses Geräusch zum letzten Mal gehört? Im „Barkas", in der Nacht ihrer Verhaftung. Du dumm, du dumm, du dumm. Ouvertüre und Finale der Tragödie. Niemand sagte ein Wort, abrupt hörte das Wuppen auf. Ruhig glitt der Wagen über den Asphalt.

Jetzt brach ein wilder Jubel aus, alles schrie begeistert. Niemanden hielt es mehr auf den Sitzen, Wildfremde fielen sich um den Hals, Paula weinte hemmungslos.

„Ja, Ja, Ja, Jaaaaaaaa", brüllte Lorenz Wolfram ins Ohr.

Bernd stand in seiner Sitzreihe, lehnte mit dem Rücken am Fenster und schüttelte immer wieder den Kopf. Dann trat er zu Wolfram und umarmte ihn.

„Ich bringe euch jetzt nach Gießen in das Aufnahmelager", meldete sich der Fahrer.

Er hatte das Radio angemacht und AFN eingestellt. Amerikanische Musik. Es waren die ersten Songs, die Wolfram seit drei Jahren hörte. Es kam „Bridge over troubled water", ein Lied, das in der DDR Kult gewesen war. Es folgten andere Klassiker. Wolfram sog die Melodien in sich auf und sang mit: laut, tränenüberströmt und voller Hingabe, bis er heiser war.

Nach anderthalb Stunden erreichten sie Gießen. Sie wurden von Rotkreuz-Schwestern in grau gestreifter Dienstkleidung empfangen.

„Willkommen in der Bundesrepublik Deutschland. Wir wissen, dass Sie Schreckliches durchgemacht haben. Wir möchten, dass Sie sich bei uns wohlfühlen."

Ein älteres Gesicht blickte ihn freundlich an. Wie oft mochte sie das schon gesagt haben? Und doch rührten ihn die schlichten Worte an. Es würgte ihn im Hals. Sie reichte ihm ein Taschentuch.

Im Lager Gießen blieben sie eine Woche, er teilte sein Zimmer mit Bernd. Lorenz schlief bei Paula. Geld hatten sie nicht. Knete würde erst in einigen Wochen, nach der Bearbeitung eines Haufens von Anträgen ausgezahlt. Von einem anderen Flüchtling bekamen sie einen Tipp: Ein türkischer Obsthändler in der Fußgängerpassage suchte immer Leute.

„Ich einziger Supermarkt, wo Professoren und Ärzte arbeiten."

Bei Osman verdienten sie am zweiten Tag ihr erstes Westgeld. Sie entluden einen Lastwagen mit Bananenkisten.

„Was passt besser zu uns Zonis, als Bananen zu stapeln?", fragte Lorenz.

Wolfram kaufte sich von den zwanzig DM seinen ersten „Spiegel", setzte sich in ein Café, leistete sich eine Coca-Cola und las das Magazin von der ersten bis zur letzten Zeile durch. Den Rest des Geldes legten sie zusammen und gaben es Paula, die zum Friseur ging. Sie blühte auf und nach wenigen Tagen hatte sie wieder viel von ihrer alten Schönheit gewonnen.

Sie berichtete von ihrer Zeit im Frauengefängnis „Schloss Hoheneck".

„Einfach nur brutal. Als politischer Häftling bist du Freiwild. Ohne Freundinnen, die dich beschützen, bist du verloren. Einige der Kriminellen hatten Bilder von ihren Kindern an den Bettgestellen befestigt. Erst später habe ich erfahren, dass sie sie umgebracht hatten."

Das Lagerdasein bestand aus dem Durchlaufen mehrerer Stationen, in denen sie in das Leben der Bundesrepublik eingeordnet wurden. Wolfram füllte bergeweise Protokolle aus, hinterließ seine Fingerabdrücke und beantwortete seitenlange Fragebögen. Er vermisste, dass keine Einführung in das westliche Dasein gegeben wurde. Offensichtlich konnte man es sich im Westen nicht vorstellen, wie anders die Existenz im Osten war und wie gut eine gründliche Unterweisung getan hätte. Stattdessen Langeweile und Nichtstun.

Tagelang diskutierten sie, wo sie hinwollten. Paula und Lorenz beschlossen, nach Westberlin zu gehen, weil dort Professor Mühlleitner, ein ausgewiesener Experte des Religionsphilosophen Friedrich Schleiermacher, mit dem Lorenz sich schon in Ostberlin beschäftigt hatte, lehrte. Bernd zog es nach München, er liebte die Berge. Für Wolfram gab es keine Alternative zu Berlin. Er wollte auf jeden Fall in seiner Stadt bleiben, wenn auch auf der anderen Seite. Mit einem Flugzeug der „Pan American" landeten die Drei auf dem Flughafen Berlin Tegel. Paula und Lorenz wohnten noch sechs Wochen im Flüchtlingsheim in Marienfelde, bis sie ein Zimmer in einer Wohngemeinschaft in Schöneberg fanden. Wolfram fuhr mit Bus und U-Bahn gleich vom Flughafen zu seiner verwitweten Oma Hertha, die über seine Eltern erfahren hatte, dass er demnächst eintreffen würde.

Im Rahmen des Flüchtlingsaufnahmeverfahrens wurde Wolfram von vier Geheimdiensten vernommen. Der Engländer hielt einen fünfminütigen Smalltalk mit ihm. Der Franzose bot ihm einen Cognac an. Giftiger wurde es beim Bundesnachrichtendienst. Der Beamte befragte ihn zunächst über die Verhältnisse in der DDR. Damit hatte Wolfram keine Probleme. Dann wollte er aber wissen, woran in dem Labor in der Akademie der Wissenschaften, in dem Wolfram an seiner Diplomarbeit gearbeitet hatte, geforscht wurde.

„Könnte ich Ihnen sagen, kann ich aber nicht."

Der Beamte blickte überrascht auf.

„Und warum nicht?"

„Ich verstehe ja, dass Sie das wissen wollen", sagte Wolfram, „aber wenn das drüben bekannt wird, bekommen meine ehemaligen Kollegen in der Akademie massive Probleme."

„Das kann nicht rauskommen, wir sind ein Geheimdienst", antwortete der Beamte bestimmt.

„Ich brauche Sie wohl nicht an den Fall Guillaume erinnern. Jeder weiß doch, dass die westlichen Dienste von der Stasi infiltriert sind."

„Der Westen hat Sie befreit. Sie schulden ihm Dankbarkeit."

„Ich bin auch dankbar, sehr dankbar, aber ich muss auch anderen gegenüber loyal sein."

„Wenn Sie nicht kooperieren, werden wir dafür sorgen, dass Sie keinen Flüchtlingsausweis bekommen."

Wolfram wusste, dass ihm dieser Ausweis Vergünstigungen wie Zusatzurlaub und Steuervorteile bringen würde.

„Tut mir leid", antwortete er.

Auch der Amerikaner, der Letzte der Interviewer, fand Wolframs Verhalten „not funny at all".

„Wir können Sie zur Grenze fahren und abschieben", drohte er.

Wolfram lachte.

„Geht nicht. Ich bin in einem ehrlichen Geschäft an den Westen verkauft worden. Der Osten nimmt mich nicht mehr zurück."

Der Ami stieß seine halbangerauchte Zigarette in den Aschenbecher und wies ihm mit einer Kopfbewegung die Tür. Zwei Monate später erhielt Wolfram die Mitteilung, dass sein Antrag auf Vergabe eines Flüchtlingsausweises abgelehnt worden war.

Im September 1980 schrieb sich Wolfram für das Wintersemester Physik an der TU-Berlin ein. Sein Abiturzeugnis und die Zwischenprüfungen wurden anerkannt. Obwohl es für Medizin einen strengen Numerus clausus gab, bekam Paula als Quereinsteigerin aus der DDR sofort einen Studienplatz an der FU-Berlin.

Und auch bei Lorenz gab es keine Probleme. Er immatrikulierte sich an der Kirchlichen Hochschule Berlin. Professor Mühlleitner war entzückt, in ihm jemanden zu finden, der sich für seinen wenig beachteten Friedrich Schleiermacher interessierte.

Lorenz legte sofort los wie ein Berserker, las und schrieb Tag und Nacht und eroberte sich in rasendem Tempo einen Zugang zu seinem Lieblingsphilosophen, den man ihm drei Jahre lang verweigert hatte.

Nach einem halben Jahr lag der erste 200-seitige Entwurf vor.

Kapitel 42

Im Westen

West-Berlin, Oktober 1980 – Juli 1982

An einem der letzten schönen Oktobertage saß Wolfram mit Paulas neuen Studienfreunden in der „Luise", einer Studentenkneipe in Dahlem. Eine ihrer Kommilitoninnen, die erfahren hatte, dass er aus der DDR gekommen war, setzte sich zu ihm.

„Ich verstehe, dass du damals abhauen musstest. Die ganze Situation war ja völlig verfahren. Inzwischen hat sich aber alles gewandelt. Die DDR ist auf einem echt guten Weg. Die haben die wichtigsten Lektionen gelernt, sammeln ihre Fehler ein und bauen jetzt einen demokratischen und leistungsfähigen Sozialismus auf."

Wolfram hatte eigentlich keine Lust auf diese Diskussion, deren Verlauf er im Voraus ahnte. Andererseits war sie ein attraktives Mädchen mit feinen Gesichtszügen und einem charmanten Lächeln. Wenn sie ihm näherkam, streifte ihn ein Duft ihres frischen Parfums, unter dem er ihren Körper roch. Auf gute Gerüche reagierte er nach dem Gestank der Haftjahre hochsensibel. Wäre es nicht viel besser, der Spur des Parfüms zu folgen, als mit ihr über Sachen zu reden, von denen sie nicht das Geringste verstand?

„Warst du mal drüben und hast dir diesen Sozialismus näher angesehen?"

„Das brauche ich nicht. Ich habe die wichtigsten Statistiken studiert. Die zeigen eindeutig, dass die DDR vorankommt. Mit viel höherem Entwicklungstempo als die BRD."

„Meiner Erfahrung nach ist es eher schlechter geworden. Es fehlt an den einfachsten Dingen. Das könnt ihr euch hier im verwöhnten Westen gar nicht vorstellen. Heizkörper und Spülkästen gibt es zum Beispiel nur über Beziehungen, gegen Westgeld oder im Naturaltausch: Karten für den Friedrichstadtpalast gegen einen Heizkörper oder einen Spülkasten.

In der DDR existiert eine Zweiklassengesellschaft: eine kleine Gruppe, die Westgeld hat, und die andere, die sich mit Aluchips durchschlagen muss. Und das ist nur der materielle Aspekt. Sollte dir außerdem noch Meinungsfreiheit wichtig sein, kannst du die DDR sowieso vergessen.“

Ihr Lächeln, bei dem sie ihre schönen Zähne zeigte, war einfach hinreißend. Nach den langen Jahren der verordneten Abstinenz, hätte er sie gern berührt. Wollte sie ihn nur anmachen oder war ihr diese dämliche Diskussion wirklich wichtig?

„Deine Erfahrung zählt nicht, du bist schon zu lange weg. Die neuesten Veränderungen hast du im Knast einfach nicht mehr mitbekommen.“

Ihre Augen funkelten, aber nicht vor Lust. Er stand auf, holte sich an der Theke ein neues Bier und kehrte nicht mehr an seinen Platz zurück.

Ein paar Wochen später lernte er auf einer Party Franziska kennen. Unter ihrem schwarzen Pony blitzten fröhliche blaue Augen. Sie war vierundzwanzig, studierte im achten Semester Romanistik an der FU und lachte gern. Das Studium hatte sie gemächlich durchlaufen und zwischendurch einen längeren Trip nach Indien eingelegt, um beim Bhagwan in Poona Erleuchtung zu suchen.

Beim engen Tanzen berührten ihn ihre Brüste. Die restlichen Teile ihrer Körper lernten sich noch in derselben Nacht kennen.

Über Franziskas Bett hing ein Baldachin aus durchsichtigen indischen Tüchern, die vom gedämpften Licht eines japanischen Lampions durchschienen wurden. Räucherstäbchen verglühten in Sandschälchen. Ravi Shankars Sitar Musik klagte leise im Hintergrund.

„Schade, dass wir nicht zusammen in Indien waren. Den Ashram hätte ich dir gern gezeigt.“

Sie ließ ihn an ihrem Joint ziehen. Er hustete.

„DDR hat mich nie besonders interessiert. Grau, steif und so entsetzlich humorlos. Dann diese Grenzkontrollen! Und, dass die einen so gutaussehenden und intelligenten Mann wie dich jahrelang weggesperrt haben, nur weil er ein bisschen rumreisen wollte, macht sie auch nicht gerade anziehender.“

Sie wischte sich eine Strähne des dichten Haares aus dem Gesicht und beugte sich über ihn. Ihre Brüste streiften seine Haut.

„Bist ein interessanter Mann. Mal was anderes als diese ewigen Karriere-Streber.“

Sie küsste ihn.

„Bist du ein treuer Typ?“

„Im Großen und Ganzen schon.“

„Dann können wir es ja im Großen und Ganzen mal miteinander versuchen."

Im Dezember wurde ein Zimmer in der Wohngemeinschaft von Paula und Lorenz frei und Wolfram zog mit Franziska dort ein.

Obwohl Wolfram den westlichen Geheimdiensten sein geringes Wissen über die DDR-Forschung nicht offenbart hatte, wurde ihm diese letzte Loyalität von seiner alten Heimat nicht gedankt. Lange ließ man ihn nicht einreisen. Im Mai 1982 bat er schließlich seine Mutter, die ihn als Rentnerin im Westen besuchen durfte, bei ihren alten Freunden aus Moskauer Zeiten zu intervenieren. Diese Verbindung funktionierte offensichtlich noch. Zwei Monate später hatte er einen Passierschein.

Ostberlin hatte er seit seiner Verhaftung vor beinahe fünf Jahren nicht mehr gesehen. Sein Herz klopfte, als er am Bahnhof Friedrichstraße aus der S-Bahn stieg.

„Ausweis und Passierschein!"

Er reichte beides stolz hinüber.

Der Vopo ließ ihn die Jackentaschen ausleeren und entdeckte den „Spiegel", den Wolfram versucht hatte, einzuschmuggeln.

„Presseerzeugnisse aus der BRD dürfen nicht eingeführt werden."

Er blickte ihn streng an.

„Das bleibt hier. Können Sie bei der Ausreise wieder mitnehmen."

Der Ton stimmt noch, dachte Wolfram, alles wie früher.

Aber er merkte bald, dass sich vieles verändert hatte. Zum einen lag es an ihm selbst, denn da war dieses wunderbare Gefühl, ein Westberliner zu sein. Die Vopos konnten ihn behandeln, wie sie wollten, sie hatten keine Macht mehr über ihn. Zum anderen erkannte er, dass die Menschen inzwischen anders auftraten.

Unten, auf der Friedrichstraße, empfing ihn seine Cousine Karla, die inzwischen Chemie in Leipzig studierte. Sie umarmten sich.

„Erwachsen bist du geworden, eine richtige Frau. Und so hübsch."

Er drückte sie noch einmal.

„Hätte dir gern den ‚Spiegel' mitgebracht. Ist mir aber leider abgenommen worden."

„Scheiße. Aber das ist ja typisch für diesen Staat, dass er Angst vor ein paar lausigen Zeitungen hat."

Sie schimpfte laut und achtete nicht darauf, ob irgendjemand mithörte.

Wolfram blickte sich verstohlen um. Alle gingen achtlos vorüber. Anscheinend interessierte sich niemand für ihre Tiraden.

„Merkwürdig, dass es keinen juckt, wenn du in aller Öffentlichkeit über die DDR herziehst."

Sie blickte ihn verständnislos an.

„Wieso? Konnte man doch schon immer."

„Nee, Karla, vor fünf Jahren wärst du dafür in den Bau gegangen. Offensichtlich haben die inzwischen so viel Autorität verloren, dass sie das zulassen müssen."

Sie blickte ihn fragend an.

„Wenn die Menschen hier keine Angst mehr haben, ihre Meinung zu äußern, geht's mit diesem Staat zu Ende."

„Wir wollen einen freien Sozialismus aufbauen."

„Die DDR wird Freiheit nicht überleben."

Sie gingen zu Fuß nach Prenzlauer Berg, liefen durch die Straßen seiner Kindheit und Jugend, bis zur Schönhauser Allee, wo seine Eltern noch immer wohnten.

Obwohl ihm die Gegend tief vertraut war, hatte er vergessen, wie grau Straßen und Gesichter, wie verfallen die Häuser waren, wie selten die Menschen lachten.

Dann standen sie vor der Wohnungstür der Eltern. Mutter öffnete, legte den Kopf schief und fiel ihm um den Hals. Der Vater stand schmunzelnd daneben und wartete, bis sie ihn endlich freigab.

Er trat in das Wohnzimmer. Auf dem Sofa saß verlegen und inzwischen stark ergraut Onkel Klaus. Er stand auf und umarmte Wolfram.

Während des Essens löcherten ihn die Eltern mit Fragen: Studium und Wohnung, Lorenz, Paula, Geld, Pläne und tausend andere Dinge. Politische Themen wurden gemieden, dazu war die Erinnerung an den verheerenden Streit mit Onkel Klaus noch zu präsent. Dass Wolfram ihren „Staat der Arbeiter und Bauern" verlassen hatte, war kein Grund, den Stab über ihn zu brechen. Familie blieb Familie, sie war das Wichtigste: wichtiger als Politik, Kommunismus und die Errettung der Menschheit.

Dann aber hielt Karla es nicht mehr aus.

„Und was ist mit l'amour. Hast du eine Freundin?"

„Na klar. Sie heißt Franziska. Ein ganz liebes Hippie-Mädchen. Beim nächsten Mal bringe ich sie mit."

Bei Kaffee und Schoko-Nuss-Torte quetschten sie ihn weiter aus. Wolfram ließ es sich schmecken, aß bedächtig, und antwortete geduldig. Der Vater hatte eine Flasche „Rosenthaler Kadarka" entkorkt. Sie stießen an.

„Ich habe sie gesehen“, platzte Karla heraus, „in einem Café, zusammen mit Andreas. Sie haben Händchen gehalten.“

Es erschütterte Wolfram mehr, als er erwartet hatte.

„Ist mir egal“, sagte er.

Leichthin sollte es klingen, aber seine Stimme war heiser. Die Mutter warf ihm einen prüfenden Blick zu, dann sah sie Karla tadelnd an. Die Cousine verzog den Mund.

„Letzte Woche erst.“

„Geht mich nichts mehr an.“

Während er das sagte, fühlte er einen Stich.

„Wie läuft´s denn an der Uni“, fragte er, um abzulenken.

Ein Zimmer im Studentenheim teile sie sich mit einer Kommilitonin, ihr Freund, fünf Jahre älter als sie, habe in Marzahn eine Zweiraumwohnung und könne sich voraussichtlich in zwei Jahren einen „Trabant“ kaufen.

Karla hatte lange warten müssen, jetzt strömten die Worte nur so aus ihr heraus.

Wolfram blickte sie interessiert an, war aber in Gedanken woanders. Mit Andreas war sie also zusammen, die Denunziantin und der Verräter. Sauer war er. Oder eifersüchtig?

„Hast du mit ihr gesprochen?“, unterbrach er Karla.

„Hm, na ja, ich bin an dem Café vorübergegangen, sie saßen draußen auf der Straße, konnte doch nicht einfach so tun, als wenn ich sie nicht kennen würde.“

„Und, was habt ihr geredet?“

„Ach nicht viel, ich war verlegen, sie ebenfalls, nur Andreas nicht, der schien ganz locker zu sein.“

„Wie sah sie aus?“

„Gut sah sie aus, sehr gut, ein echter Feger. Schade, das mit euch.“

„Dann weiß sie also, dass ich heute hier bin?“

Karla war auf einmal sichtlich bemüht, der Mutter zu helfen, den Tisch abzuräumen. Sie mied den Augenkontakt und antwortete, während sie das benutzte Geschirr aufsammelte.

„Keine Ahnung. Vielleicht. Ich glaube, ja. Tut mir wirklich leid. Wusste nicht, dass das so wichtig ist.“

„Ist es auch nicht.“

Karla stellte die Teller in der Küche ab, murmelte etwas von einer wichtigen Verabredung. Gab ihm einen flüchtigen Kuss, zog ihren Vater vom Sofa und verabschiedete sich schnell.

Als sie weg waren, setzte sich die Mutter zu ihm.

„Sei nicht böse, Karla ist noch jung. Da hat sie einfach nicht weiter nachgedacht.“

Sie wandte sich an den Vater, der sich gerade eine Pfeife mit dem irischen Tabak stopfte, den Wolfram mitgebracht hatte.

„Was meinst du, Herbert?“

„Ist doch egal. Ihr geht jetzt eure eigenen Wege. Sie ist mit dem Andreas zusammen, ist auch ein netter Kerl, und du mit deinem Blumenmädchen. Wo ist das Problem?“

Genussvoll sog er an der Pfeife und stieß blaue Rauchwölkchen aus, die leicht nach Whiskey dufteten.

Es klingelte. Die Mutter ging hinaus und öffnete die Wohnungstür. Eine andere weibliche Stimme war aus dem Flur zu vernehmen und nach einer kurzen Unterhaltung kam die Mutter verlegen zurück. Noch bevor sie etwas sagen konnte, betrat Christine das Zimmer.

Wolfram erstarrte.

So oft hatte er sich vorgestellt, wie es sein würde, wenn sie sich zum ersten Mal wiederbegegneten. Cool hatte er sein wollen, abweisend, uninteressiert. Nun aber, wo sie vor ihm stand, war er unfähig, irgendetwas davon zu sein.

Fünf Jahre hatte er sie nicht mehr gesehen. Während dieser Ewigkeit war ihr Bild in seinem Gedächtnis verblichen, hatte sich verbraucht, abgenutzt wie ein abgegriffenes Foto, das man zu oft in den Händen gehalten hatte.

Die Haare trug sie kürzer. Stand ihr gut. Und sie hatte noch immer diesen traurigen Blick, der in faszinierendem Gegensatz zu ihrem stets lächelnden Mund stand. Karla hatte Recht, was für eine schöne Frau. Nach dieser langen Zeit empfand er es stärker als damals.

Verlegen stand sie noch immer in der Zimmertür und wusste nicht, wohin mit ihren Händen.

„Hallo“, grüßte sie halblaut.

„Hi“, antwortete er mit belegter Stimme.

Christine suchte seinen Blick. Er sah sie starr an. Sie machte eine Bewegung zu ihm hin, als wollte sie ihn umarmen, ihm wenigstens die Hand reichen, aber da er steif sitzen blieb, verharrte sie unsicher zwischen Türschwelle und Tisch.

„Setz dich doch bitte“, sagte die Mutter liebenswürdig, „möchtest du einen Kaffee?“

Dankbar ließ Christine sich auf einem Stuhl nieder. Sie war dezent, aber sorgfältig abgestimmt gekleidet, trug ein tailliertes, hellblaues Sommerkleid, das ihr bis zum Knie ging und einen Ausschnitt hatte, in dem sich der Ansatz ihres Busens andeutete.

Die Mutter räumte hastig das letzte Essgeschirr fort, stellte Christine eine Tasse hin und goss Kaffee ein. Nach einigen Höflichkeitsfloskeln bat sie den Vater, ihr in der Küche zu helfen und verschwand mit ihm.

Christine nippte an der Tasse. Ihr Duft vermischte sich mit dem noch schwebenden Tabakrauch.

Sie schwiegen.

„Und, wie geht es dir?", fragte sie schließlich leise.

„Bis eben noch gut, warum bist du hergekommen?"

„Freust du dich denn überhaupt nicht?"

„Wie soll ich mich freuen, jemandem zu begegnen, der mich für ein paar Jahre hinter Gitter gebracht hat?"

Sie hob den Kopf und sah ihn an.

„Wolfram, ich bin hier, um dir alles zu erklären. Mach es mir bitte nicht so schwer."

Sie zitterte. Ihre Augen schimmerten feucht.

„Hast du dir nie überlegt, was wirklich abgelaufen ist? Hilf mir doch, ich bin auch wahnsinnig aufgeregt."

„Ich habe lange über alles nachgedacht. Hatte dank deiner Hilfe ja ein paar Jahre Zeit dafür."

Er schnipste einen Krümel vom Tisch.

„Bin darüber ein bisschen argwöhnisch geworden."

„An mir ist das auch nicht spurlos vorbeigegangen."

Wolfram machte eine abwertende Geste.

Sie schwiegen wieder. Aus der Küche hörte man das Geklapper des Geschirrs.

„Wie geht es den anderen?"

„Lorenz und Paula geht´s prima. Und Bernd hat versprochen, dir den Hals umzudrehen, solltest du ihm je über den Weg laufen."

Sie lachte bitter auf.

„Wie originell. Was glaubst du, haben mir meine lieben Kommilitonen alles angedroht? Einer hat in der Kneipe ein volles Bierglas über meinem Kopf ausgegossen."

Ihre Lippen zuckten. Er schnaubte höhnisch auf.

„Und, hast du es anders verdient?"

Er hatte sie verletzen wollen. Und doch war da etwas, das ihn berührte.

„O. K., aber wo du schon mal da bist, kannst du mich ruhig darüber aufklären, warum du uns denunziert hast."

Christine stand auf und setzte sich zu ihm, berührte seine Hand. Er spürte ihren Atem, mochte sie umarmen. Behielt aber die Kontrolle, da er ihr Spiel durchschaut hatte.

„Was soll das, glaubst du, du bekommst mich wieder rum und dann ist alles wie früher?“

„Nein, wie früher kann es nie mehr werden. Aber ich finde, dass du mich anhören solltest.“

Er sprang auf und ging zum Fenster.

„Du hast vielleicht Nerven, nach allem, was geschehen ist.“

Sie trat zu ihm. Berührte seine Schulter. Er schob sie zurück.

„Lass mich erzählen, was wirklich passiert ist.“

Er drehte sich voller Zorn um und fiel ihr ins Wort: „Du hast uns verraten, ins Gefängnis gebracht, Henning ist tot, das ist passiert.“

Sie versuchte ihn zu besänftigen, aber er wurde immer wütender.

„Weißt du, was die ‚Mumpe‘ ist?“

„Jemand hat es mir erzählt. Auch, dass du da drin warst. Es tut mir so leid.“

„Es tut dir leid“, schrie er, „das bringt mir die verlorenen Jahre auch nicht zurück.“

Die Mutter schaute herein, aber Wolfram bedeutete ihr, draußen zu bleiben. Er stand, die geballten Hände in den Hosentaschen, mit dem Gesicht wieder zum Fenster gewandt. Sah mit leerem Blick hinaus. Sie berührte ihn erneut an der Schulter. Er reagierte nicht.

„Es tut mir wirklich unendlich leid.“

Sie versuchte von der Seite seinen Blick einzufangen. Er drehte den Kopf weg.

„Lass das.“

„Du hast eine Freundin?“, fragte sie leise.

„Was geht dich das an?“

Sie senkte den Blick. Es gefiel ihm, dass es ihr wehtat. Sie stand noch immer neben ihm. Ihre Haare kitzelten sein Gesicht, als sie ihren Kopf drehte. Einen Moment lang war sein Wunsch übermächtig, sie in den Arm zu nehmen, ihren Körper zu spüren. Eine Drehung, eine einzige Bewegung, und sie würde ihm wieder gehören, ihn umarmen. Alles wäre wieder gut. Wie früher. So leicht, so süß.

Pass auf, warnte ihn eine innere Stimme im letzten Augenblick, diese Frau hat dich getäuscht! Es gibt keine Gemeinsamkeiten mehr. Es gab niemals welche. Das hier ist nur eine gefährliche Illusion! Du kannst ihr niemals verzeihen.

„Ich warte immer noch auf deine Geschichte“, sagte er kühl.

Christine tat, als würde sie seine Kälte nicht spüren, trat nah an ihn heran und flüsterte ihm ins Ohr: „Nicht hier. Lass uns zum Arnimplatz gehen.“

Er musterte sie misstrauisch.
„Warum?“
Sie blickte ihn traurig an.
„Ich will dir nichts Böses. Hab doch etwas Vertrauen. Ich möchte nur nicht, dass wir hier abgehört werden. Du bist ja aus der Nummer raus, aber mich beobachten sie weiter.“
Auf der Straße gingen sie nebeneinander, ohne sich zu berühren. Zwei Fremde, die sich irgendwann einmal gekannt hatten.
„Darf ich mich bei dir unterhaken?“
Wolfram blieb stehen: „Was soll der Schwachsinn, mit uns ist es vorbei, begreifst du das nicht?“, herrschte er sie an.
Menschen drehten sich um.
„Jetzt hör aber mal auf.“
Sie klang zum ersten Mal etwas zornig.
„Die alte Bank?“, fragte sie, als sie in der Mitte des Arnimplatzes angekommen waren.
„Meinetwegen.“
Im Park hatte sich wenig geändert. Die grüne Farbe der Bank war weiter abgeblättert, die verdorrten Hecken an vielen Stellen niedergetreten. Die beiden Bronzeputten, die noch immer inmitten ihres vertrockneten Brunnens standen, waren völlig verdreckt.
„Cha-Cha-Cha und Lächeln, erinnerst du dich?“, fragte sie.
„Brachte leider nichts, da du mit gezinkten Karten gespielt hast.“
Er bückte sich nach einem Steinchen und warf es gegen das Bronzemädchen. Das Metall klang hell auf. Sie lachte.
„Ist das süß, du reagierst immer noch wie früher.“
Christine umarmte ihn stürmisch und gab ihm einen Kuss auf die Wange.
„Lass das“, wehrte er ab und merkte doch, wie gut ihm die Berührung getan hatte.
„Glaubst du wirklich, dass du mit dieser Erinnerungsscheiße noch irgendetwas reißen kannst? Es ist vorbei. Du hast uns verpfiffen. Wie könnte ich darüber hinweggehen?“
Er warf wieder ein Steinchen. Es flog vorbei.
Christine setze sich so hin, dass sie in seine Augen blicken konnte. Er wollte wieder ein Steinchen werfen. Sie nahm es ihm aus der Hand.
„Lass das bitte und hör mir zu. Es war nichts von alledem. Ich bin keine Denunziantin.“
Sie nahm seine Hand. Er entzog sie ihr.

„Die haben mich nach der Verhaftung erst mal zwei Wochen schmoren lassen, kein Verhör, nichts, gar nichts. Ich bin fast verrückt geworden. Wie ich gehört habe, bist du viel schneller in die Mangel genommen worden. Als ich dann endlich dran war, haben die mich sofort mit ihrem gesamten Wissen konfrontiert. Und ich sage dir, die wussten alles. Das kleinste Detail! Sie haben mir damit gezeigt, dass es für mich nichts mehr zu verraten gab. Damit wollten sie mir das, was sie später von mir verlangt haben, erleichtern. Und sie haben mir außerdem klargemacht, dass sich von euch niemand zurückgehalten hatte."

„Na und", fuhr er auf, „da war ja nichts mehr zu verbergen. Auch bei mir wussten die von Anfang an alles. Und ich Idiot habe auch noch alle Schuld auf mich genommen, behauptet, ich hätte dich angestiftet."

Sie nahm wieder seine Hand. Er versuchte sie wegzuziehen, aber sie hielt fest.

„Weiß ich doch, Wölfchen. Ich hatte auch deine kleine Schummelei mit den Muscheln am Strand von Kolberg bemerkt."

Er sah erstaunt auf.

„Erst war ich sauer, aber dann fand ich es rührend, dass du mich beschützen wolltest. Leider hat die Stasi ein anderes Stück gespielt, als wir es uns vorgestellt hatten."

„Ach ja?", fragte er misstrauisch.

„Du weißt, dass mein Vater schwerkrank war?"

„Also, meiner Erinnerung nach war er quicklebendig."

„Er hat es sich nicht anmerken lassen."

„Jetzt wird es ziemlich komplex. Aber klar, du hattest ja massig Zeit, die Sache entsprechend anzulegen."

„Er hatte eine Herzkrankheit, eine zerstörte Aortenklappe. Ursache war eine Mandelentzündung, die er sich als Kind zugezogen hatte. Damals gab es ja noch keine Antibiotika. So etwas wird im Laufe der Zeit immer schlimmer. Ich wusste zwar, dass da ein Problem war, aber nicht, wie schlecht es wirklich um ihn stand."

Wolfram verschränkte die Arme.

„Nun bin ich aber gespannt, wie du den Bogen schlagen wirst."

Christine klatschte mit der flachen Hand auf die Bank.

„Jetzt hör endlich auf. Gib mir eine Chance, alles zu erklären."

„Du hast doch deine Chance gehabt. Wir hätten alle nach Dänemark fliehen können, dann würde Henning noch leben, dann wären wir beide glücklich verheiratet und hätten Kinder."

Wolfram hielt kurz inne und fing unvermittelt an zu schluchzen. Sie nahm ihn in die Arme und drückte ihn an sich. Er roch ihren Atem, spürte eine tiefe Süße in sich. Diesen einen Augenblick nur wollte er an ihrer Schulter lehnen. Ihr den Judaskuss verzeihen. Konnte er nicht einfach für immer in ihren Armen bleiben? Sein Mund berührte ihre Haut.

Fast wäre es geschehen. Eine verdammte Sekunde lang nicht aufgepasst. Er setzte sich abrupt auf und stieß sie von sich.

„Also, wie geht das mit der angeblichen Krankheit deines Vaters weiter?"

Sie wischte sich die Augen und räusperte sich.

„Wie es wirklich um ihn stand, habe ich erst im Verhör erfahren. Sie zeigten mir die Befunde. Haben mich extra in die Charité gefahren, in die Kardiologie, dort konnte ich mit dem behandelnden Oberarzt reden. Später durfte ich mit meinem Vater unter vier Augen sprechen. Er hat mir alles bestätigt. Seine medizinische Prognose war katastrophal."

Wolfram musste an Richard denken. Daran, wie er nach ein paar Stufen im Garten der Villa gejapst hatte.

„O. K., und weiter?"

„Seine Aortenklappe funktionierte nicht mehr, er brauchte eine neue, eine künstliche. Möglichst sofort, ohne sie würde er das nächste Jahr nicht überstehen. Sie erklärten mir, dass in der DDR pro Jahr nur eine bestimmte Zahl von Herzklappen implantiert werden könne. Man muss sie aus dem Westen importieren und sie sind sündhaft teuer. Es gab eine Warteliste der Leute, die operiert werden können. Mein Vater war darunter. Er hatte es dorthin geschafft, weil er einem Minister vor ein paar Jahren ein Bein gerettet hatte."

Hübsch erfunden, dachte Wolfram, aber mich täuscht sie nicht mehr.

„Die sagten zu mir: ‚Sie, Frau Wolke, werden mit uns kooperieren, andernfalls wird Ihr Vater von der Operationsliste gestrichen'. Das hätte bedeutet, dass er innerhalb eines Jahres gestorben wäre. Verstehst du, spätestens Ende 1978 wäre mein Vater tot gewesen."

Sie hatte Mühe weiterzusprechen.

„Er lebt aber und es geht ihm gut, viel besser als vorher, weil er operiert worden ist. Nur ich musste meine Seele dafür verkaufen und mich von allen Seiten mit Dreck bewerfen lassen."

„Sieh mal an, jetzt bin ich aber gespannt, was die schlimmen Jungs von dir verlangt haben?"

„Etwas sehr, sehr Merkwürdiges. Sie wollten lediglich, dass ich die Verräterin spiele. Mehr nicht. Ich brauchte gar nichts weiter ausplaudern. Zu der ganzen Flugblattaktion haben die mich auch nicht befragt, spielte ja im Prozess, wie du weißt, keine Rolle, sonst würdest du jetzt immer noch sitzen. Ich sollte nur aussagen, dass ich euch angezeigt hätte. Das war alles! Im Gegenzug würde mein Vater nicht von der Liste fliegen. Außerdem würden sie mich sofort entlassen."

Sie blickte in die Ferne.

„Diese beschissene Entlassung, noch so ein vergiftetes Privileg. Ich hätte viel lieber mit euch auf der Anklagebank gesessen, das kannst du mir wirklich glauben. Viel, viel lieber. Aber so war der Deal nun mal. Ich hatte die Böse zu sein."

Die erste Abendkühle fiel ein. Vogelschwärme kreisten am Himmel und fanden sich in den Bäumen ein. Schwarze Punkte zwitscherten hundertfach in den Zweigen. Autos fuhren vorüber. Er hörte die Zweitaktgeräusche der „Trabbis" und „Wartburgs", sah ihre blauen Dunstwölkchen, die nach Bittermandel rochen. Es war ihm alles vertraut und doch so fremd geworden.

Eine feinkonstruierte Geschichte, das musste er ihr lassen. Er dachte an seine vielen Verhöre.

„Ziemlich skurril, finde ich."

Ihre Stimme bekam einen flehenden Klang.

„Jetzt kommt natürlich die Frage nach dem Warum. Ich hatte ja auch fünf Jahre Zeit, mich das zu fragen. Ich habe mit allen gesprochen, denen ich vertrauen kann. Mit meinen Eltern, mit Andreas."

Er starrte zum Brunnen.

„Alle glauben, dass es darum ging, den wirklichen Verräter zu decken."

Er grinste spöttisch.

„Aha, der große Unbekannte! Und wer soll dieser Geheimnisvolle sein, für den du geopfert wurdest?"

„Ich weiß es doch nicht."

Tränen liefen ihr die Wangen hinunter.

„Du glaubst mir nicht, oder? Ich sehe es dir an. Was soll ich denn machen? Ich will dich nicht zum zweiten Mal verlieren."

Er fixierte die Bronzeputten. Kühl bleiben, dachte er, lass dich nicht in diese Gefühlsmasche reinziehen. Lorenz, Bernd und Paula, alle hassen sie. Du wirst doch nicht so dämlich sein, dich von dieser Frau ein weiteres Mal verarschen zu lassen.

„Du hast Recht. Es fällt mir schwer, dir zu glauben, zu schwer. Ich sehe deinen rätselhaften Fremden einfach nicht. Henning ist erschossen worden, wir anderen sind eingefahren. Sollte deine Story stimmen, käme für diese Rolle höchstens Andreas in Frage, der Typ, mit dem du jetzt zusammen bist."

„Du glaubst, Andreas wäre der Verräter?"

Da war er wieder der Stich. Diese verdammte Eifersucht.

„Warum nicht? Andrzej und Ingmar sind als Figuren zu unbedeutend, als dass die Stasi ihretwegen diese monströse Entlastungsshow abziehen würde. Allerdings wäre kaum zu verstehen, warum die Stasi um diesen Langweiler so ein Getöse machen sollte."

Christine lachte fast erleichtert auf.

„Wölfchen, du bist ja eifersüchtig."

Sie hatte Recht. Es ärgerte ihn.

„Ihr seid fest zusammen?"

„Ich habe, wie versprochen, die ganze Zeit auf dich gewartet. Diese schrecklichen, endlosen Gefängnisjahre. Ich habe jeden Tag an dich gedacht, jede Minute mit dir gelitten. Wie eine Nonne habe ich gelebt. Ist mir auch nicht leichtgefallen. Wenn du dich erinnerst, gehöre ich nicht unbedingt zu der kühlen Sorte. Aber was sollte ich denn machen? Du hast dich nach deiner Entlassung ja nicht mal gemeldet. Andreas war der Einzige, der zu mir gehalten hat."

„Klar, der ist dir immer sklavisch gefolgt."

„Er hat mir geglaubt. Es war egal, warum er es gemacht hat. Ich brauchte ihn."

Sie sprach leise mit tränenerstickter Stimme.

„Wölfchen, ich liebe dich immer noch, du musst nur ein einziges Wort sagen, dann sind wir wieder zusammen."

Eben hatte er noch kurz geschwankt. Immerhin gab es in ihrem Bericht einige glaubwürdige Teilstücke. Vielleicht hätte sich daraus etwas zusammenbasteln lassen. Aber ohne ihren großen Unbekannten zerbrach das ganze Lügengebäude. Da half auch ihr Flennen nichts.

„Versetz dich mal in meine Lage. Andreas verdrückt sich. Zwar rechtzeitig, aber er weiß im Wesentlichen Bescheid über das, was wir vorhaben. Dann dein Auftritt vor Gericht. Jetzt diese krüpplige Entlastungsstory. Und zu guter Letzt erfahre ich auch noch, dass ihr beide euch zusammengetan habt. Ausgerechnet ihr."

Sie tastete nach seiner Hand. Er zog sie weg.

„Weißt du, einen Moment lang hatte ich gehofft, du würdest dich entschuldigen, mich, alle anderen, vor allem Hennings Eltern um Vergebung bitten, mir erzählen, warum du es wirklich getan hast. Vielleicht hätte sich noch irgendetwas kitten lassen. Und jetzt kommst du mir mit dieser Scheiße. Das haben deine Führungsoffiziere sich wirklich fein ausgedacht. Schade nur, dass es von vorne bis hinten nicht stimmt."

Mit einer schnellen, ärgerlichen Bewegung wischte sie sich eine Haarsträhne aus dem Gesicht.

„Ich wüsste wirklich nicht, wofür ich mich zu entschuldigen hätte, Wolfram. Und jetzt überlege dir bitte ganz genau, was du sagst. Es könnte dir leidtun. Denn was du hier ablieferst, hat schon etwas Paranoides."

Ach so ist das, dachte er! Die Verhöre, die „Mumpe", das bepisste Brot, die Einsamkeit der Untersuchungshaft, die nächtlichen Albträume. Alles nur Verfolgungswahn!

Ihm war, als fiele ein roter Vorhang vor sein Gesicht. Ja, was er jetzt sagte, würde Folgen haben. Dieses Mal auch für sie.

„Ich glaube dir nicht."

Er hatte es leise und zornbebend hervorgestoßen.

„Und noch etwas: Du gehst mir tierisch auf den Sack. Hau ab, verschwinde endlich aus meinem Leben. Ich bin froh, dass du hier im Osten versauerst und mich drüben nicht mehr belästigen kannst, ich will dich niemals wiedersehen, niemals."

Er hob einen Stein.

„Bin ich jetzt dein Bronzemädchen?"

„Nein, das bist du nicht. Du bist gar nichts mehr, du bist nur noch Dreck."

Im selben Moment tat es ihm leid. Welcher Teufel hatte ihn geritten? Wie hatte er so gemein sein können? Aber es war heraus.

Christine war bei seinen Worten aufgesprungen, sah ihn entsetzt an und wich zurück. Sie drehte sich um und ging weg, ohne ein Wort zu sagen. Er sah ihr nach, wie sie den Weg zur Straße lief, erst zögernd, mit zusammengezogenen Schultern, beim Gehen schluchzend. Dann rannte sie.

Sollte sie doch endlich aus seinem Leben verschwinden. Als sie die Straße erreichte, schnürte es ihm die Kehle zu.

„Halt", rief er mit erstickter Stimme, „bleib stehen, Christine! Bleib doch! Es tut mir leid! Bitte bleib!"

Sie schüttelte den Kopf, bog um die Ecke und kam nicht wieder.

Er zitterte, fühlte sich entsetzlich, elend, leer, zerstört.

Nur noch schreien wollte er, kotzen, sich in die Fresse schlagen, den Kopf auf das Pflaster knallen. Von der nächsten Brücke springen.

Kapitel 43

Der Anruf

Berlin-Wilmersdorf, April 1993

„Hallo!“

Mit gewichtiger Miene presste Wolframs älterer Sohn Julius den Hörer gegen sein kleines Ohr. Der Stolz, dass er mit seinen drei Jahren schon richtig telefonieren konnte, war ihm anzusehen. Anscheinend hatte am anderen Ende der Leitung jemand geantwortet, womit Julius den Zweck des Anrufs als erledigt betrachtete. Er machte Anstalten, aufzulegen. Seine Mutter nahm ihm das Telefon aus der Hand.

„Franziska Fichtner“, es folgte eine Pause, dann ein erstauntes, aber warmherziges: „Hallo“.

„Wer ist das denn, Mama?“, quäkte Julius dazwischen, aber Franziska drückte den Hörer nur noch fester gegen das Ohr, legte den gestreckten Zeigefinger an ihre gespitzten Lippen und schob ein geöffnetes Bilderbuch auf seinen Schoss.

Wolfram sah vom Schreibtisch seines Arbeitszimmers durch die geöffnete Schiebetür in das Wohnzimmer hinüber, wo seine Frau auf dem Sofa saß und noch immer nichts sagte. Sie fing seinen Blick auf, lächelte ihm zu und formte mit den Lippen: „Christine“.

Eine heiße Welle schoss ihm in den Kopf. Seit Jahren hatte er nichts mehr von ihr gehört, aber immer wieder an sie gedacht.

„Ja, das müssen wir unbedingt machen“, sagte Franziska, klemmte den Hörer zwischen Wange und Schulter und reckte den rechten Daumen in die Höhe, während ihre linke Hand Julius’ Kopf streichelte.

„Er sitzt am Schreibtisch, brütet wahrscheinlich über der Weltformel. Ich könnte mir vorstellen, dass er über eine Ablenkung nicht böse wäre. Machen Sie sich bitte keine Sorgen, ich glaube, es wird ihn freuen, dass Sie anrufen. Ich reiche mal weiter.“

Franziska sprang auf, machte im Gehen eine Gebärde, die Erstaunen und Fragen vereinte, und gab ihm lächelnd das Telefon. Sie trat in das Wohnzimmer und zog die Schiebetür leise hinter sich zu.

„Hi", meldete er sich mit tonloser Stimme.

„Hallo", schallte es vom anderen Ende zurück, „jetzt habe ich in drei Minuten deine halbe Familie kennengelernt. Deine Frau hat eine angenehme Stimme. Ich glaube, auch ein gutes Herz."

Was sollte er darauf antworten? Sie hatte ja recht.

„Weißt du, wie lange wir uns nicht gesprochen haben?"

„Leider noch ziemlich genau. Elf Jahre, Juli 1982, Arnimplatz."

Er atmete tief durch.

„Ich war schrecklich zu dir."

Julius hatte nebenan begonnen, mit einem Ball zu spielen. Das Leder prallte gegen die Tür. Durch die im Jugendstil verzierten Glasscheiben sah er, wie Franziska ihn an die Hand nahm und in sein Kinderzimmer führte. Sie schloss die Tür hinter sich. Es war jetzt sehr still in der Wohnung.

„Lass mal gut sein, Wolfram. Ich bin auch nicht unschuldig daran, dass das dermaßen in die Hose gegangen ist. Ich hätte wissen müssen, dass du nach deinen Erfahrungen niemandem mehr trauen konntest."

Ihre Worte taten ihm gut und doch meldeten sich die alten Zweifel wieder. Hatte sie sich eine neue Taktik zugelegt?

Christine sprach hastig. Manchmal verschluckte sie vor Aufregung eine Silbe. „Deshalb denke ich, wir sollten dieses Mal sehr vorsichtig miteinander sein."

Auch er war aufgeregt. Sein Auftritt vom Arnimplatz hatte ihm jahrelang keine Ruhe gelassen. In den Wochen und Monaten danach hatte er mehrmals versucht, sie zu kontaktieren. Seine Briefe blieben ohne Antwort. Ein Telefon hatte sie damals noch nicht. Er hatte Karla zu ihr geschickt, aber Christine weigerte sich mit ihr zu sprechen. Dann seine Mutter.

„Richte deinem Sohn aus, dass ich jetzt und für den Rest meines Lebens keine Begegnung mehr mit ihm wünsche", hatte Christine sie an der Wohnungstür abgefertigt, ohne sie hereinzubitten.

Seine alten Freunde verstanden ihn nicht.

„Hör endlich auf, dich rumzuquälen. Ihrem tollen Klassenbewusstsein haben wir unsere Lehrjahre im Knast zu verdanken", sagte Lorenz.

Christine hatte inzwischen ihre anfängliche Nervosität überwunden.

„Wie geht es dir, Wolfram?"

„Danke, gut. Und selbst?"

Wie sie jetzt wohl aussehen mochte? Siebenunddreißig war sie, genau wie er. Er dachte an seine ersten grauen Haare und den Bauchansatz, der einfach nicht mehr verschwinden wollte.

„Steht dir gut, mach dir keinen Kopf", sagte Franziska.

Allerliebste Lügnerin.

„Aber erzähl doch mal ein bisschen von dir. Wie ich hörte, habt ihr gerade euer drittes Kind bekommen. Den zweiten Jungen, wenn ich richtig informiert bin."

„Dein Nachrichtendienst hat dich wie immer zuverlässig bedient", knurrte er.

„Wolfram", tadelte sie leise.

„O. K., deinen Verein gibt es ja seit drei Jahren nicht mehr, aber die alten Seilschaften schon."

Er hörte sie am anderen Ende seufzen.

„Und die haben nichts anderes zu tun, als mir Informationen zu stecken, die ich ohne Schwierigkeiten auch so bekommen kann. Buschtrommel, Wolfram. Wenn man sich für jemanden interessiert, wird diese große Stadt zum Dorf. Ich rede gerne mit anderen Menschen. Ich bin eine Frau, schon vergessen?"

Wie könnte er das jemals vergessen! Ob sie noch immer das leise Lächeln in ihren Mundwinkeln trug?

„Und bevor du dich wieder in Verschwörungstheorien verlierst: Meine Hauptquelle ist Karla. Schon seit Jahren. Ich habe sie gebeten, dir nichts zu sagen."

Seine Cousine und Christine. Wie hatte er so naiv sein können.

„Nachdem die erste Wut verraucht war, habe ich mich immer wieder nach dir erkundigt. Ich weiß, dass du Abteilungsleiter im Fraunhofer Institut bist und dass ihr eine schöne Wohnung in Wilmersdorf gekauft habt. Ich kenne auch die Namen deiner drei Kinder: Ricarda, Julius und jetzt Jakob und weiß sogar, dass deine Frau im nächsten Jahr wieder anfangen will zu arbeiten."

Er pfiff leise.

„Karla hat mir Fotos gezeigt, von dir, deinen Kleinen, auch von Franziska. Ich glaube, als Mann könnte ich mich auch in sie verlieben."

Wider Willen breitete sich in ihm ein wohliges Gefühl aus.

„Und du, hast du dich gar nicht mehr für mich interessiert?", fragte sie leise.

„Sicher, ich habe auch geguckt, was du so machst", antwortete er verlegen.

„Ohne Nachrichtendienst?"

„Die Annonce eurer Praxisübernahme in Köpenick stand ja in der ‚Berliner Zeitung'. Dass du drei Vormittage in der Woche mitarbeitest, hat deine Arzthelferin am Telefon ausgeplaudert. Zwei Kinder habt ihr:

Lars und Friederike, ihr wohnt in Köpenick, Klein Venedig. Häuschen direkt am Wasser."

Ihr Lachen klang wieder so fröhlich wie damals im Garten ihrer Eltern.

„Das mit den Kindern und dem Häuschen stand aber bestimmt nicht in der Zeitung. Das dürfte dir auch niemand aus der Praxis erzählt haben. Ich hätte nicht gedacht, dass du so gut informiert bist. Los rück raus, wie heißt deine Quelle?"

Er seufzte.

„Karla natürlich. Auch ich habe sie gebeten, dir nichts zu sagen."

Sie mussten beide lachen.

„Bevor wir uns festquatschen", sagte er, „möchte ich mich noch einmal in aller Form bei dir entschuldigen. Ich war gemein und unfair. Es hat mir später sehr leidgetan und das tut es heute noch."

Wieder sah er vor seinem inneren Auge ihre zusammengezogenen Schultern, als sie am Arnimplatz weggerannt war.

„Und ich freue mich, dass du dich gemeldet hast, damit ich dir das sagen kann. Franziska hat immer gedrängelt, mich mit dir auszusöhnen. Sie hat gemerkt, wie mich das fertig macht."

„Deine Franziska ist ein feines Mädel. Aber nun komm mal von deinem Büßersockel herunter. Wir haben es beide vermasselt."

„Schön, dass du das sagst."

Das Gespräch stockte. Er merkte, wie er wieder unruhig wurde. Sie hatte sich noch immer nicht für ihren Verrat entschuldigt.

„Bevor wir zu sentimental werden, muss ich dich aber daran erinnern, dass du uns damals verpfiffen hast. Wir können nie wieder in derselben Liga spielen."

Er versuchte seinen Atem unter Kontrolle zu bringen. Bevor sie antworten konnte, fuhr er fort.

„Ich habe mich bei dir entschuldigt, du hast dich entschuldigt. Wir haben uns alles gesagt, jetzt können wir wieder ruhig schlafen. Es hat mich gefreut, deine Stimme zu hören. Es hat mich wirklich gefreut."

Er machte eine kleine Pause und registrierte, dass das Gespräch wieder in die falsche Richtung abdriftete.

„Aber Friede, Freude, Eierkuchen gibt's nicht mehr zwischen uns. Ruf in zehn Jahren mal wieder an."

Er legte auf, drehte sich in seinem Schreibtischstuhl und starrte mit leeren Augen auf das Krähennest in der Linde vor dem Fenster.

Es klingelte. Er ließ es läuten. Franziska öffnete die Schiebetür, betrat den Arbeitsraum und blickte ihn stirnrunzelt an.

„Könnt ihr denn nicht endlich mal erwachsen werden?"

Er nahm den Hörer ab, sagte aber nichts. Christines Stimme klang nicht mehr so unbeschwert wie vorhin.

„Das ging jetzt aber schnell, ich wollte dir noch etwas ganz Wichtiges mitteilen. Bleib bitte, bitte dran."

Sie hielt eine Sekunde inne.

„Ich möchte dich gern wiedersehen. Seit Jahren habe ich mich darauf gefreut. Aber ich musste warten, bis ich alles zusammenhatte, um dir zu beweisen, dass ich unschuldig bin."

Er schwieg noch immer.

„Ich habe meine Stasi-Akten gezogen."

Wolfram lachte.

„Haben wir doch alle. In diesem Dreckhaufen durfte ich noch einmal deine Aussage im Prozess nachlesen. In der Aufregung hatte ich damals kaum etwas mitbekommen. Und so leid es mir tut, ich habe nichts gefunden, was dich entlasten könnte. Die anderen übrigens auch nicht."

Wieder war er nahe daran, den Hörer aufzuknallen.

„Wolfram", sagte sie hastig, „wir müssen diese Sache endlich aus der Welt schaffen. Ich habe viel mehr Informationen als du."

„Ach ja?"

„Wie viele Seiten hast du?", fragte sie.

„Hab's nicht gezählt. Ein Ordner ist fast voll."

„Und ich habe vier. Dicht gepackt. Mehr als fünftausend Seiten."

Er atmete tief durch. Das waren nun wirklich neue Nachrichten.

„Schreibmaschinenseiten, handschriftliche Berichte, Bewirtungsquittungen, Skizzen, Aufstellungen, Statistiken. Belanglosigkeiten und Wichtiges, querbeet durcheinander. Ich habe aus dem Stasi-Laden rausgesaugt, was sich finden ließ. Spitzelberichte über mich gibt es, mein Psychogramm aus Stasi-Sicht, das gleiche von euch allen. Meine Aussagen bei den Verhören, eure Aussagen. Hunderte von Seiten, immer derselbe Sermon.

Aber ich habe auch etwas sehr Schönes entdeckt. Wie du mich verteidigt hast, aus allem raushalten wolltest. Du warst so mutig, hast alle Schuld auf dich genommen."

Ihre Stimme bekam einen belegten Klang.

„Es war ja leider völlig umsonst. Andererseits hat die Stasi dokumentiert, was für ein wunderbarer Mensch du bist."

Sie verlor für einen Moment ihre Stimme. Als sie nach einer langen Pause weitersprechen konnte, merkte er ihr die Anstrengung an.

„Dann die Akten über diesen beschissenen Prozess, diese elende Stasi-Show. Weißt du, dass ich nach meinem Auftritt daran gedacht hatte, mit allem Schluss zu machen? Das konnte ich meinen Eltern natürlich nicht antun. Dir auch nicht. Hätte ich es gemacht, müsstest du den Rest deines Lebens mit der Gewissheit leben, dass deine große Liebe eine miese kleine Verräterin gewesen ist. Ich konnte nicht zulassen, dass das dein Leben vergiftet."

Sie schniefte und putzte sich die Nase.

Dann hatte sie ihre Stimme wieder unter Kontrolle.

„Bis hierhin sind das alles Sachen, die du schon kennst. Aber jetzt kommt der Hammer. Das Geilste sind die strategischen Akten der Stasi. Die Protokolle ihrer internen Sitzungen, in denen sie ihr weiteres Vorgehen festgelegt haben. Die musst du lesen. Gott sei Dank haben diese Verbrecher ihr gesamtes Vorgehen penibel notiert."

Sie lachte. Trocken und hart.

„Ich lache, weil es mich entlastet. Ich fühle mich jetzt richtig gut. Und gleichzeitig schrecklich. Denn was da steht, ist furchtbar, weil sie ausgerechnet mich zu ihrem Spielball gemacht haben. Wenigstens habe ich jetzt nicht mehr den ‚Schwarzen Peter'. Ich kann nur hoffen, dass es niemanden von euch trifft."

Ihre Stimme wurde wieder weicher.

„Wir sind von Anfang an nur Marionetten in diesem Spiel gewesen. Nicht die großen Akteure, für die wir uns immer gehalten haben. Aber das werden wir nicht mehr am Telefon klären. Wir müssen uns treffen. Willst du zu uns kommen?"

Er zuckte zusammen. Sie in ihrer Familie wiedersehen. Andreas begrüßen. Nein, so weit war er noch nicht. Er schwieg.

„Du, ich habe eine fantastische Idee. Wie treffen uns am Arnimplatz."

Er fieberte innerlich, als sie aufgelegt hatten. Franziska betrat mit Julius an der Hand den Raum.

„Alles gut gegangen?"

Er nickte.

„Dann werdet ihr euch endlich vertragen. Ich freue mich", sagte sie lächelnd.

Kapitel 44

Wiedersehen am Arnimplatz

Berlin-Prenzlauer Berg, Mai 1993

Wolfram kam den Parkweg entlang, der inzwischen sauber gepflastert war. Links und rechts des Weges glänzten frische Rasenflächen. Christines hellrotes Kleid leuchtete von weitem durch die Büsche, deren Blätter nach den Regenfällen der letzten Tage dicht und saftig an den Zweigen standen. Sie saß auf ihrer alten Bank, die allerdings kaum wiederzuerkennen war. Die verrotteten Holzteile waren ausgebessert, die abgeblätterte Farbe entfernt worden. Neuer Lack glänzte in klassischem Grün. Hier hatte Lorenz ihnen den Cha-Cha-Cha getanzt, war die Flucht geplant worden, hatten sie sich vor elf Jahren verkracht.

Als Christine ihn erblickte, sprang sie auf und winkte ihm aufgeregt zu. Dann stand er vor ihr und hatte keine Zeit, sie zu betrachten, weil sie ihn sofort stürmisch umarmte. Er spürte ihren Körper, der ihm einmal so vertraut gewesen war.

„Ich glaub, ich werde verrückt", rief sie. „Ist das schön, dich wieder in den Armen zu halten, ich habe mich so darauf gefreut."

Sie hielt seinen Kopf und lachte ihm ins Gesicht.

„Wirklich?"

„Ganz, ganz wirklich, ich habe die letzte Nacht kaum ein Auge zugetan."

Wieder drückte sie ihn heftig.

„Mach dich nicht so steif, brauchst keine Angst haben, ich gehöre zu den Guten. Wirst es gleich sehen. Und bis dahin darfst du mich ruhig festhalten."

Sie schmiegte ihren Kopf an seinen Hals.

„Du riechst noch immer wie damals."

Langsam ließen sie sich auf der Bank nieder. Sie schüttelte die Haare, ihre Wangen glühten.

„Gott bin ich aufgepulvert."

Auch Wolfram war aufgeregt, sein Herz raste.

„Lass dich doch mal angucken, gut schaust du aus“, sagte sie, „ein paar graue Strähnen, die stehen dir aber. Und wie findest du mich?“

„Zum Verlieben“, antwortete er, „mir fällt nichts Besseres ein.“

Eine Zeit lang sprachen beide kein Wort, hielten sich nur an den Händen und schauten sich an. Sie sah tatsächlich wunderbar aus. Ihr Gesicht war glatt, nur um die Augen herum hatten sich Lachfältchen gebildet. Das Hellrot ihres schlichten, kurzen Kleides, das am Oberkörper eng anlag und dessen schräg angeschnittene Ärmel ihre straffen, gebräunten Oberarme zeigten, löste sich aus der Nähe in ein Spiel mit hellem Grund und rotem Blümchenmuster auf. Ein schmaler, roter Ledergürtel zierte die Taille.

„Da steht immer noch dein Bronzemädchen“, rief sie und zeigte auf die Putten im Brunnen. Die Figuren glänzten, frisch von Staub und Vogeldreck gereinigt.

„Wir sind älter geworden, aber die Beiden haben sich verjüngt.“

Aus der Muschel, die von den beiden Kinderfiguren getragen wurde, plätscherte es fröhlich in die Stille des Vormittags. Wolfram warf einen Stein und traf den Po des Mädchens. Der antwortete mit hellem Klang.

„Wie früher“, lächelte sie, umarmte ihn noch einmal fest und riss sich los.

„Lass uns anfangen.“

Sie zog eine große Leinentasche, die vier dicke Aktenordner enthielt, unter der Bank hervor.

„Der erste enthält eure Verhöre. Ewige Wiederholungen, kennst du alles.“

Sie nahm einen zweiten Ordner, der mit „Operative Vorgänge“ beschriftet war, aus der Tasche.

„Hier ist die entscheidende Stelle“, fuhr sie fort, „„die Eltern des Fichtner, Wolfram sind standhafte Parteigenossen, deren Treue zum Staat zweifelsfrei und erprobt ist. Es wurde daher versucht, einen Konflikt zwischen ihm und seinen Eltern zu provozieren und durch gezielte Informationsmaßnahmen zu vergrößern. Hierdurch sollte der Fichtner, Wolfram isoliert und sein Selbstbewusstsein untergraben werden, mit dem Ziel, ihn zu einer Selbstanzeige zu veranlassen. Dieses Vorhaben muss als gescheitert betrachtet werden, da sowohl der Fichtner, Wolfram, als auch seine Eltern auf Einlassungen dieser Art nicht eingingen. Realisierungsvariante eins der ‚Operation Blitz‘ erweist sich damit als undurchführbar. Das Hauptaugenmerk muss aus diesem Grunde auf Variante zwei, die Beeinflussung der Wolke, Christine gelegt werden.“

Wolfram schwindelte.

„Heißt das, dass ich für diesen Scheißjob die erste Wahl war und nur meine Eltern mich davor bewahrt haben, im Prozess als Belastungszeuge aufzutreten?"

„Deine Eltern waren toll. Aber du hast dich auch super gehalten. Bedeutete für mich leider, dass ich die Arschkarte hatte. Über die Krankheit meines Vaters war ich ihnen ausgeliefert."

Ihre Stimme klang mit einem Mal leer.

„Wir waren nur Figuren in einem Spiel, das wir nicht verstanden haben."

„Verstehen wir es jetzt?"

„Einiges schon, aber längst nicht alles. Lass uns zum nächsten Teil des Gesamtkunstwerkes übergehen."

Sie hob einen weiteren Hefter aus der Tasche, auf dessen Rücken „Verhöre Christine Wolke" stand und schlug eine markierte Stelle auf.

„Sieh mal, was ich so verzapft habe."

„… gebe ich zu, in der Nacht vom 7. zum 8. September 1977 versucht zu haben, die Volksrepublik Polen auf einem Fischerboot illegal zu verlassen. Über die Tragweite meines Handelns war ich mir nicht im Klaren, ich dachte, dass wir ein paar Wochen nach dem Ausflug in den Westen, wieder in die DDR zurückkehren würden …"

Sie grinste.

„Ich Dummchen. Du großer Anführer. Ich dir nur wegen Liebe gefolgt."

Er lehnte sich zurück und blickte in den Park. Eine hellgrüne „Rennpappe" fuhr mit vertrautem Knattern vorbei und hinterließ dünne blaue Abgaswolken.

„Ich freue mich so, dass wir wieder miteinander sprechen können", sagte sie leise, „es hat mir sehr wehgetan, dich nicht mehr zu sehen."

Sie wandte sich wieder dem Hefter „Operative Vorgänge" zu.

„Pass auf, jetzt kommt die entscheidende Stelle: ‚Die Wolke, Christine wurde zunächst mit der Tatsache konfrontiert, dass wir über das gesamte Geschehen detaillierte Kenntnisse haben. Nachdem sie auch nach Zusicherung von Straffreiheit nicht bereit ist, eine Selbstanzeige zu formulieren, tritt Punkt zwei des Maßnahmenplanes zur Realisierung des OV ‚Blitz' in Kraft. Ihr wird eröffnet, dass die Genehmigung zur anstehenden Herzoperation ihres Vaters keinesfalls sicher ist und davon abhängt, wie weit sie einer Selbstanzeige zustimmt.'"

In Wolframs Kopf dröhnte es: Du hast es versaut, du Idiot, hast diese wunderbare Frau verloren, weil du ihr nicht getraut hast.

„Ich bin so ein Penner, so ein Penner", wiederholte er immer wieder und schlug sich mit dem Handballen gegen die Stirn.

Christine nahm ihn in die Arme.

„Bist du nicht. Glaubst du, ich hätte dir so eine windige ‚Entlastungsstory' abgenommen, wenn du an meiner Stelle als Belastungszeuge aufgetreten wärst? Es war eine geniale Intrige, das muss man ihnen lassen. Hinterfotzig, undurchschaubar und sauber eingefädelt. Ich wäre der ‚Firma' genauso auf den Leim gegangen, hättest du statt meiner den Verräter gespielt."

Er starrte auf die Putten. Das Bronzemädchen sah ihn vorwurfsvoll an.

„Kannst du mir verzeihen?"

„Ich habe dir nichts zu verzeihen, Wolfram. Ich wünschte nur, du könntest es dir selbst."

„Wird nicht leicht", flüsterte er.

Sie küsste ihn auf die Stirn.

„Und jetzt hör auf, dich zu quälen, mein allerliebster Ritter. Lass uns einfach neu anfangen."

Sie nahm den Ordner wieder auf.

„In den Tagungen unserer Stasi-Gruppe, der Hauptabteilung XX/4, Referat 5, ging es um die Festlegung der Strategie gegen uns. Die wussten von Anfang an alles. Selbst die Flugblattaktion kannten sie und haben uns trotzdem einfach machen lassen."

„Warum das?"

„Habe ich mich auch gefragt. Wozu dieser monströse Aufwand? Letzten Endes ging es wohl um einen Perspektiv-IM, der den schönen Decknamen Thomas trug. Der brauchte eine Legende als Widerstandskämpfer und wir waren dazu da, sie ihm zu verschaffen. Nachdem wir die Flugblätter geworfen hatten, begannen sie, Druck auf uns auszuüben. Stück für Stück. Die Verhöre, der beige ‚Lada', die Hausdurchsuchungen, alles Manipulationen, um uns zur Flucht zu bewegen."

Wolfram starrte sie an.

„Die Stasi wollte, dass wir abhauen?"

„Ja, wir sollten rüber machen, damit sie ihren Thomas im Westen als Freiheitshelden und Flüchtling verkaufen konnten."

„Und wer soll dieser Thomas sein?", fragte er.

„Keine Ahnung. Seinen richtigen Namen habe ich nirgends gefunden. Bin nicht mal sicher, ob wir ihn jemals erfahren werden. Mir war vor allem wichtig, dass du endlich erkennst, dass nicht ich euch verraten habe. Mit deiner Verachtung konnte ich nicht leben."

Christine hatte in einer Kühltasche eine Flasche Wein mitgebracht. Sie schenkte zwei Gläser ein.

„Prost, mein Großer, lass den Kopf nicht so hängen. Ich bin einfach nur froh, dass du mich jetzt wieder mögen kannst."

Damit nahm sie den Ordner wieder zur Hand.

„Ich bin sämtliche Sitzungsprotokolle durchgegangen, habe mir die Notizen der Beteiligten durchgelesen, ihre Personalakten durchgeackert und die Operationsberichte studiert. Habe mir außerdem noch jede Menge Kleinkram reingezogen, den sie in ihrer Sammelwut abgeheftet haben. Alles, was mir unter die Finger kam. Habe Tage und Wochen im Lesesaal der Stasi-Unterlagenbehörde verbracht. Zu Thomas kein Hinweis. Da muss jemand sehr gründlich gesäubert haben."

Gemeinsam arbeiteten sie sich durch die operativen Protokolle, lasen die Stellen, die sie markiert hatte.

Vor Wolframs Augen rollte das Geschehen jener Jahre aus Stasi-Sicht ab. Die Sitzungen im Betonsarg, die internen Konflikte und Intrigen, Ritas Schwangerschaft, Franzens und Reinbecks Unfall. Die Kassierung der Operation „Blitz" durch Meister.

Die Sonne stand bereits tief am Himmel, als sie fertig waren.

„Da ich wissen wollte, wer Thomas ist, bin ich nach Jüterbog gefahren, wollte Franzen auftreiben, habe aber nur seine Frau, die Rita, angetroffen. Franzen ist vor ein paar Jahren gestorben. Hatte seinen Ausweg aus der Stasi wohl zu ernst genommen und sich totgesoffen. Mit Rita habe ich mich ein paar Stunden unterhalten. Sie hat mir erzählt, was sie wusste. Die ganzen Details der Stasi-Sitzungen. Aber von Thomas kannte sie auch nur den Decknamen. Hatte ihn oder sie nie gesehen."

„Und Reinbeck?"

„Bei Reinbeck war ich noch nicht. Lag mit einem Herzinfarkt im Krankenhaus, danach Reha. Ist inzwischen entlassen. Bin ein paarmal an seinem Haus vorbeigegangen. Es ist nicht allzu weit von uns entfernt. Habe ihn beim Laubkehren beobachtet. Scheint ihm gesundheitlich wieder ganz gut zu gehen. Den kaufen wir uns jetzt."

Kapitel 45

Reinbeck

Berlin-Köpenick, Mai 1993

Sein Name war sauber und ordentlich auf dem Türschild aus Messing eingraviert, wie es sich für einen anständigen und korrekten Menschen gehörte. Würde er seine Rottweiler auf sie hetzen, wenn er sie erkannte?

Wolframs Puls schlug hart und schnell, als sein Zeigefinger das blanke Metall des Klingelknopfs berührte. Er zögerte einen Moment.

„Los", drängte Christine, „darauf haben wir lange genug gewartet."

Er drückte den Knopf, es läutete.

Ein mittelgroßer Mann mit kugeligem Bauch und väterlichem Gesicht öffnete die Tür der mit Weinlaub bewachsenen Villa.

„Frau Wolke, Herr Fichtner? Da sind Sie ja."

„Sie erkennen uns?", fragte Wolfram verdutzt.

„Aber selbstverständlich. Ich habe Sie längst erwartet, nachdem ich von Ihren Nachforschungen erfahren habe und Sie beide ein paar Mal ‚unauffällig' am Haus vorbeigeschlichen sind", antwortete er schmunzelnd und breitete seine Arme einladend aus. „Und nun bitte hereinspaziert, mein Name ist Reinbeck, doch das wissen Sie natürlich bereits."

Die von buschigen Brauen überwölbten Augen blickten sie aufmerksam an. Die Gestik war lebhaft, die Stimme geschmeidig. Er hielt sich trotz seiner Jahre aufrecht und wirkte deutlich jünger als die Siebzig, die ihnen aus der Personalakte bekannt war.

Seine Frau erschien neben ihm in der Tür.

„Herzlich willkommen. Ich heiße Monika, das können Sie nicht wissen, ich gehörte ja nicht dazu."

Sie traten ein, passierten die Diele und erreichten ein geräumiges Zimmer, das sich mit einer bodentiefen Fenstertür zum Garten öffnete, in dem Fliederbüsche weiß und lila blühten.

Die Wände des Raums waren größtenteils mit Regalen bedeckt, dicht gefüllt mit Literatur, großformatigen Kunstbänden und Geschichtsbüchern. An einer freien Stelle hing ein großes Bild, das den Petersdom mit Pilgern und Papst zeigte. Auf Fensterbrettern und in einer Vitrine Porträtfotos. Wolfram musterte sie neugierig, fand aber kein Gesicht, das er kannte.

Wäre auch zu einfach gewesen.

„Ich sehe hier Bücher von Goethe, Benn und Rilke, sogar die Bibel“, sagte er. „Erwartet hatte ich eigentlich eine Büste von Feliks Dzierżyński oder ein Bild von Mielke mit persönlicher Widmung, mindestens aber einen kleinen DDR-Wimpel. Äußerlich scheinen Sie sich von Ihrer Vergangenheit verabschiedet zu haben.“

Der alte Mann öffnete Arme und Handflächen zu einer bescheidenen Geste.

„Stattdessen abgezogene Holzdielen und moderne Möbel“, ergänzte Christine. „Hier ist nicht viel, was noch an DDR erinnert, Herr Major.“

Sie trat einen Schritt zurück und fixierte den Mann.

„Hätte nicht gedacht, dass Sie, der große Hintergrundstratege, so sympathisch rüberkommen. Mir sind von euch Stasi-Typen damals offenbar nur die fieseren Charaktere begegnet. Aber natürlich, Sie sind ja ein entsprungener Pfarrerssohn und haben das Gewinnende mit der Muttermilch eingesogen.“

„Sie dürfen sich vom äußeren Schein nicht täuschen lassen“, entgegnete Reinbeck, verzog einen Mundwinkel zu einem spöttischen Grinsen, kniff ein Auge zu und wiederholte die einladende Geste seiner Arme.

„Aber nun setzen Sie sich doch bitte. Es war zu erwarten, dass wir in vielem unterschiedlicher Meinung sind, doch wenn wir uns nur anfeinden, hilft das nicht weiter.“

„Unterschiedliche Meinung“, knurrte Wolfram, „das trifft es wohl kaum. Sie haben sich in unser Leben eingemischt.“

Gleich würde er losschreien, etwas auf den Boden schmeißen und am Ende alles versauen. Christine warf ihm einen warnenden Blick zu. Er ließ sich in das bequeme Ledersofa sinken, auf dem sie bereits Platz genommen hatte. Reinbeck setzte sich ihnen gegenüber, griff in seine Tasche und holte eine Pfeife hervor.

„Gestatten Sie?“

„Wenn´s sein muss.“

Irgendwo draußen sprang ein Motor an. In einiger Entfernung stimmten ein paar Hunde ein Bellkonzert an. Von der Terrasse her hörte man das geschäftige Summen der Hummeln und Bienen in den Blüten der Frühlingsblumen.

„Sie wissen natürlich, warum wir hier sind?“, begann Wolfram kühl.

Reinbeck machte eine verneinende Geste.

„Sie haben uns seit 1977 beobachtet und manipuliert. Wir dagegen haben von Ihrer Existenz erst vor ein paar Monaten erfahren, nachdem wir unsere Stasi-Akten gezogen und Ihren ganzen schäbigen Hintergrund kennengelernt haben. Und eins wollen wir von vornherein klarstellen: Mit Ihrer Charmeoffensive werden Sie nicht erreichen, dass dies hier ein gemütliches Kaffeekränzchen wird."

Der Alte nickte zustimmend.

„Wir können Ihnen leider kaum drohen", ergänzte Christine, „Ihre ruhmreiche Arbeit in der Staatssicherheit ist ja weder Geheimnis noch Grund genug gewesen, Ihnen am Zeug zu flicken. Diese herrliche Villa haben Sie behalten dürfen und wenn ich mich umsehe, scheint es Ihnen finanziell auch an nichts zu fehlen."

„Oh, drohen brauchen Sie mir nicht", entgegnete Reinbeck. „Ein Gespräch wird uns allen guttun. Es ist einiges richtigzustellen. Vor allem war ich nicht der große Strippenzieher, für den Sie mich vermutlich halten."

„Da sind wir aber gespannt", sagte Christine und blitzte ihn zornig an.

„Sie wissen scheinbar einiges von mir", sagte der Alte gelassen.

„Dito", fiel Wolfram grob ein, „das kürzt das Vorgeplänkel ab. Wir sind hier, weil wir einen Namen brauchen. Wir wollen wissen, wer Thomas ist."

Reinbeck seufzte, stopfte seine Pfeife und setzte sie in Brand.

„Mein Gott, das ist doch alles schon mehr als fünfzehn Jahre her."

„Der Verrat Ihres Thomas hat unser ganzes Leben verändert. Fast zerstört."

Reinbeck nestelte an seinem Tabakbeutel, wollte die Pfeife stopfen, merkte, dass sie schon brannte und legte beides beiseite.

„Ich gebe zu, das ist mir bekannt und ich darf Ihnen versichern, dass ich das, was passiert ist, sehr bedauere. Aber glauben Sie wirklich, es würde Sie erleichtern, die alten Geschichten aufzuwärmen? Was man Ihnen angetan hat, ist tragisch, doch es lässt sich nun mal nicht mehr zurücknehmen."

„Tragisch", brauste Wolfram auf. Seine Stimme zitterte. „Und das sagt ausgerechnet der intellektuelle Kopf seiner Stasi-Truppe."

„Sie irren leider, oder besser Gott sei Dank, und zwar an einer extrem wichtigen Stelle. Ich war zwar Teil dieser Maschinerie, jedoch nicht ihr Stratege."

Wolfram schnaubte ärgerlich auf.

„Sie werden uns jetzt sicher eine Ihrer grandiosen Lügengeschichten auftischen. Wahrscheinlich waren auch Sie nur ein Opfer. Haben das alles nicht gewollt. Aber seien Sie beruhigt, Ihre Person interessiert uns weniger. Wir kommen wegen Thomas. Und dieses Mal haben wir den Spieß umgedreht, Herr Reinbeck, und Material über Sie gesammelt."

Der Alte nickte gelassen.

„Ja, natürlich, Sie haben einen riesigen Berg Stasi-Akten gezogen, sogar ein Forschungsvorhaben vorgetäuscht, um an möglichst viele Dokumente ranzukommen. Nicht nur an die eigenen, sondern an alles, was Sie bekommen konnten."

Er blickte belustigt in die überraschten Gesichter seiner Gäste.

„Gut", sagte Wolfram, „Sie haben also noch alte Quellen in der Stasi-Unterlagenbehörde. Aber ändert das irgendetwas?"

Ein müdes Lächeln zog über Reinbecks Gesicht.

„Und Sie haben Thomas trotzdem nicht gefunden? Nun, ich muss Sie enttäuschen, von mir werden Sie nichts erfahren."

Er lehnte sich in seinem Sessel zurück.

Die Tür zum Flur öffnete sich. Frau Reinbeck betrat mit einem Tablett voller Gläser, einer Flasche Mineralwasser, Kaffee und Keksen den Raum.

Sie schenkte ein und setzte sich zu ihnen.

„Ich weiß, was Ihnen geschehen ist", nahm Reinbeck den Gesprächsfaden wieder auf. „Ich weiß es sogar ziemlich genau. Aber Sie müssen mir glauben, dass ich das nicht gewollt habe."

„Ach ja?", lachte Christine höhnisch.

„Wir können uns sicher darauf einigen, dass die DDR kein freies Land war. Das ist mehr als bedauerlich, weil ich diesem Staat mein halbes Leben gewidmet habe."

Reinbeck stand auf, trat an die Terrassentür und machte eine Geste, als wollte er ihnen lieber seinen Garten zeigen, als dieses Gespräch fortzusetzen.

„Andererseits haben Sie selbst sich auch mutwillig in Gefahr begeben. Diese kindischen Flugblätter hätten Sie nicht werfen müssen. Sie waren zwar noch sehr jung, können aber auch damals nicht mehr so naiv gewesen sein zu glauben, damit etwas ändern zu können. Sie wollten vermutlich nur beweisen, was für große Helden Sie waren."

Wolfram atmete tief durch. Wieder fing er einen Blick Christines auf. Ihre Augen blickten ernst, aber um ihren Mund spielte wie immer ein leises Lächeln. Sie schüttelte den Kopf.

„Gut, versuchen wir, uns von unseren Emotionen zu lösen", begann

Wolfram. „Worüber wir vor allem sauer sind, ist die Tatsache, dass Sie uns in die ganze Sauerei hineingezogen haben."

Reinbeck ließ sich im Sessel zurücksinken.

„Um es ganz brutal zu formulieren: Sie haben einfach Pech gehabt. Ihre pubertäre Trotzreaktion fiel genau in eine Phase, in der wir nach Entlastung für Thomas suchten und Sie haben sich in Ihrer Mischung aus jugendlichem Übermut und einem gehörigen Schuss Eitelkeit selbst angeboten. Es wäre dämlich von uns gewesen, nicht zuzugreifen."

Wolfram schnaubte böse auf.

„Lassen wir Ihren Zynismus mal beiseite. Unsere Flugblattaktion hat doch wunderbar in Ihr Konzept gepasst."

Reinbeck seufzte.

„Also haben Sie auch die strategischen Protokolle gefunden. Ich kann nur hoffen, dass Sie nicht alles entdeckt haben."

„Oh, wir haben einiges ausgegraben", sagte Wolfram, „wir werden Sie in die Enge treiben, verlassen Sie sich drauf."

Der Alte hob resignierend die Arme.

„Ich gebe mich geschlagen. Wie viel haben Sie?"

„Vier Ordner, fünftausend Seiten. Zwei gefüllt mit Operativen Berichten und Personalakten."

„Also alles?"

„Nicht alles", sagte Wolfram, „wer ist Thomas?"

„Wir können offen reden, über meine Rolle in der Stasi und wie ich in die ganze Sache reingeschlittert bin. Über meine Fehler, und ja, auch über meine Vergehen. Aber Thomas lassen wir raus, ihn werde ich niemals preisgeben."

Durch die Tür zum Garten drang Hitze ein. Die Schatten wurden kürzer, die Farben des Gartens verblassten. Weiße Falter flogen emsig die Blütenstände des Flieders an. Von weitem plärrte ein kleines Kind.

„Wenn man die Akten genau liest, haben Sie Thomas offensichtlich wie einen eigenen Sohn behandelt. Vielleicht steht hinter diesem Decknamen ja auch eine Frau, jedenfalls hatte er oder sie eine andere Position als ihre anderen IM´s. Ich stelle mir vor, dass es schwer ist, da nicht durcheinanderzukommen. Einerseits Vaterfigur und Vorbild, anderseits Verführer und Manipulator", begann Christine.

Reinbeck stöhnte.

„Da haben Sie einen wunden Punkt erwischt. Ja, es ist schwer, jemanden, den man liebt, gleichzeitig auch strategisch zu benutzen. Thomas sollte von Anfang an als Agent aufgebaut werden, das war mein Auftrag. Dann aber wurde er uns wie ein eigenes Kind."

„Sie haben ihn benutzt, um Ihre Karriere zu fördern."

Reinbeck stopfte sich umständlich eine neue Pfeife, verschüttete etwas Tabak, seine Hände zitterten.

„Einerseits ja, und doch war alles ganz anders."

„Wie anders?"

„Das kann ich Ihnen nicht verraten. Nur so viel: Als ich ihn kennenlernte, war er ein kleines verängstigtes Kind ohne Eltern und ohne Schutz. Bei Monika und mir hat er einen Ersatz für seine untergegangene Familie gefunden. In gewissem Sinne gilt das auch für die Stasi. Er fühlte sich dort sicher und aufgehoben. Die Firma wurde ihm Heimat und Familie."

Wolfram blickte ihn böse an.

„Klingt nach Mafia und Omerta. Die Loyalität zur großen Familie ist alles. Der Rest zählt nicht mehr."

„So müssen Sie das wohl sehen. Tatsache ist aber, dass wir ihn gerettet haben, das hat er uns nie vergessen. Dass ich ihn jetzt nicht ausliefere, versteht sich von selbst. Er ist unser Kind und gehört zu dem Wenigen, was uns geblieben ist. Freunde, Kollegen sehe ich kaum noch. Hatte mich ja schon Jahre vor dem Mauerfall innerlich von der Firma verabschiedet. Nachdem ich von Ihrer Geschichte erfuhr, hat das zum endgültigen Bruch geführt."

„Sie haben die Stasi verlassen?" fragte Wolfram.

Der Alte schüttelte den Kopf.

„Das war kein Verein, aus dem man einfach austreten konnte. Außerdem ging es ja nicht nur um mich. Ich musste auch an meine Frau denken, durfte sie nicht gefährden. Der Firma musste man anders beikommen. Die üblichen Wege waren Alkoholismus oder Krankheit.

Als Psychiater lag mir der zweite Weg natürlich näher. Ich wurde also von einem Tag auf den anderen ganz scheußlich depressiv, so sehr, dass mir niemand mehr helfen konnte. 1986 wurde ich in Ehren ausgemustert."

„Das ist ja alles wirklich sehr interessant, Herr Reinbeck. Aber wir lassen uns nicht ablenken. Wir brauchen seinen Namen", setzte Wolfram nach.

„Ich kann Ihnen nicht helfen."

„Sie wollen oder Sie können nicht."

„Beides."

„Haben Sie noch Kontakt zu ihm?"

„Emotional natürlich, ab und zu auch ein Telefonat, selbstverständlich nicht von diesem Apparat. Physisch nein. Viel zu gefährlich. Sie brauchen mich also nicht observieren lassen. Sie werden damit leben müssen, es niemals zu erfahren."

„Wir werden es rausbekommen."

„Geben Sie sich keine Mühe. Ich hatte Ende 1989, nach dem Mauerfall, noch ausreichende Beziehungen zur Firma, um die Vernichtung seiner Unterlagen zu organisieren. Und das hieß, nicht einfach nur zerreißen. Ich habe mir seine Papiere sorgfältig raussuchen lassen, sie aus dem Archiv entfernt und eigenhändig verbrannt. Dort."

Er wies auf eine mit Steinen umfasste Feuerstelle im Garten.

„Sie werden nichts finden. Nicht den allerkleinsten Schnipsel."

Reinbeck nahm einen Schluck.

„Und ist es nicht auch gut so? Die Welt wird durch zu viel Wissen nicht besser."

„Ja, Sie haben sauber gearbeitet. Da fand sich wirklich nichts. Nichts außer seinem Decknamen", sagte Christine, „und diesen Postkarten, die in der Eile wohl aus einem Ordner herausgefallen sein müssen", setzte sie hinzu und zog ein Briefcouvert aus ihrer Handtasche, in dem sich die Kopien einiger Postkarten befanden.

Reinbeck beugte sich vor, warf einen Blick auf die Blätter und schüttelte den Kopf.

„Sagt mir überhaupt nichts."

„Aber die Karten waren alle an Sie gerichtet, an Erwin Kunz. Das war doch ihr Deckname in der konspirativen Wohnung ‚Waldfrieden'."

Reinbeck unterdrückte ein Gähnen.

„Liebe Frau Wolke, Kunz war das Pseudonym des Mieters von ‚Waldfrieden'. Ein alter harmloser Herr, vor zwei Jahren verstorben. Der hatte die Post an die wirklichen Adressaten verteilt. Unter dem Namen Kunz verbargen sich, wenn ich mich recht entsinne, mindestens zwanzig Empfänger, von denen ich die wenigsten kannte. Es ist ein Fehler, die Stasi zu unterschätzen, solche banalen Schnitzer konnte die sich nicht leisten."

„Gestatten Sie, wenn ich Ihnen das nicht glaube", sagte Christine.

Der Alte breitete seine Arme entschuldigend aus.

„Na gut, kommen wir zu Ihnen. Was ich immer noch nicht fassen kann: Wie konnte ein so kultivierter Mensch wie Sie in diesem Verbrecherhaufen landen?"

Reinbeck stöhnte auf.

„Ich stamme aus Mecklenburg. Mein Vater war Pfarrer in Demmin. 1961 bin ich als junger Psychiater auf eigene Faust zur ersten Allchristlichen Friedensversammlung nach Prag gereist. Meine Diskussionsbeiträge müssen wohl beeindruckt haben. Zurück in Berlin bin ich dann „zufällig" Franzen begegnet. Er hat mich angeworben. Ich war noch jung und ziemlich gutgläubig. Wollte die Zustände verbessern. Eine Welt aufbauen, in der der Mensch nicht mehr der Wolf des anderen ist."

„Und, ist es Ihnen gelungen?", fragte Wolfram ironisch.

„Leider nicht. Aber vor allem ging es mir damals darum zu helfen, einen neuen Krieg zu verhindern. Mein Vater war der Hölle von Stalingrad knapp entkommen. Ist mit einer der letzten Maschinen ausgeflogen worden. Sein rechtes Bein ist zurückgeblieben. In unserer Familie gab es eine große Übereinstimmung darüber, dass sich so etwas niemals wiederholen dürfe. Nie wieder Krieg. Das war doch damals die alles bestimmende Losung."

Christine hatte die Arme vor der Brust verschränkt und blickte ihn mit zusammengezogenen Augenbrauen an.

„Ja, Frau Wolke, so schlicht habe ich damals gedacht. All das, was später geschehen ist, meine Arbeit und das, worauf ich heute nicht mehr stolz bin, folgte dieser Logik. Aber um bei Ihrem Vorwurf zu bleiben: Für mich war die Staatssicherheit damals ein ritterlicher Orden, der vor allem ein Ziel hatte: den Frieden zu erhalten. Um in dieser Prätorianer-Garde dabei zu sein, hatte ich viel geopfert, sogar mit meinen Eltern gebrochen. Ich war mir sicher, dass es für eine gute Sache sei."

Christine sprang auf und lief im Zimmer auf und ab.

„Sie wussten doch aber, wofür die Stasi stand: Menschen fertig machen und Angst verbreiten. Wie viele Zersetzungskampagnen haben Sie geleitet, wieviel Bespitzelung angeordnet, wie viele Zwangsadoptionen befohlen? Wie konnten Sie als kultivierter Mensch solche Schweinereien mitmachen?"

Reinbeck entnahm seinem Futteral eine neue Pfeife, stopfte und entzündete sie. Aromatisierter Tabakgeruch verbreitete sich im Raum. Er zog am Mundstück, stieß ein paar Wölkchen in die Luft.

„Sie beide sollten inzwischen alt genug sein zu begreifen, wie es in der Welt zugeht. Oder sind Sie wirklich so naiv zu glauben, dass all das, was einem guten Ziele dient, deshalb auch gut sein muss? Dass man nicht oft genug eine härtere Gangart schalten muss, um den Fortschritt durchzusetzen? Glauben Sie etwa, dass die CIA nicht foltert? Dass dem MI6 solche schlimmen Dinge wie Erpressung fremd sind? Dass der Bundesnachrichtendienst nicht auch den einen oder anderen aus dem Weg geräumt hat?"

„Sicher", antwortete Wolfram, „das mag vorkommen. Aber nicht in dieser Menge wie bei der Stasi und nicht als Systembestandteil."

Reinbeck lächelte nachsichtig.

„Da gebe ich Ihnen recht. Wir waren leider gezwungen, etwas fester zuzupacken. Was waren die Gründe? Unsere Wirtschaft war eine einzige Katastrophe. Während wir die einfachsten Bedürfnisse nicht mehr befriedigen konnten, herrschte ein paar Kilometer weiter, im ‚freien Westen', maßloser Überfluss. Eine provozierende Fülle, die jeder DDR-Bürger tagtäglich im Westfernsehen bestaunen durfte. Mauer, innerer Terror, Diktatur waren doch nur die Folgen unseres ökonomischen Sauhaufens."

Wolfram hatte seine Unterarme auf die Oberschenkel gestützt.

„Sie geben also zu, dass das System, das Sie mit Ihren nicht ganz altruistischen Mitteln verteidigt haben, überhaupt nicht funktionieren konnte?"

Der alte Mann sah ihn freundlich an.

„Es stimmt, unser Sozialismus war gescheitert. Materiell und menschlich. Ich habe das eine ganze Weile nicht begriffen, nicht sehen wollen. Ich war verblendet. Da half mir meine ganze Kultur nicht."

Wolfram schlug mit der Hand wütend auf die Sofalehne.

„Sie haben als intelligenter Mensch nicht sehen wollen, was viel weniger Begabte sofort geschnallt haben. Und was ist mit den Menschen passiert, die in den Jahrzehnten, die Sie sich gegönnt haben, von Ihnen fertiggemacht worden sind? Denn das war doch Ihre Hauptbeschäftigung!"

Reinbeck schüttelte den Kopf.

„Schauen Sie mal, Herr Fichtner, das alles sind Fragen, die sich erst im geschichtlichen Ablauf klären. Verbrechen sind ja per se nicht immer schlecht, sie können durchaus auch gute Folgen haben. Sie müssen nur zur Situation passen."

Christine warf Wolfram einen fassungslosen Blick zu.

„Nehmen wir zum Beispiel den Kaiser Augustus, einen der übelsten Schlächter der römischen Geschichte. Er hat Tausende von Familien ausradieren lassen. Männer, Frauen, Kinder. Er ist in Blut gewatet. Aber nachdem er in Rom gründlich aufgeräumt hatte, herrschte ein paar Jahrhunderte lang innere Ruhe, wo vorher jahrzehntelange Bürgerkriege gewütet hatten. Er leitete die Blütezeit des Imperiums ein. Er war der Begründer des römischen Friedens. Er hätte den Friedensnobelpreis verdient, wenn es damals schon so einen Unsinn gegeben hätte. Was ich damit sagen möchte, ist: Gut kalkulierte Verbrechen können durchaus einem humanen Zweck dienen."

Christine lachte höhnisch auf.

„Das haben Sie sich ja prima zurechtgefummelt. Es ist das alte ‚Der Zweck heiligt die Mittel'-Prinzip, womit der Tod von Millionen Menschen legitimiert worden ist."

Reinbeck wiegte den Kopf. Sie beugte sich vor.

„Ihnen ist nichts heilig, Sie sind ein Machiavellist."

Der Alte lächelte.

„Was Machiavelli betrifft, gebe ich Ihnen durchaus recht. Ich zitiere: ‚Man muss die Menschen entweder mit Freundlichkeit behandeln oder unschädlich machen; denn wegen geringfügiger Kränkungen nehmen sie Rache, wegen schwerer Schädigungen können sie es nicht'.

Unser Problem war, dass wir diesem Rat nicht folgen konnten, wir weder in der einen Richtung konsequent waren noch in der anderen. So blieben uns am Ende kaum noch Freunde, aber jede Menge Feinde. Als ich endlich eingesehen hatte, dass wir ein verrottetes System verteidigten, gab es für meine Sünden keine Rechtfertigung mehr. An dieser Stelle kam es bei mir zum inneren Bruch."

Mit fahriger Hand stopfte er den Tabak fest und zündete die Pfeife erneut an.

„Wenn die Wirtschaft so fantastisch läuft wie im Westen, kann man sich solchen Schnickschnack wie Menschenrechtspolitik, Feminismus und eine völlig überzogene Umweltideologie erlauben. Wenn aber, wie in der DDR, die gesamte Ökonomie auf dem letzten, ach was sage ich, auf dem allerallerletzten Loch pfeift, dann kann am Ende auch die Stasi nicht mehr helfen. Je schlechter unsere Wirtschaft funktionierte, desto weniger berechtigt waren unsere Verbrechen."

Er nahm einen Zug und blies den Rauch nachdenklich aus.

„Im Westen ist man so treuherzig zu glauben, dass man nur richtig gut sein muss, um Gutes zu erreichen. Ich glaube nicht, dass die Welt sich damit verbessern lässt. Andererseits braucht man für das Böse eine starke Legitimation. Und genau die hatten wir am Ende nicht mehr."

Frau Reinbeck schenkte den Kaffee nach und ging in die Küche, um neuen aufzubrühen. Ein leichter Wind bewegte die Äste der Obstbäume. Weiße Blütenblätter schwebten nieder und bedeckten den Rasen.

„Nun habe ich mich meiner Vergangenheit gestellt. Ehrlich und offen, wie Sie zugeben müssen. Quid pro quo, lieber Herr Fichtner. Jetzt berichten Sie von sich, denn Ihre Geschichte interessiert mich besonders. So viel weiß ich noch: Sie kommen aus einem kommunistischen Elternhaus. Hätten bei uns eine Riesenkarriere machen können, sind aber, genau wie ich, vom Weg Ihrer Eltern abgewichen. Nur in umgekehrter Richtung. Wie das? Wie konnte jemand wie Sie die Weltanschauung seiner Herkunft so vollständig verlieren?"

„Netter Versuch, Herr Reinbeck" sagte Wolfram, „aber ich habe den Eindruck, dass das im Augenblick nicht gerade unser Thema ist."

Reinbeck wandte sich enttäuscht ab. Christine suchte Wolframs Blick. Ihre Lippen formten die Worte: „Cha, Cha, Cha."

Weiterschwatzen, dachte Wolfram, vielleicht verquatscht er sich doch irgendwo.

„Na gut", begann er, „vielleicht interessiert es Sie ja wirklich und vielleicht fallen dabei auch mehr als ein paar Gemeinplätze ab. Was mich angeht, war ich als Jugendlicher ziemlich idealistisch eingestellt. Was positiv ist, aber auch gefährlich sein kann: Werden die Prinzipien enttäuscht, kommt es leicht zur moralischen Radikalisierung. Oder zur Ernüchterung. Der kleine Blick, den ich nach dem Wahlsonntag 1976 hinter die Kulissen werfen konnte, hatte mir gereicht. Ich war enttäuscht und wurde radikal."

Reinbeck hob die Augenbrauen und nickte anerkennend.

„Ich bin beeindruckt, wie Sie in Ihren jungen Jahren den richtigen Weg gefunden haben. Und das, obwohl Sie zu diesem Zeitpunkt von der Staatsmacht weder etwas auszustehen hatten noch verfolgt oder schikaniert wurden. Andere, die viel mehr erlebt hatten, haben sich da wesentlich schwerer getan. Ich erinnere mich zum Beispiel an das Schicksal Ihrer Tante Irma, die während der Nazizeit, genau wie ihre Mutter und Großmutter, in der Moskauer Emigration, im Hotel Lux gelebt hat."

Wolfram blickte Reinbeck erstaunt an.

„So intensiv haben Sie sich mit meiner Familie beschäftigt?"

„Es hat mich interessiert, und ja, auch bewegt."

Wolfram sah unentschlossen zu Christine hinüber. Sie nickte unmerklich.

„1938, in der Zeit der ‚großen Säuberungen Stalins' ist Irmas Mann verhaftet, in die Lubjanka verbracht und dort in derselben Nacht erschossen worden", begann er zögernd. „Irma war jetzt die Frau eines Volksverräters. Drei Monate später wurde sie ebenfalls verhaftet, kam aber mit den üblichen acht Jahren Lagerhaft im Gulag davon. Ich bin mir nicht sicher, ob sie damit das bessere Los gezogen hatte. Beide waren glühende Kommunisten und selbstverständlich völlig unschuldig. Zwanzig Jahre später wurden sie offiziell rehabilitiert.

Irma wurde 1946 zwar aus dem Gulag entlassen, war aber noch lange nicht frei. Sie musste auf unbestimmte Zeit in die Verbannung, aus der sie erst 1956 erlöst wurde. Übrigens nicht durch die DDR, sondern durch den ‚Revanchisten' Adenauer, der 1955 in Verhandlungen mit Chruschtschow die Freilassung der letzten Kriegsgefangenen erreicht hatte. Im Schlepptau dieser Heimkehrer kam auch Irma endlich wieder zurück nach Deutschland. Meine Großmutter, die sich inzwischen vom

Kommunismus gelöst hatte, wollte mit ihr in den Westen gehen. ‚Nur weil Stalin ein paar individuelle Fehler gemacht hat, ist der Kommunismus doch nicht falsch', war die Antwort meiner Tante."

„Was für ein Wahnsinn", fiel Reinbeck lebhaft ein, „wir haben es hier mit drei grundlegenden Entscheidungssituationen zu tun. Ihre Tante, obwohl völlig unschuldig gestraft, wendet sich nicht vom Kommunismus ab. Ich, obwohl christlich erzogen, wahrscheinlich aber gerade deshalb, wende mich ihm zu. Und Sie Herr Fichtner, obwohl kommunistisch aufgewachsen und kaum geprüft, brechen von einem Tag auf den anderen mit ihm. Wie passt das alles zusammen?"

„Was meine Tante Irma betrifft, habe ich lange gebraucht, ihren Weg zu verstehen. Sehr lange. Mit Intelligenz hatte das nichts zu tun, sie war ja keine dumme Frau. Aber heute weiß ich es. Und es ist eigentlich ganz einfach. Sie wollte, nachdem sie ihren Mann verloren und ihre ganzen jungen Jahre geopfert hatte, nicht auch noch den Glauben einbüßen, für eine gute Sache gekämpft zu haben. Für mich war es viel einfacher, ich war ja erst Anfang zwanzig, hatte anders als Sie oder Tante Irma mit meiner Abwendung vom Kommunismus keinen Lebenssinn zu verlieren. Nachdem ich erkannt hatte, wie das in der DDR wirklich lief, war der Abschied von der Religion meiner Familie für mich eine Sache von wenigen Tagen."

Reinbeck ließ sich im Sessel zurücksinken und blickte aus dem Fenster, wo die Sonne gerade zwischen den Zweigen der Obstbäume unterging.

„Bei mir lief es eher wie bei Ihrer Tante Irma. Der Bruch fiel mir sehr schwer. Schließlich steht man nach so einer Trennung vor den Trümmern des eigenen Lebens. Einer Existenz, die keinen höheren Sinn mehr hat. Das war bitter und ich bin damit noch längst nicht fertig. Ich habe mich ganz zurückgezogen, konnte mich vor seinem Tod wenigstens noch mit meinem Vater aussöhnen. Gott sei Dank und dann habe ich ja noch meine wunderbare Frau, unseren Garten, die Bücher. Und ja, auch die Bibel. Das muss für einen Verirrten wie mich reichen."

„Ja, ja", sagte Christine, „mir kommen gleich die Tränen. Langsam wird mir das hier ein bisschen zu kuschelig mit euch beiden. Ihre ideologischen Irrwege, Herr Reinbeck, in Ehren und vielleicht meinen Sie es ja auch ehrlich oder wenigstens ein bisschen. Aber wir sind hergekommen, um etwas über Thomas zu erfahren. Sie haben bisher mehr geredet, als wir beide zusammen, aber von ihm wissen wir noch immer nichts. Kann es sein, dass Sie uns mit Ihren Bekenntnissen ablenken wollten?"

„Vielleicht. Aber ich wollte auch, dass wir ein gutes Gespräch haben.

Und ist es nicht auch ein besonderer Tag geworden? Für mich war das jedenfalls heute so etwas wie eine Beichte", sagte Reinbeck lächelnd.

„Von uns gibt es keine Absolution."

„Womit ich leben muss. Aber eins möchte ich Sie zum Abschluss doch noch fragen. Hat sich der schwierige Lebensweg, den Sie gewählt haben, für Sie gelohnt? Haben Sie in dem vereinten Deutschland das gefunden, was Sie sich ersehnt hatten? Eine Einheit in Einigkeit?"

„Ich halte es mit Willy Brandt: Da wächst zusammen, was zusammengehört", antwortete Wolfram.

„Ich glaube eher, da sind zwei zusammengekommen, die sich längst entfremdet haben."

„Das ist doch nur eine Frage von zwanzig, dreißig Jahren, dann werden Sie keine großen Unterschiede mehr finden. Warum haben Sie Zweifel?"

„Die entscheidende Differenz ist meines Erachtens die Einstellung zur Nation. Für den ehemaligen Osten ist die Nation von größter Wichtigkeit, für den ehemaligen Westen ein eher anrüchiger Begriff."

„Und Sie glauben, dass das eine Rolle spielt?"

„Davon bin ich überzeugt. Das Ziel des Ostens war es doch, endlich dazuzugehören. Nicht mehr rumgeschubst zu werden. Richtiges Geld, einen richtigen Ausweis zu haben. Endlich ein richtiger Deutscher zu sein. Aber die DDR-Bürger gerieten an ein Land, das sich von der deutschen Nation schon vor langem verabschiedet hatte. Der Osten sucht nach einem Begriff, der dem Westen suspekt geworden ist. Er sehnt sich nach Deutschland, der Westen versucht, sich davon zu befreien. Das wird noch großen Ärger geben."

„Würde Sie das freuen?"

„Einerseits ja, denn wer gehört schon gern zu den Verlierern der Geschichte. Andererseits nein, als alter Mensch brauche ich Sicherheit."

Kapitel 46

Made in Sweden

Berlin-Wilmersdorf, Juni 1993

„Hast du noch irgendetwas entdeckt?", fragte Christine.

„Nichts, Reinbeck hat wirklich gründlich aufgeräumt. Es gibt tatsächlich nur diese merkwürdigen Postkarten aus Rostock. Kann mir kaum vorstellen, was die mit Thomas zu tun haben sollen."

Christine musterte die Karten. Die Texte auf der Rückseite waren alle mit Schreibmaschine getippt. Sonst war an ihnen nichts weiter bemerkenswert.

Nach dem Gespräch mit Reinbeck hatten beide noch einmal ihre Stasi-Akten durchwühlt, Verhör- und Sitzungsprotokolle studiert. Wolfram hatte eine Urlaubswoche im Lesesaal der Stasi-Unterlagenbehörde verbracht, aber nichts Neues gefunden. Heute hatten sie sich getroffen, um es ein letztes Mal zu versuchen. Oder die Sache endgültig zu begraben.

Franziska hatte gebacken. Der Duft von Kaffee und frischen Plätzchen erfüllte den Raum. Beide Frauen waren sich heute zum ersten Mal begegnet und hatten sich auf Anhieb gemocht.

Im Zimmer sah es aus wie nach einer Hausdurchsuchung. Die Hefter mit den Stasi-Dokumenten lagen verstreut umher. Viele Seiten lose auf dem Boden. Wolfram fläzte sich auf dem Sofa, das vor der Fensterfront stand.

„Wo können wir jetzt noch suchen? Wir haben jeden Stein dreimal umgedreht."

Er goss sich ein Glas Wein ein.

„Sollen wir Schluss machen? Für mich ist am wichtigsten, dass du es nicht gewesen bist."

„Das hast du schön gesagt. Aber aufgeben", sagte sie, „kommt nicht in die Tüte! Ich muss wissen, wer uns verraten hat!"

„Was ist übrigens mit den anderen Schweinepriestern unserer Stasi-Truppe?"

„Da ist nicht mehr viel zu holen. Arnold ist tot, Lungenkrebs. Meister hat eine ärztlich bescheinigte Demenz und lebt in einem Pflegeheim. Von Diepholt und Galanski fehlt jede Spur. Ich hatte sogar einen Privatdetektiv engagiert. Ohne Erfolg. Beide wie vom Erdboden verschluckt. Wussten genau, wie man das macht, sind ja vom Fach."

Draußen dämmerte es. Die Nebelkrähen flogen das Nest in der Linde pausenlos an und fütterten die gierigen Schlünde ihrer Jungen.

Christine sah ihn nachdenklich an.

„Als ich Reinbeck die Postkarten zeigte, gab es einen kleinen Moment der Unsicherheit", erinnerte sie sich, „ganz kurz nur. Er war erschrocken, auch wenn er in der nächsten Sekunde wieder einen auf ganz cool machte."

„Sicher?"

„An den Karten ist irgendwas dran. Die müssen wir uns noch mal richtig vorknöpfen."

Sie breiteten die Blätter nebeneinander auf die Tischplatte aus. Es waren dreißig, überwiegend mit Stadtansichten von Rostock oder Ostseestränden. Wolfram las.

„Grüße aus dem schönen Rostock", oder, „Wir hatten zauberhafte Sonnentage", oder „Es war wie immer herrlich", und so weiter…

„Diese bescheuerten Ostseegrüße", stöhnte Christine.

„Auf jeder ein anderer Name, aber immer dieselbe Schreibmaschine mit einem ‚e', das aus der Reihe tanzt. Also immer derselbe Absender", grübelte Wolfram, „immer Thomas?"

Er sortierte die Karten nach den Poststempeln.

„Die haben alle einen Abstand von ungefähr vier Wochen, der erste Stempel ist von Januar 1978, der letzte von Mai 1980."

„Das sind ja genau eure Knastjahre", rief Christine aufgeregt.

„Dann hat Thomas die ganze Zeit über in Rostock studiert?", fragte Franziska, die mit Julius an der Hand vom Nebenraum ins Zimmer getreten war.

„Das nun bestimmt nicht", lachte Wolfram. „diese Nachricht hätte sich sofort verbreitet. Nein, in unserer kleinen DDR kann Thomas in diesen Jahren nicht gelebt haben. Er muss im westlichen Ausland gewesen sein, so wie Diepholt es geplant hatte!"

„Dann hat er die Karten durch jemand anderen einwerfen lassen", überlegte Christine, „aber warum ausgerechnet Rostock?"

Wolfram drehte die Karten auf die Bilderseiten. Es waren fast immer die gleichen Motive: die Altstadthäuser in der Kröpeliner Straße in heiterem Licht, der Stadthafen mit Nikolai- und Marienkirche, der Warnemünder Strand bei ruhiger Meeresbrandung …

Zwei Bilder passten nicht in diese Reihe: Eines zeigte Strandbäume im Sturm, auf einer anderen Karte war „Der Schrei", das Gemälde von Edvard Munch, zu sehen.

Julius trat interessiert an den Tisch heran.

„Gefallen sie dir?", fragte Franziska.

Der Junge fuhr mit seinen kleinen Fingern flüchtig über die Stadtansichten und blieb bei den sturmbewegten Bäumen hängen.

„Und wie findest du die?", fragte Wolfram und wies auf den Munch.

„Diese Frau ganz traurig."

Julius Interesse war erschöpft. Er lief aus dem Zimmer.

„Jetzt habt ihr ein unbelastetes Urteil. Hoffentlich hilft es euch weiter", lachte Franziska und folgte ihrem Sohn.

Wolfram beugte sich über die Karten.

„Offensichtlich sind nicht die Texte die Botschaft, sondern die Bilder selbst. Die Stadtansichten interessierten Julius nicht. Da ist nichts los. Lässt sich vielleicht mit Alltag übersetzen. Wenn Thomas solche Karten schickt, ist seine Welt in Ordnung."

Er griff nach den sturmbewegten Bäumen.

„Dann würde das hier Dramatik bedeuten. Irgendetwas passiert gerade."

„Und die hier", Christine zeigte auf den Munch, „könnte signalisieren, dass es ihm beschissen geht, er bald durchdreht."

„Auf welche Daten fallen die Karten mit ‚Sturm' und ‚Schrei'", fragte Wolfram, dem plötzlich fiebrig zu Mute war.

Der ‚Sturm' war auf den 13. März 1978 datiert.

„Das könnte der Tag seiner Immatrikulation sein", vermutete Christine.

„Genau, und jetzt der Munch, die Verzweiflungsszene. Die Karte wurde am 14. Dezember 1978 abgestempelt. Lass mich fantasieren: Thomas ist seit einem Dreivierteljahr im Ausland. Weihnachten steht vor der Tür. Seine Kommilitonen verabschieden sich langsam in den Urlaub, nur er darf nicht nach Hause fahren, bleibt allein im Studentenwohnheim zurück. Das kann einen schon ziemlich runterziehen.

Was treibt unser Freund Reinbeck in diesen Tagen?"

Christine blätterte in der Akte.

„Ist mal wieder auf Kur. Weil er so schrecklich depressiv ist. Und sieh mal an, vom 17. bis zum 27. Dezember gibt es eine Unterbrechung seiner physikalischen Anwendungen. Vorher ist er jeden Tag in der Physiotherapie, danach auch wieder täglich.

„Könnte heißen, dass sich Reinbeck für zehn Tage aus der Kur beurlaubt hat."

„In dieser Zeit besucht er Thomas, um ihn aufzurichten", überlegte

Christine. „Und das funktioniert, wie man an der nächsten Karte vom Januar 1979 sieht: Kröpeliner Straße in heiterem Sonnenlicht."

„Fantastisch, aber wie geht es weiter?", fragte Wolfram.

Wieder sah er sich die Munch-Karte an und drehte sie noch mal um. Holte eine Lupe vom Schreibtisch. Dann rief er überrascht aus:

„Der Poststempel ist ziemlich verschmiert, aber da drunter ist eine Schrift zu erkennen", er hielt die Karte näher ans Licht, „jetzt kann ich es lesen: Made in Sweden!"

Christine sprang auf und klatschte vor Freude in die Hände.

„Jetzt haben wir endlich etwas. In der DDR hat Thomas keine Karten für Verzweiflung gefunden. Offiziell herrschte ja stets Sonnenschein. Angstkarten hat er sich in Schweden besorgt. Und das hieße, er studiert in Schweden, lässt die Karten von einem Vertrauensmann mit der Fähre von Trelleborg nach Rostock bringen und dort einwerfen. Mit diesen Postkarten teilt er Reinbeck mit, wie es ihm geht."

Angezogen von der aufgeregten Unterhaltung stand Franziska schon eine Weile wieder in der Tür und hörte gespannt zu.

„Sollte er in Schweden gelebt haben, dann sicher nicht im teuren Stockholm. Die Stasi musste das ja alles finanzieren. Vermutlich hat er sich in einem kleinen Nest verkrochen, möglichst nahe bei Trelleborg. Wenn ich mich richtig erinnere, kommt dafür eigentlich nur ein einziger Ort infrage: Lund, eine alte Universitätsstadt. Da würde ich an eurer Stelle suchen."

Wolfram blickte seine Frau überrascht an und küsste sie liebevoll. Danach umarmte Christine Franziska wie eine alte Freundin.

„Dann also nach Lund?", fragte er.

„Ist natürlich alles wilde Spekulation", erwiderte Christine lebhaft, „aber unsere einzige Chance."

Wolfram blätterte im Lexikon.

„Lund hat ungefähr vierzigtausend Studenten. Wie sollen wir jemanden finden, der dort, vermutlich unter falschem Namen, bis vor dreizehn Jahren studiert hat?"

„Ich habe dich wiedergefunden", antwortet Christine leise, „das war schwerer als alles andere. Wir werden auch Thomas finden."

Kapitel 47

Lund

Lund, Juli 1993

Die alte Universitätsstadt empfing sie wie eine schöne, lebenslustige Frau. Wo man auch hinschaute – Studenten: in den Cafés, den Parks, überall. Eine frische Brise durchwehte Straßen und Plätze. Die Luft war klar und würzig, es roch nach großem Ozean.

Von ihrem Hotel im Stadtzentrum aus, wo sie zwei Zimmer gebucht hatten, erreichten sie nach wenigen Minuten den Park Lundagård, schlenderten unter hohen Bäumen bis zum Gebäude der Universität und betraten die große kühle Vorhalle. Im Erdgeschoss des Seitenflügels fanden sie das Immatrikulationsbüro und traten ein. Aus dem sommersprossigen Gesicht von Kerstin Tyrberg, der Sekretärin, blickten ihnen zwei fröhliche Augen entgegen. Wolfram schätzte sie auf Ende zwanzig.

„We come from Germany and are looking for a person who studied here thirteen years ago."

Kerstin strahlte sie an.

„Ihr könnt Deutsch sprechen, ich habe drei Jahre in Hamburg gelebt."

„Wir haben ein spezielles Problem", begann Wolfram, „ein sehr spezielles."

Kerstin nickte aufmunternd und hörte mit wachsendem Interesse zu.

„Ihr braucht also die Namen der Deutschen, die damals in Lund studiert haben?", fragte sie lächelnd, als er fertig war. „Ich will sehen, was sich machen lässt."

Sie saßen in einem Café gegenüber der Universität. Vor ihnen lagen die Listen, die Kerstin ihnen, trotz Datenschutzauflagen, ausgedruckt hatte. Sie waren auf keinen Bekannten gestoßen. Auch die Geburtsdaten erbrachten keinen Treffer.

„Was zu befürchten war. Die Stasi wäre schon ziemlich blöd gewesen, wenn sie ihm nicht eine neue Identität verpasst hätte", überlegte Wolfram. „Wir müssen die Liste abspecken. Die Studenten, die bereits vor unserer Verhaftung in Lund waren, streichen. Genauso diejenigen, die nach unserer Entlassung noch immatrikuliert waren."

Kerstin druckte ihnen am nächsten Tag die Liste der 30 verbliebenen Studenten aus. Als sie alle gestrichen hatten, die nicht Medizin oder Theologie studiert hatten, waren es noch elf.

In der Bibliothek der medizinischen Fakultät entdeckten sie zwei Schriftstücke, die in der Zeit ihres Gefängnisaufenthaltes publiziert worden waren. Das erste war die Doktorarbeit eines Roland Schulze von 1980.

„Können wir streichen, wir hatten damals ja gerade erst das Physikum."

Eine Carola Walter war Koautorin eines Artikels in der „Svenska Läkartidningen", einer schwedischen Ärztezeitung. „Psychosomatische Traumata bei Flüchtlingen", übersetzte Kerstin die Überschrift.

„Na, wenn das nicht passt", grinste Christine.

Der Autor, der an erster Stelle genannt war, hatte inzwischen Karriere gemacht und es zum Chefarzt der psychiatrischen Abteilung des Universitätskrankenhauses Lund gebracht. Professor Anderson konnte sich noch an die junge Kollegin aus Deutschland erinnern. Er musterte aufmerksam das Foto der Freunde, das sie im Sommer 1977 vor dem Puttenbrunnen am Arnimplatz zeigte.

„Nein, außer euch beiden erkenne ich niemanden wieder."

Die nächsten drei Tage verbrachten sie mit der Identifizierung der verbliebenen Kandidaten. Von dreien gab es eine schwedische Adresse. Keiner der Vermieter erkannte einen ihrer Freunde. Von den anderen fanden sie die deutschen Telefonnummern. Auch sie konnten ausgeschlossen werden.

Es war ihr letzter Abend. Sie saßen in einem Straßenrestaurant, gegenüber dem massigen Dom, dessen graue Fassade in den Strahlen der langsam untergehenden Sonne erglühte.

„Alles umsonst gewesen, falsch spekuliert? Gehen wir jetzt nach Stockholm?", fragte Christine leise.

„Nein, viel zu viele Studenten. Lund war unsere einzige Chance. Enttäuscht?"

„Schon. Obwohl es von vornherein unwahrscheinlich war, ihn nach so langer Zeit aufzugabeln."

Der Kellner brachte eine Flasche „Frascati".

„Schweinisch teuer", sagte Wolfram.

„Mir sowas von egal. Heute Abend möchte ich mich nur noch besaufen und heulen."

Ihre Finger spielten in den Haarspitzen.

„Die Tage mit dir waren schön. Es war …“, sie zögerte, „… es war fast wie früher.“

Sie nahm einen Schluck.

„Und morgen ist alles vorbei. Wieder mal.“

Sie stellte ihren Stuhl neben seinen. Gemeinsam blickten sie zur Kulisse des Domes, aßen schweigend ihr „Bœuf Stroganoff“ und löffelten anschließend gedankenverloren den Nachtisch.

Hat dieser Trip überhaupt einen Sinn gehabt, überlegte Wolfram. Vor zwei Wochen hatte er Lorenz und Paula getroffen. Anders als früher herrschte eine beklommene Stimmung unter den Freunden.

„Merkwürdig ist doch“, sagte Paula, „dass du der Stasi alles abnimmst, während du an den Worten deiner Freunde zweifelst. Und ich verstehe auch nicht, dass du der Christine mehr glaubst als uns.“

Auch Lorenz war reserviert geblieben. Christine wolle mit dieser infamen Konstruktion nur ihre Ehre retten. Dabei sei nichts leichter, als diese sogenannten „Stasi-Dokumente“ zu fälschen: Ein paar vorhandene Texte nehmen, sie ein bisschen uminterpretieren, in eine alte DDR-Schreibmaschine hacken lassen, mit einem nachgemachten Stempel signieren, das Ganze mehrmals hintereinander durch einen schlechten Kopierer mit verstaubter Glasplatte jagen und schon seien die „echten“ Stasi-Dokumente fertig. Man hätte schließlich auch schon Hitlers Tagebücher gefälscht.

Mit Bernd hatte er telefoniert:

„Du arma Irra, vaschenkst ne janze Woche Urlaub, um mit diesa Schnepfe nach Schwedn zu jondeln. Is doch abartig. Ick könnte dir jedn einzelnen meina Tage in Brandenburg belegn. Kann auch jerne noch´n paar Zeugn aus diesem Luxushotel aufmarschiern lassn. Merkste denn immer noch nich, wie sie dich schon wieda manipuliert? Irjendwie hab ick den Eindruck, dass de von dea nie richtich losjekommn bist.“

Der frische Seewind hatte sich gelegt. Die Stadt wimmelte von jungen Menschen. Die Stühle und Tische der Restaurants waren bis auf den letzten Platz belegt.

„Dürfen wir uns zu euch setzen?“

Wolfram blickte unwillig auf. Vor ihnen stand ein schlanker Mann um die fünfzig, dessen gewelltes Haar ihm nach Künstlerart bis auf den Kragen reichte. Neben ihm: Kerstin!

Die beiden hatten Stühle mitgebracht, ließen sich nieder und bestellten einen weiteren „Frascati“.

„Das ist Professor Mikael Viklund, mein Patenonkel“, sagte Kerstin strahlend, „er hält eine Vorlesungsreihe über die Geschichte der Philosophie.“

Christine hob erstaunt die Augenbrauen.

„Mikael hat mir gesagt, dass er zu der Zeit, die euch interessiert, einige Studenten aus Deutschland hatte.“

„Das ist jetzt wirklich sehr überraschend“, meinte Wolfram, „ich ahne nicht, wie Sie als Philosophieprofessor uns helfen können.“

Mikael beugte sich lächelnd vor.

„Habt ihr beiden, entschuldigt bitte, wir Schweden duzen uns seit Jahrzehnten, habt ihr euch eigentlich richtig in euren Thomas hineinversetzt?“

Wolfram und Christine blickten sich verdutzt an.

„Ich meine, der wird doch nicht hergekommen sein, um hier sein Fach zu belegen. Was hätte er später in Deutschland mit den Scheinen anfangen können? Fünf Semester Vorsprung wären doch sofort aufgefallen. An Stelle der Stasi hätte ich ihn hier etwas studieren lassen, was seinem Renommee dient.“

Wolfram lachte überrascht auf.

„Was sind wir dämlich. Mikael, du hast ja sowas von recht. Natürlich hat Thomas hier nicht sein eigenes Fach studiert. Die haben diese Zeit genutzt, um seinen Hintergrund aufzupeppen, damit er im Westen nicht als provinzieller Ossi auftreten muss.“

„Wenn ich Reinbeck wäre“, spann Christine angeregt weiter, „hätte ich ihn Philosophie studieren lassen. Mal locker Sokrates oder Kant zitieren, einen unverständlichen Spruch von Heidegger anbringen oder einen sarkastischen Voltaire raushauen, das verrät Tiefe und Weltläufigkeit.“

Mikael schmunzelte.

„Seht ihr, das habe ich auch gedacht und deshalb wollte ich euch kennenlernen.“

Er wurde ernst.

„Wobei ich hoffe, dass ihr bei mir niemanden finden werdet. Ich habe meine Studenten immer sehr geschätzt.“

Er seufzte.

„Ich habe nachgesehen, wer zu euren Daten passen könnte. Eigentlich käme dafür nur einer in Frage, das ist Henning Freund. Henning war richtig super. Klug, gebildet, gute Manieren, einfach brillant. Kam aus Marburg.“

Sein Gesicht bekam einen träumerischen Zug.

„Beeindruckende Persönlichkeit, konnte druckreif reden und war sehr intelligent. Ich habe mich immer hervorragend mit ihm unterhalten. Kannte sich in deutscher Philosophie von Kant bis Hegel bereits bestens aus. War für Lund eigentlich schon völlig überqualifiziert."

Er lachte.

„Henning hat von Anfang an die interessantesten Fragen gestellt. Erst auf Englisch, aber schon nach wenigen Wochen auf Schwedisch. So haben wir uns kennengelernt. Er war sehr kommunikativ, hatte diese seltene Gabe, dass man vom ersten Wort an mit ihm vertraut war."

Der Schwede kam immer mehr in Fahrt. Henning schien einen nachhaltigen Eindruck hinterlassen zu haben.

Mikaels Worte flossen wie unter einem Narkosenebel an Wolfram vorüber. Christine spürte, wie es ihm ging und drückte mitleidig seine Hand.

„Leider musste er uns plötzlich verlassen. Ich meine, es war im Frühjahr 1980."

Wolfram atmete tief durch. Hör auf, wollte er rufen, ich will das nicht wissen, aber er war wie gelähmt.

„In seiner Familie gab es einen unerwarteten Todesfall. Danach habe ich nie wieder von ihm gehört. Ich hatte ihm geschrieben. Aber mein Brief ist zurückgekommen, versehen mit dem Stempel ‚Adressat unbekannt'. Sehr, sehr schade, ich habe ihn wirklich gemocht."

Am Tisch war es jetzt sehr still. Man hörte die Gespräche der Nachbarn und das Lachen einer entfernten Gruppe von Studenten. Die untergehende Sonne spiegelte sich blutrot in den Fenstern des Doms. Wolfram hatte sein Gesicht in den Handflächen vergraben.

„Wir haben ihn auch geliebt", unterbrach Christine nach einer Weile das Schweigen.

„Ihr wisst jetzt, wer es ist?", fragte Mikael.

Sie nickte, zog das Kuvert mit dem Gruppenfoto hervor und legte es auf den Tisch. Mikael seufzte.

„Schade, ich hatte gehofft, Henning wäre es nicht gewesen."

Er zeigte mit dem Finger auf ihn.

„Wir auch", flüsterte Wolfram.

„Dann hat jeder von uns heute Abend einen Freund verloren", sagte Mikael.

„Mir ist er schon vor langer Zeit abhandengekommen, aber vielleicht gewinne ich die anderen zurück", antwortete Christine.

Ziellos liefen sie durch die Straßen. Lärmende Studentengruppen kamen ihnen entgegen. Wolfram nahm sie nicht wahr. Christine versuchte, ein Gespräch zu beginnen, er antwortete nicht. Sie hakte sich bei ihm ein.

„Ich weiß, wie es dir jetzt geht. So wie mir damals, nach dem Prozess. Ich wollte die Welt nur noch ausknipsen."

Dann standen sie vor dem Hotel. Christine schmiegte ihren Kopf an seine Schulter.

„Du hast es schon länger vermutet, nicht wahr?"

Er schnaufte.

„Dass er diese Scheiße auch mit uns gemacht hat. Den eigenen Freunden."

„Der hat zwei unterschiedliche Leben gelebt. Gleichzeitig."

„Was muss der krank im Gehirn sein."

Er lehnte an der Wand, berührte den kühlen Stein mit seinem Hinterkopf.

„Komm mit", sagte sie leise, „mir ist auf einmal so kalt."

„Du nimmst mich mit?", fragte er heiser.

„Ja", sagte sie und rieb ihre Stirn an seiner, „meinst du, ich lass dich heute Nacht allein?"

„Mitleid?"

„Eher nicht", antwortete sie und küsste ihn auf den Mund.

„Und jetzt hör auf, so dämliche Fragen zu stellen, mein dummer, stolzer Ritter. Glaubst du vielleicht, ich wüsste immer, was richtig und was falsch ist?"

Kapitel 48

Ein unabhängiger Geist

Berlin-Johannisthal und Berlin-Lichtenberg, Mai 1972

Der Mai war kalt und regnerisch. Die Abschlussprüfungen waren gelaufen. Manfred hatte mit Wissen und Charme glänzend bestanden. Am letzten Tag wurden die FDJ-Sekretäre der Abiturklassen zu Heimleiter Schweighardt gerufen. Es ging um die Vorbereitung des offiziellen Teiles der Abschlussfeier. Jeder bekam seine Aufgabe. Manfred, der seit letztem Jahr das FDJ-Kollektiv seiner Klasse leitete, sollte einen Rechenschaftsbericht über die Vorbereitungen der Schüler auf den neunten Parteitag der SED erstellen.

Einfacher ging´s nun wirklich nicht. Es handelte sich ja immer um dieselben Themen. Die Leistungen im Abitur hatten sich, sozialistischen Naturgesetzen folgend, selbstverständlich verbessert. Im Rahmen des Nationalen Aufbauwerks war in diesem Jahr endlich die Ruine eines im Krieg zerstörten Schuppens durch die Schüler abgetragen worden. Schließlich die „freiwilligen" Ernteeinsätze, an denen alle Schüler freudig teilgenommen hätten. Er würde diese Banalitäten zu sozialistischen Heldentaten aufblasen. In leicht ironischer Distanz vorgetragen, würde er gerade so weit gehen, dass ihm niemand am Zeug flicken konnte.

Als die Sitzung beendet war, bat Schweighardt Manfred, noch einen Moment zu bleiben.

Manfred fühlte sich unbehaglich. Seit seinen ersten Tagen in der „Klosterheide" hatte er mit dem Heimleiter nicht mehr unter vier Augen gesprochen. Beide hatten es sorgsam vermieden. Zu sehr stand ihnen vor Augen, was danach passiert war. Was wollte der Alte von ihm?

„Manfred, wir kennen uns nun schon sehr lange und wir haben viel miteinander erlebt. Dein Schicksal ist mir immer nahegegangen, weil ich deine Mutter noch kennengelernt habe und es mir leidtut, dass sie so früh gestorben ist."

Der Erzieher war aufgestanden und ans Fenster getreten. Von dort konnte er die Allee einsehen.

„Ich habe euch beide damals den Weg heraufkommen sehen. Du warst noch klein und schüchtern und deine Mutter schon so krank und schwach."

Manfred schluckte. Die Erinnerung an Mama traf ihn unerwartet.

„Ich weiß, dass die erste Zeit für dich sehr schwer war. Ich habe später immer aufgepasst, dass dir nichts Schlimmes mehr passiert."

In Manfred regte sich Widerspruch. Was hatte Schweighardt denn für ihn getan? Der lebte in seinem Elfenbeinturm und verfasste geschönte Berichte an das Ministerium für Volksbildung. Was wusste der schon?

Der Alte erriet seine Gedanken.

„Ich habe natürlich bemerkt, wie sich bei dir alles geregelt hat. Du hast andere, neue Freunde bekommen. Den Herrn Psychiater zum Beispiel. Der hat deine Probleme dann auf seine Weise gelöst."

Er sah Manfred an.

„Ich weiß, dass ich dir nicht immer so helfen konnte, wie ich es gewollt hätte. Das tut mir sehr leid. Deshalb möchte ich dir wenigstens heute, zum Abschied, einen wichtigen Rat für dein zukünftiges Leben mitgeben. Bedenke immer, auf wen du dich einlässt. Manche Menschen helfen dir, aber einige fordern einen Preis. Erinnere dich an Faust, der hat von Mephisto zwar viel bekommen, musste ihm am Ende aber seine Seele überlassen."

Manfred erstarrte. Schweighardt wusste alles. Doch welches Recht hatte er, ihn vor denen zu warnen, die ihm wirklich geholfen hatten? Als er, Manfred, damals mutterseelenallein gewesen war, als sie ihn quälten und prügelten, hatte niemand von den Oberen ihn beschützt. Im Gegenteil. Deren lächerliche Versuche hatten alles nur noch verschlimmert. Was bildete dieser alte Trottel sich eigentlich ein?

Er setzte sich mit einem Ruck auf.

„Herr Schweighardt, es stimmt, wir kennen uns schon sehr lange und wir kennen uns recht gut. Sie haben dieses Kinderkombinat nach den Grundsätzen des großen sowjetischen Pädagogen A. S. Makarenko ausgerichtet. Die Erziehung des Kindes durch das Kollektiv, unter größtmöglicher Zurücknahme der Erzieher. Das Ergebnis war, dass ich halb totgeschlagen worden bin. Zum Glück habe ich Freunde gefunden, die über Macht verfügen, sie aber verantwortungsvoll einsetzen und nicht solche Hampelmänner sind wie Sie und der Herr Stoltenberg."

Einen Moment lang sah es aus, als würde Schweighardt aufspringen, aber dann erkannte Manfred, dass der Heimleiter nicht den Mumm dazu hatte.

„Sie, Herr Schweighardt, haben mir gar nichts mehr zu raten. Sie konnten mir am Anfang, als ich sie gebraucht hätte, nicht helfen.

Oder vielleicht doch? Durch Sie habe ich erkannt, dass ich mich nur an den wirklich Starken zu orientieren habe, nicht an solchen Schlappschwänzen, zu denen Sie leider gehören. Die Mächtigen haben mir geholfen, deshalb schulde ich denen Loyalität und Dankbarkeit, Ihnen dagegen schulde ich weder etwas noch nehme ich von Ihnen irgendwelche Warnungen an."

Schweighardt starrte ihn entgeistert an. Sein Mund war einen Spalt weit offen stehen geblieben. Die Unterlippe zitterte. Manfred stand auf und ging zur Tür. Er warf Schweighardt ein letztes charmantes Lächeln zu.

„Ich werde unser Gespräch vergessen. Daran mögen Sie erkennen, dass ich, im Gegensatz zu Ihnen, wirklich etwas für Sie tue."

Er öffnete die Tür und trat in den Flur. Wie frisch die Luft hier draußen war. Er schwebte fast.

Die Fotos von Walter Ulbricht, Otto Grotewohl, Wilhelm Pieck und Ernst Thälmann lächelten ihm zu. Ein letztes Mal roch er den vertrauten Geruch des Bohnerwachs. Adieu „Klosterheide".

Nie hatte er sich so frei gefühlt, so kraftvoll, so glücklich.

Zwei Wochen später schrieb Manfred in Lothars Büro, in Anwesenheit von Gerald, seine Verpflichtungserklärung.

„Ich möchte die DDR verbessern, sie zu einem Staat machen, den seine Bewohner lieben. Ich will sie gegen ihre äußeren Feinde schützen. Mir ist klar, dass ich dabei unter größter Geheimhaltung vorgehen muss. Der konspirative Name, den ich mir wähle, ist Thomas."

Lothar las den Text.

„Die meisten unserer informellen Mitarbeiter fassen sich nicht so kurz. Aber du schwafelst nicht rum. Gefällt mir, nennst die Dinge beim Namen."

Er blickte Manfred ernst an.

„Ist das wirklich dein Wille, sollen wir es zu den Akten nehmen? Denk daran, es gibt kein Zurück. Wir sind treu und wir erwarten Treue, denn unsere Partnerschaft gilt lebenslang."

Manfred richtete sich feierlich auf.

„Ja, das entspricht genau meiner Überzeugung. Ich will helfen, die DDR zu einem lebenswerteren Staat zu machen."

Lothar nickte erfreut.

„Mich würde interessieren, wie du auf den Namen Thomas gekommen bist. Der hat doch etwas zu bedeuten."

„Thomas gefällt mir. Er hat gleich zwei Bedeutungen. Zum einen Thomas von Aquin. Thomas sagt: ‚Wenn die Gnade Gottes über ein Menschenherz hereinbricht, dann wird es stark genug für alles.' Und Stärke brauchen wir alle in diesem Leben, ich vielleicht am meisten. Zum anderen denke ich an den ungläubigen Thomas, den Jünger Jesu. Der hat die Wahrheiten, die von oben kamen, nicht einfach hingenommen, der musste mühsam überzeugt werden. Ein unabhängiger Geist, genau, wie ich es sein möchte."

Gerald runzelte die Stirn.

„Sag jetzt bloß nicht, dass du Theologe werden willst?"

„Genau das will ich, wie dein Vater und Großvater."

„Nicht mehr Psychiater?"

„Nein, ich hoffe es klingt nicht zu hochtrabend, aber mir imponiert die geistige Größe, die hinter dem Christentum steht, mehr als die Freud´sche Lehre. Ich will den Menschen immer noch helfen, aber anders als du. Ich möchte nicht über ihre Psyche an sie herankommen, sondern über ihr Gottvertrauen. Ich denke, dass man ohne Glauben nicht leben kann, dass man ohne ihn krank wird."

Lothar lächelte belustigt.

„Das ist gut, das ist sehr gut. Wir brauchen Theologen, die auf der richtigen Seite stehen."

Gerald erhob sich, sie umarmten einander gerührt. Lothar nahm das Blatt feierlich zu sich und legte es in eine Dokumentenmappe. Gut gelaunt trat er an eine Vitrine und entnahm ihr eine Flasche georgischen Weinbrands. Er füllte drei Gläser. Manfred stürzte den süßen, weichen Schnaps hinunter. Er atmete befreit durch. Endlich hatte er es geschafft. Er gehörte nun unauslöschlich zu diesem großen, starken Bund, zu diesem Land. Nie wieder würde er allein sein.

Lothar trat zum Schreibtisch und betätigte eine Taste seines Telefons. Ein junger Offizier betrat den Raum.

„Manfred, ich möchte dir jetzt Leutnant Martin Diepholt vorstellen. Er wird dich in die Geheimnisse unserer Arbeit für den Frieden einführen."

Lothar stellte Diepholt ein Glas hin und schenkte allen erneut ein.

„Genosse Leutnant, behandeln Sie unseren neuen Freund fair und anständig. Ich halte ihn für einen unserer wichtigsten kommenden Leute im nichtsozialistischen Ausland."

Diepholt nahm Haltung an.

„Zu Befehl Genosse Oberstleutnant Franzen. Ich bin stolz darauf, einen so intelligenten und sympathischen Jugendfreund ausbilden zu dürfen."

Er wandte sich an Gerald.

„Und Ihnen, Genosse Major Reinbeck, verspreche ich, auf ihn wie auf einen Sohn achtzugeben."

Manfred lächelte Diepholt erfreut an. Der große dunkelblonde Offizier hatte ein offenes, sympathisches Gesicht und wache, intelligente Augen. Diepholt kniff ein Lid zusammen und nickte Manfred kumpelhaft zu.

Lothar hatte bereits einige Gläser Weinbrand intus. Bald fing er an, von früheren Zeiten in der Hochschule des MfS Potsdam zu schwärmen.

Manfred nahm sein Glas und schnipste mit dem Fingernagel dagegen.

„Gerald, Lothar, ich habe noch etwas zu melden."

Lothar wandte ihm sein vom Alkohol erhitztes Gesicht zu.

„Ich hätte gern noch eine zweite Namensänderung. Der Name Manfred gefällt mir nicht. Er hat mir noch nie gefallen. Ich finde ihn banal und gewöhnlich. Vielleicht bin ich ja ein bisschen snobistisch. Seid mir nicht böse. Aber Manfred, so heißen doch nur Handwerker und Sachbearbeiter."

Lothar lächelte amüsiert.

„Und wie, bitte schön, möchtest du in Zukunft heißen?"

„Ich möchte bei meinem zweiten Namen genannt werden, denn der ist ein großer, klassischer Name. Einer, mit dem ich auch im Westen auftreten kann."

Er machte eine Pause. Gerald sah ihn aufmerksam an. Lothar lehnte sich im Stuhl zurück.

„Na, da sind wir aber gespannt."

Manfred schluckte.

„Ich möchte in Zukunft Lorenz heißen."

Lothar lachte dröhnend auf.

„Na, wenn es weiter nichts ist, meinetwegen. Also, mein Lieber, ab heute heißt du Lorenz. Und du hast Recht, Lorenz Althoff klingt wirklich gut.

Ich bin überzeugt, dass du damit deinen Weg machen wirst."

Glossar

Kapitel 1: Elf von zehn

GST: Gesellschaft für Sport und Technik, vormilitärische Organisation in der DDR

Eskaladierwand: militärische Hinderniswand aus Holz

Flakhelferschüler: (im Zweiten Weltkrieg) minderjährige, noch nicht wehrpflichtige Helfer bei der Flugabwehrartillerie

Kapitel 2: Steht's denn auf der Kippe?

Nicky: Bezeichnung der T-Shirts in der DDR

Freie Deutsche Jugend, FDJ: sozialistische Jugendorganisation
Die Mitgliedschaft war zwar nicht Pflicht, aber wenn man einen Studienplatz erhalten wollte, war es ratsam, einzutreten.

Klassenkampf: Grundbegriff marxistischer Ideologie
Klassenkämpfe finden zwischen ausbeutenden und ausgebeuteten Klassen statt, z.B. zwischen Bourgeoisie und Proletariat.

Volkskammer: Parlament der DDR

Jugendfreund: offizielle Anrede innerhalb der FDJ

Präsent 20: Name eines Textilstoffes, der 1969 zu Ehren des 20. Jahrestages der DDR entwickelt wurde.

Kapitel 3: Die dunkle Seite des Mondes

Gewi: Gesellschaftswissenschaften, Unterricht im Marxismus-Leninismus
Oft ging es lediglich um die Rechtfertigung der sozialistischen Tagespolitik.

Wahlen: Gewählt werden konnte nur eine Einheitsliste. Der Gang in die Wahlkabine war zwar legal, galt aber als geheimer Protest gegen diese Scheinwahl.

Hotel Lux, Moskau: Von den 20er bis Ende der 40er Jahre Wohnort kommunistischer Emigranten in der Sowjetunion. Viele spielten in der Nachkriegsgeschichte Osteuropas eine überragende Rolle. Andere wurden bei den „großen Säuberungen" Stalins in den 30er Jahren verhaftet, erschossen oder zu langjährigen Haftstrafen im Gulag (sowjetische Straflager) verurteilt.

Fünfjahresplan: Verpflichtende Planung der wirtschaftlichen Entwicklung der

DDR für den Zeitraum von 5 Jahren. Das Thema Erfüllung und Übererfüllung des Fünfjahresplans war in der Propaganda allgegenwärtig.

Nationale Front: Zusammenschluss der Parteien und Massenorganisationen in der DDR. Bildete eine gemeinsame Wahlliste.

Revanchist: In den Augen der DDR-Propaganda waren Politiker und Politik der Bundesrepublik Deutschland revanchistisch, d.h. darauf gerichtet, die Ergebnisse des Zweiten Weltkriegs in Frage zu stellen.

Bonner Ultras: Häufig benutzte Bezeichnung konservativer Parteien und Politiker der Bundesrepublik Deutschland.

Letscho: In der DDR sehr beliebtes ungarisches Schmorgericht aus Paprika, Tomaten und Zwiebeln.

Bückware: Knappe und beliebte Verkaufswaren, die unter dem Ladentisch lagerten und nur an ausgewählte Kunden verkauft wurden.

Stasi, MfS, „Firma", Ministerium für Staatssicherheit: gefürchteter Geheimdienst der DDR

Arbeiter- und Bauernstaat: Selbstbezeichnung und -verständnis der DDR

Als **konterrevolutionär** wurden alle Strömungen eingestuft, die nicht der offiziellen Linie folgten. Denen man unterstellte, dass sie die Ergebnisse der sozialistischen Revolution teilweise oder vollständig rückgängig machen wollten.

Verpflichtungserklärung: Jeder, der als informeller Mitarbeiter (IM) der Stasi verpflichtet wurde, musste eine Verpflichtungserklärung unterzeichnen.

Schwarze Pumpe: riesiger Braunkohlebetrieb der DDR

Eine der möglichen Disziplinarmaßnahmen für Kritiker der DDR bestand darin, die Betroffenen für ein bis zwei Jahre dort arbeiten zu lassen. Offizielle Lesart: „Bewährung in der Produktion", bzw. „Die Betreffenden haben sich vor der Arbeiterklasse zu bewähren".

Kapitel 4: Onkel Klaus

Wolf Biermann: 1953 als Jungkommunist aus der Bundesrepublik in die DDR übergesiedelt. Wurde schnell ein sehr bekannter Liedermacher und scharfer Kritiker der DDR-Zustände. Seit Mitte der 60er Jahre Auftritts- und Publikationsverbot, was seiner enormen Popularität in der DDR keinen Abbruch tat. 1976, während einer Konzertreise in Köln von der DDR-Regierung ausgebürgert. Diese Maßnahme wird allgemein als Anfang vom Ende der DDR gesehen.

Klassenfeind: Kapitalistische Staaten, deren Regierungen oder „Handlanger" als Protagonisten der feindlichen kapitalistischen Klasse galten.

Antifaschistischer Schutzwall: Bezeichnung der Mauer im offiziellen Sprachgebrauch der DDR.

Freiheit ist die Einsicht in die Notwendigkeit: Zitat von Engels, frei nach Hegel.

RIAS: Der RIAS Berlin (Rundfunk im amerikanischen Sektor) 1946 bis 1992. Sein Sendegebiet umfasste ganz Berlin und die DDR. Wichtigste westliche Informationsquelle der DDR-Bewohner.

Kapitel 6: Die Erziehungsanstalt

Thälmann-Pioniere oder **Junge Pioniere:** Die Pionierorganisation „Ernst Thälmann" war nach dem im Dritten Reich ermordeten ehemaligen Vorsitzenden der Kommunistischen Partei Deutschlands Ernst Thälmann benannt. Dieser politischen Massenorganisation gehörten fast alle Grundschüler (erste bis achte Klasse) an. Pioniere trugen ein blaues Halstuch.

A. S. Makarenko: sowjetischer Erzieher in der Zeit nach dem Ersten Weltkrieg; Ziel seiner Pädagogik war die Entwicklung einer allseitig entwickelten Persönlichkeit durch die Kollektiverziehung unter maximaler Zurückhaltung der Lehrer und Erzieher.

Tag der Republik: 7. Oktober 1949, Gründungstag der Deutschen Demokratischen Republik (DDR), die aus der Sowjetischen Besatzungszone hervorging.

Kapitel 7: Eine klasse Idee

Abschnittsbevollmächtigter, ABV: Polizist, der einen Wohnbereich polizeilich betreute, dessen Einschätzungen auch von der Stasi eingesehen werden konnten.

Bärbel Wachholz: DDR-Schlagerstar der 50er und 60er Jahre

Fahne: Synonym für die Volksarmee der DDR

Blockflöten: Zum „Antifaschistisch-demokratischen Block" gehörten verschiedene politische Parteien, die aber vollständig von der Sozialistischen Einheitspartei SED abhängig waren. Im Volksmund verächtlich als „Blockflöten" bezeichnet.

Kapitel 9: Ein Rettungsplan für Thomas

Feliks Dzierżyński: Berufsrevolutionär, baute die Geheimpolizei der Bolschewiki, die Tscheka, auf, die mit bis dahin nicht gekannter Brutalität gegen Gegner, später auch Anhänger der Bolschewiki vorging. Die Tscheka galt der Stasi als Vorbild, die Mitarbeiter des MfS bezeichneten sich selbst gerne als „Tschekisten".

Sprelacart: DDR-Markenname für mit Kunstharz gebundene Schichtstoffplatten

Exportware: Waren höherer Qualität, die für den Export in den Westen bestimmt waren.

KSZE-Konferenz: Konferenz über Sicherheit und Zusammenarbeit in Europa; wurde im Jahr 1973 in Helsinki eröffnet und 1975 mit der Unterzeichnung der Schlussakte von Helsinki beendet; diente während des Ost-West-Konflikts als Forum für Konsultationen sowie der politischen Annäherung und Vertrauensbildung zwischen den beiden Blöcken.

IM: Inoffizieller Mitarbeiter der Stasi

OV: Operativer Vorgang

Kapitel 10: **Die Flugblattaktion**

Trabbi, Trabant: Weitverbreiteter Kleinwagen, der in Zwickau, DDR, produziert wurde.

Deutsch-Sowjetische-Freundschaft: Massenorganisation, die die Freundschaft zur Sowjetunion vermitteln sollte. Hatte eine geringe Relevanz. Wurde von den meisten Mitgliedern eher pflichtgemäß und passiv genutzt, um das geforderte gesellschaftliche Engagement auf einem Mindestniveau zu belegen.

Kapitel 11: **Eine Hand wäscht die andere**

„Wer ist der größte Feldherr aller Zeiten …“: Aus der DDR sind 3 Millionen Menschen in den Westen geflohen, die verbliebenen 17 Millionen wurden durch die Mauer eingesperrt.

Kapitel 12: **Weihnachten bei Gerald**

Staatsrat: oberste Regierungsbehörde der DDR, erster Staatsratsvorsitzender: Walter Ulbricht

Kapitel 14: **Union Eck**

Molle: in Berlin ein Glas Bier

Stalinorgel: Deutscher Spitzname für die gefürchteten sowjetischen Raketenbatterien im Zweiten Weltkrieg.

Goldbroiler: DDR-Bezeichnung für Grillhähnchen

Soljanka: In der DDR sehr populäre säuerlich-scharfe Suppe, russische Spezialität.

Blaue Würger: Ironische Bezeichnung für DDR-Wodka, der in Berlin hergestellt wurde. Beliebter DDR-Witz: Nach Einsendung von 100 Würger-Etiketten bekam man von der Krankenkasse kostenlos einen Blindenhund gestellt.

Sättigungsbeilage: Gemüsebeilage

Putschversuch 1953: Gemeint ist der Volksaufstand vom 17. Juni 1953 in der DDR.

Kapitel 15: **Das Bordeaux-Kartell**

Ukas: russisch für „Befehl“

„Heißes Herz - kühler Kopf - saubere Hände“: Dzierżyńskis Leitspruch

Erich Mielke: von 1957 bis 1989 Minister für Staatssicherheit und Mitglied des Politbüros des ZK der SED

Schild und Schwert der Partei: offizielle Selbstbezeichnung der Stasi

Kapitel 18: **Mauer glotzen**

Alte Bibliothek: Barockes Gebäude gegenüber der Humboldt-Universität, im Berliner Volksmund als „Kommode“ bezeichnet.

Prag und Budapest: Wegen der sehr eingeschränkten Reisemöglichkeiten konzentrierten sich die Auslandsreisen vor allem auf diese beiden Städte.

Balkanfeuer: Rotwein aus Bulgarien

KWV: Kommunale Wohnungsverwaltung

VP: Volkspolizei

Vopo: verächtliche Abkürzung für „Volkspolizist"

Zone: Verächtliche Bezeichnung der DDR, die 1949 aus der sowjetischen Besatzungszone hervorgegangen war.

Kapitel 21: Das Verhör

Dederon: Kunstfaser, deren chemische Zusammensetzung dem amerikanischen Perlon entsprach

Kapitel 24: Auftritt Galanski

Der „eiserne Feliks": Spitzname von Feliks Dzierżyński, den er sich durch seine unbeugsame Brutalität erworben hatte.

„Wartburg": Automarke, Zweitakter, der in Eisenach produziert wurde.

Hammer und Sichel: Symbole der „Arbeiter- und Bauernmacht" der DDR. Der Hammer sollte für die Arbeiterklasse, die Sichel für die Bauernschaft stehen.

Kapitel 27: "My Way"

Einen **Klassenstandpunkt** einnehmen bedeutete, positiv zur „Herrschaft der Arbeiterklasse" zu stehen, also mit der politischen Linie der Sozialistischen Einheitspartei der DDR (SED) und des Staates übereinzustimmen.

Revisionismus: Begriff, mit dem man gerne Kritiker des DDR-Systems, die aus den eigenen Reihen kamen, belegte.

Antagonistische und nicht antagonistische Widersprüche: Nach DDR-Ideologie beinhaltet der Kapitalismus eine Reihe antagonistischer, d.h. nicht lösbarer Widersprüche, während das Wesen der sozialistischen Gesellschaftsordnung die nicht antagonistischen, also lösbaren Widersprüche sind.

Partei der Arbeiterklasse Selbstbezeichnung der SED

Kapitel 30: Zwischen Skylla und Charybdis

„Hellerau"-Möbel: Höherwertige DDR-Möbel, deren Design sich am Bauhaus orientierte.

konspiratives Objekt, konspirative Wohnung: Um die IM´s nicht zu enttarnen, fanden die Treffen mit ihren Stasi-Führungsoffizieren in normalen Wohnungen statt, deren Mieter diese für die Begegnungen zur Verfügung stellten.

Freunde: Scherzhafte, leicht ironische Bezeichnung, die man als Parteigänger der SED gegenüber den „sowjetischen Brüdern" benutzen konnte.

Kritik und Selbstkritik: Öffentliche Auseinandersetzung des Einzelnen mit dem Kollektiv, bei der es oft darum ging, öffentliche Schuldbekenntnisse des Kritisierten zu erzwingen.

VEB: Volkseigener Betrieb

Kaderleiter: Leiter der Personalabteilung eines VEB

Kapitel 31: Von Muscheln und Helden

Tokayer: sehr populärer, süßer, ungarischer Wein

Raboтern: Verballhornung des russischen Begriffs „rabota" (Arbeit)

Kapitel 32: **Die Flucht**

Ubikacja: polnisch für „Toilette“

Reisekader: DDR-Bürger, die vor Erreichen des Rentenalters Dienstreisen in den Westen machen durften.

Niemiecki: polnisch für „Deutsche“

Tam on plywa polnisch für „Da schwimmt er“

Nie strzelaj, idioci polnisch für „Nicht schießen, Idioten“

Kapitel 33: **Gibt es einen Verräter?**

Barkas: Kleintransporter, der in der DDR hergestellt wurde.

Kapitel 36: **Ein humanistisches Werk**

Postzollfahndung: Der eigentlichen Zollkontrolle vorgeschaltete Kontrolle von Paketen und Päckchen durch das Ministerium für Staatssicherheit.

Kapitel 38: **Der Prozess**

Wofasept: Desinfektionsmittel für öffentliche Gebäude

Der **gesellschaftliche Ankläger** hatte die Charakterisierung des Angeklagten und die Einschätzung der Tat aus Sicht seines Studien- bzw. Arbeits-Kollektivs wiederzugeben.

SemSek: Die Studenten eines Studienjahres waren in Seminargruppen aufgeteilt. Jede Gruppe hatte einen Seminargruppensekretär, der ein- oder zweimal im Jahr eine Beurteilung jedes Mitglieds seiner Gruppe abzugeben hatte. Der Autor dieses Romans fand zwei SemSek-Beurteilungen in seinen Stasi-Akten wieder.

Spieß: Kompaniefeldwebel (Soldatenjargon)

Kapitel 39: **Der Hunne**

HO: Handelsorganisation, Kette staatlicher Einzelhandelsunternehmen

Kapitel 40: **Die "Mumpe"**

„Neues Deutschland“: Zentralorgan der SED, auflagenstärkste Zeitung der DDR

Towarischtsch: russisch für „Genosse“, „Kamerad“, „Kollege“

Enten pressen: „Falschmeldungen in der Knastsprache“

Kapitel 41: **"Kalle-Malle"**

Kalle Malle: Karl-Marx-Stadt, sozialistische Namensgebung für die Stadt Chemnitz von 1953 bis 1990

Rotlichtkurs: Abfällige Bezeichnung für gesellschaftswissenschaftlichen Unterricht in der DDR.

Diktatur des Proletariats: Die DDR hielt sich für eine sozialistische Demokratie, deren Grundlage die „Diktatur des Proletariats“ sei.

Wolga: sowjetische Automarke

AFN: American Forces Network

Amerikanischer Hörfunksender der US-amerikanischen Streitkräfte (Soldatensender), in der DDR wegen seiner Musik sehr populär.

Günter Guillaume: 1974 enttarnter DDR-Spion, der in der näheren Umgebung des Bundeskanzlers Willy Brandt gearbeitet hatte.

Kapitel 42: `Im Westen`

Aluchips: Abfällige Bezeichnung der DDR-Währung, deren Münzen aus Aluminium bestanden.

Kapitel 43: `Der Anruf`

Stasi Unterlagen Behörde (BStU): Die BStU archivierte und rekonstruierte seit 1990 die Akten und Dokumente der Stasi. Hier konnte seit 1992 jeder Bürger seine Stasi-Unterlagen einsehen. 2021 aufgelöst, die Akten wurden ins Koblenzer Staatsarchiv überführt.

Kapitel 44: `Wiedersehen am Arnimplatz`

Rennpappe: Spöttisch, liebevolle Bezeichnung des Trabbis (Trabant), dessen Karosserie aus mit Kunststoff verklebten Baumwolllagen bestand.

Kapitel 45: `Reinbeck`

Große Säuberungen: In den Jahren 1936 bis 1938 wurden Millionen von Menschen in der Sowjetunion aus meist willkürlichen Gründen verhaftet, oft umgebracht oder zu langjährigen Strafen im **Gulag**, den sowjetischen Straf- und Arbeitslagern, verurteilt.

Lubjanka: Hauptquartier der sowjetischen Geheimpolizei in Moskau

Kapitel 48: `Ein unabhängiger Geist`

Nationales Aufbauwerk: Masseninitiative zur Beseitigung der Kriegs-Ruinen und der Gewinnung von Baumaterial aus den Trümmern. Die Teilnahme war „freiwillig" und unentgeltlich.

Ernteeinsätze: Während der Schulzeit und im Studium wurden in vielen Ferienzeiten Ernteeinsätze veranstaltet. Meistens wurden Kartoffeln eingesammelt, die von den Erntemaschinen auf den Feldern nicht erfasst worden waren. Für diese Arbeit gab es eine sehr geringe Entlohnung. Die Teilnahme war zwar freiwillig, Weigerungen waren aber kaum möglich.

Danksagung

An dieser Stelle meinen herzlichen Dank an alle, die mir geholfen haben, diesen Text zu entwickeln.
Auf Anregung von Wolfgang Rill habe ich dem Roman eine Stasi-Ebene eingefügt. Ein sehr guter Tipp, da es wichtig ist, auch die Gegenseite zu Wort kommen zu lassen.
Thomas Beckmann danke ich für die Erziehung zur Genauigkeit und die Hilfe bei der Entwicklung der Cover-Idee.
Elisabeth Herrmann, Katrin Fieber, Adrian Kostré und Astrid Roth danke ich für ihre Hilfe bei der Strukturierung des Plots und der Verbesserung des Textes.
Dem ehemaligen Leiter der Stasi Unterlagen Erfassungsbehörde Frankfurt/Oder (wo auch meine Akten lagern), Rüdiger Sielaff, danke ich für die speziellen Informationen aus der Stasi-Welt.
Dr. Lothar Gebert hat mir einige Begebenheiten seiner Haftzeit berichtet, die ich in den Text einarbeiten konnte.
Dr. Peter Moritz verdanke ich die köstliche Anekdote „Wahlsonntag".
Anke Dikomeit danke ich für ihre Hilfe bei der Knüpfung der entscheidenden Kontakte zur Welt der Verlage.
Stefanie Ketzscher verdanke ich das wunderbare Cover Foto, das viel vom Lebensgefühl der 70er Jahre vermittelt.
Meiner Frau Aga danke ich für ihr nüchternes und unbestechliches Urteil.

Impressum

Bibliografische Information der Deutschen Nationalbibliothek
Die Deutsche Nationalbibliothek verzeichnet diese Publikation in der Deutschen Nationalbibliografie; detaillierte bibliografische Daten sind im Internet über http://dnb.d-nb.de abrufbar.

ISBN 978-3-8319-0865-3

Titelfoto: Stefanie Ketzscher, Berlin
Text: Dr. Peter Volkmann, Berlin
Lektorat: Marita Ellert-Richter, Mareike Matlis, Hamburg
Gestaltung: BrücknerAping Büro für Gestaltung, Bremen
Gesamtherstellung: FINIDR, Český Těšín, Tschechische Republik

www.ellert-richter.de
www.facebook.com/EllertRichterVerlag
www.instagram.com/ellert_richter_verlag